XINGQING NIANJIAN

兴庆年鉴

2020

银川市兴庆区地方志编审委员会办公室　编

方志出版社
Publishing House of Local Records

图书在版编目（CIP）数据

兴庆年鉴. 2020 / 银川市兴庆区地方志编审委员会办公室编.—北京 : 方志出版社, 2023.11
ISBN 978-7-5144-4734-7

Ⅰ. ①兴… Ⅱ. ①银… Ⅲ. ①区(城市)－银川－2020－年鉴 Ⅳ. ①Z524.34

中国国家版本馆CIP数据核字(2023)第200838号

责任编辑：宁芳
责任校对：张玉霞
责任印制：梅中英
出 版 者：方志出版社
地　　址：北京市朝阳区潘家园东里 9 号（国家方志馆4层）
邮　　编：100021
网　　址：http://www.zgfzcb.cn
发　　行：方志出版社图书营销中心（010-67110500）
印　　刷：银川金利丰彩色印刷有限责任公司
开　　本：889毫米×1194毫米　1/16
印　　张：14.5
字　　数：637千字
版　　次：2023年11月第1版
印　　次：2023年11月第1次印刷
定　　价：298.00元

《兴庆年鉴（2020）》编委会

《兴庆年鉴（2020）》编辑部

编辑说明

一、《兴庆年鉴》是由银川市兴庆区地方志编审委员会办公室编纂的综合性地方年鉴，是面向国内外逐年出版发行的资料性工具书。《兴庆年鉴（2020）》以马克思列宁主义、毛泽东思想、邓小平理论、“三个代表”重要思想、科学发展观、习近平新时代中国特色社会主义思想为指导，坚持辩证唯物主义和历史唯物主义的立场、观点和方法，力求全面、客观、系统地记录2019年1月1日至12月31日兴庆区行政区域内的政治、经济、社会等活动以及人文、自然等情况，主要反映兴庆区2019年各项事业的发展状况、重大事件和取得的新业绩。

二、《兴庆年鉴（2020）》继续采用通行的分类编辑法，以类目、分目、条目3个层次编排。不同层次的标题，以不同字体、字号和版式设计加以区别。为反映分类的客观性，个别分目设次分目。条目是年鉴最基本的表述形式，反映年鉴最基本的内容，条目标题统一用黑体字加【 】表示。

三、《兴庆年鉴（2020）》与《兴庆年鉴（2019）》存在承接关系，设特载、大事记、区情概览·统计公报、政党·政务、民主党派·群众团体、法治、军事、农牧·绿化·水利、工业、城建·交通、城乡管理、商贸·物流、邮政·通信、财政·税收、金融、综合经济管理、应急管理、卫生·健康、民生·服务、科技·环保、教育·文化·档案工作、体育·旅游、乡·镇·街道（管委会）、人物·荣誉等。

四、《兴庆年鉴（2020）》对分目、条目之间的交叉信息内容，采取分清主次、详略互见等记述方法，力求不遗漏，也忌重复。年鉴中的名称、名词、术语首次出现时用全称，括注简称，之后再出现时使用简称。本年鉴中按使用惯例，“区”专指宁夏回族自治区；“市”指银川市；“兴庆区”一律采用全称。

五、《兴庆年鉴（2020）》记载内容由兴庆区各部门及属地单位提供，经各主管部门审核；所用图片均由各单位供稿人提供；统计数据以兴庆区统计局提供的《2019年银川市兴庆区国民经济和社会发展统计公报》为准。

六、《兴庆年鉴（2020）》行文中严格执行文字、数字、计量单位、标点符号的国家标准规范。数字用法、标点符号用法分别采用国家标准《出版物上数字用法》（GB/T 15835—2011）、《标点符号用法》（GB/T 15834—2011），计量单位采用国家技术监督局1993年12月发布的《量和单位》系列国家标准。出于习惯原因，有的土地面积用“亩”表示。全书一律使用第三人称记述。

七、人物·荣誉类目下设“银川市最美家庭一览”，所选代表人物突出其所具有的美好品质，反映真善美的价值导向，所记事迹侧重某个领域或方面，避免欲全而又不能全的一般性记述，最美家庭照片均由兴庆区妇联提供。

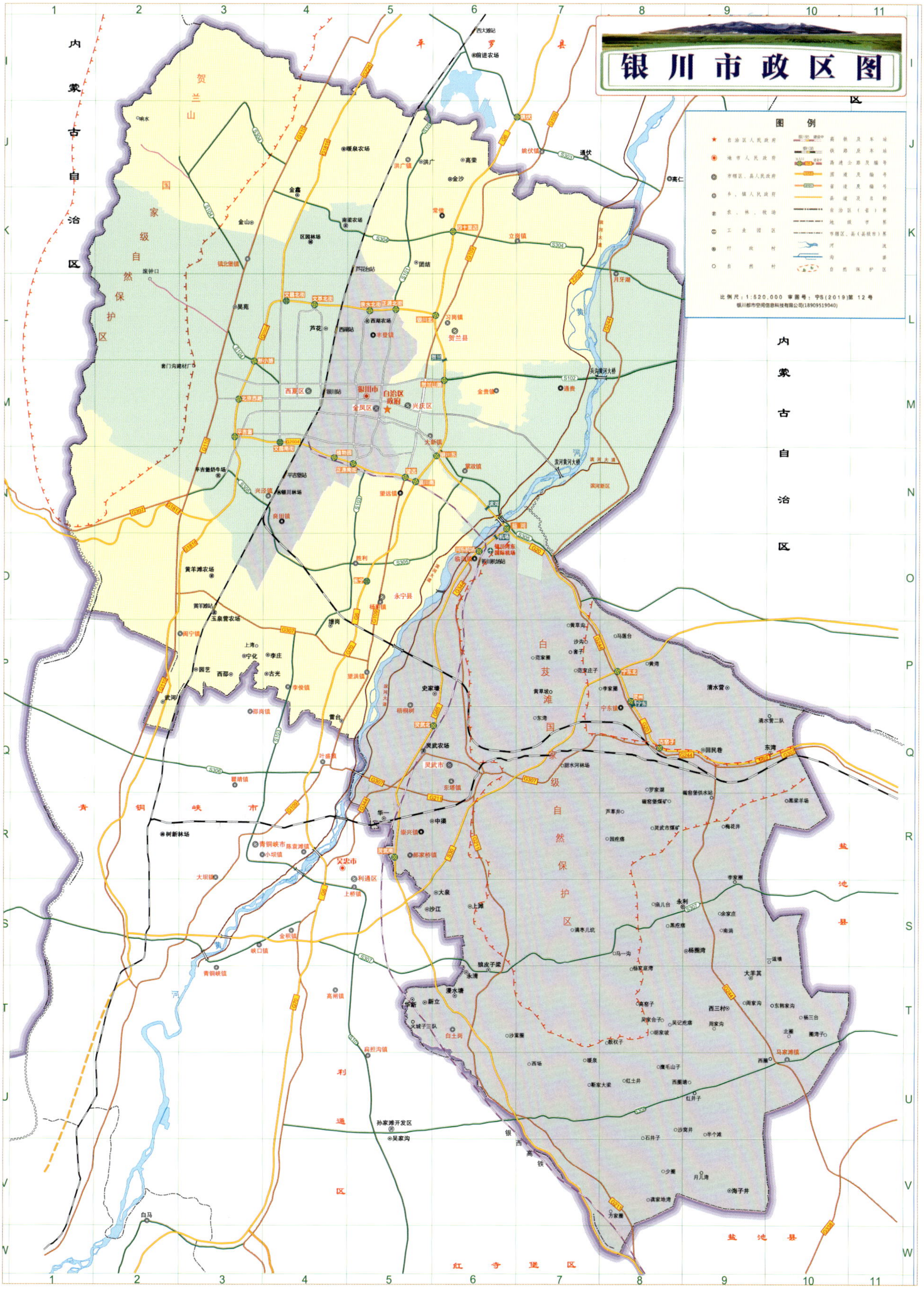
银川市政区图
图例
比例尺：1:520,000 审图号：宁S(2019)第12号
银川都市空间信息科技有限公司(18909519040)
内蒙古自治区
平罗县
贺兰山国家级自然保护区
白芨滩国家级自然保护区
青铜峡市
利通区
红寺堡区
盐池县
银川市
自治区政府
西夏区
金凤区
兴庆区
贺兰县
永宁县
灵武市
吴忠市
青铜峡市
银川河东国际机场
黄河
银西高铁

兴庆区政区图

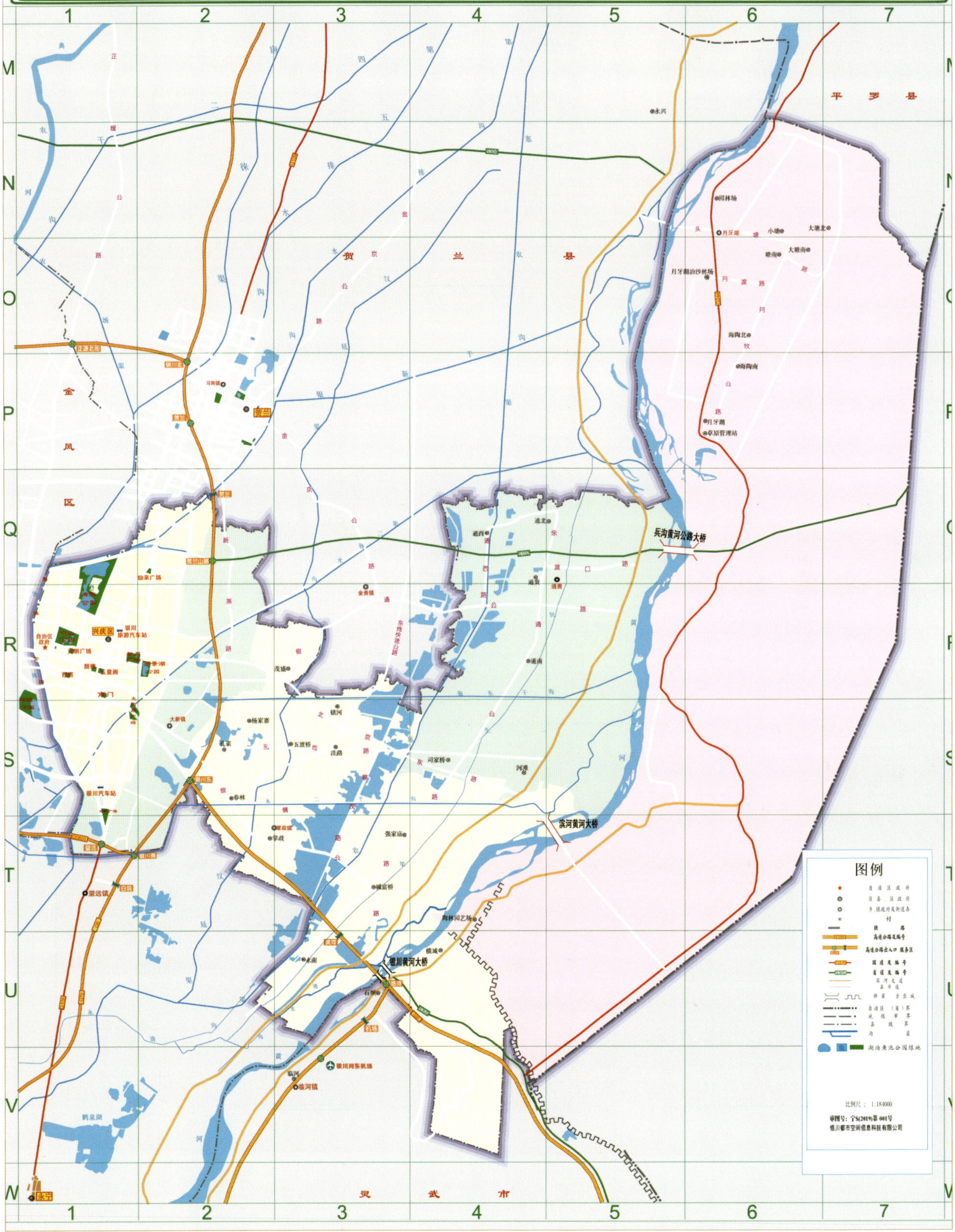

贺兰县
平罗县
灵武市
金凤区
兴庆区
兵沟黄河公路大桥
滨河黄河大桥
银川黄河大桥
银川河东机场
临河镇
望远镇
月牙湖
通贵
掌政
大新镇
图例
比例尺：1:184000
审图号：宁S(2019)第001号
银川都市空间信息科技有限公司

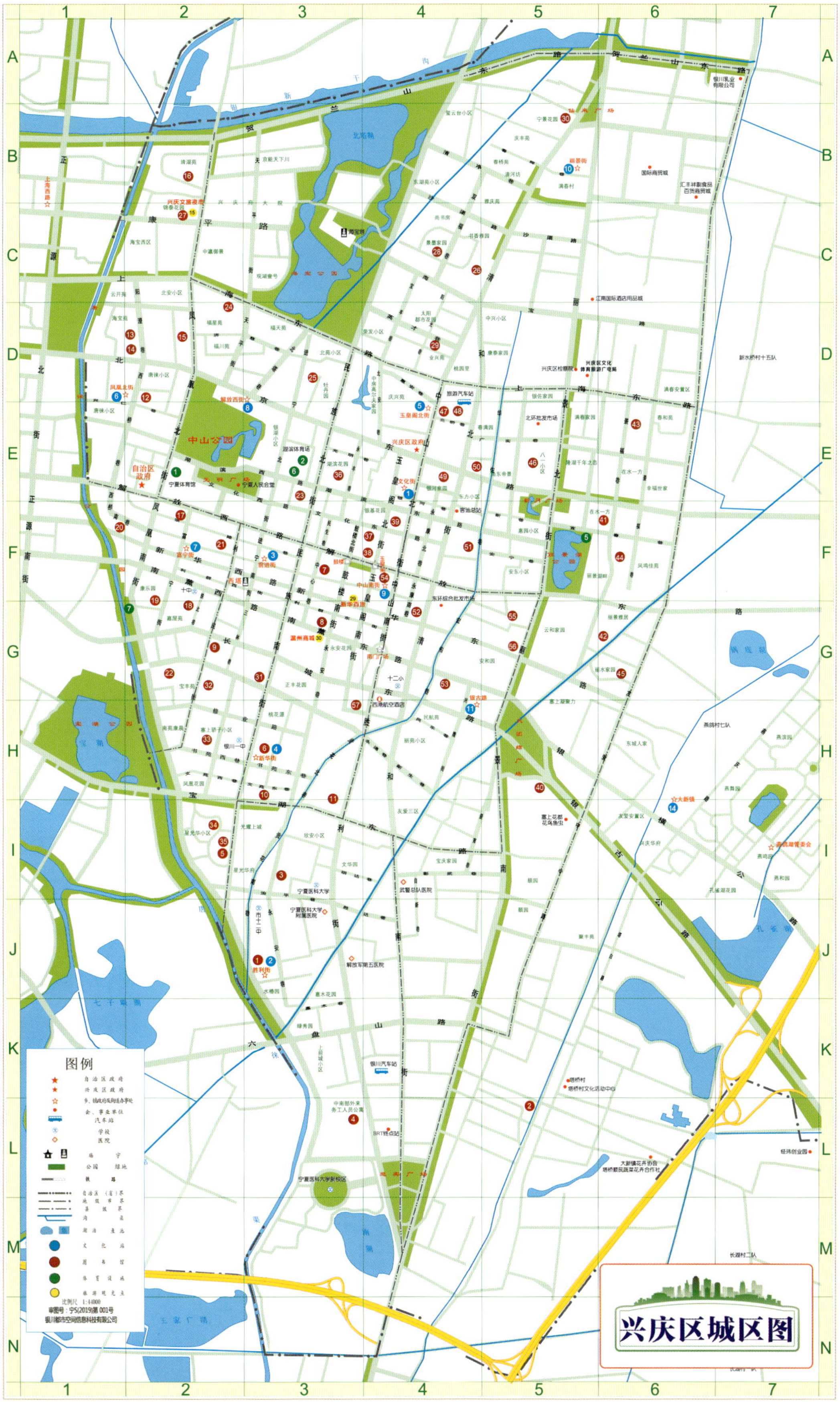
兴庆区城区图
图例
自治区政府
兴庆区政府
乡、镇政府及街道办事处
企、事业单位
汽车站
学校
医院
庙 宇
公园 绿地
铁 路
自治区（省）界
地级市界
县级界
沟 渠
湖泊 鱼池
文化站
图书馆
体育设施
旅游观光点
比例尺 1:14000
审图号：宁S(2019)第001号
银川都市空间信息科技有限公司
中山公园
自治区政府
兴庆区政府
北塔湖
宁夏体育馆
宁夏医科大学
银川汽车站
宁夏医科大学新校区

兴庆区文化旅游地图

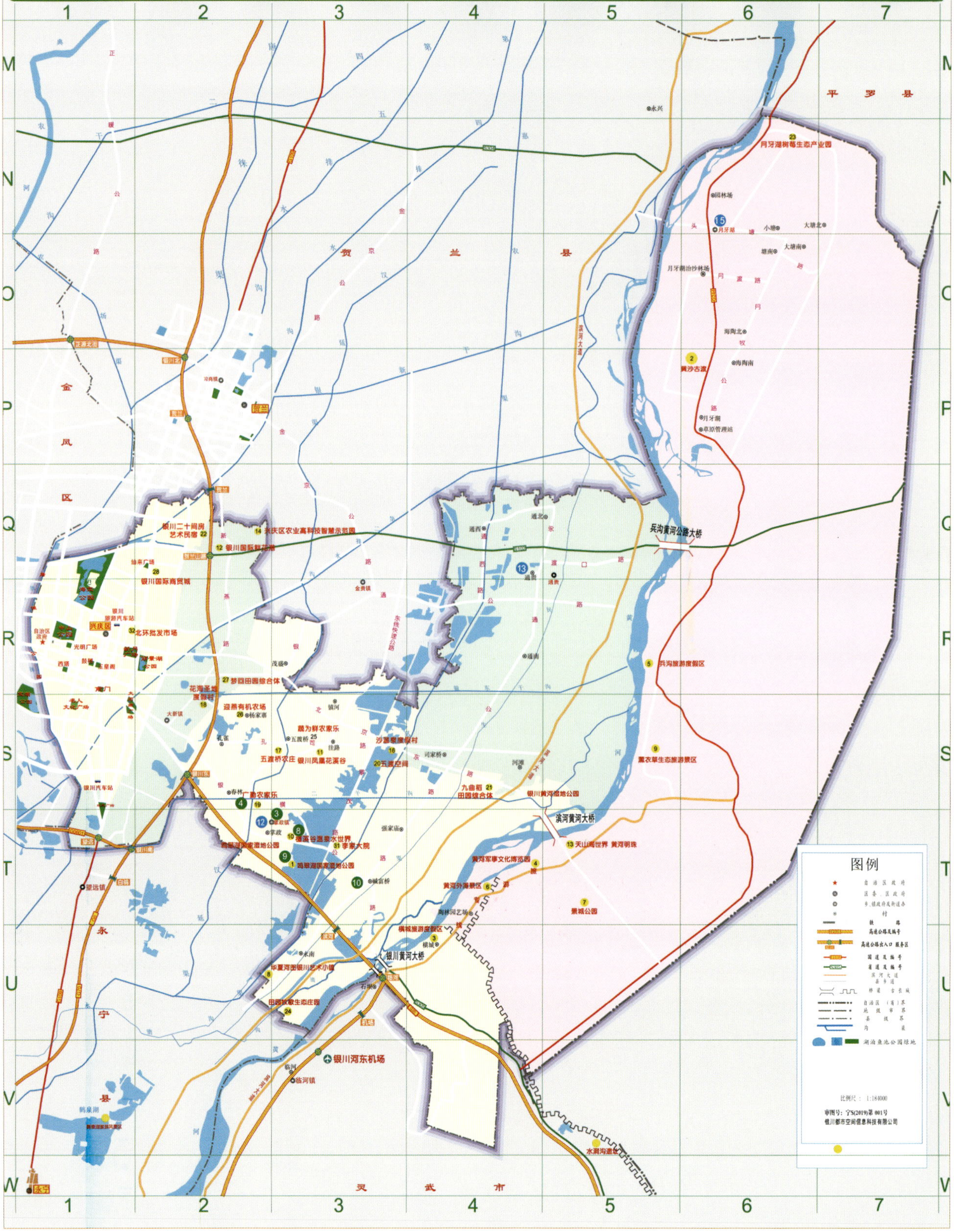
贺兰县
平罗县
金凤区
永宁县
灵武市
兴庆区
月牙湖树莓生态产业园
黄沙古渡
兵沟黄河公路大桥
兵沟旅游度假区
薰衣草生态旅游景区
滨河黄河大桥
天山海世界 黄河明珠
黄河军事文化博览园
黄河外滩景区
横城旅游度假区
银川黄河大桥
华夏河图银川艺术小镇
田园牧歌生态庄园
银川河东机场
水洞沟遗址
银川黄河湿地公园
九曲稻田园综合体
沙漠枣康村
五渡桥农庄
银川凤凰花溪谷
梦园田园综合体
银川二十间房艺术民宿
兴庆区农业高科技智慧示范园
银川国际鲜花港
银川国际商贸城
北环批发市场
银川汽车站
图例
铁路
湖泊鱼池公园绿地
比例尺 1:184000
审图号：宁S(2019)第001号
银川都市空间信息科技有限公司

兴庆区全域旅游发展

兴庆区历史悠久、人杰地灵、物产丰富、气候宜人，由于地处黄河西岸，具有充沛的地下水资源，素有百湖之称。旅游资源丰富，交通便利，位置优越。这里有全中国六大湿地之一的国家AAAA级旅游景区鸣翠湖湿地公园、国家AAAA级景区黄沙古渡，这里有国家AAA级景区檀溪谷温泉水上乐园、凤凰花溪谷和2018年最新建成的沙温泉康养度假村，这里还有以5星级农家乐五渡桥农庄为代表的农家乐集群。2018年以来，兴庆区实现旅游总人数112万人次，同比增长15.4%；实现旅游收入9600万元，同比增长11.9%。其中，农家乐接待38.5万人次，同比增长6.9%，实现收入3450万元，同比增长7.4%。

鸣翠湖国家湿地公园

国家AAAA级旅游景区、国家水利风景区，是我国第三家、西部地区及黄河流域首家国家湿地公园。享有“中国最美的六大湿地公园之一”和“中国生态保护最佳湿地”的美誉。景区湖光戏柳，草树烟绵，百鸟翔集，鱼跃其间。有自然植物109种，鸟类97种，不是江南，胜似江南。

鸣翠湖国家湿地公园（AAAA）

地址：银川市兴庆区掌政镇（向东一公里）

电话：0951—6121966

不断夯实公共文化服务阵地

2017年，多个文化重点工程相继竣工，城市品质加速升级，市民幸福感直线上升。新建成4个综合性文化服务中心和2个示范性农民文化大院。指导大新镇、玉皇阁北街、解放西街、中山南街、银古路等单位文化站、中心图书馆的规划建设，及时为兴庆区图书馆和10个街道中心图书馆采购和补充图书。

兴庆区旅游观光点导引

序号	名称	地址	地图索引
1	鸣翠湖国家湿地公园AAAA	兴庆区掌政镇	T3
2	黄沙古渡原生态旅游区AAAA	兴庆区月牙湖乡	Q6
3	横城旅游度假区AAAA	银川市滨河新区	U4
4	黄河军事文化博览园AAAA	银川市滨河新区	T4
5	兵沟旅游度假区AA	银川市滨河新区	R5
6	黄河外滩景区AAA	银川市滨河新区	T4
7	景城公园	银川市滨河新区	T5
8	华夏河图银川艺术小镇	银川市兴庆区	U2
9	薰衣草生态旅游景区	银川市滨河新区	S5
10	檀溪谷温泉水世界AAA	兴庆区掌政镇	T3
11	银川凤凰花溪休闲观光园AAA	兴庆区掌政镇	S3
12	银川国际鲜花港	兴庆区大新镇	Q2
13	天山海世界	银川市滨河新区	T5
14	兴庆区农业高科技智慧示范园	兴庆区大新镇	Q2
15	兴庆文旅夜市.花莎快乐牧场	兴庆区凤凰街	C2
16	沙温泉度假村	兴庆区掌政镇	S3

社区书屋明细表

序号	社区书屋名称	地址	藏书册数	索引
1	景园社区图书室	景园社区	1600册	J3
2	上前社区图书室	上前社区	800册	L5
3	天盛社区图书室	天盛社区	500册	I3
4	家园社区图书室	家园社区	300册	L3
5	祥和社区图书室	祥和社区	1600册	I2
6	百库轩	祥和社区	100余册	H3
7	鼓楼社区电子阅览室	鼓楼社区	60册	F3
8	商城社区书屋	商城社区	2000册	G3
9	正丰社区书屋	正丰社区	1500册	G2
10	富华社区书画室	富华社区	1000册	H3
11	宝庆云翠园书屋	宝庆云翠园	100余册	H3
12	崇安市民学校图书室	崇安社区	200册	D2
13	阳澄社区书屋	阳澄社区	1000册	D2
14	阳澄社区书屋	阳澄社区	100册	D2
15	北安社区书屋	北安社区	500册	D2
16	北塔社区	北塔社区	321册	B2
17	自强社区图书电子阅览室	自强社区	3000册	F2
18	利群社区党群阅读站	利群社区	600册	G2
19	大庙社区书屋	大庙社区	1040册	G2

文化活动站明细表

序号	设施名称	地址	索引
1	文化街街道办文化活动站	银河巷教育局白楼	E4
2	胜利街街道办文化活动站	附院西大门	J3
3	前进街街道办文化活动站	前进街	F3
4	新华街街道办文化活动站	书苑东巷	H3
5	玉皇阁北街街道办文化活动站	柏悦酒店西边	E4
6	凤凰北街街道办文化活动站	唐徕四幼东边	D1
7	富宁街街道办文化活动站	富宁街	F2
8	解放西街街道办文化活动站	沙湖宾馆斜对面	E3
9	中山南街街道办文化活动站	天都 16 区	F4
10	丽景街街道办文化活动站	宁景花园	B5
11	银古路街道办文化活动站	兴隆街	H4
12	掌政镇文化活动站	—	T2
13	通贵乡文化活动站	—	Q4
14	大新镇文化活动站	—	I6
15	月牙湖乡文化活动站	—	N6

兴庆区旅游观光点导引

序号	名称	地址	地图索引
17	五渡桥农庄　五星级	兴庆区掌政镇孔雀村	S3
18	花海盛地度假村 四星级	兴庆区大新镇塔桥村	S2
19	广勤农家乐　四星级	兴庆区掌政镇广勤渔场	S2
20	五渡空间	兴庆区掌政镇五渡桥村8队	S3
21	九曲稻田园综合体	兴庆区掌政镇	S4
22	银川二十间房艺术民宿	兴庆区兴水路绿地21城 A区	Q2
23	月牙湖树莓生态产业园	兴庆区牙湖乡	N6
24	田园牧歌农庄　三星级	兴庆区掌政镇永楠村	U3
25	蔬为鲜农家乐　三星级	兴庆区掌政镇五渡桥村	S3
26	迎燕有机农场　三星级	兴庆区大新镇杨家寨二队	S2
27	梦回田园综合体	兴庆区大新镇	R2
28	银川国际商贸城	兴庆区丽景北街1号	Q2
29	新华百货　王府井百货	新华东街12号	F3
30	银川商城　温州商城	南薰东街115号	G3
31	李家大院　三星级	兴庆区掌政镇碱富桥村	T3
32	北环批发市场	兴庆区上海东路1054号	R2

社区书屋明细表

序号	社区书屋名称	地址	藏书册数	索引
20	西关社区书屋	西关社区屋	400册	F1
21	中寺社区书屋	中寺社区	310册	F2
22	南苑社区书屋	南苑社区	300册	G2
23	文艺社区书屋	文艺社区	500册	E3
24	华新社区书屋	华新社区	400册	D2
25	北苑社区书屋	北苑社区	1596册	D3
26	雅苑社区书屋	雅苑社区	2000册	C4
27	锦泰社区书屋	锦泰社区	300册	C2
28	景墨社区书屋	景墨社区	2400册	C4
29	银虹社区书屋	银虹社区	1000册	D4
30	庆春社区书屋	庆春社区	1000册	B5
31	华林社区书屋	华林社区	1300册	G3
32	陶瓷社区书屋	陶瓷社区	1200册	G2
33	银华社区书屋	银华社区	3000册	H2
34	星光华社区书屋	星光华社区	1300册	I2
35	星光华阅读广场	星光华社区	1000册	I2
36	丰收社区书屋	丰收社区	1045册	E3
37	山河湾社区书屋	山河湾社区	1000册	F4
38	山河湾社区书屋	山河湾社区	200册	F4

兴庆区全民健身设施情况

序号	设施名称	地址	索引
1	宁夏体育馆	公园街光明广场	E2
	宁夏体育场	公园街光明广场	E2
2	湖滨体育馆	湖滨街	E3
	湖滨体育场	湖滨街	E3
3	兴庆区体育馆	掌政镇	T3
	掌政镇足球场	掌政镇	T3
4	典农公园运动场	掌政镇	T2
5	丽景湖公园围网式足球场、篮球场、门球场、羽毛球场	丽景街	F5
6	湖滨游泳馆	湖滨街	E3
7	龙池游泳场	凤凰街	G2
8	檀溪谷水世界	掌政镇	T3
9	鸣翠湖水世界	掌政镇	T3
	鸣翠湖滑雪场	掌政镇	T3
10	广勤垂钓基地	掌政镇	T3

兴庆区旅游星级饭店

四星级

西港航空酒店　电话: 4090888　4090333　地址：兴庆区胜利北街87号
太阳神大酒店　电话: 7868888　7869999　地址：兴庆区北京东路123号
工会大厦　电话: 6016898　6024931　地址：兴庆区解放东街1号
黄河明珠　电话: 6036666　地址：兴庆区新华东街520号
同福大饭店　电话: 6032678　6091999　地址：兴庆区新华东街93号
海天大饭店　电话: 7866666　地址：兴庆区解放东街333号
盛世花园酒店　电话: 6037999　6025333　地址：兴庆区玉皇阁北街46号

三星级

昊源宾馆　电话：6021286　6072328　地址：兴庆区 裕民巷15号
银泉宾馆　电话: 4081688　4084160　地址：兴庆区胜利北街157号
玉皇阁酒店　电话：6026031　6090616　地址：兴庆区玉皇阁北街
金汇大酒店　电话：4082388　地址：兴庆区清和南街649号
富源大酒店　电话：3996666　地址：兴庆区上海东路896号
长相忆宾馆　电话：6710668　6710685　地址：兴庆区玉皇阁北街120号
沙湖宾馆　电话：5012128　5028048　地址：兴庆区文化西街58号
世纪大厦　电话：6080688　6080588　地址：兴庆区玉皇阁北街24号
祥元宾馆　电话：4915888　4915889　地址：兴庆区长城东路280号

社区书屋明细表

序号	社区书屋名称	地址	藏书册数	索引
39	信义社区书屋	信义社区	1500册	F4
40	迎宾社区书屋	迎宾社区	1730册	H4
41	丽景社区书屋	丽景社区	1200册	F6
42	宝南社区书屋	宝南社区	1518册	G6
43	福园社区书屋	福园社区	1518册	E6
44	景湖社区书屋	景湖社区	2000册	F6
45	丽水社区书屋	丽水社区	600册	G6
46	八一社区静心雅书屋	八一社区	3000册	E5
47	北关社区书屋	北关社区	200册	E4
48	北关社区书屋	北关社区	300册	E4
49	永康社区书屋	永康社区	392册	E4
50	青山社区书屋	青山社区	2000册	E4
51	东方社区书屋	东方社区	2000册	F4
52	新宁社区书屋	新宁社区	470册	G4
53	民乐农家书屋	民乐社区	1400册	G4
54	中山南街书屋	中山南街	790册	F4
55	康华社区书屋	康华社区	200册	G5
56	安和社区书屋	安和社区	1100册	G5
57	金南社区书屋	金南社区	1800册	H3

兴庆区

文化旅游

旅游观光点，星级饭店，社区书屋，文化活动站，健身设施检索导引

▶人口及住户

常住人口：755441人，其中女性391470人
住户总数：285072户
平均家庭人口数：2.65人
少数民族人口：172618人
乡村人口：75242人
出生率：9.2‰
死亡率：3.93‰
自然增长率：5.27‰

▶地理及天气

位置：北纬38° 20′ ~ 38° 32′
东经106° 15′ ~ 106° 32′
面积：828平方公里
海拔：1107.5 ~ 1112.5米
全年平均气温：10.4℃
年平均降水量：145.5毫米
降水日数：89天
年平均蒸发量：1266毫米
无霜期：157天
空气质量优良天数：312天
绿化面积：1518.91公顷
森林面积：3362.29公顷
湿地面积：10889.5公顷
森林覆盖率：5.19%
绿地率：43.7%
城市建成区绿化覆盖率：42.92%
人均公共绿地面积：10.8平方米

▶就业

城镇新增就业人数：9961人
城镇登记失业率：3.26%

▶社会保障

城乡居民养老保险参保人数：39110人

城乡居民医疗保险参保人数：251914人

▶主要经济指标

地区生产总值比上年增长：6.6%

其中，第一产业增加值增长：1.9%

第二产业增加值增长：9.5%

第三产业增加值增长：6.3%

社会消费品零售总额增长：3.1%

城镇居民人均可支配收入：41218.4元

农村居民人均可支配收入：17128.7元

▶农业

农作物播种总面积：16.97万亩

粮食产量：7.1万吨

▶教育

普通中学：27所

小学：51所

普通中学专任教师：2768人

小学专任教师：2999人

普通中学在校学生：41499人

小学在校学生：62855人

学龄儿童入学率：100%

初中升学率：100%

▶旅游

景区接待游客量：216.8万人次

农家乐接待游客量：39.8万人次

旅游收入：1.53 亿元

▶民政

结婚登记：2079对

离婚登记：1116对

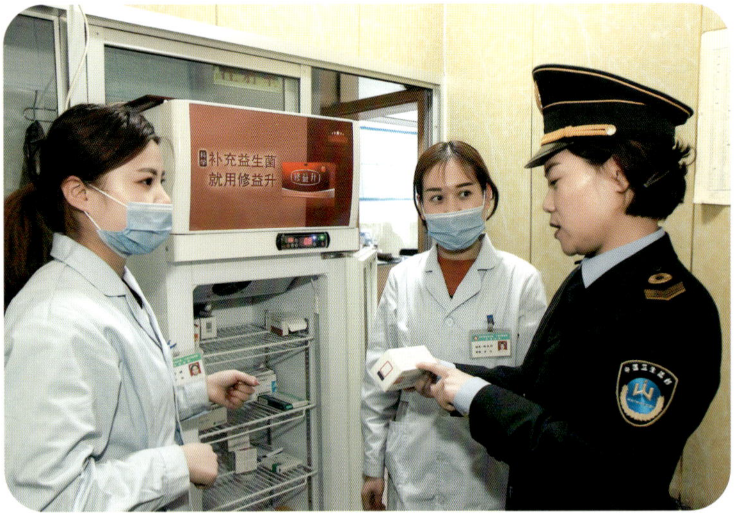

2019年3月4日下午，兴庆区卫生监督所卫生监督员监督检查医疗机构诊所

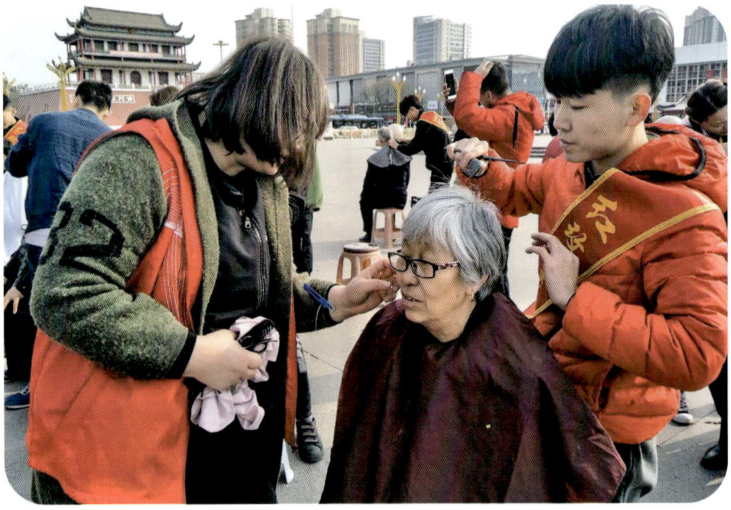

2019年3月7日，南门广场开展“三月女人天，亮丽妇女节”活动

2019年3月7日，兴庆区就业扶贫成果（产品）展示暨就业扶贫车间推介活动在银川市行政中心举办

2019年2月23日，环卫中心员工清洗步行街

2019年3月14日，银川市重点项目督察组督查兴庆区一季度项目建设及固定资产投资情况

2019年3月15日，兴庆区开展春季农资打假行动，维护农资经营市场秩序

2019 年 3 月 22 日，玉皇阁北街为退役军人家庭悬挂光荣牌启动仪式

2019 年 4 月 6 日，银川市兴庆区人民检察院开展“我将无我，不负人民重托”开放日活动

2019 年 4 月 15 日，“4・15”全民国家安全教育日宣传教育活动启动仪式现场

2019 年 4 月 16 日下午，由兴庆区残联主办的 2019 年兴庆区残疾人订单式手工绳编培训班结业，图为获得奖励者

2019 年 4 月 24 日，银川市 2019 年脱贫攻坚网格化管理及产业扶贫现场会在兴庆区召开

2019 年 5 月，高台寺社区宪法主题法治文化广场建成，图为广场上“宪法宣誓誓词”碑文

2019年5月13日，兴庆区委一行人员专项调研扫黑除恶工作

2019年5月18日，兴庆区回民二小举行“山河稚子”大型素质教育展

2019年6月1日，举行“航空强国、筑梦蓝天”“六一”航空科普展活动

2019 年 6 月 4 日，监察员检查用工单位相关规章制度是否完备

2019 年 6 月 4 日，首届“花开兴庆”银川市民花艺大赛举办

2019 年 6 月 4 日，中山南街金南社区志愿者和武警部队官兵共庆端午佳节

2019 年 6 月 16 日，“防风险　除隐患　遏事故”2019 年“安全生产月”主题宣传活动举行

2019 年 6 月 24 日，兴庆区“文明之约・千人广场舞”活动在南门广场举行

2019 年 7 月 3 日，兴庆区主要领导调研社会组织孵化基地

2019 年 7 月 10 日，开展“防风险除隐患遏事故保大庆”药品安全百日专项整治行动

2019 年 7 月 19 日，兴庆区团委联合和仁堂口腔医院，在月牙湖乡滨河家园二村开展口腔健康知识宣传教育和公益义诊活动

2019 年 7 月 22 日，兴庆区干部开展为期 9 天的“三同”锻炼

2019 年 7 月 22 日，中华全国总工会女职工部人员到兴庆区调研女职工工作

2019 年 8 月 22 日，兴庆区秋季重大项目开工暨银川吾悦广场项目奠基仪式开幕

2019 年 8 月 30 日，中国银保监会中介监管部一行人员到江泰保险经纪宁夏分公司调研

2019年9月5日，“砂之船（银川）奥特莱斯项目”签约仪式在银川行政中心举行

2019年9月30日，女子中队成员朱蕾、郭婷钰为中华人民共和国成立70周年祝福

2019年12月4日，兴庆区就业创业和人才服务局举办专场招聘会

2019 年，春季植树造林一角

2019 年，勺捕法开展蚊蚴监测工作

黄河银行客户经理现场调查“两个带头人”合作社的经营情况

目 录

C O N T E N T S

民主党派・群众团体

法治

军事

农牧·绿化·水利

工业

城建・交通

城乡管理

商贸・物流

邮政・通信

卫生·健康

民生·服务

科技·环保

教育・文化・档案工作

体育・旅游

乡・镇・街道（管委会）

人物・荣誉

▷特载

工作报告

勇立潮头奋楫前行
决胜全面建成小康社会
奋力开启全面建设社会主义现代化新征程

——在中共兴庆区委三届六次全体会议上的工作报告（摘要）

兴庆区委书记　刘甲锋

2020年1月3日

2019年是中华人民共和国成立70周年，是全面建成小康社会关键之年，也是兴庆区加快转型发展的重要一年。在自治区、银川市党委的坚强领导下，区委常委会团结带领兴庆区各级党组织和广大党员干部群众，深入学习贯彻党的十九届三中、四中全会精神，认真贯彻自治区、银川党委各项决策部署，统筹推进稳增长、促改革、调结构、惠民生、防风险、保稳定各项工作，兴庆区经济社会发展和党的建设各项事业取得新成效。预计2019年，地区生产总值同比增长8%；一般公共预算收入9.71亿元，同口径增长3.9%；城镇居民人均可支配收入41180元，同比增长7.5%；农村居民人均可支配收入17096元，同比增长7.5%。

一年来的主要工作是：

一、扎实开展“不忘初心、牢记使命”主题教育

牢牢把握“守初心、担使命，找差距、抓落实”的总要求，坚持把学习教育、调查研究、检视问题、整改落实贯穿主题教育始终，分领域制定“1+4”实施方案。持之以恒抓学习，通过读原著、学原文、悟原理，推动理论学习往深里走、往心里走、往实里走。深入一线抓调研，县级党员领导干部深入田间地头、街巷楼院，到问题最集中、矛盾最突出的地方开展调研213次，了解民情、掌握实情，探索形成解决问题的实招硬招。聚焦问题抓检视，广泛征集各类意见建议1217条，制定整改措施1463条。找准差距抓整改，开展13项专项整治并持续推进，解决了停车难、烂尾楼、集中供暖问题等一批群众反映强烈的操心事、烦心事、揪心事，以整改落实成效提升群众获得感和幸福感。

二、加快新旧动能转换，不断提高发展质量效益

以项目建设统领经济发展。全年共实施项目108个，开工率100%。新华百货集团总部大楼等一批转型升级项目建成并投入使用，新城控股吾悦广场等一批新项目开工建设，砂之船银川奥莱等一批招商项目签约落地。全年实施招商引资项目55个，到位资金94.84亿元，超额完成银川市下达的招商引资任务，位居全市第一。

优化产业结构促转型升级。发展总部经济和楼宇经济，成立2个楼宇经济示范基地，入驻企业80余家。

调整规划布局，启动现代服务业产城融合及城市更新规划，加快“腾笼换鸟”，北环批发市场稳步退出，为培育发展新兴产业让出空间。把推动现代服务业发展作为产业结构优化升级的重中之重，制定出台扶持意见，实施“三个一批”工程，大力发展现代物流、电子商务、健康养老、“旅游+”等新型现代服务业，推动新旧动能接续转换、协同发力。成立兴庆区属国有企业兴辰公司，提高财政资金使用效益，撬动更多社会资本参与经济社会高质量发展。

高水平全方位服务企业。制定出台8个优化营商环境方案，实行项目“首席服务官”和县级领导包抓企业机制，严格落实减税降费等政策，为3.94万户企业和个体工商户减税降费1.1亿元，出台11个重点领域奖补政策，帮助企业获得区市服务业发展引导资金、工业项目扶持资金、科技项目资金等2129万元。完成银川商贸物流服务中心功能优化和更名工作，理顺服务企业体制机制，提高管理服务水平。全面推行“一网、一门、一次”政务服务改革，60%以上事项实现“一窗受理”，办理时限压缩32%，80%以上事项实现网上办理。

旅游业拉动效应凸显。深挖“老银川”街巷历史文化资源，打造敬德街、鼓楼尚街、“花莎牧场”等一批特色文旅街区。把握滨河新区划归移交机遇，充分利用沙漠草原、湖泊湿地、田园风光等资源，打造黄河外滩、薰衣草庄园等景区，发展黄河金岸生态精品旅游，培育旅游新业态。全年旅游收入突破1.53亿元，接待游客216.8万人次。

三、统筹协调发展，改善城乡环境面貌

老城区改造持续发力。续建大新三期等3个安置区项目。加快“美丽楼院”建设，投入1.2亿元分期提升改造老旧小区96个，已基本实现物业管理全覆盖。推进既有住宅加装电梯试点工作，改善提升居住品质。投入7400万元维护改造支路及小街巷197条，新增停车位4.1万个，拆除违章建筑784处54万平方米，完善城市功能，提升城市承载力。

城市管理水平显著提升。创新实施机械化高效作业模式，打造整洁亮丽的新华商圈“旗舰街”，创建解放路等10条市容环卫示范街、铁北巷等25条主要示范街巷。建成智慧城市管理指挥运营分中心并投入使用，为智慧城市发展和社会环境治理提供技术支撑。坚持疏堵提畅，取缔17处马路市场、旧货市场和劳务市场。打好整改创建全国文明城市翻身仗，开展“十大惠民工程”，全体机关、街道干部常态化开展整改创建全国文明城市志愿服务活动。创建40个垃圾分类示范小区，实施辖区增绿及绿化景观提升工程，城市面貌和人居环境显著改善。

农业农村工作稳步推进。改善农村交通条件，建设农村公路11.1公里，整修农路4条，协调开通城区至乡村公交线路8条，投入4070万元实施美丽乡村建设，打造镇河村等农村人居环境示范点10个。稳步推进厕所革命，实施农村改厕7000户。开展“大棚房”问题专项清理整治并顺利通过国家验收。持续扩大花卉产业规模，建成首个花卉组培研发生产中心和21个花卉示范园（村），实现花卉产值2.11亿元。加快要素聚集、三产融合，兴庆区农村产业融合发展示范园被认定为首批国家级示范园。实行村规民约积分管理制，培育农村时代新风。

生态环境保护全面加强。划定调整生态保护红线，加大生态敏感脆弱区保护力度，打好污染防治攻坚战，持续巩固中央环保督察“回头看”反馈问题整改成效。坚决打赢“蓝天保卫战”，散煤治理等13项大气污染防治专项行动取得实效，推进秸秆禁烧源头管控，空气质量显著改善。着力打好“碧水保卫战”，严格落实三级河长制，入黄排水沟水质基本达标，建成4座污水处理厂并达标使用，在全区率先实现乡镇污水集中收集处理全覆盖。稳步推进“净土保卫战”，大力防控农业面源污染，建立“三减三禁”示范基地2个。

四、坚持以人民为中心的发展思想，持续增进民生福祉

脱贫攻坚取得决定性进展。深化建档立卡户动态调整和查漏补缺专项行动，实现零漏评、零错退。推进产业扶贫、金融扶贫、就业扶贫和社会兜底扶贫等措施，所有建档立卡户基本实现“两不愁三保障”，脱贫攻坚工作得到国务院扶贫开发第三方评估组的高度评价。加强对已脱贫人口跟踪评估，确保稳定脱贫。全年实现5个贫困村脱贫出列，1085户4779名建档立卡户脱贫退出，为2020年决胜脱贫攻坚战，全面建成小康社会奠定坚实基础。

兴庆教育品牌优势凸显。投入2.8亿元完成8所学校新建、续建、改扩建和维修工程，新增义务教育学位3000个。在全区率先试行公办中小学电脑派位招生，实现义务教育“阳光分班”。新建补建公办幼儿园4所，新增学前教育学位1080个。深化“互联网+教育”示范区创建，3所学校入选国家基础教育信息化应用典型案例。巩固集团化办学成果，回民二小教育集团被评为“全国教育系统先进集体”。推进“首都带首府”等教育合作模式，开展多形式、深层次联合办学，“教育在兴庆”品牌效应持续扩大。

社会保障事业扎实有效。完善

基层医疗机构布局，新建改建4所社区卫生服务站，基层公共卫生服务指标大幅提升。继续推进远程诊疗、分级诊疗，解决城乡群众“看病难”问题。圆满完成自治区下达的城乡居民养老保险和医疗保险参保任务。全面落实创业就业扶持政策，在全区率先建设“互联网+公共就业创业服务”数字化平台，城镇新增就业12449人，农村劳动力转移就业9884人。提高政府购买居家养老和残疾人居家托养服务供给能力，建成5家日间照料中心，引进社会组织运营服务14家老年活动中心。提升社会救助托底水平，在全区率先推行城乡最低生活保障审批权限下放乡镇（街道）试点工作，救助各类困难群体12.9万人次、残疾人群体1.3万人次，补齐“弱有所扶”民生短板。兴庆区获评“全区民政工作先进县（区）”。

五、加强民主法治建设，打造共建共治共享社会治理格局

深入推进扫黑除恶专项斗争。打掉“3·15”“1·29”等7个涉黑涉恶团伙，破获案件420起，扣押查封涉案资产估价9200余万元，认定“保护伞”9人，“一案三查”8人。深入开展13个领域专项整治，行业治乱成效显著。圆满完成中央扫黑除恶督导及“回头看”，对反馈问题真认账、真反思、真整改，推动扫黑除恶专项斗争纵深发展。

社会治理能力全面提升。深化平安兴庆建设，建成自治区首个“无人警局”，新华街派出所获评宁夏首个“全国枫桥式公安派出所”。实行县级领导接访和包案制，解决唐徕小区等一批历史遗留问题。严格落实安全生产责任制，连续4年未发生较大及以上级别安全生产事故。深入开展食品安全专项整治行动，确保群众“舌尖上的安全”。组建退役军人服务中心，实现退役军人三级服务网络全覆盖。创新社会治理模式，建成全国农村社区治理实验区公共服务综合信息平台并运行推广。完成兴庆区社会组织创新发展中心建设，引入13家社会组织。创建星级标准化司法所，实现五星级标准化司法所全覆盖，兴庆区荣获全国“七五”普法中期先进集体，凤凰北街司法所“兴庆经验”在全国推广。深入开展马克思主义民族观宗教观宣传教育活动，巩固全国民族团结进步示范区创建成果，示范单位已覆盖所有乡镇（街道）、村（社区），“四进”覆盖率达100%。

民主政治建设凝聚力量。发挥党委总揽全局、协调各方的领导核心作用，全力支持人大、政府、政协、人民法院、人民检察院依法依章履行职责。推进军民融合发展，争创全国双拥模范城“九连冠”。充分发挥工青妇等群团组织联系群众的桥梁纽带作用，聚集各方智慧和力量，推动形成团结奋进、共谋发展的良好局面。

六、旗帜鲜明讲政治，全面加强和改进党的建设

党的政治建设常抓不懈。区委常委会高度重视自身建设，严格遵守党的政治纪律和政治规矩，严格执行新形势下党内政治生活若干准则，认真落实民主集中制等各项制度，制定完善兴庆区委“三重一大”事项决策制度，进一步规范决策行为，提高决策水平，防范决策风险。扎实做好中央和自治区党委巡视反馈问题整改，压紧压实整改责任，推动整改工作落地见效。

基层党组织建设全面加强。形成各领域基层党建整体提升、全面加强的工作格局，筑牢建强“先锋堡垒”。落实“四个一”措施，整顿转化软弱涣散基层党组织11个。开展3轮村（社区）“两委”班子成员资格联审，清退16名不合格干部，补齐配强65名村“两委”成员。深入推进“四联四化”，创新实现在职党员到社区“双向报到”“双向兼职”，累计服务达1.2万人次。以党建引领推进业主委员会自治管理创新，建立富宁街大庙社区等8个示范点，以点带面推动业主委员会创新自治。干部人才队伍建设成效显著。突出政治标准，强化实干担当导向，提拔重用干部80名，公开选拔副科级干部10名，调任事业干部11名。大力实施干部素质能力提升计划，举办党性修养提升、乡村振兴等专题培训班5期，培训各级干部400余人。实施人才强区战略，引进39名高层次人才，培育优秀骨干人才119名，充分发挥人才支撑引领作用。宣传思想工作守正创新。旗帜鲜明坚持党管意识形态，严格落实意识形态工作责任制，强化关键领域舆情监测、研判处置和管控引导。开展各类主题宣讲活动960余场，覆盖人数3.6万人。建成兴庆区融媒体中心，推动媒体深度融合发展。在中央和区、市各类主流媒体刊播新闻5500余次，有效提升兴庆区知名度和影响力。兴庆微博办结量、办结率稳居全市各县（市）区首位，荣获“2019政务V影响力峰会优秀服务案例奖”。党风廉政建设纵深推进。认真履行全面从严治党主体责任，支持纪委监委履行监督责任，实行“两个责任”全程纪实制度，全面完成纪委监委派驻机构改革，扎实开展违反中央八项规定精神突出问题，形式主义、官僚主义及漠视侵害群众利益问题专项整治，巩固拓展作风建设成果。制定基层减负21条措施，圆满完成基层减负指标任务。建立科级干部廉政档案，强化监督管理。坚持有腐必反，给予党纪政务处分119人。全力做好市县（区）一体化联动巡察，持续推进风清气正的政治生态建设。

政府工作报告

——2020年1月17日在银川市兴庆区第四届人民代表大会第四次会议上

银川市兴庆区区长　周福琦

2019年，在区市党委、政府和兴庆区委的坚强领导下，在人大、政协的监督支持下，兴庆区政府深入学习贯彻习近平新时代中国特色社会主义思想和党的十九大、十九届四中全会精神，扎实开展“不忘初心、牢记使命”主题教育，坚持稳中求进工作总基调，全面贯彻新发展理念和高质量发展要求，践行“绿色高端和谐宜居”城市发展理念，攻坚克难，锐意进取，较好地完成了兴庆区四届人大三次会议确定的目标任务。

预计2019年，地区生产总值同比增长8%；规模以上工业增加值同比增长10%；一般公共预算收入9.71亿元，同口径增长3.9%；社会消费品零售总额同比增长4%；城镇居民人均可支配收入41180元，同比增长7.5%；农村居民人均可支配收入17096元，同比增长7.5%。

——过去的一年，我们坚持高质量发展，转型升级步伐加快

优势产业持续壮大。出台扶持服务业发展政策24条，制定总部经济和楼宇经济发展指导意见，建成自治区首个楼宇经济示范基地和服务中心。实施“腾笼换鸟”，北环等市场腾退升级全面启动。加速友爱商圈扩容，兴庆万达、吾悦广场等项目加快推进，碧桂园、万科等世界500强企业入驻。激发新华商圈活力，国芳百货、王府井百货等商贸企业加速业态重组，新华百货东门购物广场建成投运，新华商圈年销售额达77亿元，商气人气风头仍劲。

特色产业积厚成势。加快推进全域旅游发展，打造鼓楼尚街等观光夜市3个，夜间文旅悄然起步。黄沙古渡、军博园等旅游景区接待能力增强，兴庆区全年接待游客216.8万人次、实现旅游收入1.53亿元。建成花卉示范园12个，花卉组培研发生产中心投入运行，举办第四届中国西部花卉产业发展大会，实现花卉产值2.1亿元。国龙健康园和宝丰健康养老东区即将投运，“田园式”养老基地鑫海康养中心辐射周边省区，康养产业趋向专业化、多样化、品牌化。设立通用飞机中转驿站，引入宁美航空无人机培训研发项目，新增月牙湖至盐池运输航线。

传统产业稳中有进。新建高标准农田5300亩，持续推进滨湖春色等产业融合项目，示范稻渔生态种养2000亩，划定水稻生产功能区6万亩，建成月牙湖肉牛养殖园区。落实粮食、瓜菜、水产种植养殖22.9万亩，奶牛存栏3.3万头，农业总产值实现15.08亿元、同比增长4.6%。卧龙变压器获评自治区隐形冠军企业，宁夏电力公司、东部热电等规上工业实现总产值70亿元、同比增长10%，万元GDP能耗下降12%。

重点项目储能蓄力。全年实施基本建设项目108个，社会投资占比达86%。上争资金12.6亿元。实施招商引资项目55个，到位资金94.84亿元，位居银川市第一。完成恒大足球小镇、银川第一再生水厂等项目用地征收工作，收储土地9800亩。

——过去的一年，我们坚持精准发力，“三大攻坚战”成效显著

脱贫攻坚全力推进。建成自治区规模最大、标准化程度最高的肉兔繁殖基地，月牙湖设施温室等8个项目稳步推进。建成扶贫车间8个，培育移民劳务协会9个。发放扶贫小额贷款7831万元。移民地区新增学位630个，发放贫困学生补助520万元，医疗救助2164人。46名扶贫网格员驻村包户，精准扶贫网格化工作机制在自治区得到推广。5个贫困村脱贫出列，1085户4779名建档立卡户脱贫退出，建档立卡户实现“两不愁三保

障”。高质量通过国务院扶贫开发第三方评估。

污染防治持续发力。13项大气污染防治专项行动取得实效，实现优良天数312天，同比增加23天，PM_{10}、$PM_{2.5}$同比分别下降30.5%、15.8%。严格落实三级河长责任制，永二干沟等入黄排水沟水质稳定达标，4座乡镇污水处理厂建成投运，在自治区率先实现乡镇污水集中收集处理全覆盖。推进农业面源污染治理，化肥、农药和除草剂亩均用量持续下降，畜禽粪污资源化利用率达99.7%。

风险管控积极有效。化解存量债务19.66亿元。整治金融领域突出问题，严厉打击“套路贷”等违法犯罪行为，侦办案件27起，涉及资产3265万元。化解唐徕小区等回迁安置和金水花苑等安置区不动产权登记遗留问题，信访积案化解率达93%。强化灾害应急处置能力，打赢非洲猪瘟阻击战，安全生产形势基本稳定。打造兴庆义警队伍102支，社会治安风险预警预防和有效处置率达100%。

——过去的一年，我们坚持建管并重，城乡魅力日益彰显

老城改造驶入“快车道”。完善城市公共基础设施，完成城市绿化12万平方米，建成5G基站153个，新增机动车位4.1万个、小微停车场28处。续建安置区项目3个。投入1.2亿元改造老旧小区96个150万平方米，投入7400万元维修、改造支路街巷197条，完成159个小区870万平方米供热管网改造，惠及群众29万人。

城市管理打出“精致牌”。实施创城“十大惠民工程”。拆除违建54万平方米，取缔宜春巷等马路市场17个，新建标准化农贸市场5个，打通阳澄巷等“断头路”5条。打造“文化铁北·幸福小巷”等主题示范街巷25条、市容环卫示范街10条。开展“美丽楼院”创建，建成垃圾分类示范小区40个，引入物业公司进驻76个老旧小区。建成智慧城市运营管理指挥中心，警综联动执法、机关干部包抓网格等创新做法得到推广。

美丽乡村按下“加速键”。投入803万元实施乡村道路亮化工程，建设农村公路11.1公里，开通城乡公交线路8条。建成银川滨河水系湿地，新增绿化面积734亩。持续推进水务一体化工程。整治“大棚房”问题1126个。投入4070万元实施美丽村庄建设，完成通贵乡农贸市场等示范整治工程，打造农村人居环境示范点10个。完成农村“改厕”7000户，建成公厕20座。推行村规民约积分管理制，升级“道德红黄蓝榜”，丰富文明乡风建设内容。

——过去的一年，我们坚持改善民生，百姓福祉持续增进

优质教育开启新征程。投入2.8亿元，新建、续建学校8所，增加学位4048个，首次在公办学校实行电脑派位招生。开展小区配套幼儿园专项治理，新增公办及普惠性幼儿园15所。组建教育集团和办学共同体6个，累计实施“首都带首府”等教育共享项目6个。投入6982万元推进自治区“互联网+教育”示范区创建，完成共享智慧课堂一期项目，3所学校获评国家信息化应用典型案例。

文体卫生实现新提升。征战自治区第十五届运动会，摘得金牌54枚，位居县区金牌榜第一。新建、改造村级综合文化服务中心15个，举办庆祝新中国成立70周年文化活动91场次。新增多功能运动场11个、健身路径75套、健身步道7公里。建成社区卫生服务中心（站）4个，为65岁以上老年人免费体检3.7万人次，免费筛查新生儿耳聋基因4165名。推进“互联网+医疗”，开展远程诊疗6.04万人次。

民生保障迈上新台阶。投入兜底保障资金6484万元，救助困难人群15.64万人次。办理被征地农民养老保险1329人，超额完成养老、医疗保险参保任务。培育创业实体553个、带动就业1615人，城镇新增就业12449人，农村劳动力转移就业9884人，“零就业家庭”动态消零。建筑领域农民工工资银行卡支付率达100%。建成儿童之家119个。21家养老服务站点专业化运营，5家日间照料中心建成投运，服务对象达1.5万人。

社会治理取得新进展。投入1500万元打造城乡社区服务站13个。13家社会组织入驻创新发展中心。组建退役军人服务中心，实现退役军人三级服务网络全覆盖。加强食品安全监管，保障群众舌尖上的安全。持续深化扫黑除恶专项斗争，打掉涉黑涉恶团伙7个，破获案件420起。获评全国“七五”普法中期先进县区，建成自治区首个“无人警局”，新华街派出所获评自治区唯一“全国枫桥式公安派出所”。

——过去的一年，我们坚持改革创新，发展动力逐步释放

营商环境持续优化。建立项目“首席服务官”、县级领导包抓企业、乡镇街道服务企业机制，出台优化营商环境措施106条。深化“放管服”改革，推行一体式集成审批模式，实现一窗受理，办理环节缩减20%、办结时限缩减32%，80%以上事项实现网上办理。出台11个重点领域奖补政策，为3.94万户企业减税降费1.1亿元，清欠民营中小企业账款1.2亿元。

改革步伐明显加快。成立独资

国有企业兴辰公司。建成兴庆区融媒体中心。在自治区率先试点城乡最低生活保障审批权限下放。启动城乡环卫市场化改革。深化综合执法体制改革，承接市级划转执法职能230项，办理行政执法案件460件。完成农村宅基地确权颁证5329户，累计流转土地8.7万亩，村集体经济产权制度改革和农业水价综合改革全面启动。

科技创新活力增强。财政投入增长35%，落实科技后补助资金151万元。申报科技创新项目18个，实施本级科技项目25个，新增科技型中小企业39家。完善科技人才库，引育高层次人才39名，在库人才600名。组建花卉工程技术研究中心，引入颐高新经济产业园，4家企业获评国家高新技术企业。

——过去的一年，我们坚持自我革新，政府效能不断提升

旗帜鲜明讲政治。始终把政治建设摆在首要位置，增强“四个意识”、坚定“四个自信”、做到“两个维护”，坚决落实中央及区市党委、政府和兴庆区委各项决策部署。加强政府党组建设，制定“三重一大”决策制度和政府党组议事规则，议定重大事项202项。

依法履职抓落实。加强法治政府建设，主动向人大及其常委会报告工作，向政协通报情况，办理人大代表议案及建议意见33件、政协提案45件，办好10件民生实事。实行规范性文件和重大行政决策合法性审查，公开政府信息3628条。扎实做好中央巡视组巡视、国务院大督查、中央环保督察“回头看”、国家脱贫攻坚第三方评估等反馈问题整改工作。

廉洁行政转作风。深入开展“不忘初心、牢记使命”主题教育，检视、解决问题46个。推动中央八项规定精神持续落实，加大廉政风险防控和整治“四风”力度。加强审计监督，完成审计项目18个。落实基层减负年各项举措，会议文件下降30%，督检考下降50%，政风政纪持续好转。

同时，人民武装、双拥、外事侨务、档案、工会、共青团、妇女儿童等工作取得新进展。

【名词解释】

“美丽楼院”：老旧小区通过设施改造、环境整治、绿化美化等措施，达到“八个有”（有公共保洁、有垃圾分类、有秩序维护、有停车管理、有安全保卫、有绿化养护、有道路保养、有维修管理），做到卫生整洁、管理有序、安全保障及美化宜居。

“道德红黄蓝榜”：在乡村公示栏张贴道德红黄蓝榜，通过村民集体评选、定期公示，让先进典型上红榜，不良行为上黄榜，整改结果上蓝榜。

“首席服务官”：指由兴庆区四套班子领导担任首席服务官，每人牵头负责1~2个重点项目，协助做好项目报批等前期手续办理及实施全过程协调服务工作，力促项目早日完善手续，早日开工建设，早日竣工达效。

“精品庭院”：通过拆除破旧房屋和清理“乱搭乱建”“乱堆乱放”，合理设计和布局各类建筑物，设置各类环卫设施，进行房前屋后绿化，加强环境保护、健康生活、公益事业等宣传，达到环境卫生美、整齐有序美、庭院绿化美、风貌协调美的目的。

“四个一”：自治区扶贫办2017年提出“巩固提升100个产业扶贫示范村、巩固提升100家扶贫龙头企业、巩固提升1000家扶贫产业合作社、提升发展1万名致富带头人”。

“5080”任务：确保到2020年公办园在园学生比例达到50%，普惠幼儿占比达到80%。

“嵌入式”养老：指以社区为依托，在不脱离老人熟悉的社会关系和生活环境的前提下，为老年人在地安养提供专业化、个性化、便利化的养老服务，被誉为“一碗热汤距离”的养老。

“四送六进·文化惠民”：“四送”即送演出、送图书、送培训、送电影；“六进”即进农村、进社区、进校园、进军营、进工地、进特殊教育场所。

“1+4”实施方案：指兴庆区委在开展“不忘初心、牢记使命”主题教育过程中所制定的1个总方案和针对乡镇、村党组织，街道、社区党组织，教育系统党组织，非公有制经济组织和社会组织党组织领域中的4个子方案。

十大惠民工程：实施停车难乱停车整治、老旧小区加装电梯、提高无物业小区管理服务水平、解决入园难、供热管网改造、城市双修及突出问题整治、以克论净深度清洁、集贸市场提升改造、棚户区改造、志愿服务常态化广泛化实体化运行工程。

人民调解“兴庆经验”：指兴庆区在推进人民调解“四张网”建设、坚持发展“枫桥经验”努力实现矛盾不上交工作中，创新推出的抓组织建设，突出“三级”（领导小组、中心、镇街及村居）示范引领；抓队伍建设，完善“两专职一专家”（专职信访事项调解工作者、专职调解员、人民调解专家库）组建；抓业务培训，落实“两级培训”（县区级、镇街级）抓纠纷预防，开展“两个排查”（普遍排查、重点排查）；抓线上调解，推进“三个平台”（QQ平台远程、法律顾问微信群、微信公众号线上调解）应用等符合兴庆区实际的人民调解工作先进举措，进而形成的经验。

先锋堡垒：2018年兴庆区为全面落实新时代党的建设总要求，全面加强党的政治建设，高标准、严要求推进基层党建、干部、人才工作全面进步、全面过硬，大力实施“兴庆先锋”工程。建强建优先锋堡垒为其中之一，从突出基层党组织政治功能、狠抓党组织骨干力量和推进党群活动阵地建设三个方面着手全面提升基层党组织组织力。

四联四化：指自治区党委组织部提出的城市党建工作机制，即联动责任，推进领导体制一体化，构建链条完整、多层联动的组织领导新格局；联建组织，推进城市党建区域化，构建区域统筹、各领域融合发展的城市基层党建新局面；联创和谐，推进党建引领基层治理和公共服务精细化，构建党建引领下共建共治的城市治理新形态；联享资源，推进基础保障规范化，构建共建共享、保障有力的城市基层党建新体系。

“5080”目标：2020年公办园幼儿占比达到50%，普惠性幼儿园幼儿占比达到80%。

“街道吹哨、部门报到”工作机制：依托“城市综合管理”信息平台，实现县（区）、街道、社区三级在信息系统、基础数据等方面的深度融合、一体化运行。在此基础上，按照民有所呼、街道有应、部门有动的原则，下移执法重心、整合执法资源，明确街道为吹哨主体。

新时代“枫桥经验”：在开展社会治理中实行“五个坚持”，即坚持党建引领，坚持人民主体，坚持“三治融合”（自治、法治、德治），坚持“四防并举”（人防、物防、技防、心防），坚持共建共享。

“四个一”示范带动工程：指自治区在“十三五”时期，为大力发展特色产业，发挥示范效应，建设100个产业扶贫示范村，培育100家扶贫龙头企业，培育1000家扶贫产业合作社，发展10000名致富带头人。兴庆区为贯彻落实自治区要求，提出巩固提升1个产业扶贫示范村，巩固提升4家扶贫龙头企业，巩固提升2家，新培育1家扶贫产业合作社，提升发展10名致富带头人。

美丽庭院：对兴庆路、银横路、永通路、银通路、244国道两侧和各行政村驻地周边的农户，通过拆除破旧房屋和清理乱搭乱建、乱堆乱放，合理设计和布局各类建筑物，设置各类环卫设施，进行房前屋后绿化，达到环境卫生美、整齐有序美、庭院绿化美的目的。

媒体摘要

兴庆区今年将建20个女职工读书沙龙驿站

2月26日，记者从兴庆区总工会第一届二次全委（扩大）会议上了解到，今年兴庆区将持续扩大女职工沙龙品牌社会影响力，新建女职工读书沙龙驿站20个，推广课后职工子女托管服务工作，加强对女职工的心理疏导和人文关怀。

据悉，过去一年兴庆区新增工会组织71家、新增会员5018人、新增农民工会员2058人，并组织和动员了货车司机、快递员、送餐员等八大群体2027名职工入会。通过建立健全以职工代表大会为基本形式的民主管理制度，确保非公企业厂务公开、职代会动态建制率达92%。全面推行集体协商“红黑榜”机制，确保四项合同签订率达96%。开展女职工亲子、茶艺、烘焙、插花等素质提升活动30场次，受益女职工达1万余人，建立女职工读书沙龙驿站10个，新增爱心妈咪小屋2家。目前兴庆区总工会与12家社会机构签订协议，购买社会服务包括技能助推、法律援助、文体推介等六个大类努力实现服务职工优质化。

今年，兴庆区总工会将进一步放大阵地建设综合效益。一方面，推广职工电子书屋阅读模式。另一方面，深化集体协商“红黑榜”、工会工作项目化、女职工沙龙品牌、购买社会服务、新华商圈“职工驿站”、“一馆三中心”的运行等工作。继续加大对村级工会发展模式、草根会议、“达人+”品牌、工会会员日等一批创新工作的研究与深入，引入更多社会力量推动工会创新创效工程高质量实施，让工会创新工作真正落地生根，让职工满意。

（摘自2019年2月27日《银川晚报》
记者　孙楠）

兴庆区公布美丽河湖建设方案

银川市兴庆区正式公布《兴庆区美丽河湖建设行动方案（2019—2020年）》，方案明确在新一年里兴庆区将深入落实中央全面推行河长制决策部署，打造生态健康，水清景美、管护高效的美丽河湖，推动河湖生态持续改善。

根据《兴庆区美丽河湖建设行动方案（2019—2020年）》，2019年兴庆区将实施重点流域水生态修复治理，全面清理整治河湖乱占、乱采、乱堆、乱建“四乱”问题，综合整治重点沟道，改善河湖岸坡环境卫生。全面封堵各类排污口，农村小城镇污水处理厂全部建成启用，污水达标排放；农业面源污染得到有效防控。银新干沟、银东干沟、永二干沟、永清沟、第二排水沟等重点河湖水质总体达到Ⅳ类及以上，重点水功能区全面达标，河湖水域岸线划线界维权工作基本完成，水生态环境整体改善。2020年，兴庆区待实现地表水劣Ⅴ类水体全面消除。城市建成区全部得到管控、污水稳定达标排放、排污口全部封堵取缔、城市建成区黑臭水体全部消除。实现入黄排水沟水质稳定在Ⅳ类及以上水质，河湖水域岸线，水源地保护范围划界确权全面完成，基本实现河湖“水资源高效利用，水生态初步修复、水环境清洁优美”为目标。

为了确保目标的顺利实现，兴庆区全面启动清理整治“乱占”“乱堆”“乱建”“乱采”工作，重点清理整治非法围垦河道，非法侵占水域、滩地，种植阻碍行洪的林木及高秆作物等行为。

（摘自2019年3月1日《华兴时报》
记者　张晨阳）

兴庆区获评国家农村产业融合发展示范园

记者从银川市获悉，日前国家发展改革委、农业农村部等七部门发布首批100家国家农村产业融合发展示范园名单，兴庆区名列其中。

兴庆区依托花卉优势产业，围绕花卉产业转型升级，积极创建农村产业融合发展示范园。该区在创建过程中推广运用移动苗床系统、雾化微喷系统等前沿技术，高标准建设现代农业产业园智能温室，形成规模化发展和产业集群效应。通过创建示范园，兴庆区80%的鲜切花外销至北京、天津、上海等城市，部分远销日本、韩国、阿联酋等国家，品牌效益不断提升。园区创建至今，总产值达5.06亿元，辐射带动园区农民每年人均可支配收入达1.5万余元。

（摘自2019年3月3日《宁夏日报》 记者 张唯）

兴庆区：实施项目101个总投资828.5亿元

3月18日，银川市兴庆区2019年重大项目集中开工现场推进会召开。

据兴庆区相关负责人介绍，该区2019年计划实施的建设项目共101个，总投资828.5亿元、年度投资137.6亿元的建设项目，其中一季度开工项目52个、总投资627.3亿元、年度计划投资98.4亿元。这些项目涵盖农业、商贸、教育、医养、旅游等多个领域。

今年二季度起，兴庆区将坚持以新发展理念为引领，围绕重点产业发展，注重优势产业提档升级。

（摘自2019年3月19日《华兴时报》 记者 张晨阳）

兴庆区今年将新建扩建6所中小学幼儿园

3月23日，记者从银川市兴庆区教育局获悉，今年兴庆区将投资2.9亿余元新建扩建兴庆区第三十三小学等6所中小学、幼儿园。

据介绍，兴庆区三十三小位于清和南街东、治平路南，占地60亩，计划建筑面积3.6万平方米，规划36个教学班，学位1800人。毗邻的银川五幼分园占地16亩，计划建筑面积8000平方米，计划24个教学班，可容纳720名幼儿。兴庆区三十三小和银川五幼分园建成后，将极大方便附近居民子女就近入学入园，并有效缓解周边学校幼儿园“大班额”问题。

同时，兴庆区还将在原银川三幼旧址上新建银川二幼分园，计划建筑面积3000平方米，规划6个教学班，学位180人。在月牙湖乡新建兴庆区月牙湖海军希望小学幼儿园，预计建筑面积2700平方米，规划6个教学班，学位180人。

学校扩建方面，兴庆区今年将在银川十二中扩建一栋综合楼，计划建筑面积3300余平方米，规划12个教学班，可容纳600名学生。兴庆区第十二小学也将进行扩建，将原有24个教学班扩至36个，新增600个学位。除新扩建学校幼儿园外，兴庆区还将投资800万元对兴庆区月牙湖回民二中原有宿舍进行维修改造；投资4000万元对兴庆区十九小，二十四小等学校操场，校舍等进行暑期维修改造。

（摘自2019年3月23日《宁夏日报》 记者 张唯 实习生 张竞之）

兴庆区39项便民服务有了电子身份证 扫个二维码 办理事项一目了然

“有了这样的电子‘说明书’，既省去来回咨询的麻烦，也绿色环保。”3月25日，在兴庆区文化街街道办事处办理业务的市民高建国惊喜地发现，一个二维码代替了过去的纸质告知书让一些和老百姓息息相关的便民服务事项办理变得更加方便。

“过去老百姓在办理事项的时候，有时候不知道需要提供哪些材料，就得打电话咨询，或者到现场了解情况，我们口头告知再发放宣传册。”兴庆区行政审批服务中心工作人员告诉记者，但有些时候纸质清单如果丢失了，办事就变得很麻烦。针对如今手机的普及应用，兴庆区审批服务管理局近日完成一项系统升级，为辖区乡镇、街道受理的老年优待证、就业失业登记、城乡居民社会保险参保登记等39项便民服务事项建立了电子“身份证”。这样，办事群众只需通过手机、平板电脑等电子移动设备扫描二维码，便可对所有事项的办理流程、办结时限和材料清单一扫即知。

扫码服务既代替了“一次性告知”清单，解决了纸质指南印刷成本高、不便于保存的不足，又可以根据需要将申请表格“填写样表”增添至二维码，这样办事前、办事中的相关问题就能一目了然，实现政务服务模式由“脚尖”向“指尖”转变。

（摘自2019年3月26日《银川晚报》
记者　孙楠）

兴庆区52名最美劳动者受表彰

5月5日，记者从银川市兴庆区获悉，兴庆区以“辉煌70年致敬劳动者”为主题，举办了“五一”国际劳动节暨最美劳动者表彰会。

表彰会上，相关负责人为历届兴庆区在册三级劳模（先进工作者）献花，并为52名获得兴庆区2019年“最美劳动者”称号的职工颁发证书，其中最美劳动楷模32人、最美巾帼标兵13人、最美工匠7人。表彰结束后，来自兴庆区的广大文艺工作者通过沙画表演《砥砺奋进新时代 改革创新谱新篇》，职工朗诵《劳动者的阳光》，男声独唱《大国工匠》等节目奏响了最强音，唱响了新时代，歌颂了劳动者，极大地营造了劳动光荣、创造伟大、砥砺奋进的浓厚氛围，让尊重劳动、崇尚劳动、辛勤劳动、诚实劳动、创造性劳动在兴庆区蔚然成风。

今年，兴庆区总工会先后推荐兴庆区农业技术推广中心研究员张桂芳、兴庆区市容环境卫生服务中心清扫七公司清扫班长拜立根为自治区五一劳动奖章获得者，推荐宁夏东部热电股份有限公司运行部、银川市兴庆区景岳小学“三烈士”英雄事迹宣传队为自治区工人先锋号获得班组，推荐宁夏东部热电股份有限公司中级工程师杨瑞杰为2019年银川市“金牌工人”，意在以榜样的力量号召全体工会工作者、广大干部职工群众坚定信念，振奋精神，积极投身兴庆区经济社会建设各项事业，为切实推动高质量发展，奋力实现“兴庆率先”目标作出新的不懈努力。

（摘自2019年5月5日《宁夏日报》
记者　张晨阳）

非机动车道设隔离柱市民反映不安全
兴庆区交巡警采纳意见拆了172根

近日，我市部分街巷非机动车道设置隔离地桩的举措在市民中引发了热议，有市民反映，设置隔离地桩反而给正常行驶的自行车、电动车造成安全隐患。针对问题，5月31日，兴庆区交巡警一大队、二大队的相关负责人进行了解答。

兴庆区交巡警一大队相关负责人告诉记者，北京路各分岔路口，之前经常有机动车在非机动车道和人行道违停，妨碍非机动车和行人的正常出行。在履行相关程序，向兴庆区政府和银川市公安局交警分局报批获准后，兴庆区交巡警一大队自5月4日起在北京路唐徕渠至清和街路段设置了645根不锈钢立柱，防止机动车进入非机动车道和人行道，从而保障非机动车和行人的路权。

兴庆区交巡警二大队相关负责人介绍，该队辖区内的107个不锈钢立柱均为去年安装，设立后周边交通环境有所改善，机动车、非机动车和行人实现了各行其道。“设置立柱是治理机动车违停的一项探索之举，推行措施后，我们积极听取采纳群众意见，大部分人都表示赞同，也有一些反对声音。”兴庆区交巡警一大队负责人说，“近一个月来，我们密切观察运行情况，最终选择拆除非机动车道上的172根立柱，并联系银川市政部门尽快铺平道路，方便非机动车行驶。”该负责人表示，随后还将听取群众意见进一步改进，计划通过增加立柱反光膜警示密度和提示标志等方式，在确保各行其道的同时降低安全隐患。

（摘自2019年6月1日《银川晚报》
记者　孙楠）

兴庆区4所公办幼儿园公开摇号

7月13日，在银川市兴庆区六小永康校区会议室，一年一度的4所公办幼儿园公开摇号现场会拉开帷幕。

2019年兴庆区直属4所公办幼儿园（银川市第二幼儿园、第三幼儿园、第四幼儿园、第五幼儿园）小班共招收13个班325人，有效报名登记号数为1265个。其中，二幼计划招生100人，有效登记号数367个，中号率27.2%；三幼计划招生75人，有效登记号数为267个，中号率28%；四幼计划招生75人，有效登记号数221个，中号率33.9%点；五幼计划招生75人，有效登记号数410个，中号率18.2%。

近年来，兴庆区坚持“广覆盖、保基本、促均衡、提质量”的发展思路，通过以扩大优质学前教育资源覆盖面为重点工作，积极构建布局合理，覆盖城乡的学前教育公共服务体系。2013年出台《组建兴庆区幼教集团实施方案》实施学前教育优质资源扩面工程，以4所公办幼儿园为龙头，采取“公办+民办”“城市+农村”方式，组建4个幼教集团，每个集团带动18~19所民办园，基本实现了不同层面上的优质教育资源全覆盖。在幼教集团的带动下，民办幼儿园办园水平明显提升，银川市三类以上幼儿园56所，占民办园的74.7%，其中区、市范围园15所；农村地区的学前教育质量得到提高，银川市二类以上幼儿园14所，占农村园的70%。今年，兴庆区政府将学前教育优质资源扩面工程列入政府教育体制机制改革重要工作内容之一，计划投入资金100万元，进一步加大公办幼儿园对民办学前教育的示范引领作用，给予幼教集团化办学政策支持、资金扶持，整体提升兴庆区学前教育质量。

（摘自2019年7月14日《华兴时报》
记者　梁静）

兴庆区乡村教育注入新鲜“血液”30名优秀教师基层任教

经过严格考试，日前，30名政治合格、品行良好的特岗教师，正式进驻兴庆区掌政中学、月牙湖回民中学、月牙湖回民第二中学、大塘中心小学、海军希望小学，为乡村教育注入了新鲜“血液”。

记者从兴庆区教育局了解到，教师资源短缺、结构失衡是兴庆区基层乡镇和农村地区基础教育提升的“短板”。近年来，兴庆区通过《银川市兴庆区乡村教师支持计划（2015年—2020年）》实施办法有效拓宽了乡村教师培养和补充渠道。在招聘专业教师向农村学校倾斜，继续实施农村义务教育阶段教师特岗计划，给予支教的退休特岗级教师、自治区骨干教师、高级教师相应补贴以此解决农村教师缺编的问题。

此外，兴庆区还不断提高义务教育阶段农村学校教师补贴标准，根据不同地区给予每人每月180元至280元不等的生活补贴、300元至500元不等的交通补贴以及260元至520元不等的绩效补贴等。并按照小学不低于10%、初中不低于15%的比例评选认定乡村骨干教师，根据级别给予400元至1000元补贴，并将符合条件的乡村教师住房纳入当地住房保障范围统筹解决，切实保障特岗教师工资、补贴及社会保障待遇。

为有序推动城乡教师合理流动，兴庆区还探索实施了义务教育阶段教师队伍“区管校聘”管理体制改革，同时，从2016年开始，通过“国培计划”集中支持乡村教师和校长培训，到2020年前，将对乡村教师、校长每人进行360学时的培训，以此加强音乐、体育、美术、英语、科学、综合实践等薄弱学科，破解乡村优质教学资源不足的难题。

（摘自2019年9月5日《银川晚报》
记者　孙楠）

兴庆区海关正式成立

10月24日，中华人民共和国兴庆海关正式揭牌并对外办理海关业务。

根据海关总署对银川海关机构设置的批复，兴庆海关主要承担宁夏地区进出口通关业务办理减、减免税审核、加工贸易、进出口企业登记注册、海关稽查和贸易调查、市场调查以及银川市、吴忠市（除同心县及红寺堡区以外区域）进出境货物及运输工具的检验检疫、签证及原产地证书审签、动植物疫情收集、上报、实施动植物疫情的紧急预防措施等工作。据银川海关统计，2019年1月至9月，银川市进出口总值117.22亿元。兴庆海关共结关报关单3163票，征收税款2.2亿元，减免税款2214.40万元。检验检疫进出口货物460批，货值4226.5万美元。制发各类检验检疫证书共计1672份。签发各类原产地证书3889份，签订金额4.41亿美元。

今后，兴庆海关将积极加强与地方政府的沟通协作，当好银川市对外开放的推动者和实践者，不断深化通关业务改革，加强海关监管创新制度的研究和复制推广，优化通关流程，使广大进出口企业享受更多的海关革命红利。

（摘自2019年10月25日《华兴时报》
记者　李莹）

银川市兴庆区部分街巷命名公告

经银川市人民政府研究同意，以下街巷名称为标准名称，现予公告。

1. 春城巷：地处丽景街道办事处，位于满春宜居苑北侧，满春新村二区南侧；东西走向，东起友爱街，西至景福苑。

2. 物华巷：地处丽景街道办事处，位于众一物流规划路西侧；南北走向，南至国商北路，北至贺兰山路。

3. 汽贸南巷：地处丽景街道办事处，位于兴庆区西部汽车城南侧，佳龙苑北侧；东西走向，东起中山北街，西至双瑞巷。

4. 汽贸北巷：地处丽景街道办事处，位于兴庆区东方盛世花园南侧，西部汽车城北侧；东西走向，东起中山北街，西至双瑞巷。

5. 雅和巷：地处丽景街道办事处，位于春润园小区北，雅和园小区南，两小区中间道路；东西走向，东至清和北街，西至双庄巷。

6. 颐园巷：地处银古路街道办事处，位于颐园小区南侧，颐园南区北区侧，两小区之间；东西走向，东起友爱街，西至丽景南街。

7. 新欣巷：地处大新镇，新安家园小区中心路，南北走向。

银川市地名委员会办公室

2019年11月6日

（摘自2019年11月7日《银川晚报》）

深挖停车资源　兴庆区新增车位41221个

今年兴庆区克服老城区人多、车多、街巷狭窄等不利因素，采取老旧小区改造、闲置工地改建、机关停车场开放等多措施缓解辖区停车难压力，目前辖区已增加各类停车泊位41221个。

（摘自2019年12月2日《银川晚报》）

兴庆区医疗机构电子化注册率达100%　村卫生室等审批10个工作日办结

日前，记者从兴庆区政府获悉，今年兴庆区将辖区500余家医疗机构全部登记录入医疗机构注册联网管理系统，生成医疗机构电子档案，全面提升医疗行业信息化管理水平。

据悉，今年兴庆区对医疗机构、医师、护士三个注册系统的服务资源和数据资源信息进行互联互通、信息共享。目前辖区医疗机构电子化注册率达100%，医师护士电子化注册率已达90%以上。在养老机构内部设置的医疗机构，中医诊所中，兴庆区实行备案管理，鼓励相关专业的医技人员多点到养老机构执业，同时，放宽人员准入条件，凡已取得中医类别执业医师证书执业满3年的中医工作者，均可开办传统中医药服务诊所备案制。“医师多点执业”事项开辟快速通道，申请即办理，为医疗机构之间的人才交流提供便利。

此外，兴庆区对社会办医取消数量和地点限制，为医疗机构设置开拓发展空间。对小规模医疗机构在设置阶段直接进行勘验，不再组织专家做选址评审。同时，根据医疗机构规划实际情况，灵活变通工作方法，对社区卫生服务站，村卫生室审批中的筹设许可和设立许可两个阶段合并为一个阶段，审批时限压缩到10个工作日即可办结。

对医疗机构设置标准、验收细则实行了“量体裁衣”，按照申请类别、科目的不同，设置了精细化标准目录，申请人可以根据标准目录进行设置。

（摘自2019年12月18日《银川晚报》
记者　孙楠）

兴庆区行政审批办理时限压缩七成

“从报送材料到拿到营业执照，只用了不到20分钟。”12月8日，准备开早餐店的市民马盘云为银川市兴庆区审批服务管理局的办事效率点赞。今年，兴庆区政务审批申请材料缩减了30%，办理环节压缩了20%，办理时限压缩了67%，不见面网上可办理事项达82.8%以上。

自第二批“不忘初心、牢记使命”主题教育开展以来，兴庆区切实解决老百姓的“操心事、烦心事、闹心事”，坚持统筹兼顾，突出重点，持续优化政务服务环境。兴庆区审批服务管理局实行“前台综合受理、后台集成审批、统一窗口出件”的综合窗口服务模式，由“多窗办理”到“一窗办理”，实现“一个窗口即可承办一揽子事”。

在重新优化整合审批窗口方面，兴庆区审批服务管理局设立5个综合窗口，1个出证窗口、1个绿色通道，并合理规划后台审批区域，取消原有5大类综合窗口，集中整合为“一窗通办”。工作人员不再以部门身份分类，各综合窗口工作人员均可受理所有审批事项，改善窗口“冷热不均”，切实方便了办事企业和群众。实现“容缺办理”，申请人在材料欠缺但主要条件具备的情况下，可以以书面形式做出承诺，窗口即可先行受理，之后，申请人再履行承诺，补齐材料。

与此同时，兴庆区审批服务管理局对办事服务区，网办自助区、咨询引导区等功能区进行全面升级改造，设立志愿者驿站为群众提供“帮办服务”，由帮办人员“一对一”“手把手”教群众如何操作，协助完成申请，消除“距离感”。据悉，目前该局已将720项事项的基本信息、申请材料、办理流程等95项要素全部录入公示，进行网上办理。

（摘自2019年12月19日《宁夏日报》 记者　乔素华）

抓获嫌疑人193名　破获案件419起
兴庆区扫黑除恶挥利剑

日前，记者从兴庆区扫黑除恶专项斗争领导小组获悉，截至11月3日，兴庆区共收集摸排线索1326条，打掉2个涉黑团伙、5个涉恶团伙以及1个寻衅滋事案，抓获违法犯罪嫌疑人193名，破获案件419起。受理涉黑涉恶腐败及“保护伞”问题线索51件，立案32件，给予党纪政务处分32人，问责5人，认定“保护伞”9人，“一案三查”7人。

据了解，自扫黑除恶专项斗争开展以来，兴庆区紧紧抓住群众反映强烈、社会影响恶劣的涉黑涉恶问题，出重拳、下重手，不断向黑恶犯罪发起强大攻势。一方面，加大“打财断血”力度，对涉黑涉恶案件进行“回头看”，在彻查利益背景，斩断资金链条、挖掘关系纽带方面持续加压加力。另一方面，持续推进破案攻坚，加大专案侦办力度，侦破马海南等人涉恶案，破获案件12起，抓获犯罪嫌疑人26人。持续加大苏益雄等人涉恶案侦办力度，该案目前共抓获犯罪嫌疑人45人，立诈骗、敲诈勒索等案件329起。同时，积极加强中央督导组重点交办刘某某涉黑案件侦办工作，提速侦办进度，该案目前已至起诉阶段。

在深化综合治理，构建立体监督体系方面，兴庆区以重点行业、领域专项整治为抓手，构建扫黑、除恶、治乱一体推进高效格局，在社会治安、工程建设、自然资源、卫生健康、市场监管、校园周边环境治理等领域及辖区小旅馆、小作坊等部分行业领域突出问题进行集中整治，围绕涉“黄赌毒”“盗抢骗”“小乱污”等群众反映强烈的行业乱象延伸打击和综合整治。排查后，共停业整顿歌舞娱乐场所363家次，行政处罚宾馆旅店545家次，取缔各类黑作坊29家，查处取缔传销窝点111个，罚没款70.76万元；查处各类“黄赌毒”案件412起，打击处理黄赌违法犯罪人员1133人，破获“盗抢骗”案件1836起，抓获犯罪嫌疑人658名，同比去年同期下降27.2%。

坚持“破网打伞”。从全面从严治党、深化反腐败斗争的高度，严格落实“两个一律”“一案三查”，把查处涉黑涉恶腐败和“保护伞”案件不断引向深入。截至目前，纪委监委对兴庆区7个涉黑涉恶案件进行重新审查，又深挖“保护伞”2人。

（摘自2019年12月24日《银川日报》 记者　孙楠）

为民办实事

2019年兴庆区政府为民办10件实事

1. 实施老旧小区综合改造提升工程

主要内容：计划改造银税小区、东盛苑、大地东方等90余个老旧小区院落、巷道和供暖设施等，完善基础设施，改善居民居住环境。

责任单位：住房和城乡建设局

2. 实施教育基础设施提升工程

主要内容：计划新建续建七幼、三十三小、三十四小、三十三中，扩建二小、十二小，翻建二幼分园、四幼、十小，新增学位3800余个，满足就近入学需求。

责任单位：教育局

3. 实施农村道路改造提升工程

主要内容：计划维修改造掌政镇镇区道路（纬四路至银横路）、月兴路等农村道路，方便村民出行。

责任单位：交通运输局

4. 实施物业管理服务提升工程

主要内容：引进信用良好、社会责任感强的物业公司，对改造后的老旧小区实施专业化的物业管理；引进的物业公司进行物业服务排名和“红黑名单”公示，提升物业管理水平。

责任单位：综合执法局

5. 实施农村“厕所革命”工程

主要内容：完成7500户厕所改造任务，全面完成35个建制村整村改厕和污水管网建设，确保2020年底35个建制村生活垃圾治理、污水处理、厕所粪污处理达到100%。

责任单位：农业农村和水务局

6. 实施健身设施配套工程

主要内容：计划建设笼式多功能运动场7个，配置健身路径20套，增加部分青少年户外运动设施，优化全民健身设施布局。

责任单位：文化旅游体育广电局

7. 实施辖区停车位新增工程

主要内容：利用辖区现有空地和老旧小区改造后的空地，建设一批小微停车场，新增停车位10000个，缓解群众停车难题。

责任单位：住房和城乡建设局

8. 实施养老服务设施改造和医养结合护理员培训项目

主要内容：计划打造两个社区日间照料中心并配套设施；聘请医院专家组成教学团队，委托专业机构，开展基本康复、重症急救、生活照护等专业培训，提升服务品质，满足老龄群体日益多样化的服务需求。

责任单位：民政局、卫生健康局

9. 实施兴庆区新生儿耳聋基因、城市单亲贫困母亲和农村妇女“两癌”（宫颈癌、乳腺癌）免费筛查项目

主要内容：兴庆区户籍新生儿进行耳聋基因筛查，降低新生儿耳聋发生率；200名城市贫困单亲母亲进行“两癌”筛查并增加农村妇女“两癌”筛查人数至3000人，切实维护妇女儿童健康。

责任单位：残联、卫生健康局

10. 实施“市民驿站”项目

主要内容：集中打造一批具备生活服务、就业服务、事务办理、心灵港湾等功能的“市民驿站”，满足群众多项需求，构建15分钟城市基层群众生活服务圈。

责任单位：组织部、民政局

▷ 大事记

1月

4日，中国人民政治协商会议银川市兴庆区第四届委员会第三次会议开幕。

5日，兴庆区第四届人民代表大会第三次会议开幕。

8日，文体旅游局举办兴庆区第二届农民篮球争霸赛。

9日，兴庆区人民法院公开宣判被告人唐某瑞犯参加黑社会性质组织罪、故意伤害罪、开设赌场罪一案，决定执行有期徒刑六年，处罚金人民币五千元。这是扫黑除恶专项斗争开展后，该院宣判的首起涉黑案件。

10日，中山南街人民调解委员会获司法部坚持发展“枫桥经验”实现矛盾不上交试点工作表现突出集体称号。

11日，兴庆区依法取缔“宁夏西北古玩研究会”和“宁夏藏家俱乐部”。

15日，兴庆区总工会在银川市第十五中学举办2019年职工“迎新春”排球联赛暨兴庆区职工文体服务中心授牌仪式。联赛为期6天，分排球和气排球两个项目，辖区19个单位近200名职工参加。

17日，兴庆区召开扫黑除恶专项斗争工作资料观摩暨培训会。

18日，文体旅游局举办宁夏·兴庆第二届冰雪休闲运动会。

22日，下午，银川政协委员大讲堂——“健康管理进社区”活动在文化街游乐社区开展首讲，银川市政协副主席杨兆华、教文卫体委主要领导参加。

是日，2019年兴庆区文化科技卫生“三下乡”暨“美丽兴庆·欢乐乡村”农民文化大集系列活动，在月牙湖乡滨河家园广场启动。

23日，银川市农村产权流转交易中心召开竞标拍卖会。拍卖会现场，本地种植大户马文德竞拍通贵乡通西村54户农户254.05亩家庭承包地的2年经营权成功。

25日，兴庆区第五届“美丽中国梦·文化进万家”活动启动仪式在南门广场举行，玉皇阁广场、鼓楼步行街口、丽景湖公园等公共场所活动同步进行。

30日，兴庆区委组织部报送的微视频《我的党员老师》，获第八届全区党员教育电视片观摩交流活动一等奖。由自治区党委组织部报送参加第十五届全国党员教育电视片观摩交流活动，获优秀奖。

是月，掌政镇新创家园就业服务指导中心正式投入使用，设置便民服务、群众接待、就业服务指导、党群工作等功能室。

2月

1日，兴庆区委网络安全和信息化委员会组建成立。区委网络安全和信息化委员会办公室为区委网络安全和信息化委员会办事机构，对外加挂区网络信息化局牌子。

2日，中国共产党银川市兴庆区第三届纪律检查委员会第四次全体会议召开。

5日　14时，银川河东机场，随着犯罪嫌疑人麻某、马某某、白某某和张某被侦查员押解回银，兴庆区公安分局一举破获“8·22”特大贩卖、运输毒品案件，撕毁横跨宁甘滇三地的贩卖、运输毒品网络。

14日，兴庆区人民法院审结一起侵犯著作权的案件。这是该院受理的首起侵犯著作权类案件。该案当庭宣判，判处被告人张某有期徒刑10个月，缓刑1年，并处罚金人民币5000元。

15日，兴庆区委组织部、财政局、农牧局组成评审组，初审2个乡2个镇申报的23个发展壮大村集体经济项目，最后确定15个项目申报自治区坚持和加强农村基层党组织领导扶持壮大村级集体经济项目。

18日，银川市总工会召开十六届五次全委会议，通报2018年度全市工会业务工作考核结果和创新亮点工作评选情况，兴庆区总工会业务工作考核获一等奖，位居各县（市）区第一名，申报的《推行“5151”工作法，构建大格局一体化劳模匠心共享之家》和《积极引入社会力量，为职工提供专业化普惠性服务》项目分别获创新工作奖和亮点工作奖。

20日，兴庆区人民法院开庭审理被告人王某某、姚某、吕某某等8人涉嫌抢劫、诈骗、故意伤害案。该案是开展扫黑除恶专项斗争以来，兴庆区法院审理的首起涉恶案件。

22日，兴庆区人民法院审理的首例刑事附带民事公益诉讼一案公开宣判，依法判决被告人郭某某犯非法狩猎罪，判处有期徒刑1年，同时判令被告人赔偿因非法狩猎47只斑嘴鸭给国家造成的直接经济损失23500元、就非法狩猎行为向社会公众公开赔礼道歉。

是日，凤凰北街崇安社区居家养老服务理事会成立。

25日，兴庆区文化旅游体育广电局正式挂牌，举行挂牌仪式。

是日，解放西街街道及各社区挂牌成立“退役军人服务站”，配置专项工作人员。

是日，兴庆区审批服务管理局举行揭牌仪式，兴庆区委常委、常务副区长冯德旺出席揭牌并致辞。

28日，共青团银川市兴庆区解放西街代表大会召开，选举产生新一届工作委员会委员11名，并在第一次全委会选举产生书记1名、副书记3名。

1—2月，兴庆区文明办组织各社区参加全国网络春晚活动，获“最佳组织奖”。

3月

2日，兴庆区委书记朱韶峰主持召开兴庆区上海交通大学国际健康大厦项目推进座谈会，与上海交通大学国家健康产业研究院院长鲍勇一行就项目推进事宜座谈。

3日，全国第20次“爱耳日”当天，兴庆区残联与自治区、银川市残联在银川市光明广场开展“关爱听力健康，落实国家救助制度”爱耳护耳宣传活动。

5日，兴庆区文化馆首期旗袍秀培训班正式开班，200余名旗袍爱好者参加培训。

7日，兴庆区文化旅游体育广电局开展的品牌活动——兴庆欢歌“千人广场舞”大家跳活动在新华商圈举行，来自各街道办事处、民间文艺团队的近30支艺术团亮相新华商圈，展示广场舞《最美的中国》《点赞新时代》。

是日，兴庆区妇联、文化旅游体育广电局以“倾情礼赞新中国·巾帼奋进新时代”为主题，在兴庆区鼓楼步行街口广场联合举办纪念“三八”国际妇女节表彰暨文艺展演活动。

13日，自治区统计局副局长梁建明一行调研兴庆区第四次全国经济普查工作。

14日，兴庆区老干部服务中心（副科级）成立，为兴庆区委组织部所属事业单位。

15日，民政局召开最低生活保障审批权限下放乡镇人民政府（街道办事处）试点工作启动会，4个乡镇11个街道办事处实行最低生活保障审批权限下放乡镇人民政府（街道办事处）试点工作。

20日，“追梦新征程，社工在行动”宣传周系列活动暨兴庆区社会组织孵化基地入驻仪式启动。

22日，银川市残联在湖滨体育场举办“2019年银川残疾人就业援助专场招聘会”。

是日，兴庆区委政策研究督查室更名为兴庆区委政策研究室。

25日，兴庆区人民法院公开宣判受理的首起涉恶案件，被告人王某某等8人涉恶犯罪集团成员，因犯抢劫罪、诈骗罪、故意伤害罪，分别被判处5年至15年6个月不等有期徒刑。

31日，世界孤独症日来临前夕，兴庆区残联联合多家单位在银川市兴庆区海宝公园举办“让爱来　让碍走”主题环北塔湖公益慢跑活动，1600余名运动爱好者和50余名孤独症儿童及其家长参与活动。

4月

1日，兴庆区市容环境卫生服务中心启动精细化作业，清扫五公司在辖区165万平方米开展捡拾烟头活动，至4月5日，5天时间内捡拾烟头100公斤，约50万个烟头。

是日，中华全国总工会基层工作部副部长张智君一行，到兴庆区指导调研工会工作。

1—2日，统战部在宁夏社会主义学院举办2019年宗教活动场所主要教职人员和管理人员培训班，兴庆区委常委、统战部部长吴小平等领导参加开班仪式。辖区95名宗教活动场所主要教职人员和管理人员参加培训。

3日，兴庆区残联和月牙湖乡政府协商，月牙湖乡残疾人肉兔养殖基地内兔舍及配套设施、设备、资产等移交月牙湖乡人民政府统一管理使用，兔场实行自主管理、自主经营、自负盈亏。

9日，中山公园“妇女之家”挂牌成立，召开中山公园第一次妇女代表大会，选举产生中山公园妇联执委23人、副主席4名、主席1名。

10日，兴庆区首届社区公益创投项目申报说明会暨项目设计培训会举办。

12日，兴庆区委网络安全和信息化委员会第一次会议召开。区委书记朱韶峰主持会议，分管领导和网信委成员单位主要负责人参加会议。

是日，兴庆区召开2019年整改创建全国文明城市动员大会。正式出台2019年兴庆区创建全国文明城市工作整改方案。

17日，澳大利亚人权委员会及全国各省市的妇联代表观摩团一行180余人，到兴庆区人民法院观摩妇女维权及未成年人保护创建工作。

是日，兴庆区第五批非遗项目专家评审会召开。评审组由银川市非遗保护中心专家组成，评审兴庆区申报的非物质文化遗产项目，申报项目有传统技艺、传统美术、传统医药、民俗共4个类别10个项目，12名非遗代表性传承人及1个传承基地和1个传承点。

22日，兴庆区人民法院依法公开开庭审理公诉机关指控的被告人纳某某、王某等32人涉嫌组织、领导、参加黑社会性质组织等罪一案。该案是自扫黑除恶专项斗争开展以来兴庆法院受理的第一起社会影响重大的涉黑案件。

23日，自治区人大常委会副主任姚爱兴带领调研组到兴庆区宁夏文昶手工布艺文化有限公司星星小镇非遗传承基地，调研非物质文化遗产传承保护立法。

24日，国务院安委会安全生产和消防工作第十二考核巡查组检查兴庆区安全生产和消防工作。

是日，银川市组织各县区扶贫办及乡镇、贫困村60余人，在兴庆区月牙湖乡召开全市2019年脱贫攻坚网格化管理及产业扶贫观摩现场会。

27日，银川市兴庆区人民法院依法公开开庭审理的被告人纳某某、王某等人涉嫌组织、领导、参加黑社会性质组织等罪名一案进入法庭辩论环节。至此，被告人纳某某、王某等32人涉嫌组织、领导、参加黑社会性质组织等罪名一案庭审全部结束。因该案涉及的犯罪事实多、案情复杂，法庭宣布该案将经合议庭合议后择期宣判。

30日，银川市政协杨主席一行，到文化街游乐社区党委举行授牌仪式，正式在游乐社区党委建立银川市政协教文卫体委员会功能党支部党员结对共建活动阵地。

5月

5日，中山南街办事处联合兴庆区综合执法局各中队、交警二大队取缔原兴庆区劳务市场，所有外来务工人员全部搬至清和街新的劳务市场。

6日，兴庆区纪念五四运动100周年特别主题团日活动在银川市第十五中学体育馆举行。500余人参加活动。

12日，应急管理局协调兴庆区减灾委员会成员单位集中在“5·12”全国减灾日开展宣传活动，现场发放各类宣传品1000余份，接受群众咨询超过200人。

14日，自治区高级人民法院院长沙闻麟专项督导兴庆区扫黑除恶专项斗争工作，在银川市公安局兴庆分局扫黑办召开重点案件工作座谈会。

16日，银川市（兴庆区）第29次全国助残日“自强脱贫　助残共享”主场活动在丽景湖公园举办。

17日，“兴庆区携手共建文明城市暨第十六届湖城之夏文化季文艺演出启动仪式”在丽景湖文化广场举行。

30日，兴庆区总工会举办“喜迎新中国成立70周年　知法懂法守法”法律知识竞赛，18支代表队54名选手参加。

6月

1日，兴庆区文化旅游体育广电局在银川鸣翠湖国际湿地公园举办“见人见物见生活　魅力文化有传承”展示周活动。

是日，银川市科协主办，兴庆区科协承办的“航空强国、筑梦蓝天”航空模型科普展在兴庆区海宝公园举办。

2日，兴庆区重大网络舆情处置工作领导小组办公室成立。领导小组办公室设在兴庆区委网信办，杨晓玲同志兼任办公室主任。

3日，台湾统一联盟党参访团一行32人到中山公园“妇女之家”现场观摩考察。

4—5日，第四届中国西部花卉产业发展大会在银川国际商贸城召开并落幕。

11日，宁夏首个24小时自助警务服务点，兴庆区公安分局拾城塾警务室建成投入使用。

12日，司法部人民参与和促进法治局副局长郑文彪调研玉皇阁北街司法所，对亮点工作社区矫正电子化档案、公共法律服务的“走出去”和“请进来”给予肯定。

11—14日，兴庆区在青岛社会主义学院举办各民主党派及党外中青年骨干培训班，兴庆区委常委、统战部部长吴小平，青岛社会主义学院副院长马苏文出席开班仪式。

20日，共青团宁夏西部计划志愿者兴庆区支部第四届换届选举大会在兴庆区玉皇阁北街办事处六楼会议室召开，兴庆区全体西部计划志愿者参会。

22日，第四届中国城际机器人（宁夏赛区）挑战赛在银川市阅海第二小学开赛，兴庆区科协组队参加活动，兴庆区10余所中小学校、幼儿园的选手参加比赛，6名（组）学生在大赛中获一等奖，11名（组）学生在大赛中获二等奖，29名（组）学生在大赛中获三等奖。

24日，2019年“文明之约”兴庆欢歌·千人广场舞大家跳活动在兴庆区南门广场举办。兴庆区团委组织20名西部计划志愿者参加活动。

25日，丽景街街道办事处联合兴庆区综合执法局等多部门，依法取缔兴庆区丽景街道景墨双福食街市场，这处有着13年历史的“马路市场”正式退出历史舞台。

是日，民政局在富华社区启动兴庆区2019年首届社区公益创投“文明养犬　和谐社区再造”项目。

28日，兴庆区教育局在回民一小清河校区音乐厅，举行庆祝中华人民共和国成立70周年“我爱我的祖国”中小学合唱展演，18个中小学合唱队参与展演。

是月，兴庆区图书馆被银川市妇联、教育局、文明办、文化旅游广电局联合授予“银川市亲子阅读示范基地”。

7月

1—31日，兴庆区委组织部主办“不忘初心、牢记使命”党建知识网络竞赛和“不忘初心、牢记使命　共圆伟大中国梦”主题征文比赛，网络竞赛6744人次参与答题，征集到182篇文章。

2日，中山南街康华社区“庭院微党校”举行揭牌仪式。

4日，中央督导组调研银古路街道扫黑除恶专项斗争工作，市区领导陪同调研。

5日，中华全国总工会权益保障部副部长一行4人，到兴庆区调研工会法律援助和户外劳动者站点建设情况。

10日，兴庆区政府与银川市二十一小签订合作协议，正式将兴庆区第十五小学和兴庆区第五小学交由银川市二十一小托管，更名为银川二十一小教育集团鼓楼分校、银川二十一教育集团北苑分校。

15日，民政局地名普查档案归档立卷工作办公室报送的第二次全国地名普查成果，通过国务院第二次全国地名普查领导小组办公室审核和入库验收。

17日，民政局被自治区人民政府评为2019年全区民政工作先进集体。

18日，兴庆区退役军人事务局、文化旅游体育广电局主办的“文化进军营”活动在兴庆区北塔部队大礼堂举行。

22日，中华全国总工会女职工部部长徐微、女职工部综合处副处长杨希玲一行到兴庆区职工服务中心调研女职工工作，现场了解“网络社群普惠服务”项目。

25日，兴庆区召开区委中心组（扩大）学习会，邀请抗美援朝时期中朝两国著名战斗英雄、宁夏回族自治区党委组织部原副部长牟元礼作“不忘烈士、牢记使命”专题讲座，210余人参加学习。

30日，兴庆区关心下一代委员会办公室行政职能划入兴庆区委组织部，不再作为事业单位对待，原核定的副科级领导职数核销。成立兴庆区老干部服务中心，为兴庆区委组织部所属副科级事业单位。

8月

2日，兴庆区农村集体产权制度改革启动暨培训会议在政府会议室举行，农村领导小组成员单位负责人、2个乡2个镇人民政府主管领导和所辖村委会负责人、报账员、农经站管理人员120余人参加会议。

6日，6名来自清华大学计算机、新闻与传播、艺术史论等相关专业的博士，在兴庆区3家单位围绕“信息技术与教育深度融合发展专题研究”“视觉宁夏网大数据相关技术开发研究”“中国画美学内涵的研究与探索”3个项目开展为期6个周的社会实践，宁夏公共频道新闻话题栏目报道兴庆区清华大学博士生实践基地建设。

8日，兴庆区总工会在掌政体育馆举办职工第九套广播体操比赛，来自辖区31个单位、1193名职工参加比赛。

16日，中央广播电视总台“记者再走长征路”文艺小分队赴银川市慰问。兴庆区融媒体中心对接采访慰问定居在银川兴庆区的101岁老红军谭德本。

19日，民政局开展地名文化遗产保护、历史地名及地名文化遗址梳理摸排和挖掘保护工作，整理出《兴庆区地名文化遗产保护目录》，首批地名文化保护目录有玉皇阁、鼓楼、文昌阁、海宝塔、承天寺塔等古建筑，有湖滨街、中山街、永康巷等老街巷，还有黄沙古渡、鸣翠湖风景名胜区等具有文化遗产价值的6类41个老地名。

15—21日，国家发展改革委委托第三方评估机构实地评估全区“双公示”工作。

22日，兴庆区举行2019年秋季重大项目开工仪式，12个重点项目（计划总投资214.5亿元）同时开工建设。银川吾悦广场项目奠基仪式在银川吾悦广场项目地举行。

23日，民政局组织召开兴庆区村（居）儿童主任业务培训班暨儿童主任实训基地揭牌仪式，130余人参加培训。兴庆区政府副区长马咏晖、银川市救助管理站站长张志忠为兴庆区村（居）儿童主任实训基地揭牌。

27日，银川市市场监督管理局兴庆区一、二分局合并为兴庆区分局。

是月，银川通用机场引进宁美（宁夏）航空技术有限公司，开展无人机OAPA培训。

9月

1日，辖区面积最大、经营业户最多的中山南街旧货市场，从清和街整体搬迁至银川立达深航国际酒店北侧原医药批发市场。

3日，兴庆区在新华步行街举办主题为“共同团结奋斗，共同繁荣发展”的民族团结月启动仪式，300余人参加。

5日，“砂之船（银川）奥特莱斯项目”签约仪式在银川行政中心举行。

9日，兴庆区凤凰北街司法所作为全国司法所工作经验交流会观摩点，迎接司法部刘振宇副部长检查。

是日，国家统计局社科文司司长万东华一行到兴庆区调研城市养老难问题，走访中房养老公司，就养老产业相关工作开展座谈。

11—12日，兴庆区掌政镇镇河村综合文化服务中心（主会场）、兴庆区掌政镇镇河村党员示范园区（参观区）举办“最美掌政·丰收大集暨2019银川市兴庆区掌政镇西红柿文化节”。活动接待旅游人次近12000人次，比2018年增加2000人次。

25日，2019兴庆区楼宇经济示范基地启动仪式在光耀中心写字楼前广场举行。兴庆区委书记刘甲锋等领导，相关部门和街道负责人、60家企业家代表参加启动仪式。

27日，兴庆区庆祝中华人民共和国成立70周年“歌颂祖国 兴庆欢歌”合唱展演在南门广场举行。

10月

8—12日，2019年银川市城乡“结对子 种文化”广场民族健身舞培训班在掌政镇镇河村综合文化服务中心举办。掌政镇辖区60余名广场舞骨干、广场舞爱好者参加培训。

9日，兴庆区团委的志愿者们分别在广场和社区开展“垃圾分分类 环保我先行”主题活动，普及垃圾分类知识，倡导可再生资源循环利用。

15日，民政局举办村（居）儿童主任培训班，各村（居）129名村（居）儿童主任进行业务知识培训，提升基层儿童主任的专业服务能力。

16日，兴庆区推荐的中铁建工集团有限公司、吴忠市中润建筑安装工程有限公司、北京首钢建设集团有限公司宁夏分公司入选2018年度工程建设领域农民工工资支付诚信承诺企业。

26日，银川市市场监督管理局党组书记、局长马少红带队到灵武白芨滩国家级自然保护区向“人民楷模”国家荣誉称号的获得者王有德学习。

26—27日，银川市总工会主办、兴庆区总工会承办的银川市家政服务业职工技能大赛在兴庆区第六小学举办，银川市各县（市）区7支代表队170名选手参加比赛。

29日，大新镇第四届人民代表大会第五次会议在镇政府中心礼堂召开，大会依法补选1名大新镇人大主席团主席和2名大新镇人民政府副镇长。马建宏以45票全票当选大新镇人大主席团主席，樊凤娟、常昊天分别以45票全票当选为大新镇人民政府副镇长。

30日，民政局开展河东马鞍山周边地区违规违法墓地专项整治宣传，印发政府通告6000张，制作殡葬整治宣传牌4座。

31日，国家民委研究室副主任王海青组长带领国家民委调研组一行，到兴庆区人民法院调研民族团结进步创建工作。

是日，兴庆区申报的银川市2019年度创业孵化示范基地工作，通过银川联合考评组认定。

是月，兴庆区移动图书馆开通，为读者提供“自动服务”“数字资源移动阅读”“读者阅读交流社区”等4项服务功能。

是月，银川市实施的兴庆区东部庄点治理工程即杨家寨安置区C区、D区达到交付使用条件，掌政镇杨家寨村委会成立“杨家寨安置区分房领导小组”，村主任任组长，村“两委”任成员，采用抓阄方式，分配房屋635套，分配面积69475.66平方米。

11月

3日，奥地利斯泰科维奇绿色生态果蔬种植有限公司总经理埃里希斯泰科维奇一行4人，在宁夏天地缘锦绣园林花卉有限公司负责人带领下，调研兴庆区蔬菜农业发展情况。

4—7日，银川市兴庆区第四届人民代表大会第三次会议在太阳神宾馆举行，会议由兴庆区人大常委会主任孔令杰主持，201名代表参加会议。

5日，兴庆区召开浙商宁夏（银川）行暨银川颐高新经济产业园项目对接洽谈会。

6日，2019年银川市“文明家庭”“最美家庭”“美丽庭院”揭晓。兴庆区2户“文明家庭”、27户“最美家庭”和8户“美丽庭院”受到表彰。同时表彰2019年度国家级4户“最美家庭”。

11日，国家市场监管总局食品经营司马如林副司长一行，调研兴庆区明厨亮灶智慧监管建设情况。

12日，银川市兴庆区融媒体中心正式揭牌成立。

14日，兴庆区文明办、兴庆区民族宗教事务局、兴庆区妇联在兴庆区文化旅游体育广电局举行兴庆区2019年度“文明家庭”“民族团结模范家庭”揭晓仪式。

21日，国家发改委评估督导司司长王青云带领检查组，到兴庆区检查易地扶贫搬迁工作，兴庆区委书记刘甲锋等领导及各相关部门负责同志陪同。

是日，银川市生态环境局兴庆分局开展环境风险隐患大排查，现场勘查月牙湖乡牧民新村非法倾倒工业固废（疑似），联合月牙湖乡人民政府排查、清理倾倒工业固废的有关违法行为。

27日，兴庆区举行党的十九届四中全会精神报告会。自治区党委十九届四中全会宣讲团成员、党委组织部副部长沈凡宣讲。

28日，公安部在北京举行首批100个"枫桥式公安派出所"命名揭晓仪式，宁夏银川市兴庆区公安分局新华街派出所作为践行新时代"枫桥经验"的先进典型，成为宁夏回族自治区唯一一个经中央批准、首批被公安部命名的"枫桥式公安派出所"。

29日，国家市场监管总局督查组在富宁街市场监管所调研"双随机、一公开"监管工作开展情况。

30日，光大证券银川解放西街营业部开业。

12 月

2日，兴庆区委书记刘甲锋主持召开北环批发市场搬迁后续及遗留问题处置工作专题会。

3日，兴庆区委统战部联合各乡镇（街道）举办辖区各宗教活动场所主要教职人员和管理人员培训班，乡镇（街道）分管民宗宗教领导、专干、主要教职人员及场所管理人员110人参加培训。

4日，兴庆区委统战部组织在光明广场开展以"弘扬宪法精神，推进国家治理体系和治理能力现代化"为主题的"12·4"国家宪法日集中宣传咨询活动，发放各类普法宣传资料300余份，接受群众咨询50余人。

是日，兴庆区委书记刘甲锋主持召开创建国家全域旅游示范区工作领导小组第一次会议。

5—6日，为期两天的兴庆区2019年基层团干部"强业务能力 促基层活力"专题培训班在宁夏社会主义学院落幕，来自乡镇（街道）、村（社区）、公检法司林教育双创等直属团组织的151名团干部完成培训课程并通过结业考试。

6日，兴庆区举办银川市人才政策进县区宣传推介会。各人才工作领导小组成员单位，乡镇、街道及兴庆区辖区企事业单位80余人参加会议。

7日，银川市第十七届青少年科技创新大赛在银川市中关村创新中心一楼举行。10日，比赛结果公布，兴庆区申报的335件作品中，8件青少年科技创新成果作品获奖（其中4件作品获得一等奖），1件青少年科技实践活动参赛作品获二等奖，53幅科幻画获奖，16件中小学生DV参赛作品获奖（其中2件获得一等奖），7件科技辅导员创新成果科教制作作品获奖（其中2件获得一等奖）。兴庆区科学技术协会和兴庆区第二小学获优秀组织单位称号。

10日，解放西街海宝社区人行家属院张闵媚家庭被评为银川市"最美家庭"。

是日，兴庆区双创基地科技型中小企业联合科学技术协会成立大会在兴庆区双创基地召开，银川市科协副主席杨迎珍等相关负责人参加成立大会。会议选举产生企业联合科协主席、副主席、秘书长各1名。

11日，兴庆区召开创建国家全域旅游示范区动员大会。

12日，中国农业大学水利与土木工程学院、农业农村部设施农业工程重点实验室副教授、硕士生导师王宇新、李明到兴庆区指导设施温室环境调控。

16日，银川市妇联主席、妇儿工委办副主任带队，8家银川市妇儿工委成员单位组成的督导组督导《兴庆区妇女儿童发展规划（2011—2020）》工作实施情况并召开座谈会，兴庆区妇儿工委主任及各成员单位主要负责人参加会议。

18日，兴庆区文明办获银川市委网信办、银川市文明办主办的"创城我们一起行动"抖音视频比赛活动一等奖。

23日，司法部调研组在富宁街市场监管所调研基层监管所投诉举报调解处理工作开展情况。

26日，丽景街与双庄三队1户、满春四队2户拆迁户达成拆迁协议，完成拆迁，拆迁面积约1500多平方米。

是月，兴庆区人事劳动争议仲裁院获"全国人力资源和社会保障系统2017—2019年度优质服务窗口"称号。

▷区情概览·统计公报

区情概览

地理气候

【地理位置】 兴庆区地处银川平原中北部，位于北纬38°20'~38°32'、东经106°15'~106°32'，地势由西南向东北逐渐倾斜，西南高、东北低，坡度为0.2‰，海拔1107.5米~1112.5米，地形开阔、平缓，辖区面积828平方公里，居银川市中心区域，是银川乃至自治区的经济、文化、商贸大区。

【气候特征】 2019年，全市年平均气温为10.4℃，与常年相比偏高1.0℃，为1997年以来连续第23个偏暖年。各地年平均气温为9.8℃~11.1℃，其中银川市区全年平均气温为10.8℃。全市降水量为154.9毫米，较常年偏少14%。降水资源总量为13.74亿立方米，比多年平均偏少4.28亿立方米，属于枯水年份。全市平均日照时数为2724小时，较常年偏少206.5小时，各地日照时数为2658.6~2858.1小时，银川与常年相比偏少138.5小时。全年主要有4件重大气候事件：第一，入春早，气温波动大。4月1日，全市进入气象学意义上的春季（连续5天日平均气温≥10℃），较常年偏早。入春后气温急剧升高，银川30℃初日为近40年最早，4月全市平均气温为15.4℃，创1961年以来同期新高，而5月全市平均气温跌至近17年来最低。第二，近五年少见的凉爽夏季。夏季（6—8月）银川平均气温22.8℃，为近十五年同期第三低值，在气候变暖背景下少有。平均高温日数4天，气候凉爽，舒适度增加。第三，6月降水量占夏季降水量比例为历史第三高值。2019年夏季（6—8月），全市平均降水量为115毫米，其中6月为80.8毫米，占夏季降水量的70%，7月到8月平均降水量为34.2毫米，占夏季降水量的30%。6月降水量所占比例之高为1961年以来同期第三高值。降水分布不均，对作物生长造成一定影响。第四，连阴雨过程持续时间及范围创同期新高。6月中下旬全市出现持续10天的阴雨天气过程，范围之广、过程持续时间之长均创1961年以来6月新高，过程平均降水量60毫米，受连续阴雨天气影响，6月中下旬累计降水量为72.3毫米，为常年同期的5倍。

【空气监测】 2019年，兴庆区空气质量优良天数为312天，达标率89.1%（未剔除沙尘天气），较2018年增加23天，可吸入颗粒物（PM_{10}）、细颗粒物（$PM_{2.5}$）、二氧化硫、臭氧、一氧化碳平均浓度同比分别下降30.5%、15.8%、46.4%、8.6%、9.5%，为近五年来最大降幅，优良天数比例和空气质量综合指数在市辖三区中排名第一。

资源状况

【自然资源】 兴庆区有近一半土地位于鄂尔多斯台地边缘，耕地面积18.86万亩，水浇地占14.3%。黄河是流经兴庆区唯一的河流，流程29.3公里（银川过境长度78.4公里），水域面积12.5万亩，为兴庆区境内主要水资源。以黄河为界，河西各乡镇以自流灌溉为主。河东以沙漠、草原为主，土地贫瘠、灌溉困难，是兴庆区生态建设重点区域。秦、两汉以来，形成唐徕渠、红花渠、大新渠、汉延渠、惠农渠、民生渠6条干支渠。占地百亩以上的湖泊有11处：银湖110亩、清水湖2000亩、章子湖595亩、孔雀湖400亩、小园湖404亩、北塔湖1448.25亩、燕鸽湖242亩、丽景湖200亩、碱湖557亩、锅底湖200亩、鸣翠湖12200亩。鸣翠湖是国家湿地公园，植被主要有天然林、人工林和水生植被。水生植被以芦苇、蒲草、慈姑为主，有180种。

【野生动物】 国家重点保护的其他鸟类数百种、野生动物数十种。鸟类主要分布在永久性湖泊、湿地，特别是鸣翠湖、章子湖、孔雀湖等内陆候鸟迁徙通道上。其他野生动物主要分布在黄河以东荒漠草原区，湿地野生动物120种，有国家一级重点保护鸟类黑鹳、中华秋沙鸭、白尾海雕等，二级重点保护鸟类大天鹅、小天鹅、鸳鸯等。

【煤炭资源】 主要集中在月牙湖地区的红墩子煤田，总面积300平方公里，储存量达14亿~16亿吨，种类有工业用炼焦配煤、动力煤和化工用煤。

【旅游资源】 黄河的流经、古老的西夏文化和浓郁的穆斯林民族文化赋予兴庆区“西夏古都、塞上江南、大漠黄河、回乡风情”深厚的文化底蕴和丰富的旅游资源。古老的承天寺、海宝塔、玉皇阁，现代的中山公园、唐徕公园、丽景湖公园、光明广场、南门广场、宁园、怡园等吸引了大批国内外游客观光旅游。

【旅游景区】 鸣翠湖景区　银川鸣翠湖国家湿地公园位于银川市东侧兴庆区掌政镇，距市区9公里，东距黄河3公里，南有鹤泉湖，北连清水湖。总面积12200亩。先后获“全国青少年户外体育活动营地”“全国休闲农业示范点”“自治区级科普教育基地”“自治区文明风景旅游景区”“国家AAA级旅游景区”“国家水利风景区”“中国生态保护最佳湿地”称号。

黄河横城旅游景区　黄河横城旅游休闲度假区地处银川市滨河新区核心区域，始建于2007年6月，总投资4.5亿元，占地3800亩，距银川市区13公里、河东机场2公里，是银川市的东大门。度假区是银川市打造滨河新区全域AAAAA级旅游景区的中心地带，国家AAA级旅游景区、国家文化产业示范基地、宁夏首家自驾车营地、西夏学研究基地。建有展现西夏风格、古色古香的竖街，彰显古代特色、古老风韵的四合院，疯狂卡丁车场和西夏艺术馆等建筑群。

黄沙古渡景区　位于月牙湖乡，距银川市52公里，景区规划面积55.3平方公里，分别由门户区、沙漠野生动植物观赏区、黄河湿地公园、黄沙古渡、月牙湖、黄河古镇六大区域构成。黄沙古渡原生态旅游景区是国家AAA级旅游景区、国家级湿地公园、中国最佳生态休闲旅游胜地、明清宁夏八景之一。有古老的羊皮筏子、“沙漠之舟”骆驼、现代黄河龙舟和刺激的沙海冲浪、中国原生藏獒展示基地、宁夏民俗文化博物馆和宁夏沙漠野生动物救助中心。

兵沟景区　兵沟汉墓群位于宁夏陶乐西南、明长城以北，经水洞沟、哨墩子，全长15公里以上，占地约2万亩，是一条东西走向的天然峡谷，有100多座汉墓，为不同时期分葬的汉代官墓。这里曾是秦、两汉时期屯兵之地，故称“兵沟”。相传秦朝大将蒙恬、西汉大将卫青在此征战过。

景点一：地宫　兵沟汉墓群是西汉中期至东汉初期墓葬群，103座汉墓星罗棋布，有2000多年历史。发掘和清理4座墓葬，墓室距地表16米深，有方木结构墓室、表砖结构墓室和土窑洞墓室。分为单葬墓、合葬墓，有砖墓室、木墓室、石墓室、土墓室。基室内呈拱形，用子母青砖箍建，墓室宽敞，具有极高的文物考古和旅游价值。

景点二：浑怀障遗址　秦代重要历史文化遗存。公元前215年，秦始皇派大将蒙恬率30万名士兵北逐匈奴，收复河南地（即今河套地区），次年又在河套地区筑城，设亭障以御匈奴，蒙恬在此建立“浑怀障”，屯兵戍边。兵沟展馆着重展出蒙恬将军生平事迹，以及他建设北疆、抗击匈奴、修筑长城的业绩。

景点三：兵沟大峡谷　峡谷沟壑纵横，沟内野鸽飞翔、红嘴鸭擘翼、珍珠泉水流潺潺，罕有的大漠冬青花呈金色，更显峡谷神秘色彩。

景点四：影视基地　西北保持原始峡谷风貌的影视外景基地。《贺兰雪》《绝地苍狼》《陈真》《大漠豪情》等十几个影视剧组在此拍摄外景。

建置、区划、人口

【建置沿革】 1949年9月29日，银川市人民政府成立，12月23日宁夏省人民政府成立，省、市治所均置于兴庆区。划分4个区域，设置4个区公所、21个乡政府。1958年10月，宁夏回族自治区人民政府成立，改置为东街、西街2个人民公社。1961年1月，东街、西街合并成立银川市城区人民公社。2002年11月，银川市行政区划调整，撤销银川市旧三区——城区、郊区和新城区（含新市区），相应设置新三区——兴庆区、金凤区和西夏区，城区正式更名为“兴庆区”，沿用900多年前西夏王朝都城的名字。兴庆区政府办公地址仍在原地——北京东路471号。

【行政区划】 兴庆区行政区域划分为月牙湖乡、通贵乡2个乡，大新镇、掌政镇2个镇，凤凰北街、前进街、胜利街、玉皇阁北街、富宁街、文化街、解放西街、丽景街、新华街、中山南街、银古路11个街道，辖35（42）个建制村、315个村民小组、95个社区。

【人口】 2019年，兴庆区常住人口755441人。其中，女性391470人，回族153355人。出生6932人，死亡2969人，人口出生率9.2‰，死亡率3.93‰，自然增长率5.27‰。

国民经济

【经济指标】 2019年，兴庆区实现地区生产总值比上年增长6.6%。分产业看：第一产业增加值增长1.9%，第二产业增加值增长9.5%，第三产业增加值增长6.3%。三次产业结构为1.65：13.97：84.38，经济增长的贡献率分别为0.48%、18.46%、81.06%。按常住人口计算，兴庆区人均地区生产总值比上年增长7.8%。

【农业】 2019年，落实农作物播种面积16.97万亩。其中，春小麦1.54万亩，玉米3.06万亩，水稻9.61万亩（优质稻面积6.21万亩），大豆套种菟丝子2.76万亩。落实稻旱轮作2.57万亩，超计划任务28.5%。粮食总产量7.1万吨，粮食总产值2.17亿元。瓜菜产业坚持优化供给、提质增效，新建高标准全钢架大跨度拱棚覆盖437.7亩土地。落实瓜菜种植面积4.2万亩。其中，设施瓜菜3.7万亩，露地瓜菜0.5万亩。瓜菜集约化育苗场17家，全年集约化穴盘育苗达1亿株，瓜菜总产量22万吨，实现总产值3亿元。

【畜牧业】 奶牛存栏达3.31万头（万亩奶牛园区存栏奶牛2.06万头），同比增长0.6%。肉牛饲养量1.16万头，肉羊饲养量10.32万只，家禽饲养量36.24万只，肉、蛋、奶分别达3500吨、691吨、11.24万吨，全年实现畜牧业产值6.19亿元。

【水产业】 适水产业坚持名特优新发展，推进生态种养模式，精养水面8441亩，建成稻渔生态种养示范园区2000亩，名特优新产品主套养面积6800亩，水产品总产量达6400吨，渔业总产值0.88亿元。

【林业】 2019年，完成农村人工造林1400亩、未成林补植补造1600亩主要在月牙湖乡生态移民安置区，由宁夏澳中健康产业有限公司实施，补植红树莓、钙果及桃、李、杏、苹果等小杂果。

【工业】 2019年，兴庆区规模以上工业企业完成销售产值同比增长11.1%，累计实现产销率96.4%，工业产销率保持平稳增长。

【项目建设】 2019年，实施基本建设项目108个，总投资909.3亿元，开工率100%。民间投资占固定资产投资比重为86%。自治区和银川市在本辖区实施重点项目2个（宝丰健康综合养老项目和兴庆区万达广场项目），总投资109亿元。

【特色产业】 2019年，兴庆区建成花卉示范园区12个，花卉示范村9个，花卉苗木市场4个，花卉合作社、协会13个，20家花卉企业和公司落户兴庆区参与基地建设和花卉生产，带动农户1500户左右。花卉计划种植面积7500亩，落实花卉种植面积7208亩。

【招商引资】 2019年，实施招商引资项目50个，计划总投资约772.59亿元，年度计划投资约106亿元，到位资金102.79亿元（包含20.6亿元金融项目）。与2018年同期相比增长30.75%，完成全年目标任务的128%。其中，续建项目30个，到位资金36.41亿元，新建项目20个，到位资金66.38亿元。根据银川市“6+3+4”招商主体任务分工，2019年兴庆区在三区两县一市中任务数最多，涉及80亿元，其他各县区均为60亿元。

社会发展

【康居工程】 2019年，续建安置区项目3个，大新三期完成工程量99%以上，11月份交付使用。新水桥二期完成工程量的90%，新水桥二期二标段存在工程进度滞后，11月份交付使用。五渡桥中心村安置区完成工程量的60%。

【老旧小区改造】 分期改造96个老旧小区，建筑面积243万平方米。第一期改造59个老旧小区，项目估算总投入约4800万元，完工58个，1个施工中。第二期改造37个老旧小区，项目估算总投入7293万元，环境综合改造项目完工35个，2个施工中。其中既有居住建筑节能改造项目涉及8个老旧小区，投资概算3670万元，施工中。

【社会治理】 2019年，兴庆区收集摸排线索1355条，打掉2个涉黑团伙、5个涉恶团伙，抓获违法犯罪嫌疑人185名，破获案件417起。查封房产180套，扣押医疗设备57台，扣押办公医疗用品165套，扣押机动车122辆，冻结银行、微信、支付宝账户1051个，冻结资金256.8万元，冻结公司股权156万元，扣押大型工程机械7辆，止付工程欠款185.9万元。

【劳动就业】 2019年，兴庆区城镇新增就业9961人，完成目标任务的102%。城镇失业人员再就业5910人，完成目标任务的101%。城镇就业困难人员就业769人，完成目标任务的113%。城镇登记失业率3.26%，低于4%控制目标0.74个百分点。“零就业家庭”实现动态消零。开展职业技能培训16期800人，完成目标任务的114%。开展贫困劳动力培训787人，完成目标任务的175%，其中精准脱贫技能培训4期204人，驾驶员培训583人。滨河如意服装厂开展200名缝纫工的岗位技能提升培训。农村劳动力转移就业9858人，工资性收入13880万元。培育创业实体542个，完成目标任务的104%。创造新岗位1277个，完成目标任务的102%。全民创业带动就业2560人，完成目标任务的102%，建档立卡贫困劳动力创业11人，完成目标任务的110%。开展创业培训16期455人，完成目标任务的112%。创业担保贷款发放89人，发放金额1025万元，完成目标任务的128%。

【医疗卫生】 2019年，报告乙丙类传染病例4142例，报告发病率546.94/10万。国家免疫规划疫苗报告接种率均保持在95%以上。开展HIV抗体筛查122656人次，其中初筛阳性188例，确证检测阳性94例。定点医院结核病门诊接诊可疑肺结核患者182例，X线检查率100%；查痰180人次，查痰率98.90%。农村妇女乳腺癌筛查任务完成2100人，完成率175%；农村妇女宫颈癌筛查任务完成2100人，完成率100%。

【参保缴费】 2019年，累计办理城乡居民养老保险参保登记39110人，超额完成银川市社保局下达的目标任务35713人，参保率109.51%。累计办理被征地农民养老保险11923人。登记在册的建档立卡贫困户13871名，建档立卡贫困户应参保9949人，参保9949人，参保率100%，其中财政为8014名建档立卡户代缴100元。低保人员5769人，应参保3258人，参保3258人，参保率100%。特困人员152人，应参保152人，参保152人，参保率100%。1253名建档立卡户按月领取城乡居民养老保险待遇。

【社会保障】 2019年，城乡居民医疗保险完成参保缴费251914人，完成缴费目标任务的103.87%。其中，建档立卡户人员13850人医疗保险参保缴费率达100%。城乡居民医疗保险经办情况：停保204人，退费167人，参保登记269人，零缴费核定18740人，居民医保转移4412人，人员基本信息变更7663人，信息查询46277人，身份认证3726人。城乡居民医保异地就医结算：住院报销631人次、报销金额392.25万元，门诊统筹199118人次、报销金额505.05万元，门诊大病169人次、报销金额7.03万元，退费145人次、报销金额6.98万元，基金支出合计报销金额911.31万元。2019年7月以来，大病医疗救助结算84人次发放救助金73.25万元。异地医疗报销审核631人次，异地备案215人次，转诊转院审批255人次，区外门诊大病报销6人次，大病财政补贴14人次，大病二次报销169人次。告知就医自付超过1万元的169名患者在中国人寿二次报销。2017年1月至2018年12月底，建档立卡户未享受"一站式"结算政策兜底保障人员143人次，未报销金额103.92万元。

【民政救助】 2019年，争取居家及社区养老服务试点项目资金622万元，建立以居家为重点、社区为依托、机构为补充、医养结合为基础的多元化养老服务体系。加大政府购买养老服务力度，2018年购买15个服务站点的基础上增加至21个，投入资金126万元，公开招标引入社会组织提供专业运营服务。累计发放社会救助资金4261万元。结婚登记2079对，离婚登记1116对。

【教育发展】 2019年，录用免费师范生46名、招录特岗教师30名，全区范围内公开招聘教师40名，全部安排到相关学校。安排88名教师进行为期一年的轮岗交流。投资2.8亿元续建兴庆区第三十二小学等7所中小学幼儿园，新建、扩建兴庆区第三十三小学、银川市第二幼儿园分园等7所中小学幼儿园。项目完成后，预计增加学位2760个。投入3306万元，维修改造18所学校的教学楼、办公楼等，维修8所学校的室外操作场。发放学前教育资助资金131.47万元，学前二年受助1463人，建档立卡受助幼儿486人。2019年，130219人次享受免费教科书，免费金额达985.53万元。2019年生源地助学贷款签订1064笔合同，贷款金额达745.5万元。

【文体旅游】 争取中央自治区体育专项资金749万元，建成中山公园3公里、唐徕公园4公里健身步道、11个多功能运动场、50套健身路径，维修更换篮球板、篮球框6件，修复健身路径39件。自治区第十五届运动会上，兴庆区体育代表团获54枚金牌、总积分1021.8分，取得县（区）组金牌第一，团体总分第二的优异成绩，获"体育道德风尚奖"。全年旅游收入突破1.53亿元，同比增长26.4%，接待游客216.8万人次，同比增长24.3%。其中，农家乐接待39.8万人次，同比增长3.5%；旅游收入3174万元，同比增长8.7%。

统计公报

兴庆区2019年国民经济和社会发展统计公报[1]

一、综合

经自治区统计局统一核算，2019年兴庆区实现地区生产总值比上年增长6.6%[2]。分产业看：第一产业增加值增长1.9%，第二产业增加值增长9.5%，第三产业增加值增长6.3%。三次产业结构为1.65：13.97：84.38，对经济增长的贡献率分别为0.49%、18.46%、81.06%。按常住人口计算，兴庆区人均地区生产总值比上年增长7.8%。

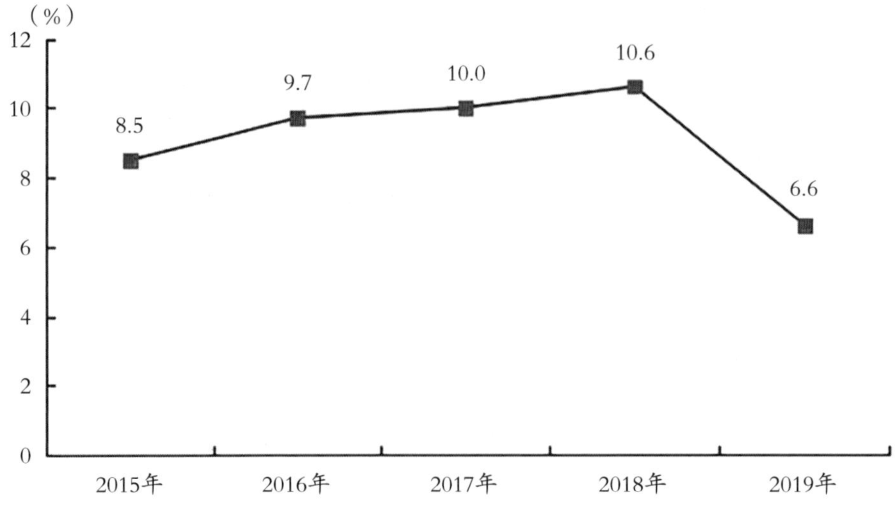

图1　2015—2019年兴庆区地区生产总值增速

年末兴庆区常住人口约75.54万人，比上年末增加3963人。其中，城镇人口约68.02万人，占总人口的比重为90.04%；回族人口约15.34万人，占总人口的比重为20.3%；女性人口约39.15万人，占总人口的比重为51.82%。人口出生率为9.2‰，死亡率为3.93‰，人口自然增长率为5.27‰。

2019年兴庆区年末人口数及其构成一览表

表1

指标	年末数（人）	增速（%）	比重（%）
年末总人口	755441	0.53	100.00
其中，城镇人口	680199	2.06	90.04
乡村人口	75242	−11.47	9.96
其中，汉族人口	582823	0.61	77.15
回族人口	153355	0.43	20.30
其他少数民族	19263	−1.03	2.55
其中，男性	363971	0.32	48.18
女性	391470	0.72	51.82

全年完成地方财政收入37.83亿元，比上年增长100.2%。完成一般公共预算收入9.71亿元，比上年下降15.1%，其中，税收收入8.24亿元，比上年下降5.5%，税收收入占一般公共预算收入的比重为84.9%。全年完成地方财政支出41.19亿元，增长7.2%。完成一般公共预算支出27.14亿元，下降8.6%。其中，一般公共服务支出增长28.7%，公共安全支出增长28.7%，教育支出增长4.5%，科学技术支出下降3.9%，社会保障和就业支出下降22.4%，卫生健康支出下降10.7%，节能环保支出下降50.0%，城乡社区支出下降22%。

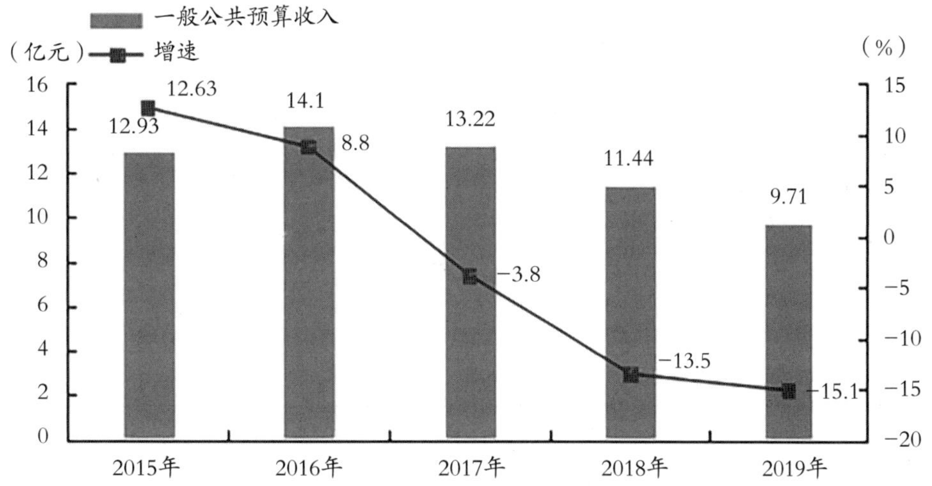

图2　2015—2019年兴庆区一般公共预算收入及增速[3]

二、农业

全年实现农林牧渔业总产值18.3亿元，按可比价计算，比上年增长1.6%[4]。

全年粮食种植面积9.06万亩，比上年减少1.88万亩。其中，小麦种植面积1.52万亩，减少1305亩；水稻种植面积5.99万亩，减少1.97万亩；玉米种植面积1.55万亩，增加2115亩。蔬菜种植面积3.74万亩，增长435亩。

全年粮食总产量4.51万吨，比上年减产1.18万吨，减少20.69%。全年小麦产量4864吨，下降13.45%；水稻产量3.15万吨，下降27.99%；玉米产量8800吨，增长16.09%。

全年蔬菜产量16.23万吨，比上年增长4.51%。

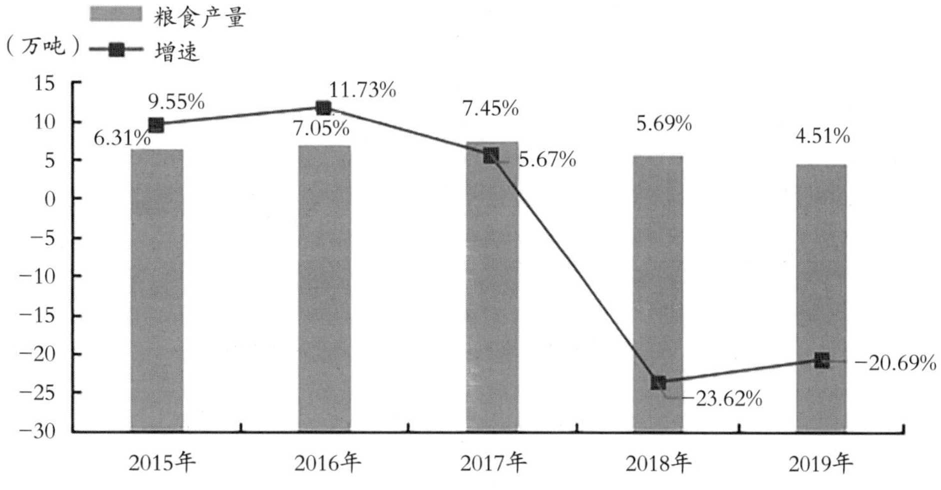

图3　2015—2019年兴庆区粮食产量及增速

三、工业和建筑业

全年规模以上工业增加值增长15.2%。在规模以上工业中，分轻重工业看，轻工业下降31.8%，重工业增长13.7%。分门类看，电力、热力生产和供应业增长8.5%，燃气生产和供应业增长22.4%，水的生产和供应业增长10.9%，电气机械和器材制造业增长20.8%，化学原料和化学制品制造业增长15.6%。

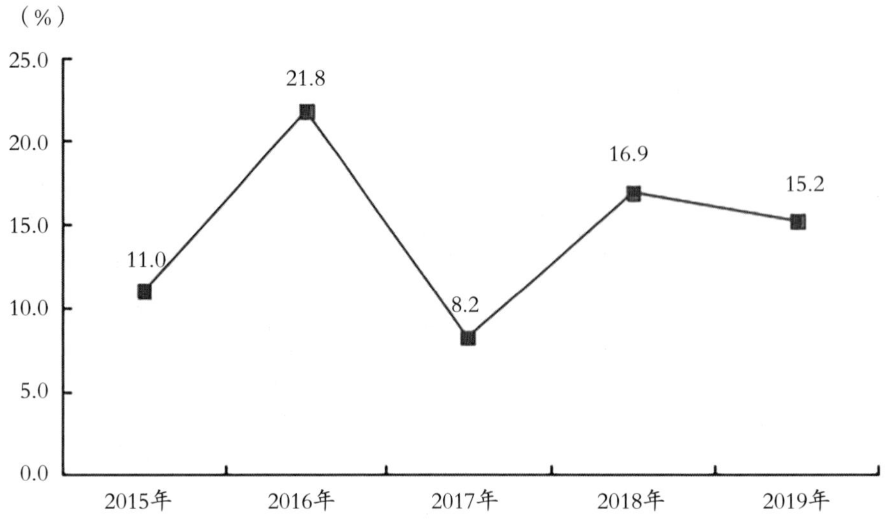

图 4 2015—2019 年兴庆区规模以上工业增加值增速

兴庆区具有资质的总承包和专业承包建筑业企业203家，全年完成建筑业总产值210亿元，比上年增长14%。建筑业企业房屋建筑施工面积695万平方米，比上年增长1%；房屋竣工面积221万平方米，增长13%；竣工产值96亿元，下降5%。

四、固定资产投资

全年全社会固定资产投资同比下降28.3%[5]，剔除滨河新区同比下降16.8%。

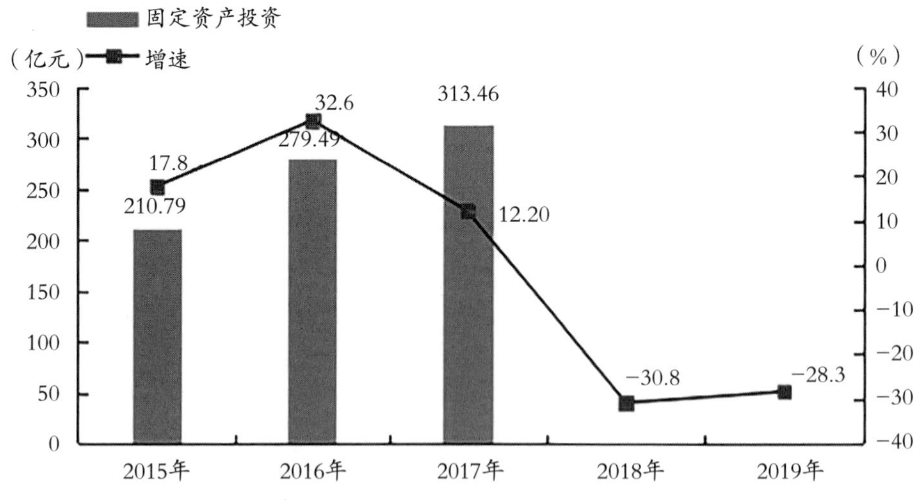

图 5 2015—2019 年兴庆区社会固定资产投资及增速

全年房地产开发投资65.34亿元，比上年下降12.6%。其中，住宅投资43.84亿元，下降7.7%；办公楼投资11.17亿元，增长620%；营业用房投资10.33亿元，下降43.49%。商品房销售面积152.9万平方米，同比增长50.3%，其中住宅销售面积134.45万平方米，同比增长68.9%。商品房销售额100.2亿元，同比增长37.8%，其中住宅销售额87.17亿元，同比增长64.4%。

五、国内贸易

全年社会消费品零售总额比上年增长3.1%[6]。分城乡看，城镇消费品零售额增长3.1%，乡村消费品零售额增长10.7%。分行业看，批发零售业零售额增长2.82%，住宿餐饮业零售额增长6.03%。分经济类型看，国有经济零售额增长1.1%，集体经济零售额下降19.5%，股份制经济零售额下降2.8%，私营经济零售额下降1.3%，个体经济零售额增长10.7%，其他各种经济零售额增长3.2%。

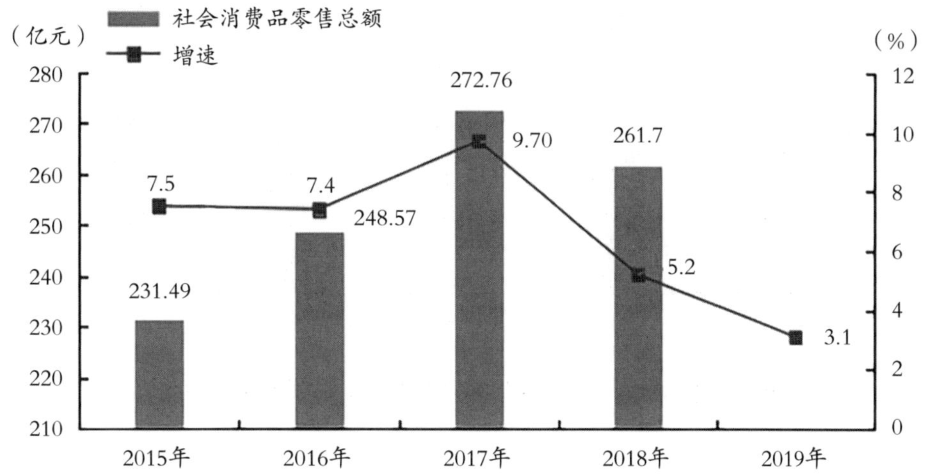

图6 2015—2019年兴庆区社会消费品零售总额及增速

在限额以上企业商品零售额中，粮油、食品类零售额比上年增长10.5%，饮料类增长5.0%，烟酒类下降4.4%，服装、鞋帽、针纺织品类下降12.6%，化妆品类增长14.8%，金银珠宝类下降8.8%，日用品类下降18.5%，家用电器和音像器材类下降23.6%，中西药品类增长32.9%，文化办公用品类下降30.8%，通信器材类下降13.7%，石油及制品类增长5.3%，汽车类下降21.4%。

六、教育

年末兴庆区拥有普通中学27所，专任教师2768人，在校学生数41499人。普通小学51所，专任教师2999人，在校学生数62855人。

七、人民生活及社会保障

全年兴庆区实现城镇居民人均可支配收入41218.4元，比上年增加2911.3元，增长7.6%。实现农村居民人均可支配收入17128.7元，比上年增加1224.6元，增长7.7%。

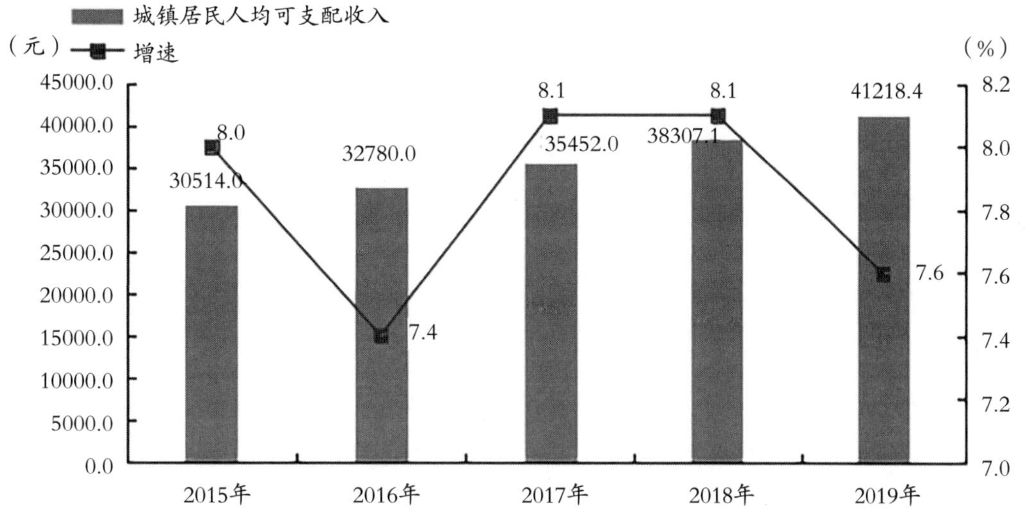

图7 2015—2019年兴庆区城镇居民人均可支配收入及增速

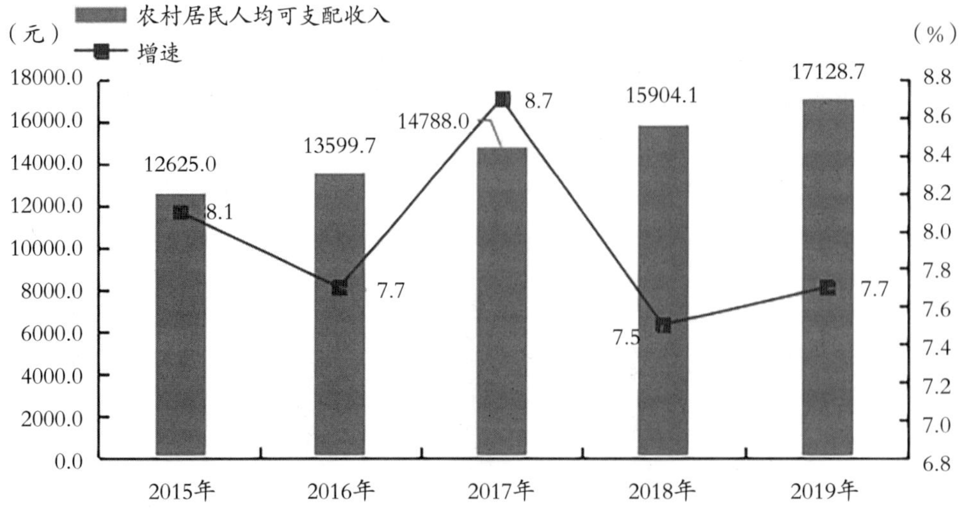

图 8　2015—2019 年兴庆区城镇居民人均可支配收入及增速

生态移民地区农村居民人均可支配收入8579元，比上年增加814元，增长10.5%。

注：

[1]本公报中的当年数据均为初步统计数。

[2]地区生产总值、各产业增加值和人均地区生产总值增长速度按不变价格计算。

[3]2016年、2017年、2018年一般公共预算收入增速为同口径增速。

[4]2017年农业相关数据为第三次农业普查修正数据。

[5]自2018年起，不再公布全社会固定资产投资总量。

[6]自2018年起，社会消费品零售总额统计口径发生变化，医药公司销往医院的药品金额由零售额统计调整到批发额统计。

2011—2019 年兴庆区经济社会发展主要指标一览表

表 2

项目	计量单位	年份								
		2011年	2012年	2013年	2014年	2015年	2016年	2017年	2018年	2019年
一、街道乡镇基本情况										
街道个数	个	11	11	11	11	11	11	11	11	11
其中，社区个数	个	94	72	72	72	90	91	91	91	95
乡（镇）个数	个	4	4	4	4	4	4	4	4	4
其中，建制镇个数	个	2	2	2	2	2	2	2	2	2
村民委员会个数	个	32	34	34	34	36	36	36	36	35
二、人口										
1. 常住人口	人	690023	697365	707151	725168	734353	740155	747648	751478	755441
总户数	户	253685	248242	262881	271599	271983	—	269909	275267	285072

续表 2

项目	计量单位	年份								
		2011年	2012年	2013年	2014年	2015年	2016年	2017年	2018年	2019年
其中，女	人	343098	346827	351383	360347	364900	369703	385915	388664	391470
回族	人	114626	127778	136453	142631	146003	147342	149216	152700	153355
其他少数民族	人	13732	13927	14067	19372	19404	19432	19590	19464	19263
出生率	‰	8.82	9.87	13.12	9.69	9.23	12.00	10.74	9.02	9.2
死亡率	‰	3.48	2.59	4.5	2.63	4.00	5.89	3.31	3.91	3.94
自然增长率	‰	5.34	7.28	8.62	7.06	5.23	6.11	7.43	5.11	5.26
出生政策符合率	%	—	95.92	96.94	95.45	95.69	96.43	97.25	91.01	91.25
2. 户籍人口数	人	528191	5406650	552096	557723	557723	571898	577707	585138	592381
年末总户数	户	187491	192892	198886	202616	206105	—	—	216277	219597
三、综合经济										
（一）地区生产总值	亿元	318.19	354.25	389.71	425.9	448.04	475.45	547.19	—	—
第一产业增加值	亿元	5.53	5.91	6.42	6.5	6.14	6.22	6.49	—	—
第二产业增加值	亿元	106.2	113.7	116.57	124.2	117.36	94.95	109.95	—	—
其中，工业	亿元	80.92	70.52	90.62	90.2	80.22	55.89	67.61	—	—
第三产业增加值	亿元	206.46	234.64	266.72	295.2	324.54	374.28	430.75	—	—
（二）财政收支										
其中，地方财政一般预算收入	亿元	7.02	8.17	10.03	11.51	12.96	14.1	13.22	11.44	9.71
各项税收	亿元	6.46	7.45	8.79	9.79	8.63	8.59	8.89	8.73	8.24
地方财政一般预算支出	亿元	13.64	15.18	18.37	21.69	21.71	24.28	29.73	29.61	27.14
四、农业										
农作物总播种面积	公顷	15012	13742	12438	11192	11821	12784	14527	12987	12638
粮食作物播种面积	公顷	9848	9928	9618	8093	8760	9649	9310	7296	6040
其中，稻谷	公顷	6653	6712	6421	4656	5160	6046	6612	5303	3993
小麦	公顷	1511	1282	1184	1274	1273	1327	1430	1100	1013
玉米	公顷	1684	1934	2013	2163	2327	2276	1268	893	1034
油料播种面积	公顷	133	136	89	61	53	66	35	27	1
蔬菜播种面积	公顷	3921	2985	1840	2213	2210	2100	2237	2463	2492
粮食总产量	万吨	6.72	7.08	6.24	5.76	6.31	7.05	7.45	56923	45147
其中，稻谷	吨	53160	54439	51862	36713	40310	48655	55790	43723	31483
小麦	吨	6163	5302	5267	5743	6088	6743	7570	5620	4864
玉米	吨	9431	12096	12799	15094	16661	15148	10505	7580	8800

续表 2

项目	计量单位	年份								
		2011年	2012年	2013年	2014年	2015年	2016年	2017年	2018年	2019年
油料产量	吨	565	545	199	194	208	217	76	74	3
肉类总产量	吨	4823	2878	4240	2067	3765	—	—	—	—
蔬菜产量	万吨	20.32	19.92	15.75	14.77	13.76	14.4	14.16	15.53	16.23
五、工业及建筑业										
工业:										
规模以上工业增加值	亿元	80.92	70.52	78.9	8.4	8.5	11.4	—	—	—
规模以上工业企业数	个	17	17	16	16	17	20	20	21	21
建筑业:										
建筑业企业个数	个	169	181	179	173	167	154	222	222	203
期末从业人员数	人	35773	23576	28227	74506	36269	27182	38069	20953	29345
建筑业总产值	亿元	162.71	162.8	199.5	194.4	164.25	160.09	174	184.97	210
六、贸易、固定资产投资										
社会消费品零售总额	亿元	145.6	163.54	176.51	187.34	231.49	248.57	272.76	261.7	—
固定资产投资额	亿元	92	107.46	135.17	178.93	210.8	279.49	313.46	—	—
七、教育										
普通中学数	所	20	21	22	24	24	25	26	27	27
小学数	所	49	50	49	46	46	45	49	51	51
普通中学专任教师数	人	2622	2390	2390	2714	2915	3185	2715	2746	2768
小学专任教师数	人	2308	2491	2491	2433	2513	2552	2878	2976	2999
普通中学在校学生数	人	38382	38484	38484	24561	23674	23364	37855	39624	41499
小学在校学生数	人	48872	49616	49612	45843	53698	51358	57783	61022	62855
5岁以下儿童死亡率	‰	8.41	9.1	6.2	4.1	4.33	6.41	6.07	5.16	4.6
婴儿死亡率	‰	6.13	7.66	5.54	3.28	3.06	4.93	5.4	3.57	3.83
八、人民生活										
城镇居民人均可支配收入	元	21235	23809	25971.4	28246.5	30514	32780	35452	38307.1	41218.4
农村居民人均可支配收入	元	7803.8	8834	9876.34	11676.6	12625	13599.7	14788	15904.1	17128.7
九、社会保障										
居民最低生活保障人数	万人	0.66	0.58	0.52	0.53	0.5	0.48	0.55	0.57	0.5792

注：1. 自2018年起，不再公布全社会固定资产投资总量

2. 2019年地区生产总值进行统一核算，自治区按照第四次全国经济普查数据修订了2018年基础数据

2019年1—12月兴庆区经济指标情况汇总一览表

表3

指标名称	单位	1—2月		3月		4月		5月		6月		7月	
		总量	增速（±%）	总量	增速（±%）	总量	增速（±%）	总量	增速（±%）	总量	增速（±%）	总量	增速（±%）
一、地区生产总值	亿元	—	—	130.89	7.8	—	—	—	—	278.87	6.4	—	—
其中，第一产业	亿元	—	—	1.79	3.8	—	—	—	—	2.92	3.3	—	—
第二产业	亿元	—	—	44.14	7.2	—	—	—	—	61.67	5.4	—	—
第三产业	亿元	—	—	84.96	8.2	—	—	—	—	214.28	6.8	—	—
二、规模以上工业增加值	亿元	—	4.3	—	7.7	—	8.3	—	4.9	—	2.4	—	5.8
三、社会消费品零售总额	亿元	—	—	63.3	2.5	—	—	—	—	120.86	3.5	—	—
四、全社会固定资产投资	亿元	—	—	—	-8.5	—	-12.8	—	-26.9	—	-23.6	—	-21.6
剔除滨河新区	亿元	—	—	—	-17.1	—	6.7	—	9.7	—	6.9	—	6.3
五、地方财政一般预算收入	亿元	—	—	2.27	-24.9	3.63	-15.3	4.24	-14.4	4.85	-25.3	6	-21.2
六、地方财政一般预算支出	亿元	—	—	6.4	70.4	9.03	65.8	11.54	40.1	13.5	0.9	15.77	-8.0
七、城市居民人均可支配收入	元	—	—	10513.8	8.3	—	—	—	—	19547	7.8	—	—
八、农村居民人均可支配收入	元	—	—	3914.9	7.9	—	—	—	—	6461	8.2	—	—
九、亿元GDP生产安全事故死亡人数	人/亿元	—	—	—	0.008	—	—	—	—	—	0.025	—	—

指标名称	单位	8月		9月		10月		11月		12月			
		总量	增速（±%）	总量	增速（±%）	总量	增速（±%）	总量	增速（±%）	总量	增速（±%）		
一、地区生产总值	亿元	—	—	498.83	8	—	—	—	—	—	6.6		
其中，第一产业	亿元	—	—	6.55	2.4	—	—	—	—	—	1.9		
第二产业	亿元	—	—	115.8	6.4	—	—	—	—	—	9.5		
第三产业	亿元	—	—	376.48	8.7	—	—	—	—	—	6.3		
二、规模以上工业增加值	亿元	—	7	—	11	—	11.9	—	15.3	—	15.2		
三、社会消费品零售总额	亿元	—	—	191.88	3.1	—	—	—	—	—	3.1		
四、全社会固定资产投资	亿元	—	27.3	—	-21.5	—	-26.4	—	-26.8	—	-28.3		
剔除滨河新区	亿元	—	-8.6	—	-11.5	—	-18.5	—	-20.5	—	-22.6		
五、地方财政一般预算收入	亿元	6.48	-13.1	7.3	-9.3	8.48	-9.8	9	-14.1	9.71	-15.1		
六、地方财政一般预算支出	亿元	19.53	-0.03	23.92	1.6	24.92	-4.2	28.34	-1.9	27.65	-6.9		
七、城市居民人均可支配收入	元	—	—	29552.2	7.7	—	—	—	—	41218.4	7.6		
八、农村居民人均可支配收入	元	—	—	11577.3	6.8	—	—	—	—	17128.7	7.7		
九、亿元GDP生产安全事故死亡人数	人/亿元	—	—	—	0.036	—	—	—	—	—	0.032		

2011—2019年兴庆区主要经济指标一览表

表4

指标名称	单位	2011年		2012年		2013年		2014年		2015年		2016年		2017年		2018年		2019年	
		总量	增速(±%)	总量	增速(±%)	总量	增速(±%)	总量	增速(±%)	总量	增速(±%)	总量	增速(±%)	总量	增速(±%)	总量	增速(±%)	总量	增速(±%)
一、地区生产总值	亿元	318.37	10.1	356.74	9.8	395.63	8.6	425.9	8.4	448.04	8.5	475.45	9.7	547.19	10	—	10.6	—	6.6
其中，第一产业	亿元	5.64	4.5	5.88	5.4	6.36	0.8	6.5	4.1	6.14	4.3	6.22	2.2	6.49	3.6	—	3.6	—	1.9
第二产业	亿元	103.16	16.7	110.84	9.8	116.83	8.4	124.24	9.5	117.36	8.9	94.95	4.5	109.95	5.4	—	9	—	9.5
第三产业	亿元	209.57	7.2	240.02	9.9	272.44	8.8	295.16	8	324.54	8.4	374.28	11.6	430.75	11.6	—	11.2	—	6.3
二、规模以上工业增加值	亿元	80.92	31	70.52	7.5	78.9	6.9	8.4	10.1	8.5	11	11.4	21.8	—	8.2	—	16.9	—	15.2
三、社会消费品零售总额	亿元	145.6	22.1	163.55	13.5	176.51	7.9	187.34	6.1	231.49	7.5	248.57	7.4	272.76	9.7	261.7	5.2	—	3.1
四、全社会固定资产投资	亿元	83.17	−8.7	107.46	29.2	135.17	25.8	178.93	32.4	210.79	17.8	279.49	32.6	313.46	12.2	—	−30.8	—	−28.3
五、地方财政一般预算收入	亿元	7.02	23.8	8.17	16.4	10.04	22.9	11.51	14.7	12.96	12.63	14.1	8.8	13.22	−3.8	11.44	−13.5	9.71	−15.1
六、城市居民人均可支配收入	元	21235	14.8	23809	12.1	25971	9.1	28246	9.3	30514	8	32780	7.4	35452	8.1	38307.1	8.1	41218.4	7.6
七、农民人均纯收入（2014年后为农村居民人均可支配收入）	元	7804	14.4	8834	13.2	9318	5.5	11677	9.5	12625	8.1	13600	7.7	14788	8.7	15904.1	7.5	17128.7	7.7

▷政党·政务

中共银川市兴庆区委员会

【概况】　2019年，兴庆区委常委会学习贯彻党的十九届三中、四中全会精神，贯彻自治区、银川党委各项决策部署，统筹推进稳增长、促改革、调结构、惠民生、防风险、保稳定各项工作，兴庆区经济社会发展和党的建设各项事业取得新成效。全年地区生产总值同比增长6.6%。一般公共预算收入9.71亿元，同口径增长3.9%。城镇居民人均可支配收入41281.4元，同比增长7.5%。农村居民人均可支配收入17128.7元，同比增长7.5%。

【基层党建】　落实“四个一”措施，整顿转化软弱涣散基层党组织11个。开展3轮村（社区）“两委”班子成员资格联审，清退16名不合格干部，补齐配强65名村“两委”成员。推进“四联四化”，创新实现在职党员到社区“双向报到”“双向兼职”，累计服务达1.2万人次。以党建引领推进业主委员会自治管理创新，建立富宁街大庙社区等8个示范点。

【干部选拔】　提拔重用干部80名，公开选拔副科级干部10名，调任事业干部11名。实施干部素质能力提升计划，举办党性修养提升、乡村振兴等专题培训班5期，培训各级干部400人。

【主题宣讲活动】　宣传思想工作守正创新。旗帜鲜明坚持党管意识形态，严格落实意识形态工作责任制，强化关键领域舆情监测、研判处置和管控引导。开展各类主题宣讲活动960场，覆盖人数3.6万人。

【党风廉政建设】　履行全面从严治党主体责任，支持纪委监委履行监督责任，实行“两个责任”全程纪实制度，完成纪委监委派驻机构改革，开展违反中央八项规定精神突出问题，形式主义、官僚主义及漠视、侵害群众利益问题专项整治，巩固拓展作风建设成果。制定基层减负21条措施，完成基层减负指标任务。建立科级干部廉政档案，强化监督管理。坚持有腐必反，给予党纪政务处分119人。

【项目建设】　全年实施项目108个，开工率100%。新华百货集团总部大楼等一批转型升级项目建成并投入使用，新城控股吾悦广场等一批新项目开工建设，砂之船银川奥莱等一批招商项目签约落地。全年实施招商引资项目55个，到位资金94.84亿元，超额完成银川市下达的招商引资任务，位居全市第一。

【老城区改造】　续建大新三期等3个安置区项目。加快“美丽楼院”建设，投入1.2亿元分期提升改造老旧小区96个，实现物业管理全覆盖。投入7400万元维护改造支路及小街巷197条，新增停车位4.1万个，拆除违章建筑784处54万平方米。

【城市管理】　创新实施机械化高效作业模式，打造整洁亮丽的新华商圈“旗舰街”，创建解放路等10条市容环卫示范街、铁北巷等25条主要示范街巷。建成智慧城市管理指挥运营分中心投入使用。坚持疏堵提畅，取缔17处马路市场、旧货市场和劳务市场。开展“十大惠民工程”，开展整改创建全国文明城市志愿服务活动。创建40个垃圾分类示范小区，实施辖区增绿及绿化景观提升工程，城市面貌和人居环境改善。

【生态保护】　划定调整生态保护红线，加大生态敏感脆弱区保护力度，打好污染防治攻坚战，持续巩固中央环保督察“回头看”反馈问题整改成效。散煤治理等13项大气污染防治专项行动取得实效，推进秸秆禁烧源头管控，空气质量显著改善。落实三级河长制，入黄排水沟水质基本达标，建成4座污水处理厂并达标使用，在全市率先实现乡镇污水集中收集处理全覆盖。防控农业面源污染，建立“三减三禁”示范基地2个。

【脱贫攻坚】 深化建档立卡户动态调整和查漏补缺专项行动，实现零漏评、零错退。推进产业扶贫、金融扶贫、就业扶贫和社会兜底扶贫等措施，建档立卡户实现“两不愁三保障”。加强对已脱贫人口跟踪评估，确保稳定脱贫。全年实现5个贫困村脱贫出列，1085户4779名建档立卡人员脱贫退出。

【教育品牌优势凸显】 投入2.8亿元完成8所学校新建、续建、改扩建和维修工程，新增义务教育学位3000个。在全区率先试行公办中小学电脑派位招生，实现义务教育“阳光分班”。新建补建公办幼儿园4所，新增学前教育学位1080个。深化“互联网+教育”示范区创建，3所学校入选国家基础教育信息化应用典型案例。巩固集团化办学成果，回民二小教育集团被评为“全国教育系统先进集体”。

【社会保障】 完善基层医疗机构布局，新建改建4所社区卫生服务站，基层公共卫生服务指标大幅提升。推进远程诊疗、分级诊疗，解决城乡群众“看病难”问题。完成自治区下达的城乡居民养老保险和医疗保险参保任务。落实创业就业扶持政策，在全区率先建设“互联网+公共就业创业服务”数字化平台，城镇新增就业12449人，农村劳动力转移就业9884人。提高政府购买居家养老和残疾人居家托养服务供给能力，建成5家日间照料中心，引进社会组织运营服务14家老年活动中心。提升社会救助托底水平，在全市率先推行城乡最低生活保障审批权限下放乡镇（街道）试点工作，救助各类困难群体12.9万人次、残疾人群体1.3万人次。

【扫黑除恶专项斗争】 打掉7个涉黑涉恶团伙，破获案件420起，扣押查封涉案资产估价9200万元，认定“保护伞”9人，“一案三查”8人。开展13个领域专项整治，完成中央扫黑除恶督导及“回头看”。

【社会治理】 深化平安兴庆建设，建成自治区首个“无人警局”，新华街派出所获评宁夏首个“全国枫桥式公安派出所”。实行县级领导接访和包案制，解决唐徕小区等一批历史遗留问题。严格落实安全生产责任制，连续4年未发生较大及以上级别安全生产事故。组建退役军人服务中心，实现退役军人三级服务网络全覆盖。创新社会治理模式，建成全国农村社区治理实验区公共服务综合信息平台并运行推广。完成兴庆区社会组织创新发展中心建设，引入13家社会组织。创建星级标准化司法所，实现五星级标准化司法所全覆盖，兴庆区获“全国‘七五’普法中期先进集体”称号，凤凰北街司法所“兴庆经验”在全国推广。

组织工作

【概况】 2019年，兴庆区委组织部以习近平新时代中国特色社会主义思想和党的十九大精神为指导，践行新时代党的建设总要求和组织路线，贯彻落实全国及区市组织工作、组织部部长会议精神，开展“不忘初心、牢记使命”主题教育，深化“兴庆先锋”工程，推动组织工作发展。举办乡村振兴、脱贫攻坚、兴庆区中青年干部培训班等专题培训班4期，培训320人。230人参加2019年入党积极分子培训班。75名学员参训兴庆区年轻干部加强党性修养提升培训班。完成涉改机构33个涉改区直部门单位领导班子调整配备和干部安排方案。以“兴庆先锋”微信公众号为载体，推送信息738篇，阅读量55万人次。

【“不忘初心、牢记使命”主题教育】 分类对农村、城市、教育及非公经济组织和社会组织提出具体化、差异化要求，让基层开展主题教育有的放矢。坚持问题导向，突出关键动作，层层加压推动，真学真抓真改，把开展主题教育同推动兴庆区高质量发展、实现“兴庆率先”目标结合起来，确保取得实实在在的成效。主题教育中的好经验、好做法也多次被《人民日报》、“学习强国”学习平台及区市各类媒体宣传报道，兴庆区主题教育被自治区第一巡回指导组给予肯定。

【扫黑除恶专项斗争】 收到中央督导组转办线索7条（查实2条、查否5条），银川市委组织部转办线索11条（查实5条、查否6条），公安分局转办线索4条（查实3条、查否1条），通过“兴庆先锋”微信公众号收到信访举报线索1条（查否1条），均已办结。

【整顿软弱涣散基层党组织】 2019年，兴庆区先期确定14个软弱涣散基层党组织，其中村党组织13个（含提级督办涉黑涉恶案件发生村1个），社区党组织1个。整顿转化出列基层党组织11个，新确定软弱涣散的基层党组织2个。每个软弱涣散基层党组织确定1名县级领导班子成员联村，1名乡镇领导班子成员包村，1名第一书记驻村，1个兴庆区级机关单位结对，压实整顿责任。区委主要领导直接包抓大新村，确保整顿工作取得实效。

【村（社区）“两委”成员资格联审】 联合11家单位对兴庆区全体村（社区）“两委”成员开展第2轮、第3轮联审，清退16名不合格村（社区）干部，其中村干部14名。2018年以来，重点调整撤换农村党组织书记10名，其中违纪免职3人，不胜任免职7人，同步补齐配强村“两委”成员。落实村（社区）党组织书记县级备案制度，所有村（社区）党组织书记全部备案。

【领导干部提拔】 2019年提拔干部80名（23正57副），交流121名，其中，提拔31名长期扎根乡镇街道一线的干部到重要岗位，调任重用5名重点工作一线的“业务型”事业干部。公开选拔乡镇街道副科级领导10名，选派13名素质优良、有发展潜力的年轻干部挂任驻村第一书记。

【干部教育培训】 围绕学习习近平新时代中国特色社会主义思想和党的十九大精神的干部教育主线，在苏州、六盘山干部学院、银川市委党校等地，实施乡村振兴、脱贫攻坚、年轻干部党性修养等专题培训班5期，组织处、科级干部500人参加干部网络培训。完善上挂、下派等干部实践锻炼制度，选派1名科级干部赴自治区跟班学习，接收区市单位到兴庆区挂职锻炼干部4名，选派12名新提拔任职干部到信访部门挂职锻炼，选派30名县处级、科级干部参加上级部门调训与轮训。

【干部奖励】 2016—2018年连续三年考核优秀的34名公务员记三等功并发放奖金0.3万元，组织68名连续3年考核优秀和获区市以上奖励的干部开展健康休养。2名患重大疾病的干部提供党内关爱1.3万元。

【干部监督】 受理查核信访举报件17件，函询1人，查实的1名同志移交纪委处理。免职交流不担当、不作为的干部1名，5名违纪、违法干部被免职或撤职。

【干部人事档案专项审核】 开展干部人事档案专项审核回头看工作，审核档案754本，补充档案资料80份。开展数字化工作，完成全部档案的扫描录入，高清处理709本，提高干部档案管理和信息化水平。

【公务员管理】 开展机关综合管理类公务员职务与职级并行制度，提早维护、更新公务员管理库数据，完成职级套转341人次。完成公务员登记42人，办理录用19人，调任5人、辞职3人、调动21人。

【基层党组织阵地建设】 落实“三会一课”、“3+X”主题党日、组织生活会、“四议两公开”、民主评议党员等基本制度，规范基层党组织评星定级和党员“先锋指数考评”工作。建立党建工作督察制度，15个乡镇街道的35个村、94个社区和72个机关支部全覆盖督查，分类制定督查清单，量化考核标准，重点督查“三会一课”、专题组织生活会等党内基本政治生活制度执行情况和重点工作任务推进落实情况。投入1525万元，实施75个为民服务与发展专项资金项目。强化党建品牌建设，投入178万元，实施通贵乡党史馆等29个党建项目，提升基层党组织服务水平。

【党员管理】 2019年，入党发展对象资格审查上提一级，审核通过的195名发展对象确定为预备党员。农村实施党员“1+N”包户责任制，2058名农村党员包户14121户。城市社区建立“街道—社区—网格—楼栋”的四级架构模式，每个楼栋中确定2~3名“楼栋党员户”，500名党员户为困难群众解决“微难题”、提供“微服务”。创新实施无职党员“设岗定责”活动，激发1500余名参与“设岗定责”党员发挥先锋模范作用的荣誉感和责任感。兴庆区108个机关党支部2234名在职党员到社区报到。楼宇市场设立党员志愿服务联系点、“先锋”书吧等功能区。实行党员联系摊位制度，每名市场经商党员要在经营门店悬挂“党员先锋商户”红旗并联系2户市场经营户。

【农村党建】 实施月牙湖乡滨河家园一村旅游餐饮接待中心、通贵乡河滩村创意农业园、掌政镇茂盛村高效节能大型拱棚建设等10个自治区扶持壮大村集体经济项目，乡镇党委根据实施方案，组织和指导项目建制村具体实施，会同财政、农业农村等相关部门加强指导监督。组织开展“抓党建促脱贫富民大宣讲”活动，开展“五讲”工作，为抓党建促脱贫攻坚、促乡村振兴提供思想保障和智力服务。在“两个带头人”特别是致富带头人中开展“感党恩、富百姓”教育，吸引致富带头人中的先进分子到党组织周围。

【城市党建】 突出兴庆区在银川都市圈建设中的功能定位，巩固并实施“党建联盟”发展模式。2019年，“新华商圈党建联盟”开展“创城在行动书香进商圈”和年货大集各类活动10次，50家商圈企业参与。“康体医疗党建联盟”累计开展义诊服务82场次、医疗志愿服务53场次、流动人口均等化服务21场次、居家养老服务以及患者后续辅助治疗服务等服务项目17场次，服务6000人。建立富宁街大庙社区、丽景街八里桥社区等8个兴庆区示范点（其中包括三个银川市级示范点），推动业主委员会创新自治。

【机关党建】 落实周例会学习制度、开展政治理论学习等情况，作为机关党建年度考核和星级党组织考核评定的重要指标。举办机关党建业务知识培训班，针对三会一课、支部换届改选、支部主题党日和发展党员程序等机关党务干部必备基础知识培训讲解，强化机关党建标准化、规范化建设水平。

【非公经济组织和社会组织党建】 摸底社会组织党组织覆盖情况及存在问题，掌握社会组织党组织发展情况。集中开展软弱涣散党组织整顿，确定8个非公有制经济组织为软弱涣散党组织，制定整顿措施，建立工作台账，每月上报工作进度，开展整顿转化工作。举办兴庆区非公有制经济组织和社会组织党组织书记“不忘初心、牢记使命”主题教育培训班，联合工商联党组举办深圳大学专题培训班，组织7名非公经济组织党组织书记参加自治区、银川市非公有制经济组织和社会组织党组织书记及出资人能力素质提升培训班，提升非公有制经济组织和社会组织党建理论化、科学化、规范化水平。

【人才考核评价体系】 明确人才工作任务分工，科学设置考核指标，将人才工作考核纳入区委、区政府绩效考核指标体系，分季度评估各项人才工作。探索建立兴庆区人才分类评价机制，筹划建立创新型科技人才、企业经营人才、社会工作人才、宣传文化人才等8类人才评价指标体系，分类优化人才信息库，促进人才发展与产业需要相匹配。

【人才引育】 组织辖区重点企事业单位积极申报清华大学研究生社会实践项目，引进6名清华大学博士研究生社会实践。引进诺未科技（银川）有限公司科研团队，引进高端现代医疗人才9名。聚焦经济高质量发展、乡村振兴、城市治理体制改革、脱贫攻坚等重点课题，有计划、有针对性实施培训项目5个，培训各级党政领导干部300人。成立兴庆区社会组织孵化基地，引进宁夏大学博士生团队开展服务，组织290名社工人才参加为期6天的业务知识培训，搭建社会组织及社工孵化平台。

【人才服务】 兑现2018年高精尖缺人才补贴，发放补贴34万元，其中配套资金10.2万元。赴北京林业大学、南开大学等高校开展人才政策推介，宣传自治区人才强区工程18条新政、银川市“1+2+7”新政等重点人才政策，吸引更多高校毕业生到银川就业创业。开展县级领导、成员单位春节慰问优秀人才活动，慰问各类优秀人才59人次，发放慰问金8.85万元。审核发放高学历人才补贴54人19.2万元，高职称人才补贴24人11.88万元。年内办理本级人才公寓入住30余人次。设立并投入人才发展专项资金200万元。2019年，实施清华大学研究生社会实践基地建设、“2430”社工人才培养计划人才项目2个，投入资金30万元。争取上级人才资金119.5万元。

【离退休干部工作】 2019年，兴庆区有离退休党员干部1370名，成立离退休干部建制党支部12个。其中，离退休干部党工委直管3个，党员98名。乡镇街道（通贵乡）1个，党员10名。机关部门单位（人民法院、人民检察院、公安局、教育局5个）8个，党员306名。党小组24个，党员300名。“三缘型”党支部8个（老科技协会“业缘型”1个、兴庆区老年大学“趣缘型”7个），党员346名。

【关爱离退休干部】 2019年，走访慰问直管离退休干部和遗孀694人、中华人民共和国成立前老党员3人、帮扶离退休干部和遗孀22人，看望慰问患胃癌晚期的直管退休干部1人，发放慰问金（含慰问品）69.17万元。落实离休干部“三个机制”，保证离休干部“两费”按时足额发放。年初协调财政统筹离休干部医药费100万元。

（供稿人：王若麟）

宣传工作

【概况】 2019年，兴庆区宣传思想文化工作结合中央、自治区、银川市宣传思想文化工作会议精神，以新中国成立70周年为契机，紧扣宣传思想文化工作“十大工程”任务要求，用先进思想理论武装全党，创新推动媒体深度融合。3月初，召开兴庆区上半年意识形态工作专题会和重要舆情分析研判会，党员领导干部开展警示教育。落实《兴庆区意识形态领域问题整改落实方案》和《兴庆区学习贯彻习近平新时代中国特色社会主义思想和党的十九大精神方面问题整改落实方案》，改进整改措施，建立整改台账。签订“党风廉政建设责任书”，逐级负责、责任到人。开展专业法律法规的宣传教育和普法依法治理，提高群众法律素质。

【理论学习】 建立健全并严格执行学习考勤制度、档案制度、调研制度、通报制度等，明确要求学习内容、时间、目标、主体责任人等。制定《兴庆区党委理论学习中心组2019年政治理论学习方案》，策划9场专题学习，5场集体学习研讨与个人自学专题，健全完善个人学习+专题辅导报告（集体观摩学习）+集体学习研讨“三位一体”学习模式，严格规范学习管理。开展集中学习研讨，传达中央、自治区重要会议和讲话精神等，开展党委理论学习中心组学习19次，其中集体学习研讨4次，集体学习会5次，专题讲座10次。推进“学习强国”学习平台建设，举办“学习强国”学习平台管理员、供稿员专题培训会，强化平台建设。开展“兴庆率先”大讨论活动，推动干部作风转变，各部门单位上报主题征文60篇。开展宣传思想文化战线大调研活动，形成调研报告38篇。开展习近平新时代中国特色社会主义思想、中共十九大精神、“不忘初心、牢记使命”主题教育、“我和我的祖国”等各类主题宣讲活动860余场，覆盖人数32000余人。

【文明城市创建整改】 实行县级领导包抓乡镇街道工作制，分片负责、一线指挥督导创建整改。建立日督查、周通报机制，督查从严办理市级督办单，确保真整改、真销号。围绕城市顽疾开展集中整治，建立常态化联合执法机制。坚持问题导向、标准导向、效果导向，务求整改目标清、整改措施实、整改效果好。严格督导考核，派出专项督导组，拉网式排查，一天一通报，一周一回访。持续报道创城动态、宣传创建知识、弘扬先进典型，营造人人参与的创建氛围。

【社会主义核心价值观教育活动】 开展“我们的节日”主题活动740场、微宣讲480场，发放各类宣传材料15.8万份，以庆祝中华人民共和国成立70周年为主线，开展各类主题教育民俗活动225场次。弘扬志愿服务文化，发挥先进典型的示范带动作用。开展文明单位、村镇、校园、家庭等各类文明创建评选活动，组织2019年到届的10家文明单位和文明校园重新申报，联合兴庆区妇联开展兴庆区2019年“文明家庭”创建活动，评选出50户“文明家庭”，颁发光荣册、奖金及纪念牌。加大“乡村（城市）学校少年宫”建设力度，完善配套设施建设，抓好未成年人公益广告刊播和专题宣传，为青少年健康成长营造良好环境。

【移风易俗】 组织乡镇、村开展“红白理事会工作加强年”培训89场，参加人数3200多人。召开村民代表大会，听取村民意见，修订通俗易懂的村规民约，利用集会活动，反复宣读，扩大覆盖面、提高知晓率。升级改良原有“道德红黄蓝榜”，结合村规民约的制订，让“道德红黄蓝榜”评选依据更加具体，增强广大村民的认同感和荣誉感。开展“星级文明户”评选活动，利用“微宣讲”“道德讲堂”等，邀请“星级文明户”讲述“摘星”过程，发挥“星级文明户”示范带动作用。

【庆祝新中国成立70周年】 举办“歌唱祖国，兴庆欢歌”庆祝新中国成立70周年主题歌咏比赛，报名队伍150多支，报名人数超过1万人，录制展播优秀作品，“美丽兴庆”公众号进行网络公开投票评选。“学习强国”学习平台征集“新中国成立70周年：身边的感动”“家乡的变化”等主题作品，筛选上报银川市、自治区签发。国庆前夕，组织各街道商户、人流量大的商业区等悬挂国旗2万面，各大屏幕、音响均播放国庆宣传片和“我和我的祖国”等爱国歌曲，掀起群众爱国潮。

【扫黑除恶专项斗争宣传】 扫黑除恶专项斗争纳入党委（党组）中心组学习安排和干部理论学习内容，召开6次专题会议、1次推进会、4次主题党日专题活动、1次专题培训及应知应会测试，传达学习、安排部署、研究推进扫黑除恶专项斗争宣传工作。动员全民参与，利用线上线下多种媒体、展板专栏等宣传载体，形成电视有影、广播有声、报刊有字、户外有标语、手机有短信、微信有动态的宣传氛围。区市广播、电视、报纸播发并刊登各类扫黑除恶专项斗争宣传稿件900条，各网络媒体刊发相关稿件1500条，“美丽兴庆”“兴庆先锋”“平安兴庆”及微信、微博等平台发布、转发涉及报道500篇，阅读量达80万人次。

【“不忘初心、牢记使命”主题教育】 各媒体发布兴庆区主题教育相关新闻61条，通过“美丽兴庆”公众号发布60条，其中开设的“‘不忘初心、牢记使命’初心使命大家谈”专栏发布12期。开展区委中心组“不忘初心、牢记使命”集体学习会2期，科级以上领导干部全覆盖发放必读书目，加深对中央大政方针及“不忘初心、牢记使命”主题教育内涵的理解。

【“扫黄打非”工作】 打击各类非法有害出版传播活动，开展14次出版物市场专项检查，排查辖区书店、印刷厂、复印店、农家书屋等出版物市场。持续推进基层站点规范化、标准化建设，分两批次规范化标准化建设，55家挂牌“扫黄打非”工作站和基层工作站符合标准，评选出全区“扫黄打非”示范点2家、全区“扫黄打非”进基层示范标本1家，申报兴庆区“扫黄打非”示范点3家。做好网上低俗信息专项整治和自媒体账号清理整治等专项工作，明确工作目标、重点任务和实施步骤，建立月报告制度。

【国防教育】 2019年，兴庆区分批次开展国防教育基地参观学习活动。多所小学创建少年军校，通过规范化管理、标准化训练、制度化活动，增强学生的国防意识。利用多种媒体宣传国防知识、国防法规及先进人物事迹，区市媒体刊播有关稿件50条，“美丽兴庆”App、公众号刊发稿件100条。利用国防教育日，在学校、社区组织宣传活动，接待群众咨询10000人次。开展“国防教育进社区”活动，扩大国防教育覆盖面。

【脱贫攻坚】 2019年，开展各类宣讲活动超过100场次，各级媒体报道脱贫攻坚稿件110篇。开展广电惠民工程促进乡村文化振兴，由兴庆区委宣传部牵头，文旅局等有关单位协同配合，为兴庆区月牙湖乡移民贫困户提供广电服务，提供公共文化服务，推进思想扶贫、文化扶贫，打通党和政府传播渠道与公共文化服务“最后一公里”，2019年底完成项目合同签订及月牙湖乡滨河一村至五村脱贫出列验收工作。

【督察整改】 2019年，兴庆区委宣传部接受中央和自治区、银川市各类巡视巡察督察督导督查5次，涉及意识形态、扫黑除恶专项斗争、理论武装、整改创建全国文明城市4类具体工作，反馈问题13项，经分析补充，制定整改方案4个，制定21条整改措施整改落实。

【保密工作】 规范涉密文件资料的收发、流转、归还及保存，安排专人负责保密仪器的管理和使用，修订《宣传部保密工作制度》《涉密文件管理制度》，及时调整保密工作领导小组成员，部门人员进行保密工作及知识教育，严防失窃密事件发生。

【融媒体中心】 招聘专业技术人员10名，设置全媒体编导、新闻采编记者、摄影剪辑、全媒体美工、新媒体运维5个岗位。融媒体中心运行后，相继在微信、抖音、腾讯微视平台推出《敬德街——宁夏烧烤第一站》《致敬|银川101岁老红军与刘伯承之子互敬军礼》等新媒体作品。“美丽兴庆”微信公众号3个月涨粉数量超过4.3万人，抖音平台推出30多个作品，粉丝数量达5700人，播放量达270万次，获赞量达7.8万次。微视推出10个作品，累计播放量超过8万次，点赞超过500万次。全年涉及兴庆区相关报道超过6000条，“美丽兴庆”客户端发布信息稿件5267条。

（供稿人：周娟）

统战工作

【概况】 2019年，兴庆区委统战部贯彻落实党的十九大精神和自治区第十二次党代会精神，围绕区委中心工作，以服务兴庆区经济社会发展为重点，凝聚人心、汇聚力量，突出重点、务实创新，助推统一战线工作再上新台阶。6月11日，兴庆区在青岛社会主义学院举办各民主党派及党外中青年骨干培训班，形成统战工作的强大合力，发挥统一战线的最大效能，用实际行动为兴庆区经济社会健康发展做出贡献。

【理论学习】 坚持把认真学习贯彻习近平新时代中国特色社会主义思想作为做好民族工作的首要政治任务，全体干部增强“四个意识”、坚定“四个自信”、做到“两个维护”，开展学习教育活动23次。集中学习习近平总书记关于民族宗教工作的重要论述8次，传达学习中央、自治区、市民族宗教会议精神10次。将马克思主义民族观宗教观纳入党委中心组理论学习的重要内容，召开中心组（扩大）学习会1次。将民族团结、邻里和谐、家风家训融入“两观”教育活动中，开展“百场万人”大宣讲活动20余场。组织统战、民族宗教干部学习党的民族政策和宗教工作基本方针12次，培训1000人次。以加强社区民族问题治理，引导青少年树立马克思主义民族观、宗教观为主题上报调研报告4篇。

【“不忘初心、牢记使命”主题教育】 制定主题教育方案、学习计划，召开动员部署会议，开展集中自学、讨论交流、讲党课、撰写心得体会、查找问题等，增强学习的实效性。开展集中学习研讨、讲党课12次，撰写心得体会30篇。

【政党协商计划】 协助区委召开协商会、通报会、座谈会等，拓宽信息传递渠道，确保民主党派知情明政。建立常态化工作联系，推进意见建议“直通车”有效运行，支持民主党派以调研报告、建议等形式直接向区委提出意见和建议，加强协商反馈。推动民主党派、工商联与政府部门对口联系制度落实。

【党外人才信息库】 梳理兴庆区党政机关、事业单位、国有企业党外知识分子，收集核实相关信息，准确掌握兴庆区党外人才队伍情况。

【民族团结进步创建】 制定印发《银川市创建全国民族团结进步示范市兴庆区工作方案》，分解任务、细化分工。悬挂标语、媒体报道、发放应知应会手册、组织演讲比赛、知识测试等，使党的民族政策家喻户晓、深入人心。兴庆区中小学校推广“石榴籽”课堂，加强民族团结进步教育。发放民族团结知识应知应会读本2000本，将党的民族政策传播到最基层。民族团结月期间利用媒体、广播电视等平台专题报道民族团结4次。开展线上线下民族团结知识竞答活动，参与人次近3万人。开展“共同团结奋斗，共同繁荣发展”主题演讲比赛，讲述民族团结好故事，传播民族团结好声音。

【民族团结示范点创建】 巩固兴庆区五小、兴庆区回民三小、兴庆区人民法院等已打造的示范点。打造兴庆区八里桥社区、兴庆区司法局、兴庆区景岳小学等新的示范点5个。创建自治区级示范单位4个、银川市级示范单位12个。命名兴庆区级示范单位55个，兴庆区示范单位覆盖所有街道（乡镇）、社区（村）。迎接主席咸辉调研1次，自治区民委检查验收1次，银川市民委检查验收1次，外省观摩2次。

【中央巡视反馈问题整改】 制定整改方案，明确目标清单、任务清单、责任清单，梳理出6个方面12项整改任务。其中，6项任务整改完毕，1项年底完成，剩余5项为长期整改任务。

【民族团结知识竞答活动】 以习近平总书记关于民族宗教工作的系列讲话和重要论述、党的民族政策和宗教工作基本方针等为主要内容，线上线下两种方式开展民族团结知识竞答活动，线上开展网络知识竞答，参与竞答人数29350人，线下印发民族团结知识应知应会测试卷，参与答题人数2598人，宣传普及党的民族政策知识和常识。

【宗教活动场所财务审计】 委托有资质的专业机构审计宗教活动场所财务情况，帮助场所建立健全财务管理制度，促进财务管理规范化和透明化。辖区东关清真寺等6所宗教场所进行财务审计。

【朝觐工作】 联合组织部、公安、民政、人社、扶贫等部门做好朝觐人员的统接统送工作，确保朝觐人员完成朝觐。

（供稿人：马思琦）

政策研究

【概况】 2019年3月，兴庆区委政策研究督察室更名为兴庆区委政策研究室，设置编制数5个，现有工作人员6人。其中，在编2人、借调1人、政府聘用1人、三支一扶1人、大学生志愿者1人。主要承担政策研究和全面深化改革领导小组办公室两大工作任务，对应自治区、银川市党委政研室2个上级部门的工作指导。配合相关部门实施科技创新、银川都市圈、预算绩效管理、乡村振兴等12项重点改革。上报《兴庆区2019年上半年改革工作总结》《兴庆区委全面深化改革委员会2019年工作总结》，向区、市改革办报送改革动态89篇，典型经验材料10篇。

【大调研工作】 制定《关于开展大调研工作的实施方案》，确定37个调研课题，明确牵头调研单位和配合单位。收集各单位“不忘初心、牢记使命”主题教育调研报告50篇，评分选出10篇优秀调研报告。完成市委政研室《大银川》编辑部约稿《砥砺奋进新时代·同心铸就新辉煌》及《共产党人》杂志社约稿《做强做优现代服务业·推动兴庆区经济高质量发展》。配合区市党委政研室调研基层党组织建设、夜间经济等，提供基础资料，完成《兴庆区打造新华商圈党建联盟·引领商圈高质量发展》《兴庆区夜间经济发展状况调研报告》等文章。

【督查考核】 起草《兴庆区2019年督查检查考核工作计划》。督查兴庆区本级项目建设、大棚房整治、秸秆焚烧问题等，促进各项重点工作的推进落实。做好区、市党委督察室项目建设等工作的督查迎检工作，完成各种督查和调研工作中的联络对接、路线引领、汇报交流材料起草等工作任务。协调完成自治区、银川市对兴庆区本级2018年度绩效考核工作。

【领导批示件办理】 通报2018年第四季度“人民网·地方领导留言板”网民留言办理情况。机构改革前，受理自治区、银川市领导批示件和网民留言批示件23件，经区委主要领导签发后，全部答复。

【干部队伍建设】 组织干部职工学习党的十九大精神、习近平新时代中国特色社会主义思想，学习研讨交流，提高综合能力素质，提升政研工作能力和水平。严格落实民主集中制，“三重一大”等制度。制定党风廉政建设和反腐败工作任务分工方案，层层签订党风廉政建设责任书，形成党风廉政建设齐抓共管局面。严格执行中央八项规定精神，通过正面典型引路，反面警示教育，筑牢思想防线。抓意识形态学习，及时传达学习中央、区市和兴庆区党委关于意识形态工作的决策部署和指示精神。查找风险点，制定《落实意识形态工作责任制“一岗双责”责任清单》。发挥好“学习强国”学习平台思想性、新闻性、综合性、服务性作用，督促干部坚持每天上线学习，提高干部思想觉悟、文明素质、科学素养，守好意识形态工作“责任田”。

（供稿人：张相）

机构编制

【概况】 2019年，兴庆区编办完成行政单位机构改革，设立行政机构33个。其中，党委部门10个，政府部门23个。3月30日前，33个部门“三定”均印发。制定《兴庆区城市综合执法改革实施方案》《兴庆区综合行政执法改革任务分工方案》。更名组建“兴庆区综合执法局”，挂“兴庆区综合执法大队”牌子，设置乡镇、街道综合执法中队。承接银川市下放的230项行政执法权。调整划转兴庆区各部门、乡镇433项行政执法事项。合理分配划转人员，85%的执法人员下沉一线。

【机构编制管理】 严格按照制度和流程办事，发生机构编制和人员变动的单位，督促其及时办理相关手续，确保信息实时更新。完善审核制度，严控审核关，审核各机关事业单位上报的机构、编制、领导职数、人员增减等情况，确保相关信息准确无误。

【数据维护更新】 按照管理权限对机构编制、职数核定、职务任免等事项及时维护，做到文件下达与数据维护同步更新。依据组织、人社部门提供的有关文件高效率办理入出编手续，提高实名制信息系统的时效性。行政编制数据由银川市编办统一管理，调整机构、编制、人员必须以文件为依据，同时更新编制管理证内容。

【基础数据管理】 强化“三项”管理，充实完善机构编制实名制管理系统，推进机构编制电子档案与归档文件同步管理，提供科学合理的基础数据。每月审核、调整人员编制实名制信息，与工资表、医保增减表、车补增减表核对。修改、规范、完善库中各类信息，使实名制库信息更准确。

【进人程序审核】 “四部门”配合，做到不经过组织、编制、人事、财政审核，人调不进来、工资发不到手，有效控制不合理用编行为的发生。把好人员入口关，凡调入兴庆区的人员，组织、编制、人社、用人单位联合到其原工作单位考察并审核档案，经编委会研究同意后调入，确保调入人员品行、能力、素质符合调入单位要求。

【机构改革】 成立机构改革领导小组，召开深化改革领导小组会3次，研究部署改革重大问题。2019年2月初召开改革部署动员会。2月28日，11个部门完成挂牌，启用印章，以新部门名称对外开展工作，新挂牌的部门安排办公用房，实现领导和综合部门集中办公。机构改革中因职责、部门调整涉及的人员转隶等事宜，明确转隶范围、步骤和要求。多部门合并组建的，机构职能整建制划转，相应人员整体转隶。职责调整的部门，以划入部门为主，协商确定转隶范围、开展人员转隶工作。

【“三定”工作】 分两批审核工作部门“三定”规定。第一批重点开展职能未作大的调整的22个部门“三定”规定的审核工作。第二批重点审核新组建、职能调整较大的11个部门的“三定”规定。修改“三定”方案草稿4次，由司法局法制审核，聘请律师结合区市相关部门“三定”方案和法律条文，修订兴庆区各单位“三定”方案，确保“三定”方案的规范性。针对部分机构改革涉改单位职责划分理解不到位，交接不清晰的问题，9月初对5个涉改部门开展职责履行评估检查，梳理履职过程中存在的问题，明确权责。

【事业单位改革】 现有总量内，调整优化直属事业单位设置。同步调整撤并部门所属事业单位的隶属关系，整合归并职责相同或相近的事业单位，原有名称不规范的事业单位一并调整。同时事业登记管理局为涉改各行政、事业单位更换统一信用代码证，确保各单位能及时办理财务手续。

【执法机构设置】 在兴庆区城市管理局的基础上，更名组建“兴庆区综合执法局”，挂“兴庆区城市管理局”“兴庆区综合执法大队”牌子，负责本辖区综合执法和城市管理，受银川市综合执法监督局的业务指导和监督。设置乡镇、街道综合执法中队。整合原有和划转人员，组建2个乡2个镇、11个街道综合执法中队，明确乡镇（街道）执法中队为兴庆区综合执法局派出机构，派出中队业务上受兴庆区综合执法局指导、监督、考核，日常管理由所在乡镇（街道）负责。探索乡镇（街道）执法中队双重领导机制下的作用发挥，参考西安、吴忠等先行地区和城市经验。

【执法事权调整】 落实《银川市人民政府关于划转市住建局等部门行政执法事项的通知》（银政发（2017）232号）文件精神，承接银川市下放的8个部门230项行政执法权。2019年，兴庆区综合执法局有627项执法事项，涵盖城市管理、住建、园林、水务、农业、宗教、发改、环保、市场监管等多个领域。开展划转事项执法工作，专业性比较强的房地产领域执法事项，临时抽调5名原专业执法人员开展执法。专业性不强的执法事项，要求一般性案件由乡镇（街道）综合执法中队查处，重大案件上报兴庆区综合执法局研究后执行。

【执法人员划转】 坚持执法力量向基层倾斜，落实85%的执法人员下沉一线的要求，接收和安排市级划转人员53人，完成划转人员的档案审核接管、人事关系、工资关系接收等，人员全部到位，分配至一线执法中队开展工作。兴庆区部门（单位）人员划转，划转编制人员15名，8名到岗，7人等编委会过会。调整乡镇（街道）综合执法人员编制，2016年由兴庆区城管局调整至各乡镇、街道的40名事业编连人带编调整到兴庆区综合执法局。制定下发《兴庆区综合执法系统内部体制改革实施方案》，综合执法局内设机构，原有的14个科室撤销合并精简至6个。严格控制机关人员数量，机关原有的127名工作人员和银川市划转的53人下沉至乡镇、街道执法中队，机关保留59人。各乡镇（街道）中队长公开竞聘上岗。

【事业单位登记管理】　出台《兴庆区事业单位登记管理标准化工作方案》，推行网上审批，提升效率。机构改革期间，完成24家涉改单位统一社会信用代码赋码换证。年检公示66家法人事业单位，注销登记1件。清理兴庆区自建网站，整改存在挂标不规范情况。

（供稿人：王雅楠）

网信工作

【概况】　2019年2月，兴庆区委网信办成立。围绕中共十九大及习近平总书记关于网络安全和信息化建设的重要讲话精神，开展“不忘初心、牢记使命”主题教育。

【网信工作规范】　5月初，成立网信办党支部。加强党员干部教育管理，学习有关网络安全和信息化建设方面的法律法规。落实兴庆区网络安全和信息化委员会会议制度和有关要求，研究制定《中共兴庆区委网络安全和信息化委员会工作规则》《中共兴庆区委网络安全和信息化委员会办公室工作细则》《兴庆区2019年网信工作要点及分工方案》，规范区委网信委成员单位的确定和网信办的机构设置、工作职责、会议制度等内容。

（供稿人：纳梅霞）

银川市兴庆区人民代表大会

【概况】　2019年，兴庆区人大常委会学习贯彻习近平新时代中国特色社会主义思想和党的十九届三中、四中全会精神，紧扣兴庆区经济社会发展大局，召开常委会会议7次，听取审议“一府一委两院”工作报告14个，开展视察、调研、督查、执法检查16次，专题询问1次，作出审议意见10项、决定和决议14项，依法任免国家机关工作人员94人次。督查政府债务风险防控、农村饮水安全及水污染治理，听取脱贫攻坚专题询问审议意见落实情况报告。落实区委加强街道人大工作重大决策部署，推进人大街道工委建设。贯彻中央关于建立县级以上人民政府向同级人大常委会报告国有资产管理情况制度，出台实施方案，调研国有资产管理现状，听取审议兴庆区国有资产管理情况报告。

【代表任免】　及时任命政府组成部门负责人11名，确保机构改革工作推进。31名新任职人员依法宣誓，增强新任命干部的宪法意识、公仆意识。加强代表资格审查，依法接受常委会组成人员、人大代表辞职13人次，依法补选市级人大代表4人，兴庆区级人大代表17人。

【经济领域监督】　高度关注经济发展，听取审议“十三五”规划中期评估报告和财政计划执行情况报告，从优化营商环境、升级传统产业、增强发展动能方面提出意见建议。紧盯重点项目建设，严督实导工程进度，协调解决问题，力促建设项目加快推进。紧盯政府债务风险防控，组织人大代表、财经专家把脉问诊，从规范政府融资、严格合理举债、化解隐形债务方面提出建议，筑牢债务风险防控监督机制。

【重点工作监督】　聚焦扫黑除恶，专题询问政府及相关部门专项斗争开展情况，提出强化线索摸排、加强乡村治理等19条建议，助推扫黑除恶专项斗争引向深入。聚焦整改创城，重点专项督查，就落实创建文明城市整改，落实文明促进条例、文明养犬等开出“药方”。推动富宁街等街道试点“文明你我他”志愿服务活动，营造人人参与、共建共享的文明城市新形象。聚焦脱贫攻坚，开展专项督查，围绕做实特色产业、培育龙头企业、扶持经营主体、完善政策措施等提出建议。聚焦生态保护，督查水污染治理，落实河长制，保护母亲河。

【预算执行监督】　强化预算编制审查，突出对重点支出、重大项目投资审查，确保区委重大决策部署在预算安排中体现。听取审议预算执行情况和决算报告，依法批准本级财政决算，有序调整本级财政预算。专题听取新增政府债券资金使用情况报告，监督债券资金全部用于老旧小区改造、人居环境整治等民生重点项目。听取审议财政收支审计情况报告，紧盯问题整改落实。加快预算联网监督中心建设，实现部门预算执行情况实时监督。

【法治兴庆建设监督】　开展《中华人民共和国公共文化服务保障法》落实情况执法检查，提出丰富优质公共文化产品、活跃文化惠民活动、提升城市文化内涵等建议。关注司法改革，听取审议法院以审判为中心的刑事诉讼制度改革工作报告，建议法院完善体制机制，切实提高案件质效，让群众在每一个司法案件中都感受到公平正义。关注公益诉讼，听取审议检察院公益诉讼开展情况报告，对食品药品安全、生态环境保护、维护公共利益等方面提出审议意见。审议“两院”报告，针对司法监督热点问题，建议打好扫黑除恶攻坚仗，集中力量破解执行难题。坚持接访制度，畅通诉求渠道，依法推动涉法涉诉问题解决。

【社会热点监督】 关注农村群众出行难问题，实施月牙湖村道路硬化议案工程，为村民铺设生产致富路。针对群众强烈要求开通乡镇公交呼声，督促协调相关部门开通了8条公交线路。关注农村饮水安全，专项督查饮水安全工程，督促加快建设进度、做好运营管理，尽快让老百姓喝上安全放心水。关注教育热点，视察学前教育机构情况，建议全面落实学前教育“5080”计划，让普惠教育资源惠及更多孩子。关注妇女儿童事业，支持政府实施单亲贫困母亲免费“两癌”筛查项目，实施社区儿童之家建设，提升群众获得感。

【城乡环境改善监督】 围绕城市精细化管理，视察督查老旧小区改造、地下管网修复、基础设施修缮、停车泊位建设、违章违建拆除等，提出意见建议，助推民生实事办实办好。围绕农村人居环境改善，督查乡村道路亮化、农村“改厕”民心工程，实施掌政村农贸市场下水改造及路面修复、通贵乡文化广场建设议案工程，让美丽乡村更美丽、百姓生活更舒心。

【议案建议督办】 坚持年初提交、半年督办、年底审议，提高议案建议办理质量。四届人大三次会议确定的老旧小区改造项目等6件议案、失地农民办理养老保险等24件建议全部办理完毕。

【基层组织建设】 11个街道成立人大街道工委，实现街道人大工作由过去的联络办负责到常委会派出机构负责的重大突破。新（改）建代表活动阵地和代表之家58个。推行人大街道工委“1234”体系建设，立足服务代表、服务选民，围绕中心工作、围绕民生改善、围绕建议落实，建立完善组织体系、制度体系、培训体系、服务保障体系。

【人大自身建设】 创建四星级党支部，为常委会依法履职提供更优服务保障。开展“不忘初心、牢记使命”主题教育，坚持将“改”字贯穿始终，找差距抓落实，确保取得实效。加强常委会党组建设，重视意识形态工作，修订党组工作规则，规范议事程序。开展红色经典唱诵、革命传统教育、先进典型学习活动，提振干部精气神。规范建设党建阵地，营造浓厚学习氛围，提升干部职工向心力、凝聚力、战斗力。抓作风提升效能。创建文明机关，丰富机关文化生活，树立文明机关正能量，提高工作效能。开展志愿服务，帮扶建档立卡户，全员参与整改创城。规范和完善宪法宣誓流程，宣誓仪式更加庄严肃穆。密切联系群众，深入基层调研，形成高质量调研报告15篇。

【信息宣传】 2019年，《人民代表报》《宁夏人大》等报刊发表文章10篇，扩大兴庆人大影响力。重视对外宣传，新华网、《银川日报》、《新消息报》等媒体刊登各类报道70篇，宣传人大工作新成效，展示人大代表新风采。

常委会会议

【兴庆区四届人大常委会第十六次会议】 3月27日，银川市兴庆区四届人大常委会第十六次会议召开，主要议题传达十三届全国人大二次会议精神，听取和审议兴庆区人大常委会2019年工作要点，通过人事任免议案。会议依法任命兴庆区人大常委会办公室主任、法工委主任、街道工委主任、重新组建的政府部门负责人等共计17人。

【兴庆区四届人大常委会第十七次会议】 5月24日，银川市兴庆区四届人大常委会第十七次会议召开，会议专题询问兴庆区扫黑除恶专项斗争工作开展情况。

【兴庆区四届人大常委会第十八次会议】 8月1日，银川市兴庆区四届人大常委会第十八次会议召开，会议听取和审议了兴庆区人民政府2019年上半年国民经济和社会发展计划执行情况的报告、2018年财政决算和2019年上半年财政预算执行情况的报告、2018年本级财政预算执行和其他财政收支审计情况的报告、兴庆区人民法院2019年上半年工作情况的报告、兴庆区人民检察院2019年上半年工作情况的报告、兴庆区人民政府“十三五”规划纲要中期评估报告以及兴庆区人民政府学前教育发展情况的报告。会议任命人大街道工委主任、政府组成部门负责人、法院副院长、检察院检委会委员等10名国家工作人员。

【兴庆区四届人大常委会召开第十九次会议】 10月30日，银川市兴庆区四届人大常委会召开第十九次会议。会议听取和审议了兴庆区人民政府关于兴庆区2019年国有资产管理情况的报告、2018年兴庆区本级财政预算执行和其他财政收支审计整改情况的报告、提请审议2019年兴庆区本级预算调整方案的议案，兴庆区人民法院关于以审判为中心的刑事诉讼制度改革工作开展情况的报告，兴庆区人民检察院关于公益诉讼工作开展情况的报告。

【兴庆区四届人大常委会召开第二十次会议】 12月2日，银川市兴庆区四届人大常委会召开第二十次会议。会议听取和审议了兴庆区人民政府关于兴庆区四届人大三次会议代表议案及建议意见办理情况的报告，表决通过有关人事任免议案。

银川市兴庆区人民政府

【概述】 2019年，兴庆区人民政府学习贯彻习近平新时代中国特色社会主义思想和党的十九大、十九届四中全会精神，开展"不忘初心、牢记使命"主题教育，坚持稳中求进工作总基调，全面贯彻新发展理念和高质量发展要求，践行"绿色高端和谐宜居"城市发展理念，较好完成兴庆区四届人大三次会议确定的目标任务。地区生产总值同比增长8%。规模以上工业增加值同比增长10%。一般公共预算收入9.71亿元，同口径增长3.9%。社会消费品零售总额同比增长4%。城镇居民人均可支配收入41180元，同比增长7.5%。农村居民人均可支配收入17096元，同比增长7.5%。

【优势产业】 出台扶持服务业发展政策24条，制定总部经济和楼宇经济发展指导意见，建成自治区首个楼宇经济示范基地和服务中心。实施"腾笼换鸟"，北环等市场腾退升级全面启动。加速友爱商圈扩容，兴庆万达、吾悦广场等项目加快推进，碧桂园、万科等世界500强企业入驻。激发新华商圈活力，国芳百货、王府井百货等商贸企业加速业态重组，新华百货东门购物广场建成投运，新华商圈年销售额达77亿元。

【特色产业】 加快全域旅游发展，打造鼓楼尚街等观光夜市3个，夜间文旅悄然起步。黄沙古渡、军博园等旅游景区接待能力增强，兴庆区全年接待游客216.8万人次、实现旅游收入1.53亿元。建成花卉示范园12个，花卉组培研发生产中心投入运行，举办第四届中国西部花卉产业发展大会，实现花卉产值2.1亿元。国龙健康园和宝丰健康养老东区即将投运，"田园式"养老基地鑫海康养中心辐射周边省区，康养产业趋向专业化、多样化、品牌化。设立通用飞机中转驿站，引入宁美航空无人机培训研发项目，新增月牙湖至盐池运输航线。

【传统产业】 新建高标准农田5300亩，持续推进滨湖春色等产业融合项目，示范稻渔生态种养2000亩，划定水稻生产功能区6万亩，建成月牙湖肉牛养殖园区。落实粮食、瓜菜、水产种植养殖22.9万亩，奶牛存栏3.3万头，农业总产值实现15.08亿元，同比增长4.6%。

【重点项目】 全年实施基本建设项目108个，社会投资占比达86%。上争资金12.6亿元。实施招商引资项目55个，到位资金94.84亿元，位居银川市第一。完成恒大足球小镇、银川第一再生水厂等项目用地征收工作，收储土地9800亩。

【脱贫攻坚】 建成自治区规模最大、标准化程度最高的肉兔繁殖基地，月牙湖设施温室等8个项目稳步推进。建成扶贫车间8个，培育移民劳务协会9个。发放扶贫小额贷款7831万元。移民地区新增学位630个，发放贫困学生补助520万元，医疗救助2164人。46名扶贫网格员驻村包户，精准扶贫网格化工作机制在自治区得到推广。5个贫困村脱贫出列，1085户4779名建档立卡户脱贫退出，建档立卡户实现"两不愁三保障"。高质量通过国务院扶贫开发第三方评估。

【污染防治】 13项大气污染防治专项行动取得实效，实现优良天数312天，同比增加23天，PM_{10}、$PM_{2.5}$同比分别下降30.5%、15.8%。严格落实三级河长责任制，永二干沟等入黄排水沟水质稳定达标，4座乡镇污水处理厂建成投运，在自治区率先实现乡镇污水集中收集处理全覆盖。推进农业面源污染治理，化肥、农药和除草剂亩均用量持续下降，畜禽粪污资源化利用率达99.7%。

【风险管控】 化解存量债务19.66亿元。整治金融领域突出问题，严厉打击"套路贷"等违法犯罪行为，侦办案件27起，涉及资产3265万元。化解唐徕小区等回迁安置和金水花苑等安置区不动产权登记遗留问题，信访积案化解率达93%。强化灾害应急处置能力，打赢非洲猪瘟阻击战，安全生产形势基本稳定。打造兴庆义警队伍102支，社会治安风险预警预防和有效处置率达100%。

【老城改造】 完善城市公共基础设施，完成城市绿化12万平方米，建成5G基站153个，新增机动车位4.1万个、小微停车场28处。续建安置区项目3个。投入1.2亿元改造老旧小区96个150万平方米，投入7400万元维修、改造支路街巷197条，完成159个小区870万平方米供热管网改造，惠及群众29万人。实施创城"十大惠民工程"。拆除违建54万平方米，取缔宜春巷等马路市场17个，新建标准化农贸市场5个，打通阳澄巷等"断头路"5条。打造"文化铁北·幸福小巷"等主题示范街巷25条、市容环卫示范街10条。开展"美丽楼院"创建，建成垃圾分类示范小区40个，引入物业公司进驻76个老旧小区。建成智慧城市运营管理指挥中心，警综联动执法、机关干部包抓网格等创新做法得到推广。

【美丽乡村】 投入803万元实施乡村道路亮化工程，建设农村公路11.1公里，开通城乡公交线路8条。建成银川滨河水系湿地，新增绿化面积734亩。持续推进水务一体化工程。整治“大棚房”问题1126个。投入4070万元实施美丽村庄建设，完成通贵乡农贸市场等示范整治工程，打造农村人居环境示范点10个。完成农村“改厕”7000户，建成公厕20座。推行村规民约积分管理制，升级“道德红黄蓝榜”，丰富文明乡风建设内容。

【优质教育】 投入2.8亿元，新建、续建学校8所，增加学位4048个，首次在公办学校实行电脑派位招生。开展小区配套幼儿园专项治理，新增公办及普惠性幼儿园15所。组建教育集团和办学共同体6个，累计实施“首都带首府”等教育共享项目6个。投入6982万元推进自治区“互联网+教育”示范区创建，完成共享智慧课堂一期项目，3所学校获评国家信息化应用典型案例。

【文体卫生】 征战自治区第十五届运动会，摘得金牌54枚，位居县区金牌榜第一。新建、改造村级综合文化服务中心15个，举办庆祝新中国成立70周年文化活动91场次。新增多功能运动场11个、健身路径75套、健身步道7公里。建成社区卫生服务中心（站）4个，为65岁以上老年人免费体检3.7万人次，免费筛查新生儿耳聋基因4165名。推进“互联网+医疗”，开展远程诊疗6.04万人次。

【民生保障】 投入兜底保障资金6484万元，救助困难人员15.64万人次。办理被征地农民养老保险1329人，超额完成养老、医疗保险参保任务。培育创业实体553个、带动就业1615人，城镇新增就业12449人，农村劳动力转移就业9884人，“零就业家庭”动态清零。建筑领域农民工工资银行卡支付率达100%。建成儿童之家119个。21家养老服务站点专业化运营，5家日间照料中心建成投运，服务对象达1.5万人。

【社会治理】 投入1500万元打造城乡社区服务站13个。13家社会组织入驻创新发展中心。组建退役军人服务中心，实现退役军人三级服务网络全覆盖。加强食品安全监管，保障群众舌尖上的安全。持续深化扫黑除恶专项斗争，打掉涉黑涉恶团伙7个，破获案件420起。获评全国“七五”普法中期先进县区，建成自治区首个“无人警局”，新华街派出所获评自治区唯一“全国枫桥式公安派出所”。

【营商环境】 建立项目“首席服务官”、县级领导包抓企业、乡镇街道服务企业机制，出台优化营商环境措施106条。深化“放管服”改革，推行一体式集成审批模式，实现一窗受理，办理环节缩减20%、办结时限缩减32%，80%以上事项实现网上办理。出台11个重点领域奖补政策，为3.94万户企业减税降费1.1亿元，清欠民营中小企业账款1.2亿元。成立独资国有企业兴辰公司。建成兴庆区融媒体中心。在自治区率先试点城乡最低生活保障审批权限下放。启动城乡环卫市场化改革。深化综合执法体制改革，承接市级划转执法职能230项，办理行政执法案件460件。完成农村宅基地确权颁证5329户，累计流转土地8.7万亩，村集体经济产权制度改革和农业水价综合改革全面启动。

【科技创新】 财政投入增长35%，落实科技后补助资金151万元。申报科技创新项目18个，实施本级科技项目25个，新增科技型中小企业39家。完善科技人才库，引育高层次人才39名，在库人才600名。组建花卉工程技术研究中心，引入颐高新经济产业园，4家企业获评国家高新技术企业。

信访工作

【概况】 2019年，兴庆区信访系统坚持以人民为中心、社会治理创新为动力、依法就地解决群众合理诉求为目标，推进信访工作制度改革。妥善处理兴庆区信访局登记、办理群众来信来访网上投诉案件，同比批次下降14.69%，人次下降30.73%。及时受理率100%，按期办结率为100%，参评率93.82%，满意率99.08%。接收中央第八巡视组交办的信访件9批，办结率98.04%。收到银川市信联办移交中央扫黑除恶第20督导组信访件，办结率99.5%。

【信访案件办理】 加强信息沟通，使群众及时掌握和了解自身信访诉求的办理状况，减少和避免群众多头信访，实行24小时值班制度，每天安排一名县级领导和部门或乡镇、街道主要负责人专门负责信访接访，努力把信访问题解决在萌芽状态。提高信访事项的办理效率，健全受理、交办、督办、回复群众信访事项工作的具体制度，确保群众的利益诉求得到及时处理，减少信访案件“增量”化解“存量”。

【矛盾纠纷排查】 制定《信访矛盾大排查信访问题大化解信访秩序大整治暨百日攻坚活动的实施方案》，做好源头处置，立足于抓早、抓小、抓苗头，开展矛盾纠纷排查化解工作，特别排查重点地区、重点领域、重点问题，化解好群众反映强烈的突出问题。排查出的不安定因素，建立滚动台账，执行日报告、零报告制度，组织召开各责任单位信访联席会议，交办信访案件，明确工作职责、化解时限、处理措施，实行领导包案制。

【信访疑难案件化解】 完善部门与乡镇、街道之间的协调联动机制，推动从源头上解决信访难题。引导上访群众依法解决信访矛盾，发挥司法渠道在化解矛盾纠纷中的作用，减少群众上访。综合分析信访信息，服务领导决策，研判信访信息，掌握政策的落实状况以及社会矛盾的苗头性动向和预警信息，提出改善工作的方法。2019年，兴庆区政府安排信访疑难化解资金292万元，累计处理信访疑难案件24件。

（供稿人：周丽娟）

行政审批

【概况】 2019年，兴庆区审批服务管理局落实自治区、银川市关于全面推进政务服务工作的部署，坚持统筹兼顾、突出重点，持续优化政务服务环境。推进"证照分离"改革，实现企业和个体工商户营业执照1天办结。准营类事项实行"1+N"多证联办，只需提供一份申请材料，只勘验一次，即可办理多个事项。持续推进"减证便民"，简化办事流程，缩短办结时限，压缩申请材料。依托宁夏政务服务网、银川旗舰店平台，打造政务服务"一张网"，推进各类服务事项预约、申报、办理、查询等全流程网上运行，实现跨部门、跨行业证件联用、信息互通。

【"一窗通办"服务】 重新优化整合窗口，设立5个综合窗口、1个出证窗口、1个绿色通道，合理规划后台审批区域。原有各业务窗口将受理权限赋予综合受理人员，并提供审批事项材料清单及注意事项，综合受理人员对照清单受理。取消原有5大类综合窗口，集中整合为"一窗通办"，工作人员不再以部门身份分类，各综合窗口工作人员均可受理所有审批事项，集中受理后分发，提升大厅综合服务能力。2019年底前，60%以上的政务服务事项实现"一窗"受理，实现"前台综合受理、后台分类审批、窗口统一发证"服务模式。推行静默叫号服务，办事人只需扫描二维码、网站自助终端取号。短信提醒、LED显示屏可查询窗口业务受理情况和当前排队进度，避免没听见叫号或是过号的情况。"老弱病残孕"、退役军人、企业投资项目和紧急事项开通绿色通道服务。

【企业"代办式"服务】 兴庆区光耀楼宇经济服务中心设立企业开办审批点，胜利街祥和社区市民服务站入驻该服务中心，为光耀中心及周边社区群众提供更多方便、快捷的政务服务。该经济服务中心设立4名"楼宇经济专属服务员"，为入驻企业提供"代办式"服务，如企业开办的设立、变更、注销等工商服务事项以及557项民生代办类事项等，提供业务咨询、业务指导、解答疑惑、沟通协调等全天候服务。

【"就近办"便民服务】 富强社区服务站设立"就近办"站点，受理办事群众需求量较大的个体工商户登记、食品生产加工小作坊，小经营店生产经营许可等业务的登记、变更、延续、注销等12项具体办理业务。站点辐射周边小微企业和个体商户，包括新华商圈、商城商圈、美德亨家居博览中心、长城装饰材料市场、北环批发市场等。

【政务审批服务】 梳理兴庆区现有各类政务服务事项，可办理各类政务审批服务事项720项，进驻政务大厅办理各类事项264项，各乡镇（村）、街道（社区）网上可代办事项557项。实行行政审批和事项监管分离，合理划分行政审批与监管部门的职责，行政审批部门对审批负责，业务主管部门监管审批后的事项。

【办理时限缩减】 2019年，五大类综合窗口统一整合为"综合窗口"，实现"一个窗口即可承办一揽子事"。申请材料缩减30%，办理环节压缩20%，办理时限压缩67%，不见面网上可办理事项达82.8%。

8月20日，市长杨玉经（前右二）一行调研兴庆区审批服务

【不见面审批】 梳理公开兴庆区不见面审批事项，兴庆区720项事项的基本信息、申请材料、办理流程等95项要素全部录入公示，网上办理。

【市场准入负面清单制】 对照并下发银川市印制的《市场准入负面清单（2018年）》，制定与市场准入负面清单制度相适应的审批机制、监管推送机制、社会信用体系和激励惩戒机制等。放宽市场准入的同时，要求各窗口严格把关禁止准入事项，不予办理任何行政许可。清单以外的各类市场主体，皆实行“非禁即入”，确保兴庆区范围内办理的各类证照，杜绝“准入不准营”现象。健全准营类审批事项负面告知，试行准营事项容缺办理承诺制，便利市场准营。

【社会信用体系建设】 利用自治区政府门户网站“双公示平台”、信用银川等平台，公开行政许可办理结果。定期整理收集的信用信息、典型案例向社会公开，方便社会监督，完善守信联合激励和失信联合惩戒机制，实现信用体系建设工作信息共享互通。落实政务承诺制度，抓好容缺受理、诚信办事等制度的落实，促进政务服务规范化、制度化、诚信化。

【审批服务管理】 完善《兴庆区审批服务管理局窗口绩效管理办法》《兴庆区审批服务管理局“好差评”管理办法》，加强出勤率、仪容仪表、行为规范、工作业绩、服务态度等方面考核。畅通监督机制，放置投诉举报电话，建立监督举报投诉机制，畅通“12345”便民服务热线、政民互动平台和微博互动平台，通过电子监察、群众回访、在线测评等，接受企业、办事群众监督，提升政务服务水平。

【规范社区服务站设置】 统一设置标识式样、字体、风格等。大厅内设置窗口吊牌、工作人员公示牌、事项公示牌等基本服务标识，按大厅面积大小，选择设置办事服务区、自助办理区、等候休息区等，做到窗口台面、办事区域整齐划一。

【打造“一站式”便民服务平台】 乡镇、街道民生服务大厅原来设置的“劳动就业、民政救助、计生卫生、综合受理”4个窗口统一设置为“综合受理”窗口。35个村、94个社区设立为民办事全程代办点。

（供稿人：邓涵予）

中国人民政治协商会议银川市兴庆区委员会

【概况】 2019年是新中国和人民政协成立70周年、全面建成小康社会的关键之年。兴庆区政协学习贯彻习近平新时代中国特色社会主义思想和党的十九大及十九届二中、三中、四中全会精神，开展“不忘初心、牢记使命”主题教育，坚持“绿色、高端、和谐、宜居”城市发展理念，围绕兴庆区委确定的工作任务，发挥专门协商机构作用，坚持正确的履职方向，丰富履职平台，履职尽责，为推进兴庆区经济社会各项事业发展作出贡献。

【政治理论学习】 坚持和发展中国特色社会主义作为巩固共同思想政治基础的主轴，团结引导委员和各族各界人士增强政治认同、思想认同、理论认同和情感认同。采取党组会议率先学、主席会议带头学、常委会会议专题学、各专委会带领委员小组定期学、政协机关经常学等形式，学习撰写《深刻认识人民政协性质定位，认真做好新时代人民政协工作》等文章。建立微信群交流学习机制，开展讨论、提出见解。在新华网、《华兴时报》、美丽兴庆及委员履职通平台等刊登各类信息200余篇。

【政协党建】 贯彻全国政协、自治区政协党建工作座谈会精神，落实人民政协党的建设工作部署，确保党中央大政方针和决策部署贯彻落实。执行重大问题请示报告制度，针对强化理论武装、加强党的建设和重要协商议政活动等事项向兴庆区委请示协商16次，定期汇报党建工作。定期听取机关党组、各专委会功能型党支部工作报告，发现问题及时研究解决。加强各专委会功能型党支部建设，建立中共党员委员与非中共党员委员“一对一”联系结对工作机制。打造前进街政协委员联系小组，探索建立政协委员“134”工作法，实现党的组织对委员的全覆盖。

【交流调研】 以“委员大讲堂”为平台，围绕“党的政治建设”等10个专题开展交流研讨，党组书记、党组成员及机关党组交流发言27人次。党组成员带队开展调研22次，提交《关于2019年兴庆区居民集中供热情况》等调研报告4篇，兴庆区党政主要领导作出批示，相关部门立查立改。

【履职尽责】 聚焦党委、政府中心工作，发挥协商机构作用。针对兴庆区生态环保污染防治工作，提出“全民共同参与环保、提高监管机制”。针对现代服务业发展，提出“合理布局、准确定位，加快技术创新和人才培养”。针对兴庆区乡村振兴实施，提出“科学规划、完善设施、发展特色、示范引领”等建议。2019年召开4次常委会会议、3次主席会议、2次专题协商会议。定期召开政情通报会，听取“一府两院”工作情况通报。

【建言献策】 围绕群众关心的热点难点问题开展调查研究，兴庆区政协对“如何实现稳定可持续脱贫”等课题，会同自治区、银川市政协三级联动进行实地调研，提出意见建议39条，兴庆区委主要领导高度重视，及时对调研报告审阅批示，要求相关单位（部门）整改落实。针对入黄排水沟污染治理中存在的突出问题和薄弱环节，兴庆区政协积极配合银川市政协，召开入黄排水沟污染治理情况网络议政协商会议，共同为银川市入黄排水沟污染防治工作献计献策。

【民主监督】 整顿基层软弱涣散党组织工作中，政协党组成员组织督导调研12次，基层党组织服务党员群众的能力水平不断提升。创建全国文明城市工作中，开展创城督导，实地检查存在问题，提交督导报告34篇。

【协商监督】 紧盯保障和改善民生的重要决策，聚焦群众反映集中的“热点”“难点”“痛点”问题，开展专题调研、视察活动6次。围绕“兴庆区扫黑除恶专项斗争、‘河长制’、‘互联网+教育’、招商引资重点项目、全域旅游推进建设情况”等重点工作，委员视察、督导，客观反映民意，提出意见建议33条。

【应邀监督】 各委员民主监督小组应邀参加兴庆区检察院首例公开审判黑社会案件旁听。参与西夏区、银川市上前城、永宁县、贺兰县及灵武市检察院开放日活动。围绕行风政风、国家政策和法律法规、百姓关注热点等问题，加强协调配合，增强监督合力。

【提案办理】 政协四届三次会议以来，收到提案182件，并案后103件，立案45件，办理完结44件，办结率98%，委员对提案办理满意率100%。

【自身建设】 加强班子建设，建立健全领导干部问责制度。加强机关党组织建设，修订完善《中共兴庆区政协党组工作规则》，重大事项、重要决策，坚持协商审定。开展在职党员、全体干部到结对社区进行党员志愿服务活动与创建文明城市督导服务。每月开展“3+X”主题党日活动，推进政协机关建设。加强政协委员队伍建设，设置“委员界别活动室”，制定年度工作计划和活动安排，定期开展专题学习研讨、文化沙龙、教育沙龙、社区互动交流等，促进委员履职尽责。组织召开“委员大讲堂”，每个季度指定1名委员结合自身工作举办讲座。运用微信群等网络平台，开设微讲堂，律师委员王昱洁开展普法讲座24期。《华兴时报》专题报道《搭建委员履职“大舞台”》。

全体会议

【四届四次会议】 2020年1月16日至18日，在兴庆区上陵波斯顿饭店召开。应出席委员203人，实到193人。开幕大会由兴庆区四届政协党组书记王宁康主持，兴庆区委、兴庆区人大、兴庆区政府、人武部和有关方面领导到会祝贺。兴庆区政协党组书记王宁康受四届常委会委托作《中国人民政治协商会议银川市兴庆区第四届委员会常务委员会工作报告》。区委常委、区政府常务副区长冯德旺受兴庆区人民政府委托作《关于兴庆区政协四届三次会议委员提案办理情况的通报》。

【政协四届第十二次会议】 2019年3月28日，在兴庆区政府六楼会议室召开。会议传达学习全国两会会议精神，审议通过2019年政协工作要点、政协四届委员会常务委员人事变动情况。

【政协四届第十三次会议】 2019年7月24日，在兴庆区政府四楼视频会议室召开。会议听取兴庆区人民政府关于生态环保污染防治工作情况的通报。常委们就推进生态环保污染防治中如何打好“蓝天”保卫战、打好“碧水”保卫战、打好“净土”保卫战等方面提出意见和建议并评议。

【政协四届第十四次会议】 2019年9月11日，在兴庆区政府六楼会议室召开。会议听取兴庆区人民政府关于现代服务业发展情况的通报。审议通过政协四届委员会人事变动事宜。

【政协四届第十五次会议】 2020年1月9日，在兴庆区政府六楼会议室召开。会议传达学习十九届四中全会自治区党委十二届八次、九次全会，自治区党委政协工作会议精神。审议通过政协兴庆区第四届委员会主席候选人建议人选名单、政协兴庆区第四届委员会第四次会议选举办法草案、政协四届四次会议拟增减委员名单、政协四届三次辞职委员名单、政协四届四次会议相关事宜。协商讨论《兴庆区人民政府工作报告（征求意见稿）》，兴庆区人民政府关于政协四届三次会议提案办理情况的通报。

【政协四届第十六次会议】 2020年1月18日，在政府四楼常委会议室召开。会议听取全委会各讨论小组关于分组讨论情况的汇报，审议政协兴庆区第四届委员会主席候选人名单（草案）。审议政协兴庆区第四届委员会第四次会议选举办法（草案）。审议大会总监票人、监计票人建议名单（草案）。通过《政协兴庆区第四届委员会第四次会议提案审查情况的报告（草案）》《政协兴庆区第四届委员会第四次会议政治决议（草案）》。

专门委员会

【政协提案委员会】 四届三次会议期间，政协委员围绕兴庆区经济社会发展建言献策，形成提案45件。其中，经济建设方面的2件，教科文卫方面的17件，民生保障方面的13件，社会管理方面的10件，环境保护方面的2件，其他方面的1件。政府高度重视提案办理工作，45件提案全部办结，政协委员对已办复的提案满意和基本满意率达100%。四届四次会议期间，收到提案137件，其中委员个人提案79件、联名提案41件、民主党派团体集体提案17件。经大会提案审查委员会审核，属于兴庆区职权范围内的116件，超出兴庆区职权范围的21件。提案审查委员会审查属于兴庆区职权范围内的116件提案，予以立案41件，立案率为35.3%，作为意见建议处理的75件。立案的41件提案中，有关民生保障方面的14件，占34.1%。社会管理方面的12件，占29.2%。教科文卫方面的9件，占22%。经济建设方面的4件，占9.8%。城乡发展方面的1件，占2.4%。环境保护方面的1件，占2.5%。

【教科文卫体委员会】 教科文卫体委围绕兴庆区教育、医疗、养老、旅游等民生发展，找准切入点开展调研视察和民主监督。组织委员实地监督辖区医疗机构，移动、联通、邮政、电信行业创建工作落实情况，助推文明城市创建整改工作开展。专项调研兴庆区“互联网+教育”推进情况，提出问题和建议。组织委员视察“兴庆区全域旅游特色发展”，提出促进全域旅游发展的建议、意见。组织委员到民办幼儿园，开展以防止小学“倾向化”、科学做好入学准备为主题的监督调研。坚持党建与政协工作高度融合，成立教科文卫体委“功能型党支部”，建立中共党员委员和非中共党员委员“一对一”结对活动，提升党员委员的管理。建立教科文卫体委委员“界别工作室”和“委员大讲堂”，推行“1+2+2+X”工作模式，促委员履职尽责。委员大讲堂邀请专家委员或知名人士围绕群众关注的热点问题组织开展“当好文明创建的督导员和志愿者”“美育鉴赏”“慢性病预防知识”“文化旅游与教育”专题讲座。完成第十六期兴庆文史资料编印。

【经济法制委员会】 组织委员及企业代表专题视察和调研“兴庆区创新基层社区治理”“兴庆区扫黑除恶”“兴庆区生态环保污染防治”“乡村振兴”等事项，形成专题视察、调研报告。完善“七五”普法组织机构制定2019年普法四清单办法。完成2019年普法工作计划、组织机构、普法宣传、依法治理、保障机制、普法教育资料的归档，讲授12堂法律公开课，制作法律小贴士216条。完成经济法制委功能型党支部、界别活动室挂牌。加强党员委员管理创新助推政协工作提升，推动党建工作由“组织覆盖”向“提升功能”深入。

【陕西安康市汉滨区政协考察兴庆区民族团结进步工作】 4月15日，陕西省安康市汉滨区政协考察兴庆区民族团结进步工作。汉滨区政协前往前进街银华社区、光华清真寺、兴庆区双创基地，观摩考察兴庆区民族团结进步工作的做法经验，听取兴庆区工作介绍，并就民族团结进步工作与兴庆区相关部门交流。

【广西北海市海城区政协考察兴庆区民族团结进步工作】 6月17日，广西壮族自治区北海市海城区政协考察兴庆区民族团结进步工作，兴庆区政协副主席柴丽云、秘书长鲍铁力及区委统战部有关负责人参加考察。

【自治区政协副主席冯志强调研兴庆区政协工作】 7月8日，自治区政协副主席冯志强到兴庆区调研政协各项工作开展情况。自治区政协人口资源环境委员会办公室主任王玉民陪同调研。兴庆区政协副主席、各专委会主任参加会议。

【江苏沛县政协考察兴庆区提案工作】 7月12日，江苏省沛县政协考察兴庆区政协提案工作。兴庆区政协副主席周振勇、提案委负责人、政协办公室有关人员同行考察。

【内蒙古阿拉善左旗政协到兴庆区考察】 7月15日，阿拉善左旗政协主席李苏依勒图带领考察组，考察学习兴庆区古玩旧货市场运行管理、城市二次供水情况，兴庆区政协副主席李晓红同行考察。

【湖北赤壁市政协到兴庆区考察】 8月4日，湖北省赤壁市政协副主席王茂炼带领考察组到兴庆区，考察学习协商民主和政协改革、提案办理、专门协商机构建设、政协信息化建设，兴庆区政协提案委主任同行考察。

【重庆市开州区政协到兴庆区考察】 8月14日，重庆市开州区政协主席敖天才带领考察组，考察学习兴庆区全域旅游发展和湿地生态治理工作。兴庆区政协副主席李晓红同行考察。

【江苏南京市秦淮区政协到兴庆区考察】 8月14日，南京市秦淮区政协副主席耿开棋带领考察组，考察学习兴庆区推动餐饮老字号企业健康发展情况，兴庆区政协副主席周振勇同行考察。

（供稿人：哈晓燕）

银川市兴庆区纪律检查委员会

【概况】 2019年，兴庆区纪委监委制定《党风廉政建设和反腐败工作任务分工》，逐级分解，督促各级党组织全面建立“三个清单”，层层传导、压实责任。研究出台《兴庆区落实党风廉政建设“两个责任”全程纪实制度（实行）》，制定印发“两个责任”全程纪实手册。督查兴庆区各部门（单位）党组织推进全面从严治党、落实党风廉政建设责任制情况。2019年，下发“纪律检查建议书”43份、“监察建议书”12份，全区470余名科级以上干部建立廉政档案。坚持“一案双查”，严格责任追究，约谈落实主体责任不力领导干部33名。

【纪律检查】 开展形式主义、官僚主义专项整治，明察暗访2次，针对扫黑除恶专项斗争、扶贫领域、创建全国文明城市等重点工作中存在的形式主义、官僚主义问题，问责8人，下发通报4期。开展违反中央八项规定精神突出问题专项整治，6个方面的专项治理内容开展“回头看”，顶风违纪的从严查处、顶格处理，典型案例坚决通报曝光。2019年以来，违反中央八项规定精神问题给予党纪政务处分8人，问责6人，审查调查4件。加大创建全国文明城市工作的监督执纪问责力度，履职不力的3家单位24人问责，约谈20人，下发“纪律检查建议书”1份。重点开展扶贫领域腐败和作风问题专项督查，问责6人，下发“纪律检查建议书”3份，印发典型案例通报2期。节庆期间专项督查、明察暗访，一个节点一个节点坚守，一个问题一个问题解决，防止“四风”反弹。查处“公车私用”问题1起，问责1人。

【巡察监督】 参加市县一体化巡察，督促被巡察单位整改问题161个，约谈63人，问责92人，立案16件，给予党纪政务处分16人。

【特邀监察员制度】 聘请兴庆区第一届特邀监察员20名，参与委机关日常督查、检查工作3次，发挥特邀监察员双重监督和桥梁纽带作用，延伸监督触角。

【扫黑除恶专项斗争】 成立扫黑除恶专项斗争领导小组，先后召开28次专题会、推进会，安排部署和推进扫黑除恶专项工作。建立与政法机关涉黑涉恶问题线索双向移送反馈机制，凡是政法机关移送的问题线索优先处置、逐一核查、及时反馈。建立与公安机关重点案件联席会议制度，凡是公安机关查办的重大涉黑涉恶案件，及时会商、提前介入、同步立案调查。领导包案、一案一专班，形成职责明确、流程规范、运转高效、衔接顺畅的问题线索办理机制。兴庆区纪委监委受理涉黑涉恶腐败和“保护伞”问题线索51件，立案32人，给予党纪政务处分32人，问责5人，认定“保护伞”9人，“一案三查”7人。

【中央督导组交办线索办理】 兴庆区纪委监委收到中央督导组转办件136件，办结88件，办结率64.7%，立案1件2人（正在审查调查中），问责2人，督办件全部办结。落实中央督导组反馈问题的整改，重新审查已侦办的7个涉黑涉恶案件，深挖背后“关系网”“保护伞”。针对涉黑涉恶案件中违纪违法问题，新增立案6人，给予党纪处分9人，问责5人，新认定“保护伞”2人，“一案三查”2人，约谈3人。

【信访查处】 2019年1—10月，受理信访举报347件，初核470件，立案87件，给予党纪政务处分74人。

【“四种形态”处理】 运用监督执纪“四种形态”。兴庆区纪委监委处理408人次。其中，运用第一种形态批评教育、谈话函询334人次，占比82%；第二种形态44人，占比11%；第三种形态22人，占比5%；第四种形态8人，占比2%。运用12种调查措施，办理留置案件4起，提高办案质量和效率。深化“56712”安全办案机制，更换办案区软包材料改造消防设施，严守审查调查安全底线。

【诬告陷害澄清】 制定《关于为干部澄清正名查处诬告陷害信访举报的实施办法》，严肃查处诬告陷害行为。教育局召开检举失实澄清大会，澄清2名被举报干部。

【廉政教育】 2019年，81名科级干部开展任前廉政集体谈话，签订廉政承诺书。利用“清风兴庆”微信公众号推送廉政信息125条，发送廉政短信400余条，网站、报纸等媒体刊登信息51篇，强化廉政宣传教育。拍摄“3·15”案件警示教育片，制作警示录，组织各单位召开主题党日、专题组织生活会和警示教育大会，以案明纪、以案施教，警钟长鸣。针对兴庆区公安分局在扫黑除恶专项斗争过程中受处分干部较多的情况，专门召开廉政警示教育大会，宣布处分和问责决定，分析发案原因，提出具体要求，筑牢党员干部拒腐防变的底线。公开宣布74名违纪干部处分决定，做好受处分干部的思想疏导、教育激励工作。

【队伍建设】 开展“不忘初心、牢记使命”主题教育。推进委机关党支部标准化、规范化建设，抓实抓细“三强九严”工程，严格执行“三会一课”制度、谈心谈话制度、每月定期组织开展支部主题党日活动。坚持机关每周一学习制度，开展“每日科室自学、每周集中学习、每月骨干授课”活动，纪检监察干部培训系列课程列入学习计划。查处违规违纪纪检监察干部4人，其中问责1人，给予党纪处分3人。

【教育培训】 组织44名纪检监察干部参加为期3天的兴庆区纪检监察系统封闭式培训班。选派53人次参加中央、自治区、市纪检监察培训，确保做到全员培训。

（供稿人：李灵修）

▷ 民主党派·群众团体

民主党派

民革兴庆区总支

【概况】 2019年，民革兴庆区总支坚持“长期共存、互相监督、肝胆相照、荣辱与共”的方针，团结带领党员围绕区委、区政府的中心工作和老百姓关心的热点、难点问题，参政议政、热情服务社会。组织党员开展捐资助学、帮扶慰问、爱心捐助、义务理发、送医送药等多项社会服务活动。开展坚持和发展中国特色社会主义学习实践活动，夯实共同思想政治基础，树牢“四个意识”，增强“四个自信”，提高围绕中心、服务大局、参政为公、议政为民的思想自觉和行动自觉，为兴庆区的经济社会发展发挥作用。

【思想建设】 组织党员学习贯彻习近平新时代中国特色社会主义思想和党的十九大精神、全国两会、区市各级会议重要会议精神，集体学习、微信群分享相关学习文件，撰写学习心得，分享学习经验。24人次参加民革市委会举办的主题读书会活动，了解民革的前世今生。结合“不忘合作初心，继续携手前进”主题教育，开展理论学习会、初心分享会，组织党员观看爱国电影《我和我的祖国》，弘扬爱国主义精神，丰富“不忘合作初心、继续携手前进”主题教育内容。

【组织建设】 加强民主党派五种能力建设，是新的历史条件下对民主党派自身建设提出的新要求，是增强民主党派履职能力的必然要求，更是巩固和完善我国多党合作制度的需要。总支积极加强“四个建设”，积极提高“五种能力”，通过学习交流、撰写心得等方式努力提升理论水平。

【党员工作】 做好信息党员的动态管理，及时将党籍变动情况向上一级组织报告，做好新党员发展，发展有民革特色的人士或者中上层人士为新党员。党费收缴方面，由党员们集体推荐出年轻、责任心强的党员统一管理支部党费，年底总结会上公示党费收支情况。建立“民革兴庆区党员之家”微信群，联系党员，拓宽信息传递渠道，提高支部工作效率，激发党员活力。

【关爱老党员】 为22位党员订阅《团结报》，节假日送去慰问和祝福。春节来临之际，联合兴庆区委统战部到党员徐秀珍、蒋宁贤家中看望慰问，了解他们的生活和身体状况。做好老党员、失联党员工作，7—9月中旬，摸底排查总支登记在册老党员及失联党员，以走访老党员、电话联系党员退休单位、社保系统调档等方法梳理和确认登记在册党员，形成最终党员花名册，找回失联党员2名。

【党员活动】 2019年，开展春节送春联、三八节美容知识讲座、扫黑除恶专题讲座、拍摄祝福祖国微视频等各项活动，展现民革的党派魅力。组织在职党员注册为志愿者，与兴庆区文化街山河湾社区结对，定期到社区报到，参与创建文明城市志愿者服务活动。党员积极参加文明交通志愿疏导服务。

【党员培训】 5月，5名党员参加市委会举办的骨干党员培训班，8名党员参加兴庆区委统战部在青岛举办的党外干部代表培训班。

【“民革党员之家”建设】 与兴庆区委统战部对接，解决建“民革党员之家”的实际困难。兴庆区委统战部多方协调，在兴庆区政府11楼为兴庆区各民主党派申请到一间50平方米的活动场所，打造“党员之家”，为党员们提供心灵休憩之所，找到

"家"的归属感。

【参政议政】 组织党员围绕银川市、兴庆区经济社会发展中的重点、难点和热点问题，提出针对性的意见和建议，2019年上报政协提案建议32篇。经自我推荐和组织审核，党员杨璐嘉律师被聘为银川市政务公开义务监督员。

【社会服务】 老党员王新民创办的学校每年补贴性招收贫困家庭和贫困地区学员，为解决就业作出贡献。红玫瑰美培学校的义务理发活动，形成一个社会服务的品牌。新党员杨璐嘉律师结合扫黑除恶专项斗争开展情况，以民革党员、律师的身份，在各个行业开展扫黑除恶专项斗争专题讲座5期。

【民主监督】 10月15日下午，总支班子成员参加兴庆区审批服务管理局开展的"开门问需，你问我帮"政府开放日活动，参与政府开放日互动，有助于加强党派与政府职能部门之间的互动，推进兴庆区民主建设。

（供稿人：马昭）

民盟兴庆区总支

【概况】 2019年，民盟兴庆区总支积极参加市委会、区委会组织的各项活动，开展社会服务活动，参政议政，为地方经济作出贡献。

【理论学习】 组织全体盟员学习习近平新时代中国特色社会主义思想和党的十九大精神，提高政治站位，增强"四个意识"、坚定"四个自信"、做到"两个维护"，把牢政治方向、站稳政治立场、坚持政治原则、坚定政治道路，维护以习近平同志为核心的党中央权威和集中统一领导的政治自觉、思想自觉、行动自觉。

【组织建设】 2019年，民盟兴庆区总支高度重视组织发展工作，各支部推荐的入盟人选，坚持"三个为主"和"发展为了工作，在工作中发展"原则，严格入盟程序。2019年，民盟兴庆区总支向民盟银川市委会提交丁铮、杨冬梅、盛思琪、吴玥、马雪梅、孙丽等6名新盟员的入盟申请。吸纳新盟员时从年龄、职业结构等方面考虑，提升组织活力。配合民盟银川市委会收集整理盟员简历、工作成绩，以文件形式报市委会，精准管理盟员。

【盟员活动】 组织盟员参加区委会在云南省昆明市举办的"参政议政业务骨干培训班"，加强盟员履职尽责能力，提高新时代理论政策水平。参加市委会"不忘合作初心，继续携手前进"主题教育。举办新盟员及参政议政培训班，以及民盟银川市委会举办的"我和我的祖国——庆祝新中国成立70周年"诗歌朗诵比赛，分获三等奖和优秀奖。

【社会服务】 民盟银川市委会与民盟兴庆区总支联合宁夏国家级高新技术企业宁夏凯晨电气集团有限公司，排查银川市直属的建设年代久远的校园电气火灾隐患，出具安全排查报告，教育部门及相关学校建立隐患台账，定期销号。

【建言献策】 2019年，民盟兴庆区总支及盟员撰写提交提案32篇，被政协立案10篇，作为意见和建议10篇。

（供稿人：谢宏伟）

民建兴庆区总支

【概况】 2019年，兴庆区总支学习贯彻中共十九大精神，联系各支部会员，加强会员思想教育，推进基层组织建设，履行参政职能，调查研究，反映社情民意，建言献策，参加兴庆区建设实践活动，各项工作取得新成效。

【思想建设】 组织会员参加各级统战部、区委会、市委会组织的参政议政学习班、培训班。发出开展推广使用"'学习强国'平台"倡议，倡导各支部会员树立终身学习的理念，崇尚学习、加强学习，提高政治思想觉悟、科学文明素养。组织学习《中国民主建国会章程》，总支班子成员学习讨论《对照标准抓细做实"三个到位"争创魅力基层组织》，学习借鉴其他省市先进基层组织的好做法、好经验。组织企业会员学习习近平总书记在民营企业家座谈会上的重要讲话和国家、自治区、银川市经济方面的方针政策，解读政策，依法依规解决好自身问题，促进会员企业发展。12月，承办市委会主办的"深入学习贯彻中国共产党十九届四中全会精神"专题培训。

【组织建设】 召开全委会讨论通过温迎春同志《关于辞去兴庆区总支委员、主任委员的申请》，推荐总支主委、副主委及增补委员候选人。11月8日，召开民建兴庆区总支四届十三次、十四次全体会议，选举产生总支第四届委员会届中增补委员、副主任委员、主任委员。

【会员活动】 1月底，五支部举办"新春座谈会"，会员畅谈畅想加入民建的初衷和愿景，知名书法家现场为大家撰写春联。5月，三支部组织志愿者会员开展进社区清理楼道小广告，牵头组织各支部互访，相互借鉴先进经验，增进兄弟支部会员间的交流，密切会员关系。一支部承办总支4月份在黄沙古渡开展的"凝心聚力"拓展活动。会员们继承和发扬民建兴庆区总支"团结、互助、奉献"

好传统，展现新一代年轻会员的才能与领导能力，增强民建兴庆区总支凝聚力和活力。

【调查研究】 总支会员张倩的《关于医养结合为老服务存在的问题和建议》、黄瑛的《宁夏学前教育人才与发展策略的调查研究报告》《关于补充我区幼儿园保教人员的建议》以及其他会员提出的《关于解决兴庆区游乐小区农行家属院居民取暖问题的建议》《关于解决兴庆区玉皇阁北街八一小区物业服务的建议》，受到重视和立案办理。

【建功立业】 总支袁英杰企业被评定为国家级高新技术企业和宁夏大数据与软件30强企业，是宁夏第一家也是唯一一家与华为公司完成软件开发互认证测试的企业。刘伟获第四届中国“互联网+”大学生创新创业大赛“优秀创新创业导师”称号。黄瑛获自治区教育厅颁发的“耕牛奖”，被认定为“银川市高精尖缺人才”。

（供稿人：黄瑛）

民进兴庆区总支

【概况】 2019年，民进兴庆区总支在民进市委会、兴庆区委统战部的领导下，带领全体会员坚定不移地走中国特色社会主义政治发展道路，弘扬民进的优良传统，履行参政党职能，思想建设、组织建设、参政议政、社会服务各项工作取得新进展。

【思想建设】 组织会员参加区、市委会的专题学习班，领会习近平新时代中国特色社会主义思想精神的实质和内涵，理解中国特色社会主义进入新时代的新论断，把握学习重点，提高学习实效，强化“四个意识”，坚定“四个自信”。引导推动各支部会员学习领会习近平总书记关于多党合作的重要论述，贯彻落实《中共中央关于加强中国特色社会主义参政党建设的意见》，传承弘扬长期以来同中国共产党风雨同舟、休戚与共的优良传统。机关支部、三中支部、回中支部、十五中支部围绕“不忘合作初心，继续携手前进”主题，开展主题学习，搭建起相互交流学习的桥梁，增强会员之间的友谊。

【发展新会员】 注重吸纳政治素质好、作风正派、学有专长、富有生机的中青年同志入会，听取考察对象所在单位党组织和群众意见。2019年新批准入会3名会员。

【会员活动】 组织开展“三八节”交流活动、教师节座谈交流会、关爱会员慰问活动。走访看望退休会员吴金华、朱灵，在职优秀教师代表杨英。开展形式多样的活动交流思想，增强会员对组织的认同感、归属感。

【建言献策】 针对美丽乡村建设，建议把新增农民工素质、农村基础设施等作为建设的重点。针对脱贫攻坚，建议扫盲和学习技能结合起来。提出《关于加强兴庆区老旧小区改造的建议》《关于开展农民工技能培训的建议》《关于加强农村环境卫生治理的建议》等民生提案与建议，得到办理与落实。

【社会服务】 十中支队与月牙湖中学开展“手拉手”共建活动，开展业务骨干会员送课活动。十五中支部组织会员为贫困学生捐赠学习用品和书籍，机关支部组织会员企业为月牙湖滨河二村捐赠电脑2台。

（供稿人：张奕）

农工党兴庆区总支

【概况】 2019年，农工党兴庆区总支学习贯彻中共十九大会议精神和习近平总书记重要讲话精神，推进“两学一做”学习教育常态化制度化和“不忘合作初心，继续携手前进”主题教育，以习近平新时代中国特色社会主义思想为指导，增强“四个意识”、坚定“四个自信”、做到“两个维护”。加强基层组织建设，围绕中共银川市委工作中心，立足自身特点、发挥自身优势，开展党派工作。

【思想建设】 2019年，总支结合形势发展及自身建设需要，不定期组织各支部党员参加各种培训学习，参加市委会组织的报告会、座谈会、研讨会17次。各支部多次召开支部委员及部分党员学习座谈会，坚定党员们以党为师、立党为公的信念，增强自觉履行参政党职能的使命感和责任感。

【建言献策】 总支各党员撰写社情民意信息4篇，提案12篇。其中，妇幼支部主委王宝珍完成社情民意信息2篇，提案3篇。中医支部完成政协提案9项，社情民意2次。

【社会服务】 各个支部发挥各自特点，为社会提供义诊、义务法律咨询、法律讲堂。兴庆区总支中医支部开展各类义诊13次，广播科普6次，电视访谈、科普及电视专访类9次，健康讲座4次，新消息报专访5次。兴庆区总支口腔支部3月15日在宁夏银行支行开展口腔健康知识讲座和义诊、3月17日在自治区残联开展口腔知识健康讲座和义诊。机关支部1月为小企业家协会的会员培训公司法律风险防范。3月11日，在通贵乡开展扫黑除恶专项讲座。6月，开展法务风险防控培训。

【党员活动】 组织党员参加3月8日市委会举办的庆三八羽毛球健身活动、10月19日的农工党市委会第六届徒步活动。党员汪际英、刘文丽、司洁、王洪丽、杜思华、贺伟、何宁参加市委会举办的“同心共祝祖国好”主题摄影展，分获二等奖、三等奖与优秀奖。

【骨干培训】 组织基层支部领导及优秀中青年骨干参加农工党宁夏区委会、兴庆区及自治区统战部举办的参政议政骨干培训。

（供稿人：王洪丽）

九三学社兴庆区总支

【概况】 2019年，兴庆区九三学社总支按照建立学习型组织，建设符合新时期要求的参政党的总体要求，围绕中共兴庆区委和区政府的中心工作，加强自身建设，履行参政议政、民主监督职责，建言献策，积极开展各项活动，取得成效。社组织于2019年11月被社中央授予九三学社组织工作先进集体称号。

【理论学习】 年前专门召开会议，传达学习全国、自治区、银川市、兴庆区两会精神及统战有关会议精神。社员们通过组织召开会议、参加会议、微信群、网络等，学习有关文件精神。“学习强国”学习平台，学习国家大政方针、新闻、科技等各类正能量知识。开展“不忘合作初心，继续携手前进”主题教育及纪念中共中央发布“五一”口号71周年座谈会。

【社员培训】 部分社员参加银川市政协举办的银川市政协委员培训班、社市委会及市委统战部分别组织滨河新区党校培训班组织新社员参加社学院培训班。参加社区委组织的“鲁闽宁三省基层组织负责人培训班”，代表宁夏作“如何做好九三学社基层组织工作”交流发言。6名社员参加“兴庆区委统战部组织中青年骨干赴青岛培训班”，形成培训班小结，3名社员代表交流发言。

【参政议政】 提交兴庆区三级提案18件，其中《关于突出重点、因户施策、精准扶贫的建议》被选为重点提案。申报社区委课题7项：董瑞宁《关于如何实现稳定可持续脱贫的建议》和《关于银川地区国土绿化存在的问题及建议》、冯中鹏《我区互联网+教育资源平台建设及教师知识及能力体系研究》、宋志军《推进监察机关公益诉讼的建议》、王昱洁《加强农村妇女签约保障的建议》、叶小曲《提升我区乡村创意文化产业为乡村振兴注入新功能》、周华《农业资源数据整合与建立调研》。开展社区委思想建设课题1项：董瑞宁《关于九三学社基层组织建设存在问题及建议》。开展社区委关于“五四精神”征文活动，宋志军撰写《五四精神与九三人的使命担当，爱国、民主、科学精神的薪火相传》。冯中鹏撰写《新型政党制度是中国特色社会主义的政党制度》。参与自治区、银川市、兴庆区三级政协委员调研永二干沟兴庆区段污染治理踏查、调研、座谈活动，参加市政协组织的远程议政会议，作《关于兴庆区第二排水沟污染防治意见及建议》交流发言。撰写《关于银川市率先在宾馆客房取消一次性洗漱用具的建议》。

【社员活动】 结合全市创城工作，组织社政协委员参加兴庆区政协“整改创建全国文明城市讲座”，组织社员开展创城志愿者服务活动，参加“九三学社宁夏区委纪念五四运动100周年演讲比赛”、兴庆区提案委功能型党支部活动。社银川市委会组织开展纪念“五一口号”发布71周年座谈会，参观宁夏银燕七彩教育集团，参与功能型党支部党员与委员“一对二”结对签字，观看《这就是中国》座谈讨论，报送信息10篇。

【优秀社员表彰】 年初，召开2018年总结及优秀社员表彰大会，表彰6名优秀社员及参政议政优秀分子，参加社市委会年终总结表彰会，获参政议政集体一等奖。社员宋志军法官采用要素式庭审开庭审理的尚某与某房地产公司房屋买卖合同纠纷案件，被自治区高院评为“2018年度全区法院十佳庭审”。社员董瑞宁被兴庆区监察委员会聘为第一届特约监察员。社员陈亚君提升为兴庆区卫生健康局副局长。

【扶贫济困】 1月，到月牙湖滨河三村慰问建档立卡户贫困户代表，带去社员捐赠的衣物、书籍等慰问品。三八妇女节来临之际，组织女社员参加社区委妇女工作委员会在银川市妇女儿童活动中心举办的花艺培训活动。六一儿童节，应邀再到银川市第二十九小学，联合银川二中小红帽志愿者开展庆六一慰问演出及捐赠活动，社员祁敏编排8个文艺节目，社员冯中鹏捐献文学书100册。利用自身人才优势，结合脱贫攻坚工作，在月牙湖滨河二村开展妇女保健知识培训及义诊活动。围绕申报立项的社自治区委会课题“关于如何实现可持续脱贫”，到月牙湖乡开展走访入户、调研活动。

（供稿人：董瑞宁）

群众团体

工 会

【概况】 兴庆区建立基层工会组织767个。其中，区域性工会联合会86个，行业性工会联合会8个，村级联合工会4个，独立建会非公有制企业工会587个，机关行政事业单位工会82个。涵盖职工66769人，会员66734人，农民工会员14234人，职工入会率达99%。2019年，新增工会组织77家、新增会员5672人、新增农民工会员1597人，分别完成市总下达任务的103%、103%、123%。打造新华商圈职工“爱心驿站”两个工作获自治区总工会亮点项目。劳模匠心共享之家获银川市总工会创新项目，自治区总工会授予“全区法律援助·户外劳动者服务站示范点”称号。宁夏东部热电股份有限公司“燃气轮机DCS系统服务器升级设计”、宁夏哈纳斯天然气管道有限公司“法兰面检测装置的应用”等4项成果入选银川市职工创新成果展获奖项目。兴庆区巴乌麻编技能人才创新工作室、杨子鸣匠心教育创新工作室被授予银川市劳模（技能）人才创新工作室称号。组织辖区内街道、乡镇、企业72人24支代表队参加银川市安全生产知识竞赛，获第二名。先后4次接待全国总工会各部室负责人考察调研。

【职工技能提升】 商超服务、医疗护理、建筑施工、餐饮住宿、旅游快递、家政服务等行业开展技能竞赛13场次，参加职工达1000人。组织举办企业管理、礼仪培训、安全生产讲座等各类小企业职工教育培训班43期4000人次。开展维修电工（中级）、育婴员（中级）等各类技能培训，获证176人，获证率达80.6%，建立技能人才信息库209人。

【劳模评选表彰】 兴庆区在册三级劳模69人。其中，全国劳模8人，自治区级劳模30人，银川市级劳模31人。开展劳模（技能人才）创新工作室创建活动，发挥劳模和工匠人才的示范引领作用，评选表彰52名兴庆最美劳动者，开展各具特色的劳模服务工作，组织劳模到鸣翠湖疗休养，推荐评选张桂芳、拜立根为自治区五一劳动奖章获得者。

【职工文体活动】 迎新春、庆三八、庆五一等重大节点，组织开展各类文体活动。举办职工第九套广播体操比赛，辖区31个单位、1193名职工参加比赛，开展首届干部职工诵读大赛，59位个人选手、21组集体选手报名参加比赛，职工书法绘画摄影展活动，评选书法作品96件、绘画作品77件、摄影作品180幅。

【模范职工之家】 兴庆区有全国模范职工之家2个、职工小家2个，自治区模范职工之家2个、职工小家6个，银川市先进职工之家15个、职工小家14个，兴庆区合格职工之家21个、职工小家4个。

【职工书屋示范点】 兴庆区建成区级“职工书屋”示范点24个，市级示范点30个，兴庆区级示范点18个，成立宁夏婚嫁行业、茶行业、快递行业、家具行业联合工会。

【职工维权】 发挥一线劳动争议调解组织“维稳维权”作用，维权热线“12351”职工网络服务平台受理职工诉求，接待职工来电来访208案，涉及职工216人，办结率达98%，协调要回拖欠工资金额38.065万元，代写法律文书工资起诉状6案6人，涉及金额8.56万元。

【慰问帮扶】 开展“精准帮扶·情系残疾职工”“春送岗位”“夏送清凉”“金秋助学”“冬送温暖”等活动，走访慰问各类困难群体及一线职工2825人，发放慰问金105.07万元，开展普惠项目50项，办理工会会员卡9714张。

【医疗互助】 兴庆区155家企事业单位9068名在职职工自愿参保，收取互助金45.34万元，为94名参保职工申请补助金27.2万元，实现参保、报销数据规范化。

【劳动关系监督】 建立劳动法律监督委员会（监督小组）和劳动争议调解委员会（调解小组）429个，劳动关系指导员1357名。建立职工法律援助维权律师服务团1支、律师4名，建立公益法律行动服务队2支。

【厂务公开监督】 加大公开力度，完善监督机制，规范工作程序，非公企业厂务公开（职代会）建制率达94%，职工满意率达92%。

【质效评估】 集中开展为期20天的集体协商质效评估工作，参与评估企业502家，区域和行业88家，发放问卷6500份，评估70分以上的企业达90.87%，区域和行业达83%。签订四项集体合同639份，覆盖职工44207人，签订率99.20%，职工知晓率和履约率均达85%以上，和谐企业创建率达97.6%。

【关爱女职工行动】 开设职工子女课后托管班，组织75名单身女职工参加市总七夕“情暖鹊桥·缘定工会”联谊活动，82名困难女职工免费“两癌”筛查。

【职工服务圈】 解决职工活动少阵地、无平台问题，开设包括舞蹈、瑜伽、声乐、绘画、葫芦丝等9类公益课，每周固定上课12节，利用网络一分钟完成预约上课，采取“订单式送课下基层”方式，调动基层工会加强阵地建设的积极性、主动性、创造性。

【女职工沙龙】 拓展女职工沙龙驿

站30个，2019年开展沙龙服务300余场次。聘请专业机构教师为职工授课，万名女工参加学习。

【家居行业联合工会】 组建银古路家居行业联合工会。建立以美德亨卖场为中心点的家居行业联合工会，打造占地300平方米的美德亨家居行业职工服务中心，为行业内职工提供更多的“爱心服务驿站”，组织职工开展各类文体活动，形成难题共解、资源共享、组织共建、活动共做、文化共融、人才共育、发展共谋的良好态势。

【暖心驿站】 协调机关部门，利用沿街废弃的垃圾中转站、菜篮子店改造升级打造40个“户外劳动者暖心驿站”，完善硬件设施，实行服务标识、服务内容、服务范围、服务标准“四统一”，配备桌椅、饮水机、微波炉、常见药品等爱心物品，为户外工作者提供贴心服务，真正使户外劳动者“暖心驿站”“建起来、转起来、活起来”。

【经审服务】 经审服务端口前移，吸纳工会内部专业经审人员+购买社会服务，实施专业经审人员轮流值班服务，“实体工作站”变成“移动工作站”，填补基层工会经费审查审计监督盲区，实现经审服务全覆盖。

【打造“一馆三中心”】 一馆指兴庆区职工体育馆，位于掌政镇，项目总占地面积9888平方米，内设篮球馆、羽毛球馆、训练馆等8个功能区，承办篮球、羽毛球、武术、瑜伽、健身舞、乒乓球等各类职工体育活动。三中心：兴庆区职工服务中心，中心占地2272.15平方米，共三层，设置包括职工才艺多功能培训室、舞蹈培训室、声乐、瑜伽、茶艺、插花、书画、图书室等10多个活动室；兴庆区职工文化中心，位于丽景北街与上海路交会处，集职工文化训练、文艺表演、才艺竞赛、大型集会及文娱宣传等于一体的综合性服务平台。兴庆区职工文体服务中心，位于银川市第十五中学，适用于基层工会开展篮球、排球、羽毛球、乒乓球、健身健美、艺术体操等体育运动、运动训练、体育竞赛、文艺会演等专业性场所。

（供稿人：魏敏芝）

共青团

【概况】 2019年，兴庆区团委以共青团工作改革为重心，推进“从严治团”“三会两制一课”制度，去“四化”、强“三性”，紧抓全团工作重点，发挥“组织青年、引导青年、服务青年和维护青少年合法权益”的工作职责，重点围绕青少年思想引导、青年创业就业、志愿服务等内容，整体推动共青团事业的科学发展。配合自治区青少年发展基金会开展“希望工程·圆梦行动”国酒茅台助学金、“希望工程·圆梦行动”团市委自筹项目1~4批助学金申请及资助。结合“不忘初心、牢记使命”主题教育、从严治团等各项工作，实施“1+5+2”集中学习活动。成功申报国家级双零社区4个，争取专项经费3万元，申请到银川市“市县联建”项目1个。

【青少年思想教育活动】 组织辖区各中小学开展“3·5学雷锋活动周”系列活动、“五四”系列主题活动、六一儿童节活动等30余场，通过演讲比赛、宣讲会等青少年喜闻乐见、易于接受的方式，引导和鼓励青少年关心国家命运，把自己的梦想融入国家的梦想之中。“五四”青年节期间，评选兴庆区“五四红旗团委”3个、“五四红旗团支部”20个、“优秀团干部”10名、“优秀团员”20名、“优秀青年志愿者”10名。评选优秀少先队辅导员132名、优秀少先队员630名，发挥共青团组织、干部和团员青年先锋模范作用，影响带动团员青年积极践行社会主义核心价值观。加强团组织新媒体的建设，推送创建文明城市、扫黑除恶专项斗争等重点工作内容，引导青年响应号召，为兴庆区各项工作贡献青春力量。

【青春护苗行动】 推进“青春护苗”青少年帮扶工程，依托“青春护苗”数据库，摸排出一般家庭经济困难青少年386名，建档立卡贫困户青少年154名，一般困难家庭青少年386名。组织摸排涉罪未服刑的特需关爱青少年11名。走访调研，联系第三方组织“春熙”，心理辅导特需关爱青少年，帮扶成功青少年8名。

【捐资助学】 实施“希望工程·圆梦行动”助学金帮扶。资助大学新生151人，资助总额47.25万元。其中“黄河银行助学金”资助困难学生20名，资助总额8万元。“中国茅台·国之栋梁”助学金资助学生4名，资助金额2万元。银川市团一批至四批自筹助学金项目资助52名，资助金额15.6万元。兴庆区团委自筹项目助学金资助75名，资助金额21.65万元。

【基层团组织建设】 完成辖区15个乡镇、街道的团组织换届选举工作，基层年轻干部、优秀选调生、大学生村官以及各行各业、各条战线的优秀青年党员、团员、致富带头人纳入基层团干部队伍，全面提升基层团组织干部队伍素质，增强组织工作力量。严格控制团学比例，制定2019年发展团员计划，合理分配团员发展名额与编号。开展基层团组织摸底，摸排辖区各级团组织团干部、团员人数以及团组织发挥功能情况，制定下发《关于开展兴庆区基层团组织规范化建设摸底工作的通知》和《关于推进基层团组织规范化建设、做好“学社衔接”准备工作的通知》，细化量化工作内容和标准。梳理团组织隶属关系，建立“学社衔接团支部”，及时转接毕业生团关系，确保团员“一个都不少”。

【“智慧团建”】 依托“智慧团建”系统开展乡镇街道、学校团员底数摸排，团员身份认定、录入等各项工作。兴庆区团委下属17个团（工）委，359个团支部，11922名团员全部录入“智慧团建”系统，26个基层非公企业领域团支部，完成录入的非公企业领域团支部12个，录入团员总数为153个，完成录入的团员总数135个。

【爱军拥军】 依托微信庆团子公众号有针对性地开展拥军工作宣传。印发实施方案具体部署，发动各级团组织、少先队组织、青年社会组织，动员辖区青少年参与拥军工作。以“爱我中华，强我国防”为主题，红领巾成长课堂、青年之家为依托，邀请各自辖区内的退役军人、老红军、老战士开展国防知识小课堂，利用现有国防教育资源，结合红色电影观看、革命先进事迹宣讲、故事比赛等，开展国防责任义务和双拥光荣传统教育。

【志愿服务】 组织各乡镇街道、西部计划志愿者105名参加整改创建全国文明城市工作动员会，动员青年志愿者参与创建全国文明城市工作。组织700名青年志愿者开展清扫路面、清捡白色垃圾、清除卫生死角、整治“脏乱差”等志愿服务活动。动员辖区各级团组织在志愿平台上注册服务组织，以团（工）委为单位开展志愿服务活动，做到月月有主题，周周有活动。依托“校地共建”工作，联合宁夏医科大学团开展志愿服务活动，南门广场等人流聚集的地方重点开展环境整治、文明劝导等志愿服务。组织团委全体干部下社区参加创城活动，劝导商户文明经营，劝导路人规范停车，遵守交通规则。组织志愿者开展垃圾分类活动，发放宣传折页，讲解垃圾分类知识。发挥大学生志愿资源优势，社区作为志愿服务的重要场所，确保每个志愿服务队在社区每月至少开展两次志愿服务活动。

（供稿人：张燕）

妇 联

【概况】 2019年，兴庆区妇联贯彻党的十九大精神，以习近平新时代中国特色社会主义思想为指导，实现全年工作目标。妇女参政议政的比例持续提升，兴庆区人大代表、政协委员中女性比例分别为40.09%和40.49%。城乡居民社会养老保险参保女性人数1.9万人，同比增长1.88%，参加城乡居民基本医疗保险的女性人数12.17万人，同比增长0.33%。表彰兴庆区三八红旗、优秀妇女组织、巾帼建功先进集体等40个先进集体和40名先进个人。确定宁夏杰坤苗木有限公司、银川康源之家果蔬服务专业合作社、银川众英万达种植养殖专业合作社3个农村妇女“双培”项目，扶持促进农村基层女干部和女致富带头人的成长。

【最美家庭活动】 常态化开展“最美家庭”创建活动，揭晓自治区级“最美家庭”8户、银川市级22户、兴庆区级20户、“美丽庭院”8户。举办弘扬好家风、传承好家训专场文艺演出6场。开展“爱润万家·好家庭好家教好家风”——七进讲座35场。

【妇女儿童之家】 按照自治区妇联“五亮”建设要求（亮妇联标识、亮组织架构、亮工作职责、亮执委身份、亮活动内容），129个村（社区）妇女儿童之家全部亮牌，设立家长学校，拓展妇联基层服务阵地，丰富妇女之家服务功能。2019年4月，联合银川市妇联在中山公园打造“中山公园妇女之家”，组织召开中山公园第一次妇女代表大会，选举产生妇联主席1名、副主席4名、执委23名，提供学习培训、法律维权、家庭教育、健康讲座、母婴关爱等项目，服务基层妇女群众。

【巾帼脱贫行动】 月牙湖乡滨河家园开展和谐婚姻、法律维权、女性健康保健、0~3岁婴幼儿保育等公益讲座49场次，累计培训妇女3000余人。继续做好农村妇女创业担保贷款工作，扶持农村妇女发展特色种植、规模养殖、农副产品加工和社会服务业，缓解农村妇女创业就业资金短缺问题，累计为369名农村妇女发放贷款1934万元，较2018年放贷量增长近5倍。开展“春风行动”，为女大学生、进城务工妇女送政策、送技能、送岗位，组织专场招聘活动21场次，介绍就业275人。争取6万元“双培项目”资金，确定银川康源之家果蔬服务专业合作社等3家扶持项目单位，企业无偿使用项目资金助力女性成长成才。

【妇女维权】 “12338”妇女维权服务热线为群众解忧。做到“每个来电有记录，每个咨询有回复，每个求助有反馈”，接待反映婚姻家庭矛盾纠纷的来电来访70件，处理率达100%。结合“三八”维权周等集中宣传活动，开展《中华人民共和国反家庭暴力法》《中华人民共和国婚姻法》《中华人民共和国妇女权益保障法》等讲座和咨询服务活动。定期在中山公园妇女之家为群众提供免费法律咨询，为1500名妇女儿童提供法律、婚姻家庭咨询、亲子阅读和母婴休憩等各类服务，发放各类宣传品4000余份。兴庆区新婚夫妇学校，为779对新婚夫妻提供婚前辅导服务。新华街富华社区婚姻家庭调适辅导中心，举办16场次“和睦家园”婚姻家庭讲座，为42人提供婚姻家庭咨询个案服务。青山社区妇女儿童维权警务站摸排受理家庭婚姻矛盾纠纷68起，调和家庭矛盾64起，出具家庭暴力告诫书12份。

【巾帼树新风活动】 制定《兴庆区妇联创建全国文明城市工作实施方案》《关于发挥巾帼志愿服务队伍在文明城市创建工作中作用的通知》，发放《致兴庆区广大家庭和妇女姐妹们的倡议书》4000份，发动妇女群众参与创城的积极性。指导各乡镇（街道）、各村（社区）建立家长学校，公开家长学校制度及活动时间，实现家长学校建立全覆盖。月牙湖乡、掌政镇举办“倡导移风易俗树立文明乡风”文艺演出8场，培育践行社会主义核心价值观，倡导婚丧嫁娶新风，营造文明和谐的社会风气。

【慰问关爱】 春节期间开展节日慰问关爱行动，走访慰问辖区单亲、贫困、“两癌”妇女235户，送去慰问金23.5万元。40名“两癌”城乡贫困妇女发放自治区民生计划救助金，每人1万元，共计40万元。32名贫困单亲母亲申请“正心基金·爱心妈妈”项目资助金8.2万元，24名困难妇女提供免费体检，检出“两癌”患者1人延伸慰问与救助。

【妇女参政比例】 兴庆区人大代表、政协委员中女性比例分别为40.09%和40.49%。兴庆区委、区政府领导班子中女干部的配备率均为100%。兴庆区委、区政府工作部门领导班子中女干部的配备率分别为90.91%和66.62%。村民委员会成员中女性比例为31.37%。居民委员会成员中女性比例为90.71%，高于50%的目标值。

【孕产妇检查】 孕产妇产前检查率、孕产妇系统管理率、孕产妇住院分娩率、妇女常见病定期筛查率均已超过规划目标值或控制在规划目标以内。孕产妇梅毒检测率、孕产妇艾滋病病毒抗体阳性率、产妇孕产期中、重度贫血患病率均已超过规划目标值或控制在规划目标以内。

（供稿人：张庆镭）

科 协

【概况】 2019年，兴庆区科协实施《中华人民共和国科学技术普及法》和《全民科学素质计划行动纲要》，组织开展重点人群科普活动，提高公民科学素质，调动科技工作者的积极性、创造性，投入兴庆区经济社会建设中来，为建设“开放、富裕、和谐、美丽”的兴庆区提供科技支撑。

【科技三下乡】 2019年1月12日，科协派出科普大篷车及全体工作人员参加科技、法律、文化三下乡启动仪式。月牙湖滨河新村的广场上，群众纷纷前来领取蔬菜种植、奶牛养殖、康乃馨等花卉种植技术、健康养生资料和印有科普知识的围裙和手提袋。农村的实用技术培训班上，科技专家及科协工作人员讲解养殖、种植当中的技术问题。农村农贸市场上，工作人员开展生活中科普知识宣传。活动免费发放科普资料4000册，赠送、发放反邪教资料1000册，反邪教光盘600盘，科普围裙、手提袋1000个，各种农村实用技术手册1万册。

【科普项目申报】 成功申报中国科协“基层科普行动计划项目”5个，争取以奖代补资金26万元。成功申报自治区、农技协正规化建设项目2个，成功申报银川市科协“科普惠民计划项目”3个，争取以奖代补资金12万元。成功申报中国农技协科普示范基地建设项目3个，成功申报银川市科协科普基础设施建设项目2个，争取资金8万元，全年争取上级项目资金54万元。开展培训较多的农技协奖励科普资金1万至2万元。

【青少年科技创新赛】 组织中小学校师生参加“银川市第十六届青少年科技创新大赛暨机器人竞赛”和自治区“第三十四届宁夏青少年科技创新大赛暨全国青少年机器人（宁夏赛区）大赛”。银川市第十六届青少年科技创新大赛中，兴庆区获银川市，自治区一、二、三等奖43个。第三十四届宁夏青少年科技创新大赛上，学校师生获得一、二、三等奖多项。

【科普大篷车进校园】 协调自治区科普大篷车进二小、十六小、十八小、月牙湖回民二中、二十九小、回民实验小学等。兴庆区二十九小、月牙湖回民二中实施中小学生圆梦计划。组织100名偏远农村中小学生参观科技馆。组织20名科技创新辅导员在科技馆开展培训，培养学生爱科学、学科学、用科学的兴趣和创新实践能力。

【社区居民科普行动】 利用科技周、科普日、“512”地震宣传日等重大科普日开展科普宣传活动，提高居民科学素质。开展各类科技专家咨询、讲座、培训等实用技术及活动，印制各类科普宣传资料，提高公民科普实用知识。开展科普知识“四进”活动，利用科普大篷车进乡村、进社

2019年5月19日，兴庆区科协设立展台参加2019年宁夏科技活动周启动仪式

区、进学校、进机关，提高居民的科学素质。组织各社区开展防震减灾演练，提高社区居民防震减灾意识。编印社区居民科普读本2万册发给各社区。开展科普志愿者科普服务活动，利用志愿者专业知识在各社区开展防病治病、防火防盗、金融安全等科普讲座。

【科普信息员注册】 2019年，兴庆区注册科普信息员由原来的100人增加到5000人，科普信息转载量上升到400万条，科普信息员注册数和科普信息转发量双双位居自治区第一名。

【科技人才举荐】 实施科技人才建设，向区市科技部门举荐科技人才，举荐全区最美科技人1人、全区托举人才3人。

【科普基地建设】 加大基层"站、栏、员"建设，重点支持1个社区、1个农技协及1个科普示范基地，投入4.8万元购买投影仪及培训桌椅，投入2万余元建立科普e站2个。协调银川市科协分别在海宝公园、丽景湖公园投入25万元建立科普主题公园两处。与陕西咸阳寰宇传媒有限责任公司合作，维修维护老旧的科普宣传栏、科普长廊和内容更换。各乡镇、街道、建制村、社区科普培训室、科普阅览室统一挂牌，规范基层科普培训阵地。

【反邪教宣传教育】 深入街道、乡村、社区、学校开展反邪教知识宣传，发放《反邪教知识读本》资料、反邪教光盘，提高农民群众的科学素质水平及识别反邪教的能力。开展反邪教宣传教育4次，开展科学技术知识普及活动，举办反邪教培训班1次，提高公民对邪教警惕性、鉴别力和防范能力，维护社会稳定。

【科技扶贫】 依托农村专业技术协会，聘请农业科技专家对贫困乡村科技咨询。移民贫困乡村开展科技培训，派出科技专家致富能手科技示范户与贫困结对帮扶等，指派兴庆区农技协专家与养殖大户、种植大户结成帮扶对子，开展精准扶贫活动。月牙湖小塘村肉牛养殖项目开展多场专场养殖培训，养牛户免费配送舔砖500块，饲料4000公斤。该村肉牛由年初300头增加到700头，初步展现科技精准帮扶成果。

【科协组织建设】 乡镇、街道科协整体换届，明确把学校校长、卫生院长和农技站长（简称三长）纳入科协领导班子当中，扩大基层科协覆盖面。积极准备召开兴庆区科协第二次代表大会，改选新一届委员会和常委会，改革科协领导体制，加强基层科协自身建设。2019年，成立园区科协1个、企业科协1个、农技协会1个，各建制村街道社区全部设立科普服务站。协调公岗、三支一扶西部计划大学生到科协组织当中来，兴庆区服务科协的公岗和三支一扶大学生达50名。

（供稿人：马雪梅）

工商联

【概况】 2019年，兴庆区工商联贯彻党的十九大精神及习近平总书记系列讲话精神，贯彻落实服务"四个全面"战略布局，围绕"两个健康"履行职责，发挥桥梁纽带作用，深化会员服务，完成各项工作任务。

【基层商会建设】 开展"四好"商会创建活动，制定创建工作实施方案。加大商会规范化建设管理力度，围绕商会发展中存在的问题和薄弱环节，补短板强弱项，推动商会建设水平上台阶，17个商会依法依规登记，指导商会建立健全和完善法人治理体系和管理制度，支持商会开展工作，为所属商会下拨工作经费，支持商会改善办公条件和开展活动。发挥基层商会"宣传政策、提供服务、反映诉求、维护权益、加强自律"的作用。

【会员队伍建设】 制定会员发展规划，吸收思想品质优、社会贡献大、公众形象好、参政议政能力强的非公有制经济代表人士到会员队伍中来。发展会员172个，其中团体会员1个，企业会员171个。建立会员管理制度，实行会员动态管理，准确填报工商联执委和会员信息，建立完整的会员信息数据库。

【信息宣传】 2019年，上报各类宣传信息30篇，《宁夏商会》采用12篇，《华新时报》采用2篇、“美丽兴庆”客户端及银川市工商联采用8篇。

【非公经济人士培训】 组织63名非公经济负责人和党务工作者赴深圳大学开展为期7天的企业经营管理和党组织建设专题培训，教育引导非公经济人士树立“四个意识”，做到坚定理想信念、增强发展信心、履行社会责任，自觉践行社会主义核心价值观。组织非公经济人士学习党的十九大精神、习近平总书记系列讲话精神，引导教育非公经济人士听党话，跟党走。组织非公经济负责人和党组负责人赴盐池县革命烈士纪念园开展主题教育，敬献花篮、向英烈致敬，重温入党誓词，倾听毛泽民、彭德怀、习仲勋等老一辈无产阶级革命家的革命事迹，坚定非公经济人士的共产主义理想信念。

【非公企业党建】 2019年，兴庆区非公企业中组建党组织32个，党员2612人。

【非公企业文化建设】 制定《关于推进民营企业文化建设工作安排》，加强指导、培养典型、强化宣传，倡导会员企业将社会主义核心价值体系内容融入企业管理、员工行为和生产经营之中，增强企业发展的“正能量”和内动力。

【民营企业调查点问卷填报】 安排专人和固定岗位工作人员负责，民营企业调查点工作开始后召开会议具体安排，把好三关（办理前、办理中、办理后），安排专人集中培训企业负责民营企业调查点工作的人员，使企业填报人员熟练掌握填报方法。督促执委企业在规定时间内如实、完整填写问卷，保证营企业调查点工作及各类问卷的填报率，上半年的两次填报任务中，兴庆区参与企业填报率为100%。此外，配合自治区社学院发放100份纸质版营商环境问卷调查，按要求回收上报。

【奶牛托管养殖】 重点扶持奶牛托管养殖项目，代养1135户移民贫困户奶牛1135头，每年支付人民币2800元/头的固定收益，同时招收就近村民在牛场务工，帮助生态移民实现就地脱贫。

【贫困户帮扶】 针对贫困居民分类、建档立卡，动员会员企业与月牙湖贫困村结对帮扶，引导非公有制企业“一帮一”“多帮一”，开展结对帮扶一户贫困户。会员企业宁夏荣德百瑞农业科技发展有限公司通过红树莓种植产业长期固定用工60人左右，其中建档立卡户55人，人均月工资3000元以上。第一、二季度用临工800人，其中建档立卡户达90%以上，人均日工资100元。

【扶贫台账管理整改】 召开专题会议，安排专人负责台账管理，要求各责任部门对照贫困户和帮扶企业的基本信息，查验、核对，做到不遗漏一家企业。已登记的台账完善、更新。经核查兴庆区新增银川馨香花源农业科技有限公司、宁夏澳中健康产业有限公司、宁夏巴乌文化产业有限公司、银川新锦农林科技有限公司、宁夏周景世荣进出口有限公司、宁夏荣德佰瑞农业科技发展有限公司等6家帮扶企业，新增就业帮扶272人。

（供稿人：陶蓉）

残联

【概况】 2019年，兴庆区残联贯彻落实习近平新时代中国特色社会主义思想，着眼“全面建成小康社会，残疾人一个也不能少”奋斗目标，抓实扶贫、教育、就业、康复、维权、文化体育等重点工作，加大残疾人的保障力度，实施更为精准的助残服务，助残惠民成效明显。争取各类残疾人事业发展资金378.4万元，采集残疾人信息13015人，信息有效录入12442人，录入率98.3%，协调安置126名村（社区）残疾人联络员。

【助残脱贫】 2019年，177户210名建档立卡残疾人建立“一户一策、一人一策”帮扶工作台账。脱贫残疾人163户194人，未脱贫残疾人14户16人。摸底掌政镇45户花卉、蔬菜温棚种植户，符合条件的种植户发放种植补贴10万元。宁夏骏华牧业奶牛托管项目申报为2019年残疾人产业脱贫项目，企业每年为贫困残疾户家庭支付托管金2360~2800元，项目受益贫困残疾人248户266人，其中建档立卡残疾人家庭33户。

【社会救助】 春节期间争取银川市残联慰问金68.82万元、兴庆区配套24万元慰问辖区1541户贫困残疾人家庭。第二十九次全国“助残日”期间，自筹物资慰问356户困难残疾人家庭。发动38个银川市直机关及64个兴庆区机关单位与204个贫困残疾人建立长期帮扶机制。落实“两项补贴”政策，登记救助两乡、两镇773名一、二级享受农村低保的特困残疾人，审核享受困难残疾人生活补贴3469人、重度残疾人护理补贴5035人。

【教育救助】 制定残疾学生助学资助措施，建立扶残助学长效机制。12

名3~6岁学前残疾儿童申请每人每年1000元的宁夏扶残补助、10名考入大中专院校的残疾学生申请助学金3.8万元，5名考入大中专院校残疾人家庭子女申请助学金1.6万元。联合兴庆区教育局联系失学重度残疾儿童家庭，开展“送教上门”服务，完善24名6~15岁建档立卡残疾学生基本信息。

【技能培训】 委托有培训资质的机构开展手工绳编、制衣、计算机应用等残疾人技能培训，建立“输入+输出”合作机制，惠及残疾人140名，解决残疾人就业问题，提升残疾人就业率。因地制宜提高农村残疾人劳动致富技能，掌政镇、月牙湖乡开展花卉、蔬菜、编织、农村实用技术培训，培训人次100人。

【残疾人就业】 依法推进残疾人按比例就业。就业援助月期间走访就业困难残疾人家庭321户，登记失业残疾人245人，实名制纳入年度培训计划212人，帮助就业困难人员享受政策210人，按比例吸纳就业48人。审核各类企事业单位297家，安置残疾人就业576人，未按比例安置残疾人就业的企事业单位审核残疾人就业保障金1025.5万元。摸底兴庆区残疾电商7家，加大职业指导、技能培训、就业政策、法律法规等扶持力度。完善51家盲人按摩机构软件资料，申报规范化建设奖励资金7家、创办补助资金1家。争取公益性岗位名额，优先安排符合就业困难条件的残疾人2人，落实51名残疾人公岗的工资性补贴和社会保障补贴。举办“2019年农村贫困残疾人专场招聘会”，联系社会用工单位5家，受众200余人次，订单式提供就业岗位23个。联合宁夏文昶文化发展有限公司和月美制衣有限公司打造残疾人辅助性就业基地，为重度肢体、智力、精神类残疾人及残疾儿童陪护家长提供职业技能培训百余课时，辅助残疾人专职就业7人，兼职就业9人。

【自主创业】 核对43名兴庆区常住户籍、有固定的生产经营场所、法定就业年龄阶段的自主创业残疾人个体工商户经营情况，符合条件的26名残疾人个体工商户发放每人6000元的自主创业资金15.6万元。申报2019年银川市残疾人自主创业补贴25人。79名符合条件的个体工商户业主及盲人按摩机构从业人员申请区、市残联养老保险补贴，符合条件人员给予当年本人所缴纳养老保险金百分之五十的补贴28.3万元。

【灵活就业补贴】 核查符合灵活就业条件残疾人30人，每人2000元的一次性灵活就业补贴。

【康复民生工程】 2019年新申报自治区级规范化社区康复站2家，1家残疾人基层康复站配发康复理疗设备3件。13家残疾儿童康复救助定点机构转介249名0~6岁、27名7~14岁残疾儿童进行康复训练，补贴救助资金194人120.6万元。办理贫困精神障碍患者医疗救助卡869本，打卡服药救助431人24.3万元，补贴16名贫困精神残疾人住院救助金2.5万元。实施假肢矫形器装配43人、免费白内障复明手术1例、骨关节置换免费手术6人、适配耳内式助听器10人、筛查有人工耳蜗需求的0~6岁听障儿童4人。掌政镇有改造需求、住房具备改造价值的43户残疾人家庭进行无障碍改造。

【残疾人补贴】 2019年，发放残疾人燃油补贴320人8.32万元、残疾鉴定补贴57人0.86万元、联络员工作补贴126人18.14万元。

【残疾人维权】 建立健全兴庆区残疾人维权档案，形成“维权有回应、回应有依据、事后有追踪”的残疾人维权模式，接待来电、来访50余人次，提供法律援助7人次，办理“12345”投诉7件，市长邮箱来信1件，办结率100%。

【残疾人居家托养服务】 政府购买服务形式，公开招标引进有资质、专业化运营的社会组织对兴庆区500名就业年龄段智力、精神、重度肢体（包括伴有肢体一、二级或智力或精神残疾的一、二级多重残疾人）残疾人实施居家托养服务，项目服务标准每人1000元，共计50万元，为正常运转的集中托养机构申请自治区托养机构经费14.4万元。300名重度视力残疾人提供保洁、便民和理疗三类25项服务，服务标准每人1000元，共计30万元。

9月26日下午，兴庆区残联联合宁夏义工联合会以及银川市图书馆组织兴庆区34名残疾人走进银川市图书馆，开展残疾人读书会及“感恩党、听党话、跟党走”诗歌朗诵演讲比赛

【辅具共享】 实施辅具共享便民服务行动，打通服务残疾人“最后一公里”。大新镇永泰社区、解放西街华新社区、银古路迎宾社区建立辅具回收维修借用服务点，实现辅助器具循环回收再利用。

【残疾人表彰】 发挥榜样力量，弘扬社会主义核心价值观。利用“传播正能量·讲好兴庆残疾人故事”励志故事分享会、“自强脱贫，助残共享”表彰会、“庆祖国70华诞·圆残疾人自强梦”残疾人艺术节等活动，宣讲优秀残疾人事迹5人，表彰优秀残疾人工作者、自强模范8人，推荐优秀残疾人创作和残疾人题材的文艺作品42件。

【文体活动】 残疾人健身周、全国特奥日等重要节点，就近就便利用社区健身示范点、学校、体育馆开展“融合共享喜迎新中国70华诞”趣味运动会等残疾人喜闻乐见的趣味性、康复性体育活动，助推“全民健身”“健康兴庆”全覆盖。组织30名优秀运动员参加银川市第三届残疾人运动会，获5个单项一等奖、5个单项二等奖、4个单项三等奖及团体三等奖。

【助残宣传】 依托宪法日、爱耳日、助残日、残疾预防日，宣传《中华人民共和国残疾人保障法》《残疾人就业条例》《残疾人教育条例》，残联惠民政策、康复治疗救助项目优惠政策等，累计开展宣讲活动11次，发放宣传品2400份，营造全社会关注残疾人事业、关心残疾人工作、关爱残疾人健康的良好社会氛围。

（供稿人：保安安　钱海涛）

▷ 法治

政法委及综合治理

【概况】 2019年，兴庆区政法工作营造稳定社会环境，维护国家政治安全，防范化解风险隐患，筑牢安保维稳工作防线。严惩黑恶势力犯罪，纵深推动扫黑除恶专项斗争，构建共建共治共享格局，加快推进社会治理现代化。

【平安兴庆建设】 组织开展专项行动39次，取缔娱乐场所6家、黑作坊29户、无照经营商户21家、马路市场10处、校园周边成人用品店14家，捣毁传销窝点111处。对校园周边、城乡接合部等治安点加大日常巡查监管力度，及时制订排查整治方案。严厉打击民乐瓷砖市场及高台寺5队、12队等治安重点区域犯罪行为，开展集中行动32次，破获涉黄涉赌刑事案件46起，刑事拘留102人。

【纠纷调处】 开展矛盾纠纷排查化解，与社会调解力量同步配合，推进矛盾纠纷多元化化解机制建设，增强线上线下联动，有效调处化解影响社会稳定的各类矛盾纠纷和风险隐患。化解矛盾纠纷1254起，化解率为98.6%。

【社区治理】 统筹102支兴庆义警队伍，开展群防群治活动，结合“十进”工作法，依托基层教官体制，训练培养出一批具有预先处置能力的社会安保力量，增强校园、街巷、社区、单位等部位第一时间应对突发事件能力与自我保护能力。完善优化服务窗口措施，提升服务窗口建设水平。各社区警务室（工作站）创新开展“三证”通办模式，办理各类证件3947人次。解决偏远、交通不便地区办理户籍业务等12个问题，开办村级代办点，取消13项办理治安业务所需开具的证明材料。

【法庭裁判】 规范庭前准备程序，修改制作送达笔录、被告人诉讼权利义务告知书。制定庭前会议范本，规范庭前会议流程，召开庭前会议5次。制定和修改刑事速裁、简易程序、普通程序、被告人认罪的普通程序、附带民事诉讼普通程序庭审模板及文书样式。制作“庭前会议模板”和“庭前会议报告”，将庭前会议决议的告知程序衔接到庭审程序中。坚持案件事实查明在法庭、证据认定在法庭、诉辩意见发表在法庭、裁判结果形成在法庭的“四个在法庭”理念，当庭宣判442件，一审刑事案件当庭宣判率47.07%，律师辩护案件数680件，涉案人数771人。

【队伍建设】 开展兴庆区政法系统纪律作风专项整治，加强党员教育引导。组织召开各类学习会议28次、主题党日活动151次，开展“六大标兵”评选，组织干警开展警示教育。推荐优秀、申报表彰、表扬嘉奖145人，慰问伤病困难民警56人。线上线下督查91次，发布通报40期，整改各类问题211个。开展关于长城中路派出所三任所长及个别民警充当黑恶势力“保护伞”问题专项警示教育，对照工作实际查摆问题，净化政法民警“工作圈”“生活圈”。

（供稿人：李璐）

公　安

【概况】 2019年，兴庆区公安分局坚持以习近平新时代中国特色社会主义思想为指导、新中国成立70周年安保任务为主线，聚力推动扫黑除恶专项斗争纵深发展和“124”工作思路落实落细，高质量、高标准完成各项任务，连续三年摘得银川市绩效考核第一名。

【队伍建设】 开展晨会、夜读、专

5月8日，宁夏回族自治区扫黑除恶督导组督导工作

题学习等课（会）760次，同比提高217%。开展纪律作风整顿、集中警示教育、对黄赌毒问题听之任之问题整治专项行动（活动）49次，组织“临战”等专项督查检查4轮95次，开展线上线下督察121次，刊发《督察通报》91期，整改率达100%。

【扫黑除恶专项斗争】 专项斗争打掉涉黑恶团伙8个，破获案件471起，抓获犯罪嫌疑人207名，扣押、查封涉案资产估价约9200万元。

【专项攻坚行动】 开展打击“盗抢骗”及“猎鼠4”“大收戒”“端点”“云剑”“压发案”“暴风”“清风”“雷霆”“护苗”“朗月”等专项攻坚行动17项38批次，辖区黄毒赌问题得到遏制，“两抢”、命案破案率持续实现100%。

【刑事案件侦破】 破获“8·22”特大贩卖、运输毒品案，“11·3”故意杀人命案积案，“5·21”全区特大虚开增值税发票案等一批重特大案件。全年刑事案件立案数同比下降5.61%，实现连续4年下降，辖区治安形势持续向好。

【社区警务新平台】 开展社区警务专题培训3期，专项指导督导5批次，发布市级以上社区经验宣传稿件51篇，打造平安街巷、商圈16个，筹建兴庆义警等群防群治队伍254支3407人。各派出所践行“一所一特色，一室一品牌”思路，总结出青山警务室“三点一中心”、拾城塾警务室“警务综治一体化”、北苑警务室“四张网”等10个优秀社区警务工作法，引领带动整体社区警务工作纵深发展。社区民警马榕登上民警学堂，推广经验，刘谊获全国“最美基层民警”提名，新华街派出所被评为首批“全国枫桥式公安派出所”。

【科技兴警】 新建、维修治安监控设备，辖区各主干线路、关键节点及新华商圈、瓷砖市场等重点部位实现安全设备全覆盖。玉北所、凤北所围绕立体化、信息化治安防控体系建设，先行先试推动派出所综合指挥室及综合警务工作站打造工作，分局情指联动中心升级改造工程完成并投入使用，初步实现工作人员实体进驻、技术手段融合。

【执法主体能力建设】 持续推动执法管理中心、室两级执法活动常态监督工作。加强执法主体能力建设，开展集中培训、观摩庭审、实操实践、末位跟班学习制度等培训活动11期，超过350人次参加。从严落实监督问题整改及惩罚，发布执法通报12期。

（供稿人：黄苏平）

检　察

【概况】 2019年，兴庆区人民检察院贯彻落实习近平新时代中国特色社会主义思想和党的十九大精神，围绕中央政法工作会议及全国、全区检察长会议总体部署和区委的决策指示，主动适应形势新变化和经济发展新常态，履行宪法和法律赋予的职责，为维护社会公平正义、促进社会和谐稳定作出贡献。

【非公经济主体保护】 依法惩治利用职务侵占非公有制企业财物的犯罪行为，办理影响非公有制经济发展的犯罪案件1件，涉及3人，维护非公经济主体合法权益。

【著作权所有人保护】 强化与侦查、审判机关的协调沟通，破解立案难、取证难和损失认定难的问题，依法起诉侵犯知识产权犯罪案件1件，涉及1人，保护著作权所有人的合法权益。

【市场经济秩序保护】 严厉打击黑社会性质犯罪组织和地方恶势力以暴力、胁迫等方式欺行霸市、强迫交易及向企业、商户收取“保护费”等违法犯罪，维护正常市场管理和生产经营秩序。依法办理“1·29”黑社会性质组织案和海某某等人寻衅滋事案，批捕犯罪嫌疑人10名，铲除一批“行霸”“市霸”。

【打击严重刑事犯罪】 受理审查批捕案件986件1542人，经审查批准逮捕984件1544人。受理移送审查起诉案件1093件1431人，提起公诉1057件1343人。严厉打击影响群众安全感、获得感的刑事犯罪，从严从快办理严重暴力犯罪、“两抢一盗”犯罪、黄赌毒犯罪，依法办理利用网络电信实施犯罪案件、涉医犯罪、危害食品、药品安全犯罪。办理非法吸收公众存款、组织领导传销及利用电信网络实施的犯罪中，性质恶劣、社会关注度较高的刑事案件，提前介入，引导侦查，依法快捕快诉，增强打击的震慑力。

【扫黑除恶专项斗争】 办理涉黑涉恶案件12件，批准逮捕150人，提起公诉涉黑涉恶案件10件66人，判决生效6件47人，发出检察建议书10份，其中回复10份。查扣、冻结资金1200余万元，查封房产164套，查扣工程机械7台、车辆30辆，冻结股权156万元、止付工程款185.9万元，扣押医疗设备57台、医疗办公用品165套，制发检察建议书2份，收到回复2份，摸排移送40条，其中腐败、“保护伞”线索20条。

【社会治理】 深化刑事和解、检调对接、释法说理等工作，主观恶性不大、双方达成和解、邻里纠纷引发犯罪、未成年人初犯、偶犯等轻微犯罪以及事实不清、证据不足的，依法不批准逮捕475人，依法不起诉48人。提出量刑建议被法院采纳831件，适用认罪认罚从宽处理制度办理案件91件。

【信访案件化解】 受理来信来访201件，其中来信49件，来访143件，接听“12309”检察服务热线9件。受理涉黑涉恶线索16件。完善多元矛盾纠纷化解机制，坚持与律师共同参与化解涉法涉诉信访案件制度，律师参与化解和接待来访22件次。

【未成年人犯罪预防】 落实最高人民检察院“一号检察建议”，与兴庆区教育局会签2份文件，结合案件办理，适时向有关单位发出检察建议，提高未成年人法治保护实效。兴建“网络法治课堂”和未成年人办案区，拍摄未成年人犯罪预防微电影《最亮的星》，提高未成年人检察工作规范化、信息化水平，增进社会各界和人民群众了解支持未成年人检察工作，凝聚各方力量共同保护未成年人健康成长。

【刑事侦查监督】 监督侦查机关立案8件，监督侦查机关撤案7件。针对侦查活动中的不规范行为，口头或书面纠正14件次。纠正漏捕38人，纠正遗漏罪行30件，追诉11人。

【刑事审判监督】 认为确有错误的刑事判决、裁定提出抗诉6件。召开专项联席会议，就罪名认定、证据收集与公安机关统一认识、达成共识，从源头上规范侦查活动，提升监督实效。

【刑事执行监督】 2019年，办理刑事财产刑执行监督140件，召开社区矫正联席会议9次，针对社区矫正工作中存在不规范情况，发出检察建议49份。落实未成年人刑事检察特殊制度，与满春社区签订观护帮教协议，与宝南社区共同成立新的未成年人观护帮教基地，开展社会化建设。

【民事行政监督】 依法审查处理各类民事行政监督案件115件，提出检察建议被采纳6件，发出再审检察建议4件，提请抗诉1件。不符合抗诉条件的申请监督案件，做好息诉工作，引导当事人依法理性表达诉求。依法办理全区首起虚假诉讼案件，向人民法院发出再审检察建议。

【内设机构改革】 按照扁平化管理和专业化建设要求，以案件分类专办、缩短管理链条、提升办案效率、强化司法责任为标准，研究制定内设机构改革方案，原有的12个内设部门合并重组为8个。落实最高人民检察院决策部署，做好员额检察官等级晋升工作和司法辅助、司法行政人员职级套改工作。结合兴庆区人民检察院案件办理量大、员额检察官不足情况，在完善办案机制、提升办案效率上做文章。结合办案部门人员调整，试行“捕诉合一”办案机制。按照扫黑除恶专项斗争总体部署，挑选员额检察官中的业务骨干组成办案组，院领导包案办理，办案组内成立临时党小组，准确把握案件办理的政治方向。

【队伍建设】 开展“不忘初心、牢记使命”主题教育，组织多种形式的学习教育，做好干警思想发动，抓住关键时间节点，举行迎国庆仪式、观看红色电影、参观红色教育基地等方式，引导干警感受为民情怀、感悟政治本色。建立党员学习微信群，确保基层党支部全员参与、受教。举办“我和我的祖国”检察官送祝福活动，抒发爱国热情。确定调研课题，了解实情、发现问题、破解难题。结合“刀刃向内、正风肃纪”专项整治行动和纪律作风专项整治，组织民警开展对照检查，以案为鉴，严明纪律，加强政治生态建设。开展基层党组织和党员“星级化”管理正向激励反向监督评比。加强新媒体等自媒体宣传，使人民群众切身感受到作风转变，累积群众的满意、信任和支持。

【接受监督】 主动向人大常委会报告工作，办理人大常委会交办事项，向区人大常委会报告公益诉讼工作推进情况并接受区人大常委会专题审议。接受政协民主监督，邀请座谈和寄送征求意见

2019年10月17日，月牙湖乡滨河家园广场举办“2019年法治扶贫法援惠民助力乡村振兴”活动，法律援助律师为村民就劳务用工纠纷、婚姻家庭纠纷等问题提供专业法律咨询

函，向人大代表、政协委员汇报检察情况。“五一”“六一”开展“检察开放日”活动，邀请社会各界“零距离”接触检察工作，征求群众意见和建议。把握新闻传播规律和检察工作规律，运用多种媒体平台，展示兴庆检察工作新成效、检察改革新进展和检察队伍新形象，传播法治正能量。

【从严治检】 坚持“治检先治长”，落实党风廉政建设责任制、“三会一课”和党员双周学习日制度，推进“两学一做”学习教育常态化制度化。加强领导班子理想信念、道德品质和廉洁教育，提高思想政治素质。加强党组中心组学习，落实党内政治生活制度，执行领导班子议事规则和决策程序，定期开展民主测评。加大检务督查力度，每月不定时开展班子成员带班督查，重点检查干警在岗履职、考勤纪律、环境卫生和值班情况，通报督查中发现的问题，保障检令畅通、检纪严明、执法高效。

（供稿人：赵明）

法院

【概况】 2019年，兴庆区法院受理各类案件41089件，审执结36385件，结案率88.55%，人均收案466.92件，人均结案413.47件，收案结案同比上升19.41%和19.47%。一审判决案件发改率0.77%，比全市平均数0.87%低0.1个百分点。收案数、结案数、结案率、法官人均结案数同比上升。在全市率先完成内设机构改革，实现各部门人员调整平稳过渡。加强职业保障，完成9名法官的单独职务序列等级晋升。16个集体、68名个人获市级、自治区级及国家级表彰。被自治区全面依法治区委员会评为全区“七五”普法先进集体。自编自导自演的微电影《家和》获全国法院第六届十佳微电影微视频的十佳提名奖。

【司法公开】 构建开放、动态、透明、便民的司法工作机制，裁判文书上网29872篇，网络直播案件数量3222件，均位列全区第1名。直播案件网民观看454383人次。《人民法院报》《法治日报》6次报道兴庆法院工作。“喜迎70华诞·我与国旗同框”宣传策划被最高人民法院微信、微博转载。司法宣传工作被最高法院通报表扬。

【扫黑除恶专项斗争】 受理涉黑涉恶案件8件63人，审结5件56人。院长担任审判长审结自治区挂牌督办“3·15”案，审理期限仅用67天，32名被告人分别被判处25年至1年不等有期徒刑，实现严惩快判。成立执行专班，执行到位案款434.93万元，均上缴至财政账户。查封房产156套，车辆26辆。其中，131套房产完成询价及评估，9辆车拍卖成功。涉黑涉恶案件排查出的14条涉嫌违法违纪线索，移送纪委、监委。排查出4条涉嫌犯罪线索，移送兴庆区公安分局。发出司法建议32条，督促相关部门落实，收到回复函30份。

【刑事案件受理】 受理刑事案件1320件，审结1219件，判处罪犯1651人。审结强奸、抢劫、贩毒等严重危害社会治安案件33件。

【金融犯罪审结】 严惩涉众型金融犯罪，审结非法集资、非法吸收公众存款等涉众型经济犯罪6件7人，涉案标的4115.02万元。加强知识产权刑事司法保护，院长担任审判长审结兴庆区首起侵犯著作权罪案件。

【繁简程序审结】 完善繁简分流机制，适用速裁程序审结362件，适用简易程序审结218件，“简案”适用率达57.6%，平均审理周期为13.7天，服判息诉率为91.92%。贯彻宽严相济刑事政策，613件案件被告人宣告缓刑、免予刑事处罚。

【民商事案件审判】 2019年，受理民商事案件21978件，审结19920件，结案率90.64%。调解撤诉9819

件，调解撤诉率52.12%。陪审率97.67%。防范化解金融风险，审结证券、期货等金融案件1692件。审结民间借贷案件3626件。审结首例涉外交通事故损害赔偿案。制定《诉前委托鉴定暂行办法》，诉前委托鉴定案件238件，减轻当事人诉累。加强司法保障，依法为99名当事人缓交、免交诉讼费41.41万元。为生活困难的34件案件当事人发放司法救助金59.5万元。

【未成年人审判】 成立少年家事审判庭，推进家事审判方式改革。审结婚姻家庭、抚养赡养案件1138件，调解644件。实施反家庭暴力法，发出人身保护令16份。社会调查、跟踪帮教等制度纳入少年审判工作中，判处未成年人犯罪212件261人。2月，被自治区妇女联合会评为"自治区维护妇女儿童权益先进集体"4月，澳大利亚人权委员会及全国各省市的妇联代表观摩团180人，到兴庆区人法院观摩妇女维权及未成年人保护创建工作。

【执行案件受理】 受理执行案件17029件，执结14567件，执结率85.54%，收结案同比上升21.11%和21.13%，实际执结率41.53%，执行到位标的29.08亿元，标的到位率39.59%。悬赏查找失信被执行人67人，执结8件案件，成功扣押车辆4辆。网络司法拍卖237件，成交152件，成交标的8794.71万元。"一网两微"等新媒体平台曝光失信被执行人，纳入失信被执行人5404人次，限制高消费11713人次。1月，执行局被自治区高院评为"全区法院'飓风行动'工作先进集体"。5月，执行案例《公开曝光失信信息"亮剑"公职"老赖"》获选银川市十大信用典型案例。

【刑事诉讼制度改革】 率先在全区法院实现刑事案件辩护律师全覆盖。落实证人、鉴定人员、侦查人员出庭作证制度，3类人员出庭2人次。坚持疑罪从无原则，3名被告人宣告无罪，检察机关对1件案件撤回起诉。升级诉讼服务中心功能，制定完善《服务型窗口单位建设实施方案》《院领导信访接待制度（试行）》等制度。确立9项功能、划分7个区域、建设了5个工作室。

【诉前调解】 协调司法局对新聘任的20名人民调解员，派驻法院及各辖区司法所开展诉前调解工作。完善律师调解平台。诉前委托调解8993件，调解撤诉3769件，调解成功率为41.9%，律师参与化解信访1件，司法确认990件。

【民商事案件速裁】 制定《简单民事案件速裁标准化流程指引（试行）》等制度，成立11个"1+1+1"的速裁审判团队，受理各类民商事速裁案件9579件，结案9118件，人均结案828.91件。结案率95.19%，调撤率60.92%。简易程序适用率89.72%，案件平均审理天数31天，用全院12.36%的法官完成全院41.79%的审判任务。

【审判辅助事务外包】 率先在全区启动审判辅助事务集约化、社会化改革，通过购买社会服务的方式，将22项可剥离的审判辅助事务全方位"外包"出去。制定《民事审判辅助事务服务流程规范》《送达贴示场景及拍照标准》等制度。"外包"送达案件15848件，整理卷宗32868件，扫描、上传卷宗36312件，装订卷宗33121件。3月，《人民法院报》在头版头条向全国介绍本院审判辅助事务社会化服务工作的经验做法。

【智慧法院建设】 自主研发卷宗流转系统，实现手机扫描二维码即可签收案件。自主研发预排期系统，累计排期开庭16233件。应用电子送达系统送达成功率99.91%，平均送达时间不超过10天。60%的法庭安装语音识别系统，提高庭审效率。10个法庭安装文书一键生成系统，涵盖8类案由，平均每份裁判文书撰写时间不超过3分钟。"一网两微"等新媒体持续公开司法信息，发布典型案例及相关法律知识409篇。其中，"3·15"案庭审和宣判直播，有101万名网民围观，典型案件庭审成为全民法律公开课。

【政协提案办结】 向兴庆区党委、人大常委会报告工作情况和代表建议办理情况，办理代表建议1条，高质量办结政协提案1件，协助银川市司法局办理市政协提案1件。开展"两代表一委员"联络月活动，邀请代表、委员视察人民法院、参加会议、旁听庭审、见证执行67人次。

【信访办结】 接待来访群众730人次，办理上级转办信访25件。加强政务微信、微博建设，及时回复网上咨询建议79次。

（供稿人：马晶）

司法行政

【概况】 2019年，兴庆区司法局在兴庆区委、区政府的领导下，以提高司法行政工作质效为目标，服务兴庆区和谐高效发展大局为主线，发挥业务职能，推动人民调解、普法宣传、公共法律服务体系建设、社区矫正与安置帮教、依法治区等工作开展。

【党建工作】 召开"不忘初心、牢记使命"主题教育动员部署会及学习研讨会，集中学习研讨14次，上报心得体会46篇。落实“三会一课”等政治生活，开展“主题党日”和“周例会”活动，召开党员大会、支部委员会议、党组中心（扩大）学习等会议50次。打造开放式全方位学习平台，交流研讨、重温红色经典了解最新党内法规政策，开设“新中国70年70问”每日一题、“秋夜论坛”学习研讨、“红色书籍”共享书屋、“光影览粹”红色电影院等专题专栏，带领全体党员干部参观“西夏历史”“地方党史”“革命文物”等文化展览，培育干部爱党爱国爱人民情怀。组建党员志愿者服务小组，组织党员下社区开展人民调解、法治宣传、法律服务等工作。联合凤凰北街街道办事处参与全国文明城市创建和志愿服务41次。

【队伍建设】 狠刹会风文风、精简文件及统筹规范督查检查，落实无会周、无会月及多会合并，减少不必要的工作考核，重视工作推动落实成效。因才施用、完善绩效发放制度，设立“流动红旗岗”，严格指纹考勤、完善个人档案、推行干部轮岗、开展廉政教育、明确廉政风险、公示监督电话、设立工作计划专栏等党风廉政措施。督查13次，出督查通报3期。规范公车使用管理秩序，实行派车单和车辆使用登记制度，由用车人填写派车单，经督查室主任、分管领导或主管领导签字批准后，驾驶员凭派车单出车。

【司法所建设】 用足用好政法专项编制，优化所务人员构成结构，工作力量充实到基层一线。定期开展各类专题培训班，提高业务素养。规范功能设置，15个司法所办公面积均达120平方米以上，满足五星级司法所创建标准。2019年9月9日，全国司法所工作会议在宁夏银川召开，兴庆区司法局凤凰北街司法所被作为司法所建设观摩点观摩。

【人民调解】 2019年，开展矛盾纠纷排查1464件，化解各类矛盾纠纷1471件，其中化解疑难复杂矛盾纠纷23件，达成书面协议373件，口头协议998件，涉及金额889.09万元，调解成功率达90%以上。指导建立兴庆区综合执法局调委会、兴庆区工会调委会。银川市公共交通有限公司调委会、电力公司调委会，现有企业人民调解组织9个，校园人民调解组织3个。

【法治宣传】 印发《2019年兴庆区普法工作要点责任分工》，推进领导干部及国家工作人员学法用法，各单位开展宪法学习宣传，组织青少年法治教育讲座、法治夏令营等活动。结合重大宣传节点，依托新时代农（市）民讲习所、百姓讲堂等平台举办主题宣讲。开展“一村（居）一法律顾问”服务进单位、企业、社区、村居、家庭、学校、宗教、军营活动。北塔雷达部队打造法治文化阵地，开展双拥共建和争创全国双拥模范城“九连冠”宣传教育。兴庆区公共法律服务中心、掌政镇强家庙村、中山南街宣传长廊、八一社区高台三队、大新镇大新家园、高台寺社区打造扫黑除恶专项斗争普法宣传阵地，制作120余块扫黑除恶宣传栏，30块地标。大新家园法治文化广场开展“法律进村居”扫黑除恶专项斗争宣传，制作普法漂流书袋，投放普法书籍和扫黑除恶专项斗争宣传品2000余份。

【扫黑除恶专项斗争】 召开专题会议19次，成立扫黑除恶专项斗争领导小组，安排专人负责日常工作。结合实际制定相关工作规章制度，规范扫黑除恶专项斗争工作运行机制。组织全局干部学习《扫黑除恶执法办案指导手册》《扫黑除恶应知应会》等内容，参与扫黑除恶专项斗争应知应会答题3次、网上答题2次。鼓励群众积极揭发、提供黑恶犯罪线索，设置17个举报箱，公布兴庆区扫黑办、公安机关和纪委监委举报电话。设立案卷评查室，聘请退休法官坐班查卷，逐卷核查登记人民调解案卷和社区矫正案卷。开展人民调解行为规范化专项整治，由专项整治领导小组牵头审查2013—2018年的1730本人民调解卷宗和2195起简易矛盾纠纷。开展律师、基层法律服务工作者扫黑除恶专项斗争工作培训，实行律师参与涉黑涉恶辩护代理案件登记制度，登记在册涉黑涉恶辩护代理案件19起。

【社区矫正】 建立检司联席会议制度，研究社区矫正人员特殊申请事项。开展社区矫正领域专项整治七十天攻坚及“四查四看”活动。重点管控社区矫正人员每月谈话记录在册，做到“五清”（基本情况清、生活状况清、社会关系清、现实表现清、行动去向清），确保不脱管、不漏管。社区矫正警察工作分配采用“驻派包所”，以一个司法所作为其常驻的办公场所，辐射周边的2~3个司法所，负责该片区域的社区矫正。落实社区矫正人员一人一册制度，建立重点社区矫正人员清单、重点社区矫正人员教育管理责任清单，制定针对性教育和管控措施。构筑电子围栏，确保社区矫正人员在划定活动区域范围内行动。实现兴庆区内人员有效定位。

【安置帮教】 做好预释放的人员信息核查衔接，以社区为单位每季度实地走访排查，逐一登记造册。组织各司法所进行宁夏刑满释放大数据平台录入，确保数据准确、信息核查率100%。建立刑满释放人员救助台账，为家庭贫困和无生活来源的刑满释放人员协调落实最低生活保障和临时救助。

【法治政府建设】 成立兴庆区委全面依法治区委员会，制定《兴庆区2019年全面依法治区工作要点》《2019年兴庆区法治政府建设工作要点》。召开2019年依法治区暨法治政府建设工作推进会，解读依法治区及法治政府建设各要点完成时限和考核要求，督促各单位落实各项工作。进行行政执法人员三项制度培训，提高从业人员专业素养和业务能力。健全完善权力清单和责任清单管理制度，调整划转兴庆区各部门、乡镇433项行政执法事项。兴庆区人民政府各部门和乡镇街道全部聘请法律顾问，参与重大行政决策合法性审查、规范性文件合法性审查和合同审查。

【规范性文件监督管理】 明确规范性文件的制定、范围、审查、发布、登记备案工作制度，开展规范性文件清理。2019年审核规范性文件3件，清理出需要修改或废止的规范性文件1件。

【行政复议案件】 成立由司法局领导班子和政府法律顾问组成的行政复议案件审查讨论委员会。2019年，收到行政复议案件17件全部审结。其中，经审查属于银川市管辖案件3件，全部转送银川市，复议后维持11件，驳回复议请求1件，准许当事人撤回复议申请2件。督促各单位及时报备重大行政处罚决定，各单位报备行政应诉案件判决裁定登记备案并建立履行跟进台账。

【公共法律服务体系建设】 以实体、热线、网络三大平台为载体，建立由法律援助中心、律师事务所、人民调解委员会组成的公共法律服务体系。着眼贫困地区和重点人群，扩大事项范围和降低援助门槛，扶贫对象全部纳入法律援助范围，推进基本公共法律服务均等化。拓展创新法律服务领域，推进“一村（居）一法律顾问”工作，实现面对面咨询解答与网上引导化解相结合，做到法律顾问全覆盖。

（供稿人：沈文君）

道路交通管理

【概况】 2019年，兴庆区交警一大队查处各类交通违法行为401570起。其中，现场违法19.86万起（民警执法总量7.08万起，违停告知书12.77万起），同比增加7.42万起，增长率58.13%。非现场违法20.84万起，同比增加5.86万起，增长率59.71%。查处酒驾595起（醉酒236起、饮酒359起），同比增加317起，增长率165.01%。因涉酒引发的事故同期下降47.05%。处置刑事案件类警情1起、行政治安类警情61起、纠纷类警情197起。查处“不礼让斑马线”1301起，行人、非机动车违法37243起。完成新中国成立70周年大庆、第四届中阿博览会、环青海湖自行车赛、银川国际马拉松赛等各类交通安保任务177批1522次，大型活动安保35批2035次。女子中队获2019年“兴庆区巾帼建功先进集体”。二大队查处现场违法行为46868起，非现场违法行为59487起，重点违法行为1958起。处理简易程序交通违法行为32000余起，办理一般程序案件3150起，办理驾证业务1847起，车辆业务866辆，互联网个人面签4397起、单位面签16起。完成103批次警卫任务，其中一级警卫任务4批次、三级警卫任务11批次，非等级警卫任务88批次，出动警力2760人次。

【群众诉求办理】 2019年，办理上级批转单33件、微博投诉1680件、信访督办45件、“12345”便民服务平台3452件，全部办结。110回访督办2次，主动电话回访报警人2210次。二大队办理群众诉求105起，其中“12345”热线1068起，群众满意率达95%以上。

【扫黑除恶专项斗争】 摸排涉黑涉恶线索，发放线索摸排表468份，下发“公安交警提示函”15份，排查重点运输企业10家，摸排线索10条，核查有效线索7条，上报分局扫黑办7条，更新宣传橱窗11块。电子屏滚动播放宣传标语和举报电话，摆放宣传展板25块，播放专题片2部，设置举报信箱1个，开展主题宣传活动1次。

【争取道路改造资金】 递交道路改造报告12份，争取辖区政府财政投入支持859.7万元。

【综合执法】 开展联合执法63次。各部门工作人员、社区网格员和停车场管理员开展“违法随手拍”培训，综合执法移交大队4121条数据，其中录入有效数据1566条。

【重新规划道路交通】 排摸辖区38所学校，6个集贸市场，2个车站，15处停车难、乱停车点位，22条主次干道，152条背街里巷，11个大型商场、公园、广场，489个停车场。重新规划存在严重安全隐患的路段和人车流量大、通行不畅的狭窄路段标线，根据点、线、面不同层次的拥堵类别，人流特别密集的地方，设置减速带和警示、提示标志25个，科学调整信号灯26个，治理交通堵点、乱点15处，新增黄网线抓拍设备8处。施划复划道路交通标线10条，改造道路141条，封闭道路开口24处，筑牢校园周边交通管理20处，提高管理效果。

【停车泊位开发改造】 排查梳理违停多发区域周边静态交通问题，现有资源上二次开发，施划123个非机动车停放点、20626个停车泊位。依靠辖区政府支持和投入，完善各类设施，改造主次干道和背街里巷，改造背街里巷141条，安装U型管17217根、隔离柱8967个、机非隔离护栏16888米、弹力柱327个，施划123个非机动车停放点、20626个停车泊位，实现车辆有序停放。

【重点车辆和驾驶人管理】 抓好“五类”重点车辆和驾驶人管理工作，严格落实专档管理制度，检查辖区客货运企业、校车公司、危险化学品运输企业、驾驶人培训学校的交通安全。检查28家重点企业，客运企业2家、旅游企业1家。累计查询6204辆7084名驾驶员、签订各类责任书30份。办理汽车销户65辆，处理报废车100余辆，摩托车销户84辆。排查清理存在“僵尸车”隐患340处，清拖“僵尸车”155辆，清理逾期未检验30辆，清理违法行为车辆1000余起。

【停车场专项整治活动】 下发限期整改通知书325份，送达回执单325份，实施停车场规范化改造672处（拆除阻车设施212个，整改停车场标线并修复460处），现场治理随意占用盲道、堵塞公共通道、不按车位规范停放等违法行为700余场次，发放违停告知书5000余份，优化道路交通组织，取消辖区7条道路138个不具备使用功能泊位，向社会公示。

【交通安全宣传】 强化民警辅警及亲属对建设文明城市的宣传引导，做到“管好自己的人、停好自己的车、驾车主动礼让行人”。加大各种交通违法乱象查纠的现场震慑和媒体曝光力度，揭露交通安全隐患和交通违法的危害。以进外卖配送、快递物流等摩电车违法多发企业前期交通安全宣传，不文明配送企业、电动自行车骑手实行交通违法查处与内部惩戒“叠加处罚”，提高违法成本。利用兴庆区交警一大队微博、微信，开展大型主题宣传活动8次，执法直播12次。发布各类新闻稿件660篇。“七进”150次，发放交通安全宣传资料5万份。开通兴庆区一大队官方抖音号，创新开设微普法栏目《小侯微说》和交通安全文艺节目，发布《小侯微说》29期、交通安全文艺节目3个。

【事故处理】 2019年，一大队接到各类报警32505起，相比减少5682起，下降14.88%。其中交通事故报警28069起，简易程序交通事故5297起，一般程序交通事故204起，同比减少643起，下降2.24%。造成9人死亡，同比减少15人，下降62.5%。受伤176人，同比减少122人，下降40.94%。直接经济损失20.48万元，同比减少8.61万元，下降29.6%。刑事立案106起，增加47起，增长79.66%。同期相比，交通事故四项指数均大幅下降。二大队接警22124起，与2018年同期相比下降5%。办理一般程序162起，与2018年同期相比下降15%。死亡事故31起，死亡31人，与2018年同期相比下降23%。简易事故3730起，与2018年同期相比上升4%。逃逸案件12起，侦破12起。向辖区兴庆区人民政府下发事故隐患整改通知书10张。落实快速接处警及交通事故App处理工作。事故App处理4968起，平均每天接警67起。

【驾校学员交通秩序指导】 女子中队增强驾校学员遵守交通法规意识下功夫，辖区23所驾校的3560名体验教学学员进行交通秩序指导，体会“守法带来平安畅通，违法易酿成拥堵事故”。

【便民服务】 业务大厅深化“放管服”改革20项便民服务措施，配置高拍仪、掌上电脑终端等专业设备，推行申请材料四个减免、简单业务一证即办、普通业务一窗通办、个性业务自助快办日均接待群众18.15万人次，办理简易程序18.87万笔，违法查询4.84次，互联网面签累计2904人次，车驾管业务累计换证5808笔，补证726笔，审验教育7260余笔，车辆审验1976辆，办理一般程序2178笔，违法报撤复议3630笔，累计报撤1210笔。

【道路交通精细化管理】 安排文明志愿者在敬德街、新华街劝导违停车辆以及不文明行为，拆除铁北巷违章建筑物，改革北塔市场管理，封闭附属医院中央护栏、清除斑马线，引导群众行走过街设施，设置新华街路口三处固定岗。打造敬德夜市一条街、铁北巷党建文化长廊、北塔巷早市、新华商圈精细化管理和附院周边等特色街区，施划停车泊位258个，非机动车停放点30个，拆除违章彩钢房28间，安装U型管275个，U型防撞护栏98个，安装限时停放泊位牌、提示牌、安装移动式指示牌13个，隔离柱89根，摆放水码30个，违停自动抓拍3处。

【逃逸案件破获率100%】 侦破12起交通肇事逃逸案案件，破案率达100%。中央电视台《天网》栏目专门实地拍摄一起侦破交通肇事逃逸案件。

（供稿人：王剑　陈晓东）

▷ 军事

人民武装

【概况】 2019年，兴庆区人民武装部（以下简称区人武部）党委贯彻军委国防动员部、宁夏军区党委决策部署，聚焦练兵备战，创新推动国防动员，严格落实《军队党员领导干部参加党的组织生活若干规定》，学习贯彻《关于加强新时代军队党的建设的决定》精神，改进观念、主动作为，深化双拥共建，加强从严治军，各项工作和建设取得新发展。

【党委（扩大）会议】 区人武部召开党委（扩大）会议，总结2018年工作，部署2019年工作。会议传达宁夏军区和警备区党委（扩大）会议精神，党委书记叶力宁作党委工作报告，副书记孔凡平作主题讲话，印发纪委工作报告。人武部党委委员、干部、职工及基层武装专干参加会议。

【党委民主生活会】 12月5日上午，人武部召开党委班子“不忘初心、牢记使命”主题教育专题民主生活会。会议由党委书记叶力宁主持，4名党委委员参加会议。会议议程：书面汇报年度工作开展情况。党委书记叶力宁代表人武部党委班子作对照检查。人武部党委班子成员对照检查，开展批评与自我批评。党委书记叶力宁讲评党委班子情况。警备区动员处魏处长作了指示。

【宣布党委第一书记任职大会】 5月22日上午，区人武部召开宣布党委第一书记任职大会。银川警备区政治委员倪建飞宣读刘甲锋任兴庆区人武部党委第一书记的批复。区政治委员倪建飞、兴庆区委书记、各乡镇（街道）党工委书记、基层武装部部长、专干等50人参加会议。

【兴庆区党委常委议军会议】 9月23日，兴庆区召开常委议军会议，会议由兴庆区委书记、人武部党委第一书记刘甲锋主持。会议听取2018年度兴庆区人民武装工作汇报，学习《关于印发〈银川市进一步加强基层人民武装部规范化建设的实施方案〉的通知》，研究审议辖区部队需提请会议解决的问题、《兴庆区2019年庆祝“八一”暨开展双拥活动方案》。会议研究通过辖区部队8名随军家属就业安置问题和2名社会招聘未纳编文职人员就业事宜。

【征兵宣传】 2019年，区人武部营造“依法服兵役是每个公民应尽的义务”氛围，加大征兵宣传力度，组织优秀退役大学生士兵深入宁夏医科大学宣讲，严把体检、政考和廉洁征兵关口，开展役前教育训练和一对一思想摸排工作，取得很好效果，被人民网头版和《宁夏日报》报道。

【新兵欢送大会】 9月15日，兴庆区举行2019年度入伍新兵欢送大会。兴庆区人大常委会主任孔令杰、人武部部长孔凡平等和入伍新兵及家长代表400余人参加欢送大会。

【军烈属、退役军人帮扶】 2019年，区人武部组织开展大走访和大慰问活动，一户一策精准帮扶，制定帮扶措施500条，累计投入经费35万元。

【军民共建】 2019年，区人武部协助地方政府脱贫攻坚和解决现役军人“三后”问题，开展双拥工作。向2019年度新兵家庭发放光荣军属牌。“八一”前夕，协调区委四套班子走访慰问银川市驻军部队和单位，送去慰问金，收集需要区委、区政府解决的问题。9月，协调区委召开区委常委议军会，解决4名家属随调、58名孩子就学和4名家属就业问题。应部队来函，协助处理1名现役士官父亲发生交通事故和1名义务兵家庭被拖欠工资问题，得到部队赞誉和感谢。持续与景岳小学和塔桥清真大寺开展共建活动，捐赠国防教育类书籍、组织师生到黄河军事文化博览园开展国防教育活动、协调5名团职干部向贫困学生每人捐赠1000元结对帮扶款。与兴庆区委宣传部和退役军人事务局、山东如意服装集团银川分公司等单位联合开展主题党日和军事日活动，深化军爱民、民拥军感情基础。

【国防知识普及】 2019年，区人武部组织兴庆区副科级以上干部开展实弹射击训练为主的“八一”军事日活动，两次聘请参战老兵和退休老干部进行国防形势讲座、协调全区党政干部参加银川市“优秀退役军人”先进事迹巡回报告会、5次深入社区和学校开展国防知识授课。结合国防教育日，利用LED屏滚动播放国防标语，增强全民国防意识。9月21日，兴庆区人武部、兴庆区国防教育办公室组织景岳小学300名师生到黄河军事文化博览园，举行“强我国防，爱我中华”国防教育实践活动。

【优秀退役军人先进事迹报告】 10月19日，兴庆区委中心组（扩大）学习会举行，聆听银川市优秀退役军人先进事迹报告和兴庆区参加2019年国庆阅兵人员事迹报告。报告会上，来自银川市优秀退役军人先进事迹巡回宣讲团的丑环宇等五位优秀退役军人展示了永葆革命本色、勇担时代使命、砥砺奋进图强的优秀精神风貌。区人武部保障科科长秦涛讲述参加新中国成立70周年阅兵活动的经历。

63726部队

【概况】 2019年，63726部队党委带领全体官兵，坚持以习近平新时代中国特色社会主义思想为指导，贯彻习近平强军思想，维护核心铸魂育人、聚焦中心练兵备战、紧盯转型思谋发展、依法从严强基固本、持之以恒正风肃纪，确立战斗力唯一标准，按纲施训、从严治训，提升军事训练实战化水平。开展征集“传家风·立家训”优秀成果活动，完善单位特色文化。推进营区基础设施建设，营区环境及官兵生活工作条件得到改善。派员参加新中国成立70周年国庆阅兵，全年完成20次重大任务，其中参与嫦娥四号任务官兵代表受到习近平主席接见。

【“不忘初心、牢记使命”主题教育】 9—11月，部队开展“不忘初心、牢记使命”主题教育，学习贯彻习近平新时代中国特色社会主义思想和习近平强军思想，把握“守初心、担使命，找差距、抓落实”总要求，高标准、严要求、有质量地抓好“学习教育、调查研究、检视问题、整改落实”四个环节落实，实现理论学习有收获、思想政治受洗礼、干事创业敢担当、为民服务解难题、清正廉洁作表率目标。

【庆祝中华人民共和国成立70周年系列活动】 9月26日晚，部队与银川市实验中学在文体活动中心联合举办“壮丽70年·阔步新时代”主题文艺晚会。10月1日至7日，开展“十一”文化活动，组织观看中华人民共和国成立70周年庆祝活动，开展红色电影欣赏、“趣味集结地”系列军营文化活动，参加国庆阅兵任务人员凯旋仪式和座谈交流会，与官兵面对面分享阅兵经历、交流心得体会。

【中国航天日主题活动】 4月24日，部队组织“情系航天·筑梦太空”中国航天日主题活动，激励官兵传承红色基因、投身航天事业、筑梦浩瀚太空的精神斗志。

【迎接战略支援部队工作组督察风气监察联系点】 1月22—23日，战略支援部队纪委副书记张志辉带领工作组到部队，采取听取汇报、实地察看、个别谈话、召开座谈会等形式，检查督导部队基层风气监察联系点各项工作开展情况。

【迎接中国新时代认证中心一体化管理体系外部审核】 8月8—10日，中国新时代认证中心外部审核部队一体化管理体系专家组，运用体系理论和专业领域知识，针对性地审查部队相关领域工作成效，提升部队体系化管理水平。

【迎接战略支援部队全国政协委员调研】 8月11—14日，战略支援部队原政治委员刘福连带领战略支援部队全国政协委员，到战略支援部队驻宁夏各部调研，实地察看、召开座谈会了解部队建设情况。

【廉政建设】 2019年，部队派员参加上级纪检工作会议和纪检监察干部培训班，召开年度纪检工作会议。建立基层风气监察联系点，组织官兵赴银川监狱参观，传阅《忏悔录》、观看《铁纪强军》专题教育片，开展纪律专题党课、“月谈两案”和党纪学习周活动。

【双拥共建】 3月5日，部队开展“三五”学雷锋活动，组建便民服务分队，前往兴庆区东湖社区开展为社区居民义诊、义务剪发、帮助打扫卫生等便民活动。3月6日，宁夏军区副政治委员丁学仁一行赴部队开展双拥工作调研，通报宁夏军地“军人三群体”工作情况。4月16日，自治区安全厅副厅长宋平一行到部队调研交流，就军地协作事宜交换意见。

【心理服务进军营】 2019年5月，兴庆区人武部和卫健局牵头，邀请银川市第一人民医院心理咨询师为官兵开展心理健康知识讲解和心理咨询服务。

（供稿人：栾毅）

银川警备区

【概况】 2019年，银川警备区（以下简称警备区）党委在宁夏军区党委和银川市委领导下，聚焦打赢练兵备战，创新推动国防动员，深化双拥共建，加强从严治军，落实扶贫“八项工程”，助力252个贫困户、1212名贫困群众实现脱贫，全面建设取得新发展。

【思想建设】 2019年，警备区党委坚持中心组理论学习制度，学习贯彻党的十九届四中全会精神，研读《习近平新时代中国特色社会主义思想学习纲要》《习近平强军思想学习纲要》等书目，开展“不忘初心、牢记使命”主题教育，参加军区师团职干部理论读书班。规范机关和人武部各类组织建设，班子成员和全体党员进行以民主集中制为主题的培训。5月和10月，分别召开民主生活会，检视剖析，提升党性修养和政治能力。

【基层建设】 2019年，警备区组织人武部干部、文职人员到警备区机关代培，安排机关干部到基层代职，年终综合考评干部、文职人员履职情况，激发各级创先争优、抓建基层积极性。制定银川市加强基层武装部规范化建设《实施方案》，提升整体建设水平。组织新任专武干部和民兵骨干参加军区和警备区两级培训。贯彻军委《关于全面从严加强部队管理的意见》，开展“学条令、训队列、整秩序”“百日安全”活动，突出管理要素，定期分析形势，开展隐患排查，部队保持安全稳定。

【练兵备战】 2019年，警备区严格落实党委议战议训制度，研究部署警备区建设。重视抓好战备设施建设和国防工程管护工作，协调银川市投入数百万元配齐民兵应急营任务型装备，建成警备区室内训练中心。抓首长机关指挥技能和国防动员业务训练，组织官兵到三关口地域摔打磨炼，参加军区年度练兵备战综合考评取得第一名，警备区被军区表彰为练兵备战先进单位。

【民兵工作】 2019年，警备区组织完成基层骨干民兵和普通民兵编建任务，退役军人编兵比例较高，首次在宁东国家能源基地编建民兵专业分队。完成民兵分队和相关人员训练任务和重大演训任务，提升遂行任务能力。

【国防动员】 2019年，警备区完成军委国防动员部检查考评任务，警备区机关在军区考评中取得第一名。将动员潜力统计调查、兵员征集和民兵调整改革纳入地方效能目标考核，完成潜力数据调查核查，检查考评县（市）区国防动员潜力统计调查工作。

【双拥共建】 2019年，警备区创新国防教育手段，落实军营开放日制度，推进全市293所中小学校国防教育全覆盖。“八一”前夕，协调召开市委议军会，专题研究国防动员建设和驻银部队4大类7个方面军事需求，解决36名随军家属随调就业和102名军人子女入学难题，争创全国双拥模范城“九连冠”。

【军烈属、退役军人帮扶】 2019年，警备区推进军烈属、退役军人帮扶，进行走访摸排，一户一策精准帮扶。兴庆区人武部被军区表彰为脱贫攻坚暨军烈属、退役军人帮扶工作先进单位。助力出台《银川市公共服务机构优待退役军人暂行办法》，为退役军人发放“双拥卡”，《中国国防报》及军地16家媒体进行报道。

【军地联合演练】 8月，警备区组织银川市民兵参与演练，兴庆区相关人员参加自治区防灾减灾救灾演练，组织协调指挥能力提高。

【军训工作】 9月，警备区协调督导驻银部队和人武部选派现役和民兵教练员，完成银川市29所高级中学28708名学生年度学生军训任务。

【兵役登记和征兵】 2019年，警备区至4月底完成年满18周岁适龄青年兵役登记目标，兵役登记率在全区率先实现100%，确定预征对象人数，完成新兵征集任务。

（供稿人：柳刚）

▷农牧·绿化·水利

综 述

【概况】 2019年，兴庆区农业农村和水务局以习近平新时代中国特色社会主义思想为指导，落实高质量发展要求，坚持农业农村优先发展方针，集中力量抓大事、要事、急事、难事，以实施乡村振兴战略为总抓手，突出抓好产业发展和农村人居环境综合整治，“三农”工作取得新成绩，获“银川市第三次全国农业普查市级先进集体”称号。

【主要经济指标完成情况】 2019年，实现农业总产值15.08亿元，同比增长4.6%。实现农业增加值6.75亿元，同比增长4.5%。优势特色产业产值达13.42亿元，同比增长5.7%，优势特色产业总产值占农业总产值的89%。预计农村居民人均可支配收入同比增长8.2%。

粮食产业方面，完成6万亩水稻产业生产功能区划定工作，划定成果通过市级验收，粮食功能区划定工作走在全区前列，受到上级部门高度肯定。建立水稻绿色高质量新技术模式示范区，龙头企业带动大米产业融合发展项目，新品种、新技术、新销售方式得到推广，示范区水稻单产提高9%，收入提高18.2%。优质瓜菜产业方面，建立集良种良法配套、现代科技成果转化应用于一体的富硒瓜菜标准化生产示范基地，引进蚯蚓种养生物循环技术示范推广，实施秸秆生物反应技术推广项目、水肥一体化示范推广项目，推广应用瓜菜新品种10余个，良种覆盖率和主推技术到位率达到95%以上，瓜菜品质不断提升。适水产业方面，加大产业结构调整力度，实施稻渔生态种养示范项目，推行稻田生态套养模式，项目区水稻、水产品、综合种养亩均纯收入增加800元以上。肉类产业方面，加快肉牛养殖出户入园工作，制订方案，指导各乡镇开展黄河以西肉牛养殖场出户入园。引进宁夏澳中健康产业有限公司，实施种肉兔养殖精准脱贫项目，肉兔存栏达到7万只，为滨河家园100户建档立卡户每年返还2000元的分红收入。推进“三禁三减”行动，建设示范基地2个，示范面积4320亩，辐射推广面积3.2万亩，推广秸秆培肥改良2万亩，增施有机肥8.21万亩，推广测土配方施肥技术14.18万亩，技术覆盖率达到90%以上，化肥、农药和除草剂平均使用量同比下降15%，农药包装废弃物回收率达到89.9%。推进畜牧业粪污治理，纳入畜禽粪污资源化利用项目的31个规模养殖场和有机肥加工企业，全部完成建设任务并通过验收，40个规模养殖场配套建设了相应的粪污资源化利用设施设备。兴庆区畜禽粪污资源化利用率达到99.66%，粪污处理设施设备装备配套率达到100%。加大秸秆综合利用工作，2019年投入资金1050万元，完成水稻秸秆机械灭茬深翻还田作业面积14万亩，机深翻、机深松2万亩，杂草清除23万亩。

“三农”建设

【概况】 2019年，农业综合执法大队加强辖区农资市场监管，通过农业投入品在线管理系统的投入运行，加强农业投入品市场监管，规范农业投入品市场秩序，防止假劣种子、农药、化肥坑农害农事件发生，切实保护广大农民群众的切身利益。

【涉农法律法规宣传】 开展“谁执法谁普法”工作。坚持农业综合执法和法制宣传相结合，将法制宣传教育渗透到日常农业综合执法全过程，利用农资经营企业（门店）培训、乡镇集贸市场发放宣传资料、化解农资纠纷、行政许可过程解读法规法律、案件受理过程解释处罚依据等方式普及涉农法律法规，坚持法律服务与执法监管并举，引导农资经营企业（门店）知法守法，加强农资经营执法监管。结合“3·15”消费者权益保护日活动，组织开展“放心农资下乡、维护农民权益”宣传周，“绿剑护农”“种子打假”行动，编写《识别假冒伪劣农资》《禁限用农药名录》宣传单页，以送科技、送识假辨假常识为重点，宣传《中华人民共和国农产品质量安全法》、新修订的《中华人民共和国种子法》、《农药管理条例》等法律法规，向农民讲解如何用二维码识别假劣农药、伪劣种子、兽药，购买散装杂交玉米、水稻种子的危害性，发放违禁兽药名单、饲料添加剂安全使用常识等资料，引导农民群众正确购买农资产品，提高农民群众质量安全意识和安全生产水平，增强对农业安全问题自我防范能力。

【种子市场监管】 排查农贸市场、城乡接合部、乡村代销点。农业综合执法人员督促农资经营企业（门店）加强行业自律，开展自查自纠，规范售后服务，重点检查库存化肥、投放市场玉米、水稻种子和包衣剂、杀菌剂等农药产品，检查各农资店的“索证索票”制度和台账制度实施，从源头上杜绝假冒伪劣农资流入。同时加强抽检，抽查种子4个批次（玉米24个品种、水稻1个品种、西瓜42个品种），肥料4种，兽药50种。查办销售不合格农药案件1起、兽药案件2起，罚款6016元，上缴兴庆区财政罚没专户。查处无证生产水稻种子案件一起，由于涉案金额大涉嫌构成刑事犯罪，移交银川市公安局环境和食品药品安全保卫分局处理。

【农业投入品在线管理追溯系统动态监管】 168家农资经营企业（门店）建立全覆盖农业投入品在线管理追溯系统，实现农业投入品交易、来源、流向、质量全程信息化监管，动态监管兴庆区范围内流通的982个品种的农药、57个品种的种子。

【生鲜乳质量监管】 辖区内各奶牛养殖场（户）和收奶站全覆盖检查，掌握辖区奶牛养殖和散养户的生鲜乳销售情况。督促各奶站建立购销台账，收奶、售奶、消毒和质量检测记录等各项制度，奶站和奶牛养殖户逐一建档立卡，现场监管奶站生鲜牛奶生产和购销过程，确保生鲜牛奶质量合格。制订生鲜牛奶监测计划，奶站100%纳入抽检范围。2019年抽查20个奶站，两个批次240个奶样，合格率100%。

【农资纠纷调处】 公布农资纠纷投诉举报电话6036432，建立农业执法投诉举报制度。受理银川市“12345”服务平台、直接电话投诉、农资纠纷22起，全部处理答复，为农民挽回各类经济损失400多万元。农业综合执法大队高度重视接到的每一次投诉，迅速介入，调查分析纠纷成因，摆事实、讲道理让双方当事人协商解决。出动农资打假执法人员260人次，出动执法车辆77车次，印发宣传资料8000份，检查各类农资经营单位322家次。

【聘请法律顾问】 发挥法律顾问在推进依法行政建设法治政府中的作用，农水局聘请宁夏天器律师事务所为局常年法律顾问，参与局重大决策、重大项目的法律论证、法律评估，参与处置重大突发事件，提供法律咨询及其他法律事务，法律顾问接受日常法律咨询20次，审查合同37份，审查文书8份，出具法律意见书3份，参与谈判磋商3起。

【农村集体经济审计】 委派4个会计师事务所在2个乡、2个镇、42个村开展审计工作。审计期间，严格开展审计，审计中，检查会计记录、现场询问、审核相关资料文件，重点审计2016年1月1日至2018年12月30日的村集体资金资产资源管理、村集体财务管理规范化建设、村集体土地征用补偿费管理、专项资金管理、土地确权工作及其他有关经济活动情况，包括七大项26方面的具体内容。审计资金达7亿多元，发现记账不规范、债权债务登记不准确、化解办法欠缺等各类问题50个。

【农村土地承包经营权确权登记】 经前期业务培训和指导、填制表格、实地查看、数据核实，各村组织农户申请初核，报乡镇人民政府审核同意，农水局再核准，上报应确未确农户191户，变更农户382户，变更证书已发放。

【农村承包地确权登记颁证核查】 开展农村承包地确权登记颁证“回头看”工作，并与北京中农信达信息技术有限公司签订农村土地确权“回头看”服务合同，排查证书未发放到户、应确未确等情况，纠正证书滞留在村（组）集体经济组织现象，解决漏人漏地、面积和四至不准等问题，稳妥调处权属争议和矛盾纠纷，规范确权档案和数据管理，确保把权证颁发到农户手中。排查登记8317户、43461.18亩。其中，证书未发放到户1件1户、7.2亩。暂缓确权366件5914户、31044.01亩（主要为生态移民文件规定安置移民3979户、16800亩，人均一亩水浇地面积有缺口、村与村界限不清未确权，实际享受人均1亩地3968户、16496.3亩；纠纷未解决等）。暂不确权79件2208户、11523.54亩。确权发证信息不准58件194户、886.43亩。辖区农户家庭承包土地流转总面积87035亩，涉及农户9177户。

【农村集体产权制度改革会议】 8月2日，兴庆区农村集体产权制度改革启动暨培训会议在政府会议室举行，农村领导小组成员单位负责人，2个乡、2个镇人民政府主管领导和所辖村委会负责人、报账员、农经站管理人员120余人参加会议。会议由农业农村领导小组办公室主任、农业农村和水务局局长刘平主持，邀请自治区农经处处长郭德宝解读农村集体产权制度改革政策法规和改革类型。农经站副站长马戈讲解改革人员身份界定、股权量化、成立合作社等相关操作步骤及具体要求。

【农村集体“三资”管理整改】 组织兴庆区农经站、2个乡2个镇2个涉农办事处农经站全体农经管理人员及各村报账员业务培训，60人参加培训，讲解整改内容，强调整改具体要求，规定整改完成时间及工作报告的上报时间。讲解财务处理程序和方法。结合2018年清产核资情况，邀请老师讲解了农村集体“三资”管理政策、法规，指导农村集体“三资”财务方面存在的问题的解决方法。成立兴庆区农村集体“三资”管理整改工作领导小组，各乡镇村上报农村集体“三资”管理整改工作完成报告及问题梳理整改登记表，43个村梳理资产管理、档案整理、财务公开、重大事项、债权债务等问题135条，整改完成41条，主要是资产管理、财务公开、资料档案等不规范问题。整改中的94条，主要是债权债务化解、固定资产权属明晰问题。

【培育和发展新型经营主体】 兴庆区有农业产业化龙头企业23家，其中自治区级农业龙头企业8家，市级农业龙头企业15家。新培育市级龙头企业2家。农民专业合作社新培育3家，总数87家，创建自治区示范合作社17家，银川市级示范合作社25家，社员总数5049户，带动农户12533户，合作社资产总额达11780万元，社员比非社员户年均增收1400多元。2019年新申报区市示范合作社2家。在工商注册新成立的家庭农场2家，总数达66家，家庭农场经营面积达2.4万亩，经营人员267人，固定资产总数为2715万元，家庭劳动力45人，长期雇工26人，短期雇工151人。

【示范合作社核查清理】 兴庆区创建示范合作社29家。其中，国家级示范合作社7家，自治区级示范合作社16家，银川市级示范合作社29家。没有开展县级示范合作社评选工作。经核查，示范合作社中，银川丽水园专业合作社存在不规范内容，建议取消示范合作社称号，其余28家合作社根据各自情况整改。

【农民专业合作社核查】 辖区内661家合作社中未进行年报的合作社为205家，进行年报的456家。进行年报的456家合作社中，已注销8家，运行异常的66家，正常运行382家。

【农村经济运行监测】 完成杨家寨村60户固定监测户家庭收支情况监测统计，蔬菜园区和温棚蔬菜成本效益监测。每月派专人到农资市场和银川市北环蔬菜批发市场，以向菜农、经营商贩询问调查为主，向农民技术员、种植户和兴庆区执法大队咨询等为辅，采集农资、粮油、蔬菜、养殖畜禽等农产品价格，完成农产品价格、市场流通及农用生产资料价格监测。完成农户生产意向、劳动力就业等农村热点、难点问题监测。督查指导农民纯收入记账户的记账情况，逐户走访，了解农户的生产及收支情况，查看记账情况，现场指导和纠正，确保农户记账准确、及时、全面、真实。

【休闲观光农业管理】 辖区有休闲农业经营主体31个。其中，农家乐18个，休闲观光农庄（园）13个。从业人员893人，经营面积为2.2万亩，营业收入2119万元，解决当地就业650人，带动农户1445户。

（供稿人：徐桂云）

农机管理

【概况】 2019年，支持农机服务组织开展多种形式适度规模经营，加大新机具试验推广，加快推进农业机械和农机装备产业转型升级，争取自治区农业农村厅农机化管理处以奖代补资金25万元，在掌政镇强家庙村建设“三星”级农机作业服务公司，建设机库机棚6000平方米、办公场所2000平方米，购置大型拖拉机10台、联合收割机6台，各种配套农机具装备齐全多样、新型先进，拥有集维修、加工、全程机械化种植、深松、深翻、秸秆打捆等于一体的农机作业服务组织。

【机深翻和机深松种植田地】 争取自治区专项资金290万元和本级政府资金320万元，公开招标确定农机作业服务组织，结合秋季农田基本建设任务，全覆盖机深翻和机深松辖区农作物种植田地，源头治理和杜绝焚烧现象，治理大气污染。

【农机及驾驶员检审验】 完成2019年度拖拉机、联合收割机及驾驶员检审验工作。自治区下达兴庆区2019年检验拖拉机、联合收割机2000台，审验驾驶员500人。农机监理站从8月中旬至10月20日，进村入户，在两乡两镇集中和分片相结合，共检验拖拉机、联合收割机2231台，审验驾驶员620人，完成年度农机免费管理任务。

2019年4月28日，水稻全程机械化示范园区现场会

【农机购置补贴】 2019年，自治区下达兴庆区农机购置补贴资金436万元（其中地方补贴36万元），2月、3月，农机站通过在各乡镇集贸市场发放宣传资料、深入种养（殖）户、农机大户讲解、集中机具演示等，调动农户购置农机具的积极性。辖区农户共购置农机具217台（套），办理补贴资金411.341万元。

【农机安全监理】 年初，与乡镇农机站、农机大户、农机安全联组长签订“农机安全目标责任书”。春耕备耕前对农机驾驶操作人员进行安全知识培训，同时检查所有农机具检修保养情况，保障农户春耕生产顺利进行。春耕期间，农机监理人员深入田间地头，对田间作业、道路运营的拖拉机及驾驶员进行全方位检查。2019年6月是全国第18个安全生产月，农机监理站分别在乡村农贸市场向农民宣传农机安全操作知识和农机购置补贴政策，设立咨询点现场解答群众所提问题，保障夏收期间农机安全。“三秋”期间是农业机械生产、运营作业的高峰期，从江苏、河南等地到辖区收割水稻、玉米的拖拉机和联合收割机居多。针对此现状，农机监理站一方面印制发放《致广大农机手的一封信》，另一方面以村为单位集中对外省籍驾驶员和本村农机手现场讲解安全操作常识及注意事项。同时，结合一年一度秋季农田基本建设及深翻工作，农机监理站与承担农机作业的法人代表签订“农机作业安全协议书”，保障“三秋”期间农机安全作业，也保障了兴庆区年度农机安全零事故。

【秸秆杂草禁烧】 加强辖区农作物秸秆和沟渠湖路杂草禁烧巡查工作。1—4月，出动车辆200余台次、巡查人员600人次，全天候不间断巡查，排查焚烧隐患点28处，均通知所属乡镇限期处理，发现和处置焚烧事件46起，向兴庆区人民政府上报大面积焚烧火事件17起。

（供稿人：徐桂云）

粮食生产

【概况】 2019年，兴庆区农业技术推广工作围绕稳定粮食面积，调整产业结构，落实水稻绿色高质高效技术模式、盐碱地农艺改良示范推广等重点项目，加大新品种、新技术的试验示范推广力度，推进农业绿色可持续发展。落实农作物播种面积16.97万亩。其中，春小麦1.54万亩，玉米3.06万亩，水稻9.61万亩，大豆套种菟丝子2.67万亩，其他0.09万亩。全年粮食总产量7.1万吨。比2018年减少0.4万吨。总产值1.63亿元，比2018年1.83亿元减少0.2亿元。其他作物（青贮）1.13万亩，产量4.18万吨，产值1881.5万元。此外，中药材菟丝子2.67万亩，产量1735.5吨，产值3471万元。

【小麦主推品种技术】 春小麦播种面积1.54万亩，单种1.27万亩，套种菟丝子0.27万亩。小麦品种以宁春4号、宁春50号为主。主推技术有测土配方施肥技术，顶凌播种，早淌头水、早追苗肥，一喷三防，机械收获。

【玉米主推品种技术】 玉米播种面积3.06万亩，以单种为主，玉米品种主要以正大12号、先锋335、太玉339、沃峰9号等为主，分别占18.5%、13.4%、6.7%、6.7%。搭配品种有联创808、先玉339、桂青贮1号、西蒙5号等一些新品种。主推技术有机械化精量播种、合理密植、控灌第一水促苗期生长、重施穗肥、推迟收获和机械收获等。

【水稻主推品种技术】 水稻总面积9.61万亩，以播后上水种植方式为主，部分保墒旱直播种植方式，水稻品种以宁粳28号、宁粳41号、宁粳52号为主，搭配品种有秋优88、宁粳43号、富源4号等。主推技术有水稻精量穴直播技术、播后上水及保墒旱直播栽培技术、秸秆还田技术、增施有机肥技术、种子包衣技术、测土配方施肥技术、新型高效机械病虫害防控技术。

【粮食生产功能区划定项目】 委托宁夏天拓经纬测绘有限公司在兴庆区滨河大道与惠农渠之间划定粮食生产功能区6万亩，划定区域涉及掌政镇、通贵乡共9个建制村。划定结果通过县市级联合初验，自治区核验发现的问题已整改。

【水稻绿色高质高效技术模式示范项目】 兴庆区掌政镇强家庙新村，银川市兴庆区便民农业社会化综合服务站开展水稻绿色高质高效技术模式示范区建设515亩，集成秸秆还田、种子包衣、测土配方施肥、精量穴播、无人机飞防等绿色高质高效技术综合应用，挖掘水稻单产增产潜力，提高技术到位率。通过新品种、新技术的示范、应用，示范区田间杂草防除率90%以上，水稻单产600公斤/亩，比周边大田水稻单产550公斤/亩高出50公斤/亩，示范带动作用明显。该项目通过兴庆区农水局与财政局联合验收。

【龙头企业带动大米产业融合发展项目】 掌政镇与通贵乡开展龙头企业带动大米产业融合发展项目3000亩，涉及5家种植专业合作社，通过区级龙头企业与合作社签订订单，照单生产，围绕“绿色、健康、安全、营养”，突出优良品种、配套技术，为打造宁夏大米品牌奠定基础。该项目通过兴庆区农水局与财政局联合验收。

【冬牧70示范推广项目】 2018年在兴庆区通贵乡司家桥村一队安排“冬牧70+水稻”试验示范500亩，2019年4月1日通过自治区农技推广项目检查组实地核查验收，最终认定冬牧70种植面积406.3亩。4月22日，冬牧70作为绿肥机耕还田，之后平田整地，播种水稻，已收获，实现农作物一年两熟的种植模式。综合分析：一是杂草侵害明显减少，除草剂用量大幅减少。二是稻苗健壮、大田长势旺。经轮作倒茬，绿肥还田，将用地养地相结合，改善土壤团粒结构，提高土壤有机质含量，起到培肥地力的效果。三是示范区水稻亩产569公斤，比周边农户每亩增产64公斤，每亩增收166元，既提高了土地的利用率又增加了效益。四是利用土地闲置时间种植冬牧70，减少了秋冬季节的地表裸露，有效控制了农田冬春起尘，防止农田春季返盐，降低了土壤的盐渍化，提高了土地资源的利用率。

【盐碱地农艺改良项目】 2019年，推广秸秆培肥改良2万亩。其中，掌政镇0.95万亩，通贵乡1万亩，月牙湖草原管理站500亩。有机肥1万亩，掌政镇500亩，通贵乡6500亩，月牙湖乡草原管理站3000亩。以渔治碱1564亩。盐碱地农艺改良整乡推进核心示范区500亩，位于月牙湖乡草原管理站，具体设计有5种有机肥集成技术试验及6种有机肥示范展示、6种土壤调理剂农艺集成技术试验及3种调理剂示范展示。在秸秆培肥、机械深翻的基础上，针对性开展5种有机肥筛选、6种土壤调理剂筛选试验2项，有6种有机肥应用、3种土壤调理剂示范2项。水盐动态监测分布在两乡两镇，春季完成田间取样50个点，调查典型剖面及地下水样4个点。

【耕地质量监测调查与评价项目】 在2018年采集土样点分布的基础上，2019年定点采集耕地质量监测调查样点35个，其中掌政镇18个、通贵乡8个、大新镇1个、月牙湖乡8个。完成35个点位调查、土壤样品采集。安排4个田间试验，黄河金谷水稻种植专业合作社在掌政镇强家庙12队安排试验3个，分别为微生物肥料施肥效益试验、腐植酸施肥效益试验、氨基酸水溶肥施肥效益试验。兴庆区金三元农业综合服务部在通贵乡司家桥6队安排一次性施肥技术试验1个。一是通过在同等肥力、同等水平管理下，经过田间长势、理论测产、实测产量得出总体效益：氨基酸水溶肥施肥效处理（650公斤）>腐植酸水溶肥施肥效处理（亩产623公斤）>微生物肥料施肥效益处理（604公斤）。播后上水水稻基施控释肥追施苗蘖肥试验：直B型51%（29-15-7）（亩产544公斤）>（3叶期追硫铵6.0+尿素5.0公斤）（亩产510公斤）>直A型51%（32-13-6）（亩产量520.2公斤）>直B型51%（29-15-7）（亩产490.4公斤）。有机肥应用效果监测试验，同等管理水平下，最佳施肥量（常规施肥+有机肥）是400公斤/亩。二是示范效果评价：有机肥替代化肥实现化肥减量，作物增产。亩减少不合理化肥用量1.16公斤，亩增收产量5.9公斤，亩节本增效18.89元。

【“三减”工作】 建设示范基地2个（通贵乡银川市正丰联农种植专业合作社、掌政镇银川市兴庆区黄河金谷水稻种植专业合作社），示范面积4320亩，辐射推广面积3.2万亩。通过合作社带动农户，示范推广测土配方施肥、增施有机肥等技术，使用生物农药和先进高效植保器械，开展统防统治，推行绿色有机种植模式，创新服务机制，坚持减量与增效并重，化肥、农药和除草剂平均使用量同比下降15%、15%、15%。2019年，农药包装废弃物总量为3694公斤，其中回收量为3324.6公斤，农药经营单位回收占30%，新型经营主体占70%；废弃量369.4公斤。无人机统防节约农药10元/亩，亩减化肥27元，除草剂减8.2元，节约劳务成本25元/亩，亩平均增产量5公斤，直接增加收入81.7元/亩。

【有机肥应用示范园区】 通贵乡通北村建设有机肥替代化肥标准示范园区1个，水稻面积2000亩，施用不同有机肥量梯度试验1个，主推有机肥替代化肥集成技术、统一激光平地、种子包衣技术、秸秆还田培肥等技术，重点推广一批有机肥生产施用新技术、新产品。

【有机肥替代化肥技术】 结合本地生产条件，在通贵乡、掌政镇示范推广有机肥面积1万亩，主推“有机肥+配方肥”模式，推进测土配方施肥技术应用。及时在有机肥使用前后开展耕地质量监测，做好土壤类型使用效果评价。

【农作物病虫害监测与防控】 兴庆区病虫害发生面积23.98万亩，水稻病虫害发生面积12.67万亩次，防治面积14.11万亩次，挽回损失0.47万吨，实际损失0.33万吨。小麦病虫害发生面积1.16万亩次，防治面积2.11万亩次，挽回损失29.2吨，实际损失13.7吨。玉米病虫害发生面积4.67万亩次，防治面积5万亩次，挽回损失0.1万吨，实际损失646.8吨。兴庆区病虫害监测预报准确率达90%以上，建立水稻专业化统防统治及绿色防控示范区，示范区病虫危害损失率控制在5%以内。减少农药使用量，疫情监测防控及农药监督管理做到全覆盖。重点监测农作物主要病虫发生时期、发生特点及危害规律，及时掌握重大病虫害发生危害情况，有针对性地安排统防统治。6月下旬，掌政镇强家庙村，通贵乡通南村组织实施稻水象甲和稻瘟病统防统治，防治面积1万亩。8月上旬，掌政镇碱富桥村、强家庙村和通贵乡通贵村、通南村防治水稻稻瘟病，防治面积1.5万亩。全年专业化服务组织统防统治面积达11万亩。

【农作物病虫害预测预报】 重点监测农作物主要病虫发生时期、发生特点及危害规律，及时掌握重大病虫害发生危害情况，有针对性地安排统防统治。通贵乡通南村10队、通北村4队设棉铃虫监测点，通南村8队设小麦蚜虫监测点，司家桥1队设稻瘟病监测点，所有监测点均按照《测报技术规范》开展监测调查及普查，及时发布病虫害预警信息，5天调查1次。兴庆区掌政镇、通贵乡、月牙湖乡的玉米田、水稻田、大豆田设置7个监测点，安装草地贪夜蛾性诱设备56套，每3天进行一次统计。

【农药使用安全监测】 农药经营者：随机抽查50家农药店，组织开展《农药管理条例》《农药经营许可管理办法》等法律法规宣传培训，组织实施农药经营许可，农药销售的主要时期，加强农药的市场监督检查、农药风险监测、农药信息报送等工作。农药使用者全年开展2次农药安全大讲堂，提高农户对农药知识的认知，增强安全用药的意识。同时，农业技术工作人员在平时实地指导生产过程中会询问农户农药使用情况，对于不合理用药的情况第一时间指出并给予正确指导。

【农业社会化综合服务站】 2019年，兴庆区农业综合服务站服务乡镇覆盖2乡、2镇，综合服务率达到89%，专业化服务覆盖率达到90%，农业信息服务覆盖率达到90%以上，配方肥推广覆盖率达到90%。兴庆区服务站有3家，分别为银川市兴庆区金三元农业综合服务部（二星）、银川市兴庆区便农农业社会化综合服务站（二星）和银川市兴庆区秋硕源农业综合服务中心（一星）。2019年，为3000多名农户提供优良种子275吨、优质化肥1050吨，农药使用面积2.18万亩。服务站参与兴庆区农机深松深翻整地11.8万亩，秸秆培肥改良2万亩，精量穴播1.7万亩，统防统治面积5.86万亩，平田整地1.55万亩，个性化智能配肥345吨，打捆4.07万亩，全托管6000亩，半托管1.81万亩。不同生育期间断性实地培训农户，技术指导面积7.47万亩，组织现场观摩会、技术培训班14场次，培训人员达1800人次，发放技术资料800余份。

【水稻绿色高质高效技术模式】 优良品种示范区（470亩），种植品种有宁香优2号、秋优88和吉香118。宁香优2号表现最好，产量高，平均每亩600公斤，每公斤订单收购价0.7元左右。新品种展示（小品种）8个：吉香118、吉洋100、宁香优2号、秋优88、福源4号、金谷香1号、盐碱稻8号、新糯2号。表现最好的是宁香优2号、秋优88。其优点是产量高，米质好，抗病性强。以上品种按品质高低排序如下：宁香优2号—秋优88—福源4号—新糯2号—吉香118—吉洋100—金谷香1号—盐碱稻8号。除草剂试验：无人机除草作业效果明显，通过控制飞行速度（每秒4米）、降低飞行高度（1.5~2米）、增加喷水量等措施，使除草的效果非常明显，一次性完成除草。综合技术：播种前，噻虫嗪8克/亩+亮盾30克/亩进行种子包衣，增强作物抵抗能力，同时也减少了亩用种量。播种后，芽前封闭除草，无人机喷雾仲丁灵65克/亩，每亩比2018年少使用15克。苗后除草，用（氰氟草酯）170毫升+助剂“激健”，通过无人机喷雾相比2018年每亩少使用0.045公斤。开展测土配方施肥、利用智能配肥系统配肥，以减少不合理的化肥使用。追第一遍催苗肥，尿素4公斤/亩，水溶肥磷酸二氢钾2公斤/亩。10天后追第二遍肥，复合肥5公斤/亩，施肥总量比2018年下降7.5公斤。

【盐碱地农艺改良综合技术模式】 试验综合分析：一是有机肥处理的整个生育期水稻长势良好、病虫害发生率低、抗倒伏，有机肥处理水稻整精米率高于不施有机肥处理。有机肥处理亩均产量为427公斤，比常规施肥亩增产13公斤。其中5个商品有机肥品种的产量中表现较好的为硅谷有机肥和三聚绿能生物碳有机肥，亩产量分别为440公斤、430公斤。二是土壤调理剂试验中，各处理产量均高于对照处理，土壤调理剂处理亩均产量为420公斤，比常规施肥亩增产11公斤。其中硅谷调理剂亩产量为425公斤，优于其他处理。社会效益：一是通过项目实施，使项目区水稻品质普遍优质化，水稻栽培水平显著提高，同时由于项目机械等配套齐全，提高了机械化程度和大米的商品性，增强了大米市场竞争力和农民优质优价意识，使农民受益。二是提高了农户对农业绿色发展、秸秆综合利用的意识，有效提高耕地质量，保障生产安全，提高农业综合生产能力，带动经济可持续发展。生态效益：一是秸秆培肥改良与机械深翻结合，既可以为作物提供丰富的养分，实现改良土壤结构、提高土壤肥力的目的，解决了每年秸秆乱丢弃、乱焚烧的现象。二是大力推广有机肥，减轻了过量施肥造成的成本浪费和农业面源污染，促进耕地的用养平衡，改善了农业生态环境，平衡作物营养、增强抗逆性、减轻病虫害，提高农产品的品质。

【农作物新品种新技术示范园区建设】 兴庆区金三元现代农业综合服务部在通贵乡河滩村建设农作物新品种新技术示范园区320亩，旨在筛选出本地区适应性强、品质好的优良品种和先进技术。其中引进5个水稻新品种进行展示，主要品种有2013KF-88、宁香稻2号、松辽838、宁粳36、SD-9、宁粳28、观19。进行60个玉米新品种展示，主要有宁玉558、宁玉498、丹玉311、沃玉3号、新玉89、先玉1225、蒙奥188、金园5号等。宁夏浩强农机作业服务有限公司建设农机农艺融合示范园区1500亩，园区水稻播种全部为精量穴播技术，亩播量17.5公斤，水稻品种展示8个，分别设置15公斤、17.5公斤、19公斤、20公斤不同量对比试验，综合对比筛选出产量和效益较高的科学播种量，节省成本投入，提高农户的收益。

【盐碱地农艺改良示范】 连续三年的盐碱地农艺改良，综合实施秸秆培肥改良（6万亩）、增施有机肥（3.1万亩）、应用磷石膏（0.2万亩）、土壤调理剂（0.1万亩）、以渔治碱（0.4万亩）等农艺措施，开展盐碱地农艺改良整乡推进核心示范推广4万亩，建设盐碱地农艺改良技术攻关示范区500亩，开展水盐动态监测土壤、物理结构、土壤肥力指标等效果评价，摸清兴庆区盐渍化耕地现状、成因、分布等实际生产情况，适合本地盐碱地类型的改良技术措施，配套的管理方式，科学施肥与培肥地力并举，提高土壤有机质含量，促进土壤团粒结构形成，提高改良培肥效果。

【稻田生态套养】 引导银川市正丰联农专业合作社在通贵乡司家桥村推行稻田生态套养模式，建设“稻+鱼+蟹”种养基地500亩。其中，稻鱼300亩，稻蟹200亩。推广稻蟹、稻鱼综合种养技术，提高种养管理水平，提高种养产量。指导合作社通过微信、微店等平台和在中小学校发放宣传彩页等形式宣传开展抓螃蟹、钓螃蟹、捞螃蟹、找螃蟹等庆丰收乡村体验旅游活动，带动农户发展特色生态农业生产，产生了良好的示范效应。国庆节期间，接待游客1000人，订购蟹田米2500公斤，销售稻田蟹1250公斤，平均每公斤90元。销售稻鱼2000公斤，平均每公斤20元，销售收入8万元。稻田中放养河蟹、鱼类、泥鳅、南美白对虾、小龙虾等苗种，通过稻渔共生，禁用农药、减少化肥用量，实现“一水两用、一田双收、稳粮增渔、粮渔双赢”的良好效益。

【优质水稻生产基地】 以种植合作社为示范平台，打造优质水稻生产基地，确保基地水稻长势整齐一致，尤其除草干净，一遍就能除干净，不仅节省成本，还为水稻生长发育提供一个适宜的生长环境，示范片水稻长势、产量明显好于大田水稻。龙头企业带动大米产业融合发展项目，通过签约订单，合作社生产签约的品种宁香优2号，在2019年稻谷收购价格较低的情况下，订单品种的稻谷收购价格却受市场影响不大，种粮农户利益得到保障，水稻优质优价的优势初步显现。

【土地托管】 兴庆区2017年首家“土地托管”是由兴庆区金三元农业综合服务部在通贵乡河滩村开展试点，土地全托管面积1080亩，每亩纯收入为822元，与土地流转和自己种植相比较，每亩提高收入200元左右。2019年，土地全托管面积为6000亩，半托管面积1.81万亩，其中全托管每亩纯收入190元左右。整合零散土地，从种植、收割到销售实行一站式全包的“保姆式”服务，保证每亩500公斤的水稻保底产量，让农资优势与农户土地结合起来，进行产业化、规模化种植。通过土地“半托管”，服务站则利用各种大型农资机械和无人机，为农民提供播种、防病、收割等各类“点单式”农技服务。

2019年兴庆区开展技术指导服务和技术培训情况统计表

表5

技术指导		政策宣讲场次		本单位牵头开展培训				召开现场观摩会	
参与人数（人）	合计总人次（人次）	宣讲场次（场次）	合计总人次（人次）	培训班次（次）	培训总人数（人）	培训技术人员数（人）	培训农户（户）	场次（场次）	观摩总人数（人）
70	185	45	3410	1	600	26	574	2	190

2019年兴庆区对新型经营主体开展服务情况统计表

表6

参与服务总人数（人）	进驻服务（包括被聘或单位派出）			通过实施项目参与服务		
	人数（人）	人均每年技术指导次数（次）	人均每年开展培训次数（次）	人数（人）	人均每年技术指导次数（次）	人均开展培训次数（次）
13	5	125	13	13	125	13

（供稿人：徐桂云）

蔬菜产业

【概况】 2019年，兴庆区落实瓜菜种植面积4.2万亩。其中，设施瓜菜（冬春茬、夏提前、秋延后、秋冬茬）3.7万亩，露地瓜菜（早春、夏季、秋露地）0.5万亩。主产蔬菜有番茄（1.4万亩）、黄瓜（0.2万亩）、辣椒（0.12万亩）、西芹（0.2万亩）、梅豆（0.23万亩）、西葫芦（0.11万亩），油菜、菠菜、香菜、油麦菜、萝卜等其他叶类、根类杂菜（1.94万亩）。总体播种面积减少14%，主要原因：一是原有蔬菜基地被新修的京藏高速和109国道征用。二是花卉或绿化苗木生产规模加大。蔬菜地头批发平均价格2.8元/公斤，瓜菜全年总产量22万吨，蔬菜上市量达15万吨，全年蔬菜产值与2018年基本持平。

【培育壮大新型经营主体】 2019年，辖区有蔬菜种植企业20个，其中家庭农场2个，专业合作社13个，企业5个。瓜菜合作社和瓜菜企业连片经营规模2148亩，占总瓜菜耕地面积的10%，较2018年占比提高2%。辖区有7个设施瓜菜示范园区，其中500~1000亩的3个，1000亩以上的4个。辖区瓜菜集约化育苗场17家，全年集约化穴盘育苗量约1亿株，可满足辖区蔬菜生产用苗，有35%以上供应周边县区蔬菜生产。

【蔬菜安全生产】 全年发放蔬菜安全生产宣传资料310份，组织相关培训4期。上半年受强降温天气影响，50余亩瓜菜发生冷害，大部分生产稳定，无重大流行病虫害、安全生产事故发生。冷害发生轻微的瓜菜采取补救措施，保证了正常生产。无法挽救的（小叶菜）迅速组织恢复生产，把损失减少到最低。

【高标准新建设施农业项目】 申请到自治区高标准新建设施农业项目专项资金100万元（200亩）。兴庆区新建成高标准全钢架大跨度拱棚（跨度10米以上，高度3.5米以上）438.57亩，实现当年全部投产见效，实施地点主要分布在兴庆区掌政镇镇河村1、3、4、6、7、9、11队和洼路村2、3、4、5、6、9队的设施蔬菜基地。项目建设实施严格执行自治区设施温棚高标准，钢屋架均采用新型优良材质，棉被、滴灌等配套设施完善，10月初由兴庆区农水局联合财政局完成自查验收，超额完成任务。项目实施使全钢架大跨度拱棚在辖区蔬菜生产重点区域推广，实施完成后每年为蔬菜产业创收263万元以上。

【秸秆生物反应堆技术推广项目】 兴庆区计划推广秸秆生物反应堆技术300亩。前期项目完成实施地点的摸排部署，侧重于掌政镇蔬菜示范园区，大新镇示范园区以及通贵乡设施蔬菜基地。项目技术专用菌种于9月完成政府招标采购后投入使用。项目技术应用面积近220亩，主要用于番茄与辣椒种植。

【水肥一体化示范推广项目】 安装应用先进滴灌水肥一体化设备，提高

2019年11月5日，日光温室试验

水肥资源利用率，提升种植生产效率，增强农产品产量、质量、市场竞争力，同时达到水、肥、药三节省。该项目申请到自治区高标准新建设施农业项目专项资金60万元，拟安装滴灌水肥一体化设备2套。落实承办单位宁夏女子监狱和银川朝日蔬菜花卉合作社，实施地点分别位于兴庆区治平路宁夏女子监狱院内和掌政镇五渡桥村3队育苗中心园区。项目应用设备通过政府招标采购，2个实施地点完成安装并投入使用。

【蔬菜产业融合发展项目】 项目申请自治区补贴资金20万元，以兴庆区掌政镇五渡桥育苗中心园区为重点区域，辐射周边村队，建设设施蔬菜“五优”（品种优、技术优、管理优、品质优、价格优）基地0.1万亩。项目已实施完成，完成优质优价（高于市场价格0.1元/公斤~2元/公斤）收购农产品订单任务，创建“五优”蔬菜基地1000亩，惠及6个村300余名种植户，联农带农订单生产面积较2018年增加3%（2018年4180亩，2019年4311亩）。推广香妃三号、粉印三号、粉格尔9号等优良番茄1000余亩，惠及5个村300余名种植户，年度创收750万元以上。

【富硒瓜菜开发试点项目】 建立良种良法配套、现代科技成果转化应用为一体的富硒瓜菜标准化生产示范基地1个。项目在兴庆区掌政镇五渡桥村设施蔬菜园区示范种植番茄（80亩）、西芹（80亩）、西兰花（8亩）、白菜花（8亩）、绿甘蓝（8亩）、大白菜（8亩）、娃娃菜（8亩）等蔬菜，筛选适应辖区推广与发展的富硒高效蔬菜品种3~5个。示范面积200亩。主要开展3项工作内容：一是高产优质富硒瓜菜品种筛选试验。二是测土配方施肥与水肥一体化、农机农艺融合栽培、绿色防控等技术富硒瓜菜标准化生产技术示范。三是开展富硒瓜菜技术指导与培训。5月开展田间生产和配套技术筹备，6月下旬正常开始田间生产和示范，10月下旬结束生产示范展示，11月上旬硒元素含量数据测定完成，取得初步示范成果。据初步分析，白菜花中的白领品种富硒能力最强，产量适中。至尊70品种富硒能力较强，且产量好而稳定。绿甘蓝中的兴甘60富硒能力较白菜花中的至尊70次之，产量好而稳定。其他品种富硒能力不突出。

【特色西瓜品种种植对比】 试验在兴庆区掌政镇五渡桥村三队3号温室开展，选择小玲、华玲、宝冠、黑美人等4个近年成功种植的优良特色西瓜品种种植对比，综合分析评价其生育期、生长势、抗病性、果实性状、产量等追踪记载的数据。试验设置5个处理，3次重复。2019年2月开始，4月底完成田间生产，6月初项目完成分析、总结和报告。讨论分析试验各项数据的定期监测及结果，证明小玲产量高，抗病性较强，口感较好。黑美人抗病能力强，口感更佳，适宜大面积推广。

【蚯蚓种养生物循环技术示范推广项目】 申请到自治区蚯蚓种养生物循环技术示范推广（26亩）项目专项资金9.8万元，通过蚯蚓种养生物循环技术示范，达到农业废弃物无害化处理、再生利用、减少环境污染、提高土壤肥力、提升产品品质、增加经济效益、改善生态环境的目标。主要示范蚯蚓生物技术套种套养、尾菜处理2种模式。项目实施前期，先后2次组织农技推广骨干人员赴省外和周边县区学习该项目技术，建立3个蚯蚓种养生物循环技术示范点，分布在兴庆区掌政镇五渡桥村蔬菜育苗园区、镇河村蔬菜园区、大新镇新渠稍村蔬菜园区。涉及日光温室、阳畦地和大拱棚，蚯蚓种于9月完成询价采购，10月中旬投放到各示范点。套种套养、尾菜处理两种模式生产示范正常进行，综合利用畜禽粪便520平方米，秸秆、尾菜叶、烂瓜果皮1040平方米，局部示范点实现蚯蚓粪代替有机肥化肥应用12亩，其中蚯蚓生物技术套种套养对设施蔬菜生长及环境因子影响试验，数据监测跟进中。

【蔬菜新品种引进推广】 引进推广番茄粉得力、粉格尔9号、粉印三号、美粉869、辣椒华美105、黄瓜博美626，巴西蜜瓜、西州蜜瓜、以色列优质番茄、茄子等10余个瓜菜优良品种，各优良品种推广覆盖率达95%以上。

【农业国际交流合作项目】 持续完成2018年农业国际交流与合作项目中“宁夏—以色列现代农业合作示范”内容，兴庆区建设示范点1处。项目由宁夏盛唐牡丹农业开发有限公司（滨河新区）承担，项目实施结合宁夏沙漠地带特有的自然环境条件和作物水肥需求特性，引进以色列优质番茄、茄子2个品种，参照以色列精准施肥管理技术，优化设计安装水肥一体化设备、配制专用营养液，达到节水、节肥、节省劳力、灌溉均匀、淋盐抑盐、减少病虫害发生、提高产量、提早上市、改善品质、降低能耗等效果。

【新型结构日光温室性能优化研究项目】 持续完成2018年新型结构日光温室性能优化研究项目。项目由宁夏旭日阳光生态果蔬种植养殖专业合作社承担。兴庆区掌政镇五渡桥村3队选择2栋日光温室（总面积2.68亩），开展新型结构面包温室性能测定试验研究。数据监测从2018年11月1日持续至2019年3月19日，根据监测数据对比分析，温光性能、生长势和产量方面，面包温室与二代温室相比，没有显著优势。项目完成资金拨付。

【蔬菜种植面积缩减原因】 主要有3个方面原因：一是京藏高速公路修建、鲜花港项目建设征占地，部分设施温棚陆续拆迁（影响面积4000亩）。二是产业结构有所变化，绿化苗木、草莓、无花果等特色水果生产规模有所加大。三是设施温棚逐年新建规模，新建高标准设施建设项目的开展会重新规划并流转部分土地，设施规模占比也逐步加大，露地蔬菜耕地相对减少。

花卉产业

【概况】 2019年，兴庆区建成花卉示范园区12个，花卉示范村9个，花卉苗木市场4个，花卉合作社、协会13个，20家花卉企业和公司落户兴庆区参与基地建设和花卉生产，带动农户1500户左右。落实花卉种植面积8347.51亩，总产量11073.15（万枝、万盆），总产值21754.94万元。其中，鲜切花类面积1674.71亩，产量1339.77万枝，产值1088.56万元。盆栽植物类面积3350亩，产量1758.66万盆，产值11129.94万元。观赏苗木类面积3322.8亩，产量7974.72万株，产值9536.44万元。

【第四届中国西部花卉产业发展大会】 6月4—5日，由宁夏回族自治区林业和草原局、宁夏花卉协会、兴庆区政府主办的“西部花都美丽兴庆”第四届中国西部花卉产业发展大会在银川举办。大会内容包括开幕式、项目签约仪式、花卉产业研讨会、银川市市民花艺大赛、兴庆区花卉招商洽谈会、花卉产业考察及产销对接、花卉种植培训、兴庆区花卉展销等系列活动。本次大会嘉宾以及企业代表等约500人出席开幕式，签约项目22个，签约总金额达1.35亿元。展销会9天，55家企业参展，展出花卉品种100多种，成交金额达30万元，DIY互动区1100人次参与。

【新增种植鲜切花验收】 7月2—5日，验收辖区2019年新增鲜切花种植面积。符合新增种植鲜切花年中验收政策性补贴面积346栋，净种植面积286.67亩（折合占地面积948.51亩）。净种植面积：康乃馨77.97亩，菊花155.22亩，玫瑰6.26亩，剑兰4.47亩，百合3.59亩，切花向日葵38.37亩，其他0.79亩。种苗补贴资金按照净种植面积计算，涉及资金161.69万元。12月5—6日验收辖区内2019年7月年中验收后新定植的符合政策的新增鲜切花种植面积，符合年底验收政策性补贴面积186栋，净种植面积166.06亩（折合占地面积544.50亩），涉及资金106.088万元。

【花卉技术培训】 举办花卉栽培管理技术培训，专业技术人员及各乡镇农业技术人员及花农150多人在银川凤凰花溪谷参加培训。资源局聘用3名花卉农民技术员，每周至少1次田间指导，全年小型培训250次，培训人员820人。

2019年6月4日下午，第四届中国西部花卉产业研讨会在银川市立达深航酒店举办，图为花卉产业研讨会会场

【新品种、新技术引进推广】 引进、推广适合宁夏生产的优质、多抗、增产增收潜力大的花卉品种138个，良种覆盖率达95%以上。投建Priva环控系统、潮汐灌溉系统等相关配套新技术。引进花卉土专家吴相玄（韩国），带来花卉新品种、种植新技术。组织开展百日草鲜切花种植试验研究，筛选适合做鲜切花的品种4个。

【项目监管】 宁夏玉松旺园艺生产基地项目（续建）于4月开工，棚顶架完成，完成投资615万元。

【花卉种植类型及分布】 兴庆区种植花卉有鲜切花类、观赏苗木类、盆栽类三大类。鲜切花类主要有菊花、康乃馨、切花向日葵、玫瑰、剑兰五大品种。盆栽植物类生产上以花坛植物及蝴蝶兰、迷你玫瑰、长寿、仙客来、海棠、多肉、君子兰、绿萝种植为主。观赏苗木类以紫叶矮樱、四季玫瑰、金叶榆、水蜡、侧柏、紫穗槐为主。主要分布在大新镇、掌政镇、月牙湖乡3个乡（镇），通贵乡通西村也有部分种植。

【项目资金绩效自评】 自评2018年花卉一、二、三产业融合发展资金专项转移项目支出资金、2018年花卉产业发展补助资金、2018年自治区林业优势特色产业（花卉）项目资金绩效工作，报送绩效评价报告和绩效目标报表，制定上报2019年全区特色经济林产业（花卉产业）发展资金项目、2019年花卉种苗补贴项目绩效评价实施方案和绩效评价目标，制定花卉种苗补贴项目验收标准和评分细则，科学合理评价项目效益。

【花卉招商引资】 宁夏云科生物科技有限公司花卉组培研发生产中心。台商李世华与银川松旺园林公司合资。项目占地面积5000平方米，总投入2480万元。计划年产蝴蝶兰组培苗500万~1500万株，产值可达1000万~3000万元，带动地区成品花生产550万株，年产值1.2亿元。项目开展直接带动50~100户农民就业，间接带动300户农民就业。组培车间建成。引进花卉土专家——吴相铉（韩国），带来花卉新品种和不一样的花卉种植技术和管理方式。通贵乡通西村试验种植5栋温室，大新镇新渠稍村示范带动3户农户，种植切花洋牡丹、紫罗兰、香雪兰。

（供稿人：胡海英）

水产畜牧

【概况】 2019年，兴庆区水产畜牧兽医工作围绕实施乡村振兴战略的总体部署，以养殖业供给侧结构性改革为主线，把畜牧业渔业高质量发展作为首要任务，坚持提质增效、减量增收、绿色发展、富裕农民，推进种养一体化生态循环农业模式的构建，发展绿色养殖业和休闲渔业，强化动物防疫及动物卫生监督管理，加快实施畜禽养殖出户入园区工程，促进畜牧业产业布局优化和产业转型升级。截至年底，兴庆区奶牛存栏总量3.31万头，同比增长0.6%。肉牛饲养量1.16万头，同比下降0.8%。生猪养殖量3.66万头，同比下降24.5%。肉羊养殖量10.32万只，同比增长7.9%。家禽养殖量36.24万只，同比下降4.2%。肉蛋奶产量分别达3500吨、691吨、11.24万吨，同比下降5.4%、下降0.3%、增长1.1%。全年实现畜牧业产值6.19亿元，其中奶产业产值4.11万元，占畜牧业产值的66.4%。水产养殖面积17411亩。其中，精养水面8441亩，粗养1680亩，湖泊6676亩，人工水系614亩。名特优新水产品主套养面积6800亩，投放鱼种998吨。水产品总产量达4850吨，渔业总产值达7170万元。

【肉牛养殖出户入园】 起草制定《兴庆区黄河以西地区肉牛养殖场搬迁关闭实施方案》，指导各乡镇开展黄河以西肉牛养殖场出户入园工作，4个肉牛规模养殖场签订出户入园区协议，并进入月牙湖肉牛养殖园区投资新场建设，总占地345.6亩，计划总投资1700万元建设标准化牛舍、管理用房、围墙等基础设施，完成投资700万元，完工率41%。

【种肉兔养殖精准脱贫项目】 引进宁夏澳中健康产业有限公司，与月牙湖乡人民政府签订宁夏兴庆区月牙湖种肉兔养殖精准脱贫项目合作协议，建设技术先进的防疫、消毒、饲喂、环控自动化装备的肉兔繁育及商品兔生产基地，引进法国最优肉兔配套系伊拉肉兔1.2万只、伊普吕种兔2万只，肉兔总存栏7万只，总出栏6万只，形成带动滨河家园100户“兜底”建档立卡户增收致富机制，澳中公司每年向每户建档立卡户返还2000元的分红收入。

【一二三产业融合项目】 依托近城区位优势，引导银川市正丰联农专业合作社等5家企业在通贵乡、掌政镇流转土地推行稻田生态套养模式，建设“稻+鱼+蟹”种养基地2000亩，指导合作社通过微信、微店等平台和在中小学校发放宣传彩页等形式宣传开展抓螃蟹、钓螃蟹、捞螃蟹、找螃蟹等庆丰收乡村体验旅游活动，示范效应良好。仅半个月时间接待游客4000人，订购蟹田米5000公斤，销售稻田蟹1800公斤，销售稻鱼2000公斤，销售收入近20万元。项目的实施，化肥使用量减少20%以上，农药使用量减少10%以上，水稻单产量提高了8%，水产品（鱼）亩产50公斤以上，螃蟹亩产20公斤以上，水稻、水产品综合种养亩均纯收入增加800元以上。

【绿色养殖项目】 完成中央预算内投资2017年养殖大县种养结合整县推进试点项目、2018年畜禽粪污资源化利用项目、中央财政资金2017年畜禽粪污资源化利用项目，完成项目总投资8219万元，纳入在项目中的31个畜禽规模养殖场和有机肥加企业，各类畜禽粪污处理资源化利用项目建设任务全部完成并通过验收。实施粮改饲、畜牧业物联网、畜牧业节本增效、畜牧良种补贴、优质高产苜蓿基地建设等一批自治区农财项目，项目接近尾声，待验收。

【畜禽粪污资源化利用】 以实施畜禽粪污资源化利用项目为重点，监督指导各乡镇推进畜禽粪污资源化利用工作，农业农村部直联直报系统备案的45个规模养殖场，40个规模养殖场配套建设相应的粪污资源化利用设施设备，3个规模养殖场与资源化利用专业机构签订委托处理协议，畜禽粪污资源化利用率99.66%，粪污处理设施设备装备配套率100%，通过自治区农业农村厅考核验收。

【奶牛系谱档案工作】 指导农户认真填写奶牛系谱档案，使之能够较为清晰准确地反映奶牛的血缘、初生重、配种记录和生产情况，促进规模养殖场奶牛系谱档案基本建立。合理配制混合精料，引导各类粗饲料的搭配使用。在混合精料的配制上，重点指导养殖户合理运用蛋白质饲料，对高产奶牛注意平衡能量饲料，重点以补充过瘤胃脂肪为主，同时注意调节奶牛瘤胃功能。指导养殖户依据奶牛体况评分调配饲料，犊牛和青年牛依据不同阶段体重标准把握其营养状况。逐步引导养殖户重视用各阶段相关标准来衡量饲养管理水平。粗饲料使用方面，指导养殖场及时做好以全株青贮玉米为主的粗饲料加工调制利用，开展苜蓿青贮制作试验示范工作，同时指导各养殖场丰富粗饲料调制利用种类。

【稻渔生态种养】 完成稻渔生态种养示范项目面积2000亩，其中完成以渔治碱面积1564亩。此项目的实施，化肥使用量与同等条件下水稻单作相比减少20%以上，农药使用量与同等条件下水稻单作相比减少10%以上，水稻单产提高8%，水产品（鱼）亩产50公斤以上，螃蟹亩产20公斤以上，水稻、水产品综合种养亩均纯收入增加800元以上。利用二代节能温棚内兴建水泥循环流水池、废物过滤收集池等设施，配套物联网、纳米增氧等渔机设备，开展鲟龙鱼、大鳞鲃、台湾泥鳅、斑点叉尾鮰、锦鲤等名优水产品种集约化繁育、养殖，推广有机蔬菜、花卉管道式水培、实现鱼菜共生的综合生态设施渔业发展。开展名优水产品高效养殖技术试验、示范，鱼病防治等项目。引进福瑞鲤2号、黄河鲤、异育银鲫“中科3号”“中科5号”、南美白对虾、鲟龙鱼、大鳞鲃、斑点叉尾鮰、锦鲤等名优水产养殖品种示范推广2000亩。

【非洲猪瘟排查防控】 2019年9月10日，掌政镇强家庙村发生非洲猪瘟疫情，疫点220头生猪全部实施扑杀并无害化处理后，经疫情处置防控42天未出现新的疫情，疫情得到有效控制。10月22日，经区、市畜牧兽医行政主管部门专家验收合格，兴庆区解除非洲猪瘟疫情封锁。做好疫情排查，生猪养殖、无害化处理等重点区域和重点环节开展非洲猪瘟病毒检测，及时排除疫情隐患。加强生猪养殖和市场销售全过程监管，督促养殖场（户）、生猪贩运经纪人和销售人员严格执行各项技术规范和相关制度，落实动物防疫主体责任，坚决予以打击违法违规行为。落实农业农村部第79号公告，加强生猪运输车辆监管。

【重大动物疫病防疫】 制定动物疫病免疫抗体监测方案，采取常规和集中监测相结合、定期和随机监测相结合的方式，检测畜禽群体免疫抗体合格率，于年内组织实施动物疫病监测和流行病学调查工作。通过免疫抗体水平检测评价免疫效果，未达到规定要求的要查找原因，并及时组织补免，同时将免疫抗体水平作为考核和兑付购买兽医社会化服务经费的主要指标。

【购买兽医社会化服务】 辖区4个乡镇分别同3个兽医社会化服务合作社签订服务合同。兴庆区制定《兴庆区动物饲养场重大动物疫病强制免疫“先打后补”实施方案》，进行宣传动员。

（供稿人：徐桂云）

城乡绿化

【概况】 2019年，银川市下达兴庆区造林任务3000亩。其中，新造林1400亩，未成林补植补造1600亩。实际完成农村人工造林1400亩、未成林补植补造1600亩，主要在月牙湖乡生态移民安置区，由宁夏澳中健康产业有限公司实施，补植红树莓、钙果及桃、李、杏、苹果等小杂果。兴庆区2018年天然林资源保护工程10月中旬通过核查验收。

【重点工程】 完成兴庆区燕庆街及大新渠两侧绿化工程、兴庆区孔司路两侧绿化工程、月牙湖乡“多人多代”安置区庄点绿化工程、治沙造林工程（义务植树点）。银川滨河水系截污净化湿地扩整连通工程——湿地建设项目兴庆区段。完成总工程量的93.4%，完成绿化面积1000亩。

【林木种质资源调查】 完成20个单位的湿地踏查工作。编制《兴庆区林木种质资源普查技术方案》《兴庆区林木种质资源名录》等文件，通过审定。兴庆区林木种质资源名录增加至200种。

【退耕还林成果补助验收】 验收退耕户合格面积178.5亩，补助标准为20元/亩，需发放补助资金3570元，公示无异议后由兴庆区财政局发放。

【次干道及街巷行道树木修剪】 委托三家公司同步修剪，修剪行道树5383棵，每株费用为120元，投入资金64.6万元。

【次干道及街巷行道树树干涂白】 涂白树木1.4万株。除常规涂白以外，还需涂刷反光漆。本次涂白投资概算12万元。

【公园、绿地养护管理】 完成丽景湖公园、徕龙公园、政府大院、109国道（兴庆区段）两侧等绿地的养护管理，包括植被养护、植被补植、公园内设施维护、监管、湖面养护等工作。养护总面积达90万平方米。维修章子湖公园、赵家湖公园、典农公园、孔雀湖公园基础设施，投入近700万元提升公园档次。

【次干道及街巷行道树树坑铺设】 辖区次干道及以下行道树树坑红石子铺设。4月底前完成辖区106条街巷15194个行道树树坑红石子铺设，投入资金72.1万元。

【增绿及绿化景观提升工程】 增绿及绿化景观提升工程：兴庆区2019年裸露新开街巷行道树种植和分车带绿化工程，兴庆区斑衣蜡蝉虫害行道树更换试点项目，孔司路与银横路交叉口节点绿化工程，兴庆区清净巷、国商南路两侧绿化工程、兴庆区双福街分车带绿化工程。

【“3·12”中国植树节宣传】 “3·12”中国植树节当日，41个街道办事处及辖区单位参加宣传活动，摆放展板31个，悬挂横幅40条，发放4000多份宣传材料，200人参加现场宣传活动。

【裸露空地植绿补绿】 动员各乡镇、街道办事处及物业办植绿补绿管辖范围内需要绿化的裸露空地。修剪草坪951563平方米，修剪乔木31947棵，修剪灌木240301墩，病虫害防治6236平方米，补植树木9948株，补植花灌木209144墩，补植花卉220261株，补植草坪165534平方米。整治裸露空地45781平方米。调查统计恒大帝景、云鼎雅苑、玺云台南区四期和五期等居住小区，完成新增绿化面积97200平方米。

【拆墙透绿工作】 2019年，兴庆区拆墙透绿增加绿化面积2292平方米。

【林业有害生物防治】 落实签订林业有害生物防控目标责任书。兴庆区林业有害生物监测覆盖率100%。防治作业面积8193亩次，防治率100%。无公害防治面积8148亩次，无公害防治率99.45%。成灾面积合计9.1亩，成灾率0.73‰。完成自治区下达的监测防治任务。

【非洲猪瘟防控】 2019年，重点开展非洲猪瘟防控工作，成立兴庆区自然资源局非洲猪瘟防控工作领导小组，制定防控工作方案和应急预案。开展巡查，实行每日报告制度，开展巡护50人次以上。辖区内无人工驯养繁育野猪场所、未发现野猪活动踪迹，有人工驯养繁育陆生野生动物场所1处，无异常疫情。

【森林草原防火】 成立领导小组，逐级落实签订森林草原防火及安全生产责任书，排查兴庆区范围道路沿线、林区及公园广场等20处重点防火区域，开展森林草原防火宣传相关活动8次，发放宣传页20000份、防火手册5000册、毛巾2000条、围裙2000条、手提袋2000个、雨伞1000把，增强人民群众的森林防火意识。

【森林资源管理】 调整兴庆区保护发展森林资源目标责任制工作领导小组，制定保护发展目标，以政府的名义与各乡镇签订保护发展森林资源责任书。成立森林督查工作领导小组，制定兴庆区森林资源督查工作方案，及时开展涉林案件的查处和责任追究。

【滨河水系截污净化湿地扩整连通景观绿化工程】 该工程位于黄河以西、滨河大道以东，兴庆区段长19.3公里，种植面积4158.6亩，其中灌木1202亩。设计芦苇、香蒲、荷花、慈姑、水葱等水生植物510亩、现有植被改造提升2480亩、铺设节灌管网2920亩，分5个绿化标段、2个节灌主管网标段和2个监理标段，前期由银川市园林局统一编制方案及设计，主要以灌木及水生植物为主。该项目批复资金为4727.74万元，中标后合同金额为4283.35万元，分为9个标段，一标段至五标段为绿化施工标段，六、七标段为节灌施工标段，八、九标段为监理标段。2019年4月30日开标，6月10日完工，部分地段由于挡工未能栽植。项目通过统筹整理现有湿地、新建湿地及联通段水域，运用表流湿地的净化机理，建立一个完善、富有生命的水质净化系统，逐步将入黄排水沟末端来水净化至达标水质。

（供稿人：孙志龙）

水 利

【概况】 2019年，兴庆区农水局委托银川市水电勘测院编制完成《银川市兴庆区农村供水工程“十四五”规划报告》。河西乡镇水务一体化工作各乡镇完成水厂现场踏勘、初步测值和资产评估。

【重点入黄沟道治理】 开展河湖排污口综合整治，永二干沟、第二排水沟、银新干沟等重点沟道稳定地表水Ⅳ类水质。开展“兴庆率先、百名河长在行动”大巡河行动，兴庆区118名各级河长，开展全岸线、全流域实地踏访，巡河次数达4228人次，发现隐患及时处置。开展“携手清四乱，保护母亲河”专项行动，发现乱占、乱采、乱堆、乱建等“四乱”突出问题44个，44个问题建立清单出账，兴庆区人民检察院下发《检察建议书》16份，44个“四乱”问题整改完成43个并销号。拆除违法建筑2.6万平方米，清理建筑和生活垃圾131吨。管住管好污染源头，加快推进掌政镇污水处理厂、通贵乡污水处理厂、月牙湖万亩奶牛养殖园区、月牙湖滨河家园污水处理厂提标改造工程进度，工程完工投入使用，实现达标排放。防控农业面源污染，落实畜禽禁（限）养区规划，加大畜禽粪污资源化利用。开展农村人居环境整治，加快农村厕所革命和污水管网改造，源头上解决水污染问题。实施滨河水体净化湿地扩整连通工程，实现湿地水系全线通水。

【农业水价综合改革】 排查工程底子、分析水价现状，征求用水户群众意见，收集整理出第一手资料，摸清底数现状。集中入户走访，实地收集各用水户耕地面积、种植结构和灌溉水量，奠定农业水权制度、实行水源总量控制工作基础。编制完成《银川市兴庆区农业水价综合改革实施方案》，上报自治区水利厅及银川市水务局。

【农村基础设施建设】 2019年，农水局加快高标准农田建设、水利工程、高效节水灌溉工程、农村饮水安全巩固提升等重点农村基础设施建设项目进度。完成总投资1144万元的兴庆区通贵乡河滩村高标准农田建设项目，总投资4626.56万元的银川市滨河水体净水湿地扩整连通工程（水系连通部分）兴庆区段，总投资621.47万元的月牙湖乡肉牛养殖基地防洪工程，总投资688.46万元的月牙湖乡2017年高效节水灌溉工程，总投资117.47万元的大新镇新渠稍村景观湖补水工程，总投资1503.66万元的兴庆区月牙湖乡红树莓现代种植示范园高效节水灌溉工程，总投资128万元的兴庆区大新镇新水桥农资专业合作社高标准农田建设项目。总投资8347万元的兴庆区月牙湖地区农村饮水安全巩固提升工程完成工程量的98%。7000户户改厕工程、秋季农田水利基本建设项目实施中。

【节水型社会建设】 控制用水总量、用水效率、水功能区限制纳污等各项指标，调整产业和农业结构，推广高效节水技术，开展节水宣传，改造城镇供水管网、加强水生态建设、创建节水型载体等。现场复核验收2018年创建达标节水型单元载体的建设情况。完成《兴庆区节水型县（区）达标建设实施方案》编制。

【居民饮用水水质检测】 委托宁夏华正检测技术有限公司做好兴庆区11个水厂及通航产业园、治沙林场丰水期及枯水期的末梢水、出厂水水质抽样检测，确保供水范围内城乡居民饮用水水质达标。

【月牙湖农村饮水安全提升工程】 工程于2018年9月1日开工建设，2019年10月底竣工通水。工程解决兴庆区月牙湖乡下辖新老移民区12个村、万亩奶牛养殖园区、治沙林场、通航机场5个供水服务片区35492人7605户及2万头奶牛饮用水问题。

（供稿人：徐桂云）

月牙湖治沙林场

【概况】 2019年，月牙湖治沙林场森林面积增长，银川通航产业园大环境绿化林带2470亩移交月牙湖治沙林场。兴庆区义务植树，月牙湖治沙林场人工造林100亩。引进成品优新苗木3000株（法桐），繁育嫁接红叶白蜡，金叶白蜡20000株。月牙湖治沙林场有耕地5600亩，种植小麦1707亩、玉米2695亩、其他经济作物75亩。2019年8月1日起，全场职工全部回岗上班，按60%发放工资。

【国有林场改革后续工作】 协调兴庆区人力资源和社会保障局调整专业技术岗3人。加强林场内部管理，制定月牙湖治沙林场奖励性绩效工资考核发放办法，严格考核执行。职工大会选举副场长1名。

【问题整改】 认真整改银川市委巡察组巡察发现问题，强化兴庆区自然资源局对治沙林场领导，规范“三重一大”集体研究决策程序，重大事项和5000元以上支出由治沙林场场党支部（扩大）会议研究通过后上报兴庆区自然资源局党组会议研究后执行。审计月牙湖治沙林场场长苏某某任职期间经济责任履行情况，审计后账目移交兴庆区核算中心集中核算。整改2015—2017年财务白条入账借款和公务车用油管理混乱问题，白条借款全部收回，工程已审计决算支付使用。

（供稿人：刘宏海）

▷ 工业

工业行业

【概况】 2019年，兴庆区规模以上工业企业22家，累计工业增加值同比增长15.2%，分别高于自治区、银川市7.6、9.2个百分点，工业经济呈“低开稳走，平稳增长”的运行态势。

【工业经济上升势头明显】 分别从4个季度的工业增加值增速看为7.7%、2.4%、11%、15.2%。2019年，从银川市三区两县看，增加值增速比银川市的6%高出9.2个百分点，比金凤区的8.5%高出6.7个百分点，比西夏区的3.7%高出11.5个百分点，比永宁县的-19.7%高出34.9个百分点，比贺兰县的21.9%低6.7个百分点。工业经济总体呈现平稳上升趋势。

【销售产值增长有序】 2019年，兴庆区规模以上工业企业完成销售产值同比增长11.1%，累计实现产销率96.4%，工业产销率保持平稳增长。从企业的规模看，大中型工业企业完成销售产值占兴庆区工业销售产值的32.3%，同比增长15.5%，当月完成销售产值同比增长15.6%。其中，国有企业完成销售产值占兴庆区工业销售产值的2%，同比增长7.6%，当月完成销售产值同比增长39.5%。

【重工业产值平稳提升】 兴庆区有重工业企业21家，完成工业总产值占兴庆区工业总产值的99.12%，同比增长13.7%。轻工业企业1家，完成工业总产值占兴庆区工业总产值的0.88%，同比下降31.8%。

【重点行业增速有升有降】 兴庆区规模以上工业企业涉及的9个行业中5升4降。重点行业中，电力、热力生产和供应业累计完成增加值同比增长8.5%，燃气生产和供应业累计完成增加值同比增长22.4%，水的生产和供应业累计完成增加值同比增长10.9%，电气机械和器材制造业累计完成增加值同比增长20.8%，化学原料和化学制品制造业累计完成增加值同比增长15.6%。处于下降趋势的行业中，纺织服装、服饰业累计完成增加值同比下降31.8%，通用设备制造业累计完成增加值同比下降47.6%，非金属矿物制品业累计完成增加值同比下降11.1%，专用设备制造业累计完成增加值同比下降22.4%。

【存在的问题】 企业规模普遍较小。兴庆区22家规上工业企业中，中小型企业19家，占企业总数的86.4%。2019年以来，兴庆区规模以上工业企业中的中小型企业经营运营压力大，8家中小型企业总产值累计同比下降，9家企业同比增长，没有同期数企业2家。企业整体情况不如2018年同期，生产成本过高、企业亏损严重、生产能力及设备滞后、小型企业过多仍是严重制约规模以上工业企业发展和壮大的不利因素。总体增长动力偏弱。尽管兴庆区规模以上工业企业用电量和产品产量有所增加，但传统产业产品价格下跌幅度较大，致使全县22家规模以上工业企业中工业总产值同比增长的企业10家，累计完成产值同比增长18.75%，总产值同比下降的企业10家，累计完成产值同比下降9.29%。内生动力严重缺乏。2019年新增1家规模以上工业企业，但因配套物料路途遥远物流成本高企、市场拓展不力、订单锐减等多种原因，生产经营难以为继，现已停产。2019年，由于市场环境因素限制，本年新培育、发展潜力较大的企业少之又少，月度兴庆区无新增规模以上工业企业，成为2019年增长乏力的一个重要因素。

（供稿人：拜淑莞）

【节能工作】 2019年，万元地区生产总值能耗下降12%。印发《兴庆区2019年节能工作要点》《兴庆区节能宣传周和低碳日活动实施方案》，组织兴庆区节能减排工作领导小组成员单位在兴庆区宁园开展第29个全国节能宣传周和低碳日宣传活动，发放宣传彩页5000余份、宣传品3000余份。调研宁夏东部热电股份有限公司、卧龙电气银川变压器有限公司等重点企业，检查节能降耗工作开展情况。

驻地企业

【宁夏隆康供热有限责任公司】 始建于2004年10月，位于银川市兴庆区双庄康居新村北侧，是银川市东北区域现代化供热企业，现转型为热电联产集中供热企业。公司建成65吨锅炉1台、40吨锅炉2台、130吨循环流化床锅炉1台。厂区占地面积40亩，建筑面积6661平方米。供暖区域为景墨家园、庆丰苑、东湖苑、春润苑、玺云台、博雅家苑等30个住宅小区和国际汽车城、西北农资城、众一商贸城3个较大型商贸区。公司自成立以来，严格坚持“开拓创新、把握机遇、不断发展、服务社会”的经营理念，始终围绕“高起点、高标准、环保节能、继续发展”的基本思路建设企业。历年来承接政府康居小区、各中小学校、机关办公室等公建项目10座换热站。与中房集团、恒大房地产公司、融创地产、吉泰房地产等13家房地产公司合作，建设运营34座供热负荷176兆瓦的换热站。拓展新能源（煤改电）项目，承接空气源热泵机组供热技术改造项目10家。2019年，公司职工53人，管理人员19人，专业技术人员18人。供暖总面积325万平方米，其中住宅供暖面积240万平方米，非住宅供暖面积85万平方米。自2018年末转型为热电联产企业后，新增换热站7座，铺设一次管网10公里以上。截至2019年底，建换热站达37座，全部达到运行标准，正常运行。实现总产值7643万元，创造公司成立以来热量输出历史最高纪录，完成公司年初制定的生产销售任务。

【宁夏三瑞机械环保设备有限公司】 1998年成立，注册资金3200万元，位于银川市兴庆区科技园，是集科研设计、生产加工、销售于一体的具有独立法人资格和自主知识产权的股份制企业。现有职工150人，其中工程技术人员12人（高级工程师4人），公司年生产能力价值8000万元，是西北地区具有优势的环保设备及专业输送设备生产厂家，产品远销陕西、甘肃、内蒙古、山西、山东、北京等地区，宁夏境内拥有较高的市场份额。公司生产各种型号及规格的胶带输送机、铸石刮板机、提升机、输渣机、捞渣机、给煤机、埋刮板输送机、重型框链除渣机、重型板链除渣机、螺旋输送机、FU输送机、链板（斗）式输送机、滚筒筛、滚轴筛、振动筛、空气输送斜槽、煤斗闸门、灰渣仓、储料仓、消音设备、布袋式除尘器、电除尘器、电动平板车、脱硫和脱硝设备，环境工程（废气、废水）项目EPC、DB及BOT，环保设备研发、环保技术咨询服务、环保项目承包运营、企业环境整体解决方案及区域环境治理先进设计等。其中，高温链斗机、煤矿用液压支架胶轮平板车、除尘器预警装置，获国家专利。自备电厂上煤除渣、收灰设备、渣仓及卸渣设备等，远销区外，广泛用于水泥、化工、电力、矿山、粮食、供热、制药等行业。2019年，公司完成销售额2884.6万元，完成回款3468万元，合同生产完成率达到指标，部件废品率达到指标（不高于5%）。全员纳入社保缴纳范围，获2019年“高新技术企业”称号。

（供稿人：田莉）

【达力（银川）污水处理有限公司】 达力集团是马来西亚吉隆坡证券交易所主板市场上市公司，是供水领域和水处理行业的专业化水务公司，主要业务包括自来水厂、污水处理厂的建设、运营和管理。2009年11月，马来西亚达力集团以8.1亿元人民币中标银川污水处理有限公司（包括四个污水处理厂和两个中水厂）资产转让—运营—移交（TOT）项目，于2011年5月6日在银川注册成立外商独资企业——达力（银川）污水处理有限公司。2011年9月21日，达力（银川）污水处理有限公司与银川市签署《TOT项目特许经营协议》，特许经营期限30年，2011年12月29日正式运营各污水处理厂。银川市第一污水处理厂位于银川市兴庆区上海路以北500米处，占地128亩，周边都是居民楼。设计日处理污水能力为10万吨，原总投资1.29亿元。2001年12月竣工投产，服务范围为兴庆区北部，以处理生活污水为主。采用SBR的CASS变型生化两级处理工艺，首先污水预处理，除去水中大的漂浮物和无机砂砾，然后生化处理，曝气增加水中溶解氧含量，促进微生物分解水中污染物质，沉淀消毒达到降低污水中污染物质的目的。银川市第一污水处理厂原一期处理能力为10万立方米/天，出水执行国家二级排放标准。提标改造后出水水质由国家二级排放标准提升到一级A排放标准。采用“粗细格栅+SBR池+中间提升泵房+高效沉淀池+纤维转盘滤池”处理工艺，总投资约21766.32万元。2017年5月正式开工建设，2018年5月23日实现连续进水调试并通水运行，达到国家《城镇污水处理厂污染物排放标准》（GB 18918—2002）规定的一级A排放标准。2019年，第一污水处理厂累计进水量3342.52万立方米，日均进水91576立方米，年出水3097.97万立方米，日均出水84876立方米。处理污水消耗各类药剂：阴离子聚丙烯酰胺48.01吨，乙酸钠3436.73吨，次氯酸钠844.92吨，聚合氯化铝5097.69吨。全年处理污泥47800吨，消耗阳离子聚丙烯酰胺54.6吨，年耗电量1272.72万度，日均耗电量34869度。

（供稿人：吴剑峰）

【卧龙电气银川变压器有限公司】 红相股份有限公司（股票代码：300427）的全资子公司。公司始建于1968年，原国家机械工业部在宁夏的定点厂，属国家装备制造业企业，专业研发制造330千伏及以下输变电用电力变压器和电气化铁路、高速铁路牵引变压器。公司建有国家级“企业技术中心”和国家地方联合工程实验室，被科技部认定为“国家重点高新技术企业”“国家重点技术依托单位”及科技部“火炬”计划承担实施单位，是国家电器工业协会变压器行业理事单位，国内电力变压器行业骨干生产厂、自治区和银川市骨干企业，生产的“YCB”牌电力变压器、牵引变压器为自治区名牌产品。公司地处银川市兴庆区，占地6.6万平方米，总建筑面积40000平方米，具备年产各类变压器1200万千伏安的生产能力。产品最高电压等级330千伏，最大单台容量36万千伏安，最大单台产品重达300吨，是自治区唯一生产330千伏高电压等级产品的企业。2019年，公司实现销售收入7.1亿元，创利税1.82亿元，总资产近20亿元，员工304人，其中工程技术人员89人。

（供稿人：杨阳）

▷城建·交通

城乡建设

【概况】 2019年，兴庆区住建局创新工作思路，围绕区委、区政府总体安排部署，贯彻落实各项重点工作，推动住建工作高质量发展，完成各项目标任务，辖区城乡面貌大幅改善。乡村振兴战略、农村人居环境工作加强，掌政镇、通贵乡、月牙湖乡乡村振兴战略规划编制完成。

【老旧小区规划停车位】 利用辖区老旧小区环境综合改造后的拓展空间，解决小区停车难问题。一期项目完工的58个老旧小区规划停车位2300处，二期37个老旧小区项目可新增停车位1800处。配合交管部门规划机动车停车位和非机动车停放点，完工后新增7600处，2019年老旧小区及支路小街巷维修改造项目完工后可增加停车位达18600处。利用各种闲置空地建设小微停车场，空置场地建设停车场10处，可容纳2050辆车停放。

【续建安置区项目】 2019年，续建安置区项目3个，大新三期完成工程量99%以上，11月份交付使用。新水桥二期完成工程量90%左右，新水桥二期二标段存在工程进度滞后，11月份交付使用。五渡桥中心村安置区完成工程量60%左右。

【安置区项目竣工验收】 完成燕鸽家园、章子湖家园去“三化”工程，对接市直相关部门协调解决康顺家园、前程家园等5个安置区未安装太阳能热水器和楼栋未安装热计量表问题。与中铁水务公司协调，完成12个安置区的二次供水验收，对接市质监站，完成友爱家园东区、满春三期、阁笛湖安置区竣工备案。康顺家园、聚丰苑南北区已质检验收，资料审核中。金沙家园准备资料等待验收，其他小区待规划核实通过后验收备案。

【入住安置区维修】 督促施工单位完成燕祥家园428条维修、博雅家园下水管断裂维修、新安家园消防整改等。安置区存在问题统一通过招标方式确定施工单位，维修部分施工单位未维修的安置区。

【安置区审计结算】 配合市财政局、审计局等单位，完成满春三期、满春四期等安置区的审计结算工作，协商解决八里桥十一队、十二队及燕鸽五队、满春小康村相关问题。

【安置区产权登记】 审核满春新村二区、典农家园等康居房屋安置合同1300份，完成满春三期B区（满春新村二区）、掌政三期（典农家园）等5个安置区的不动产权首次登记工作，友爱家园东区不动产权首次登记工作进行中。

【协调物业储备金移交】 协调市物业办缴纳满春新村二区1795套162545.92平方米的物业专项维修资金。聚丰苑小区（友爱康居安置区一、二期）分配时未缴纳专项维修资金，但缴纳专项维修资金票据为房屋合同审核的必要资料，相关资料已递交银川市物业办，新建安置区大新二期专项维修资金缴存资料递交银川市物业办，等待办理。

【信访问题】 回复各类信访平台信访件186起，其中人民网领导留言板、市民热线等平台122起，其他各类信访问题64起。配合市信访局就颐园小区办证及怡兰美居分房事宜接访5次。陪同市包案领导和市信访局到颐园小区、雅庆苑、金水花园走访调研3次。

【老旧小区改造项目】 分期组织改造96个老旧小区，其中8个小区实施既有居住建筑节能改造，建筑面积243万平方米。第一期改造59个老旧小区，项目估算总投入约4800万元，完工58个，1个正在施工。第二期改造37个老旧小区，项目估算总投入7293万元，环境综合改造项目完工35个，2个施工中，其中既有居住建筑节能改造项目涉及8个老旧小区，投资概算3670万元。

【支路及背街小巷改造项目】 投入7400万元，分三批次对辖区170条支路及小街巷基础设施实施维护改造和进行其他街巷的日常管护，铺砖面积30.22万平方米，沥青油面1.97万平方米、混凝土硬化面积2.05万平方米、安装道牙3.61万米、修复和新建树框7128套、更换修护各类检查井2723个，新增停车位6315个。

【棚户改造】 兴庆区计划改造棚户区13个，涉及拆迁4143户、189.91万平方米，聘请评估和测绘公司评估测绘民乐瓷砖市场。

【城镇低效用地项目】 兴庆区城镇低效用地项目6个，其中湖滨街体育巷项目监管协议经政府常务会议研究通过，待区委常委会研究通过后，将与该项目实施企业签订监管协议等，其他5个城镇低效用地项目推进中。

【安置区遗留问题】 妥善解决唐徕小区、民乐安置区遗留问题，银川市财政局拨付兴庆区人民政府5000万元，配合兴庆区政府做好唐徕小区改造项目652户动迁群众安置。对接市财政局，尽快拨付资金1000万元，确保民乐安置区81117.2平方米动迁群众返还面积安置工作。

【美丽村庄建设】 2019年，住建厅下达兴庆区2处美丽村庄任务，分别是月牙湖村二道墩队、通贵乡通西村。计划投资200万元，实施月牙湖村、通西村2个村庄道路硬化、路灯亮化、环境绿化。各乡镇美丽村庄建设方案正在评审中。

【危房改造】 住建厅2019年下达危房改造任务86户，其中“四类重点对象”74户，其他贫困户12户，无极度贫困户。

【建筑行业督查】 辖区建筑项目102处，其中兴庆区政府投资类项目25个，其他投资项目77个，其中现在建工地96个。发放《兴庆区政府性投资项目工程质量安全、质量整改通知书》30份，委托自治区建科院抽检材料20批次。配合银川市行管处完成辖区内标化工地等综合评定工作。监督检查建筑工地标准化工地建设情况、6个100%扬尘治理、工地围挡墙体内容的展示等方面，配合银川市行管处行业管理辖区在建工地，开展各建筑工地、空地围挡专项整治行动。辖区所有工地围墙等一律改用人造草坪围挡。公益广告篇幅不低于临街墙面总面积的50%。85%的在建工地按政府下达的文件要求完成绿植围挡及宣传标语展示，对未达标的工地下达整改通知书限期整改。

兴庆区住建局协调老旧小区办理房屋产权证

【土地征收】 2019年，报送市人民政府征收测算项目3项，其中月牙湖乡黄牛养殖场项目规划占地面积为6634亩，需拆除各类建筑物6850平方米，征地拆迁总费用3804.72万元，银川市实际拨付征地补偿启动资金1000万元，缺口资金2804.72万元。恒大足球小镇项目涉及征收土地2168.73亩，拆除各类建筑物515325平方米，返还房屋37460.45平方米，需补偿款51428.96万元，完成项目一期685亩规划用地内5家花卉企业的搬迁，涉及134户农宅拆除完毕，市政府尚未明确征收补偿方式，拨付到位补偿款3000万元。银川市第一再生水厂项目涉及各类土地1137亩，需征收补偿资金13203.88万元，完成一期用地及边角地482.47亩征收，3600平方米建筑物拆除完毕，亿豪废旧物资回收有限公司8000平方米钢材清运完毕，用地移交施工单位，一期规划用地及边角地581.24亩需补偿5354.28万元，市财政拨付2000万元。

【既有住宅加装电梯】 推进既有住宅加装电梯试点工作，在充分听取群众意见、尊重群众意愿的基础上，开展加装电梯工作，辖区有牡丹园、福星苑、中苑小区等33个小区，共计74个单元开始加装电梯作业。

（供稿人：金涛）

房地产

【宁夏荣恒房地产集团】 1985年成立，前身为宁夏城乡房地产开发公司。1998年底，企业负资产改制，成立有限责任公司。2002年6月更名为宁夏荣恒房地产集团。国家二级房地产开发资质，是集房地产开发、物业管理、建筑安装等多种经营于一体的集团化企业。通过ISO 9001国际质量体系认证，累计开发各种房屋建筑面积130余万平方米，办公地址位于新华东街526号塞上凝聚力超越中心。2004年9月，开发建设的“春满园”住宅小区以超出50%的节能标准通过住房和城乡建设部验收，该小区入选自治区、银川市的建筑节能示范工程，获得“全国绿色建筑创新奖”。2007年，荣恒集团再次申报“塞上骄子”住宅区为全国65%建筑节能示范工程，成为宁夏首家65%建筑节能示范工程。2008年以来，荣恒集团开发建设63万平方米的“塞上凝聚力”商业城，项目位于银川物流带的中心位置，衔接银川传统核心新华商圈，打造大银川核心商圈。2019年，公司施工面积9.75万平方米，完成开发投资额2.42亿元，销售面积5.75万平方米，实现销售收入3.55亿元，上缴各种税金2180万元，实现利润2132万元。宁夏荣恒塞上凝聚力商住南区一期“荣恒星宅”开工建设。集团先后被授予“房地产开发企业AA级信用企业”“银川市房地产业协会2018年度优秀企业”等20项荣誉称号。

（供稿人：梁艳）

宁夏荣恒塞上凝聚力商住南区一期开工

【宁夏住宅建设发展（集团）有限公司】 1997年7月创建，国家房地产开发一级资质，注册资金1.31亿元，是集房地产开发、建筑工程设计、建筑工程施工、建筑工程监理、物业管理、酒店管理、生态旅游等于一体的综合型集团公司。集团职工700人，拥有各类专业技术人员360人。2019年，公司完成开发投资额2090万元，竣工面积4.42万平方米，商品房销售面积3.32万平方米，实现销售收入32653万元，纳税总额为2128.7万元，当年实现税后利润235.35万元，资产负债率为78%。全部土地储备达到432.32亩，其中银川市及周边区县394.98亩、外省市县37.34亩。公司获2018年度银川市房地产开发“十强企业”和“诚信企业”称号。

（供稿人：郑晶）

【恒大地产集团银川有限公司】 公司是中国房地产企业十强——恒大集团的全资子公司，具备大型地产项目开发经验，拥有项目拓展、规划设计、产品研发、建筑施工、工程监理、广告策划、营销推广、市场研究、物业服务等全程地产开发机构。业务覆盖银川市，相继开发银川恒大名都、银川恒大御景、银川恒大御景半岛、银川恒大帝景、银川恒大珺睿府等5个精品项目，缔造出“人居生态典范，精品住宅标杆”。2019年，公司销售额23.03亿元，回款21.9亿元，在建面积62.49万平方米，新开工18.77万平方米，取得施工证15.68万平方米、预售证16.88万平方米，8个合同交楼项目75万平方米全证照交楼，新上马1个项目519亩，新增建筑面积56.22万平方米。公司先后获世界500强企业、“房地产开发企业AAA级信用企业”等荣誉称号。

（供稿人：罗娟）

【宁夏众一发展集团有限公司】 2008年2月成立，是ISO 9001国际质量管理体系认证单位。公司位于银川市贺兰山东路666号帕克中心A座，注册资金5000万元。员工48名，其中大中专以上学历42名，各类专业技术人员40名。集团公司下设：宁夏众一建设工程有限公司、宁夏众一物流有限公司、宁夏众一物流城市配送有限公司、宁夏众一门窗工程有限公司、宁夏众一砼业有限公司、宁夏众一物业服务有限公司，是集房地产开发、工程建设、货运物流、商贸、宾馆餐饮、混凝土业生产与销售、门窗制造、物业服务、农业种植与开发于一体的现代企业。2019年，开发投资总额8.3862亿元（含上年度结转项目），开发面积23.326万平方米，施工面积14万平方米。商务办公和住宅均销售达总面积的80%以上，销售金额1.7021亿元，缴纳各项税金1088.55万元，实现利润6179万元。“众一·福泽上豪苑”项目获国家第九届“广厦奖”第二批候选项目，公司获宁夏房地产业协会2019年度“销售领跑企业”“先进会员单位”“2019年度银川市房地产开发优秀企业”等多项荣誉称号。

（供稿人：解婷）

2019年兴庆区规模以上工业企业（本区）名录

表7

区划	序号	单位详细名称	主要业务活动	街（村）、门牌号（注册地址）	电话
本区	1	宁夏哈纳斯燃气集团有限公司	天然气供应	银川市兴庆区北京中路162号马斯特商务中心	0951-5923680转8038
	2	宁夏东部热电股份有限公司	天然气发电	银川市北京东路出版大厦	
	3	卧龙电气银川卧龙变压器有限公司	变压器制造业	银川市兴庆区八里桥科技园兴源路221号	
	4	银川市滨河磨料磨具有限责任公司	碳化硅	银川市兴庆区春林村掌政集镇	0951-5024599
	5	银川中铁水务集团有限公司	自来水生产和供应	银川玉皇阁北街18号	
	6	宁夏隆康供热有限责任公司	居民供暖	银川市兴庆区双庄康居新村	
	7	国网宁夏电力有限公司	电力供应	银川市长城东路288号	
	8	银川市热力公司	集中供暖	银川市湖滨西街银湖巷41号	
	9	银川市东部天然气有限公司	天然气供应	银川中山北街250号	
	10	银川天地龙工贸有限公司	预拌混凝土	银川市兴庆区佳龙苑5号楼11号营业房	
	11	宁夏三瑞机械环保设备有限公司	环境保护专用设备制造	银川兴庆区科技园大连东路521号	

2019 年兴庆区房地产开发企业资质情况登记表

表8

一级房地产一览表				
序号	企业名称	企业类型	法定代表人	详细地址
1	宁夏新材房地产开发有限公司	有限责任公司	朱国广	银川市兴庆区新华西街121号
2	银川建发集团股份有限公司	有限责任公司	杨　伟	银川市兴庆区新华东街166号
3	宁夏中房实业集团股份有限公司	有限责任公司	王爱全	宁夏银川市兴庆区文化东街68号
4	宁夏正丰房地产开发有限公司	有限责任公司	郑国祥	银川市兴庆区北京东路219号
5	宁夏住宅建设发展（集团）有限公司	有限责任公司	王新生	银川市兴庆区北京东路379号
6	宁夏银帝房地产开发有限公司	有限责任公司	朱奕龙	银川兴庆区中心巷150号

续表 8

二级房地产一览表				
序号	企业名称	企业类型	法定代表人	详细地址
1	宁夏隆湖房地产开发集团有限公司	有限责任公司	徐　毅	宁夏银川市兴庆区湖滨东街135号
2	宁夏金宇房地产投资集团有限公司	有限责任公司（自然人投资或控股）	金荣华	宁夏银川市兴庆区治平路55号
3	宁夏房地产开发集团有限公司	一人有限责任公司（法人独资）	贺玉斌	银川市兴庆区解放西街361号
4	宁夏英力特房地产开发有限公司	一人有限责任公司（法人独资）	宗维海	银川市兴庆区民族南街150号
5	银川大地房地产开发有限责任公司	有限责任公司（自然人投资或控股）	齐　宁	银川市兴庆区清和北街255号
6	银川联创住宅建设开发有限公司	有限责任公司	李厚生	银川市兴庆区中心巷148号
7	宁夏房地产综合开发有限公司	有限责任公司（自然人投资或控股）	刘胜冬	银川市兴庆区长城东路439号
8	宁夏隆盛房地产开发有限公司	有限责任公司（自然人投资或控股）	魏海鹰	银川市兴庆区宝湖东路283号
9	宁夏绿地房地产有限责任公司	有限责任公司（自然人投资或控股）	王义新	银川市兴庆区进宁北街68号
10	宁夏北方温和房地产开发集团有限公司	有限责任公司	温炳成	宁夏银川市兴庆区民族北街50号
11	宁夏凯尔星房地产开发有限公司	有限责任公司（自然人投资或控股）	祁国亮	银川市兴庆区解放东街222号医疗器械综合楼三层
12	宁夏荣恒房地产集团有限公司	有限责任公司（自然人投资或控股）	梁志东	银川市兴庆区新华东街526号塞上凝聚力37号楼
13	宁夏富龙房地产开发有限公司	有限责任公司（自然人投资或控股）	杨　惠	银川市兴庆区北门金三角富龙大厦
14	宁夏富地房地产开发有限公司	一人有限责任公司（法人独资）	王生兵	宁夏银川市兴庆区民族北街中房，高尔夫商务楼A座9层01号房
15	银川众一集团房地产开发有限公司	有限责任公司（自然人投资或控股）	杜　超	银川市兴庆区凤凰北街566号
16	银川三建房地产开发有限公司	一人有限责任公司（法人独资）	刘惠敏	银川市兴庆区解放东街173号
17	宁夏华尊立达房地产开发集团有限公司	有限责任公司（自然人投资或控股）	张　达	银川市兴庆区解放东街450号银川市日用百货副食品批发市场2号楼
18	宁夏海利达房地产开发有限公司	有限责任公司（自然人投资或控股）	李攀峰	银川市兴庆区清和北街景墨家园140号办公楼
19	宁夏地德人和房地产开发有限公司	有限责任公司（自然人投资或控股）	李志海	宁夏银川市兴庆区长城东路120号五层
20	宁夏中恒房地产开发有限公司	有限责任公司（自然人投资或控股）	王　喆	银川市兴庆区玉皇阁北街37号
21	宁夏建元房地产开发有限公司	有限责任公司（自然人投资或控股）	施建文	银川市兴庆区上海东路满春家园一组团18号综合楼八层
22	宁夏檀溪房地产开发有限公司	一人有限责任公司（私营法人独资）	周荣军	银川市兴庆区掌政镇鸣翠天地1号商业楼
23	宁夏光耀房地产开发有限公司	有限责任公司（自然人投资或控股）	马耀庭	银川市兴庆区民族南街光耀美居五层营业房

续表 8

二级房地产一览表				
序号	企业名称	企业类型	法定代表人	详细地址
24	宁夏上陵房地产开发有限公司	一人有限责任公司（法人独资）	史　信	银川市兴庆区丽景北街726号2号办公楼
25	银川市通城置业集团房地产有限公司	有限责任公司（自然人投资或控股）	席　华	银川市兴庆区湖滨西街体育巷8号
26	宁夏众一发展集团有限公司	有限责任公司（自然人投资或控股）	袁责钧	银川市兴庆区贺兰山东路666号
27	宁夏兴泰隆房地产开发有限公司	其他有限责任公司	冯军君	银川市兴庆区上海东路828号新水综合楼2号楼4层
三级房地产一览表				
序号	企业名称	企业类型	法定代表人	详细地址
1	宁夏弘德建设发展有限公司	有限责任公司（自然人投资或控股）	张庆宁	银川市兴庆区清和南街398号
2	宁夏金鸿海置业有限公司	有限责任公司（自然人投资或控股的法人独资）	张　飞	宁夏银川市兴庆区恒大御景小区30号营业楼
3	宁夏美林房地产开发有限公司	有限责任公司（自然人投资或控股）	鲍　强	银川市兴庆区文化东街10号楼7号营业房
4	宁夏嘉屋房地产有限公司	其他有限责任公司	竺伟军	银川市兴庆区长城东路86号
5	宁夏长登房地产开发有限公司	有限责任公司（自然人投资或控股）	宋　玉	银川市兴庆区石油城旺角商业街长长长大酒店三楼
6	宁夏宝丰地产开发有限公司	其他有限责任公司	耿　楠	银川市兴庆区丽景北街中国穆斯林国际商贸城东培楼
7	银川胡商投资有限公司	有限责任公司（自然人投资或控股）	林登科	银川市兴庆区文化西街106号国际贸易中心B段7层B8、B9、B10号办公用房
8	宁夏圣华恒基房地产开发有限公司	有限责任公司（自然人投资或控股）	姚建国	银川市兴庆区湖滨东街45号
9	宁夏兴洲房地产开发有限公司	其他有限责任公司	陆　露	银川市兴庆区清和南街256号
10	宁夏协力厚房地产开发有限公司	一人有限责任公司（私营法人独资）	李逢春	银川市兴庆区解放东街民生巷46号6楼
11	中阿文化城（宁夏）控股有限公司	有限责任公司（自然人投资或控股）	王　磊	宁夏兴庆区凤凰北街田园巷100号城市1号花园6号楼A座2301室
12	宁夏林威房地产开发有限公司	有限责任公司（自然人投资或控股）	路志齐	银川市兴庆区胜利街1000号
13	宁夏昆仑房地产开发有限公司	有限责任公司（自然人投资或控股）	党　宾	银川市兴庆区丽景南街昆仑建材市场1号楼
14	宁夏诚敏房地产开发有限公司	有限责任公司（自然人投资或控股）	陈敏金	银川市兴庆区丽景北街东侧
15	银川鑫鑫房地产开发有限公司	有限责任公司（自然人投资或控股）	韩凤莲	银川市兴庆区中山北街375号（大地恒富小区13号楼4层）
16	宁夏蓝泰实业有限公司	有限责任公司（自然人投资或控股）	赵　静	宁夏银川市兴庆区民族北街蓝泰大厦B座
17	宁夏通和房地产开发有限公司	有限责任公司（自然人投资或控股）	陈志杰	宁夏银川市兴庆区中山北街491号
18	银川力鼎房地产开发有限公司	有限责任公司（自然人投资或控股）	强　飚	银川市兴庆区凤凰南街4-6号

续表 8

三级房地产一览表				
序号	企业名称	企业类型	法定代表人	详细地址
19	宁夏三鑫房地产开发有限公司	有限责任公司（自然人投资或控股）	郝卫仲	银川市兴庆区高尔夫家园27号商住楼4号营业房
20	宁夏江宁实业有限公司	有限责任公司（自然人投资或控股）	王金水	银川市兴庆区丽景街东侧.规划北塔路北侧银川江宁国际酒店用品商贸城15号楼4楼
21	宁夏祥顺房地产开发有限公司	有限责任公司（自然人投资或控股）	刘文丽	银川市兴庆区永康北巷111号三层西南面1号
22	绿地集团银川置业有限公司	一人有限责任公司（法人独资）	李　蓟	银川市兴庆区兴水路1号
23	宁夏中瀛泰富置业有限公司	有限责任公司（自然人投资或控股）	李兴元	银川市兴庆区凤凰北街515号中瀛御景二期1号商住楼3单元109（复式）室
24	银川康民房地产开发有限公司	一人有限责任公司（法人独资）	王桂芳	宁夏回族自治区银川市兴庆区银横路14号
25	宁夏神五房地产开发有限公司	有限责任公司（自然人投资或控股）	康占林	宁夏银川市兴庆区银通路丽景雅居26号楼
26	宁夏利鑫置业有限公司	有限责任公司（自然人投资或控股）	康全保	银川市兴庆区中山北街黄河龙大厦6楼
27	宁夏天豹房地产开发有限公司	一人有限责任公司（法人独资）	安　鹏	宁夏银川市兴庆区上海东路822号
28	宁夏浩华房地产综合开发有限公司	有限责任公司（自然人投资或控股）	胡满华	银川市兴庆区凤凰南街51号
29	银川恺祥达房地产开发有限公司	有限责任公司（自然人投资或控股）	姚　鹰	银川市兴庆区溪桥花园2号商住楼1单元601-602
30	宁夏新思维房地产开发有限公司	其他有限责任公司	白　涛	银川市兴庆区中山南街47号
31	宁港城市建设发展有限公司	有限责任公司（自然人投资或控股）	袁　超	银川市兴庆区北塔东路北侧胡商国际商贸城4号楼1616室
32	银川第一市政房地产开发有限公司	有限责任公司（自然人投资或控股）	姚　虎	宁夏银川市兴庆区贺兰山路666号众一帕克中心A座17层
33	银川市一建房地产开发有限公司	有限责任公司（自然人投资或控股）	邵关宝	银川市兴庆区南薰东路28号
34	宁夏银祥房地产开发有限公司	有限责任公司	王连喜	银川市兴庆区玉皇阁南街28号北四楼
35	宁夏长庆房地产开发有限责任公司	有限责任公司	田西宁	银川市兴庆区东郊红花乡友爱村五队石油管道基地
36	宁夏宁房房地产开发有限公司	有限责任公司（自然人投资或控股）	方　昕	银川兴庆区城区凤凰南街79号办公楼
37	宁夏辰隆房地产开发有限公司	其他有限责任公司	邓世川	银川市兴庆区上海东路775号

交通运输

【概况】 2019年，兴庆区交通运输局贯彻落实兴庆区委、区政府的安排部署，围绕中心工作，完成既定工作目标任务。新建项目3个，全长23.6公里，投资4214.306万元，争取自治区交通厅补贴315万元。续建项目3个。

【月牙湖乡洪岳路工程】 新建兴庆区月牙湖乡洪岳路二期建设工程，项目全长4.66公里，概算总投资821.376万元，争取自治区交通运输厅补贴207万元，项目建设完成，进入交工验收阶段。

【月牙湖乡月兴路工程】 新建兴庆区月牙湖乡月兴路建设工程，项目全长18.94公里（其中四级公路长度16.94公里、砂砾路长度2.0公里），概算总投资2589.33万元，自治区交通运输厅补贴108万元。11月中旬完成全部工程。

【电商产业园道路工程】 新建兴庆区电商产业园部分市政道路工程。项目全长536.6米，概算投资475.81万元。项目地下管道建设完成，11月底完成全部建设任务。

【乡村公路路灯亮化工程】 新建2019年兴庆区乡村公路太阳能路灯亮化工程，概算总投资803.6万元，更换太阳能路灯电池及控制器3141块，更换LED灯板1384盏，完成总工程量的80%，11月初完成全部工程。

【永通路东侧停车场工程】 续建兴庆区永通路东侧停车场建设工程，项目规划停车场面积约28000平方米，投资827.1万元，因通贵乡市场未完成拆迁致使规划停车场无法施工，其余地段完成。

【滨河集镇市政道路工程】 续建兴庆区滨河民族特色集镇市政道路建设工程——永通路一期延长段，该项目全长663米，投资1287.8万元，全部完成，交工验收中。

【扫黑除恶专项斗争】 制定《银川市兴庆区交通运输局扫黑除恶专项斗争工作实施方案》和《兴庆区交通运输局领域突出问题集中整治行动方案》，成立工作领导小组，召开扫黑除恶专项斗争研究部署会及推进会34次。设立线索举报箱8个，张贴宣传条幅与海报166余条（张），发放宣传册、线索表1300余份，重要农村道路两侧安装道旗450面。查出7条行业乱象，其中4条上报扫黑办，协调解决3条，剩余1条处理中，还有3条因无执法权限，分别致函给银川市道路运输管理局及城市客运管理中心协调处理。联合交警、路政部门、兴庆区综合执法局等单位每月不定期开展联合执法，整治行业乱象。

【养护管理】 排查辖区270公里乡村公路、桥涵安全隐患，重点检查所有桥梁的承重结构，提升乡村道路通行能力。投资约157万元维修燕庆街、塔白路、塔桥中心路等农村公路约11100平方米路面，维修完毕正常通行。投资90万元翻建河滩中心路1公里路面。辖区农村公路路况巡查、路灯管护交由宁夏交通建设公司负责，6条、30余公里的主要乡村公路作为试点，维修保养路面、桥涵交通安全设施。

【超限超载治理】 开展联合执法，超限车辆实施卸货、称重、抄告等，保持治超工作的高压态势。加大路政巡查力度及扬尘治理力度，治理占用公路乱搭乱建、乱堆乱放和占道经营等违法行为，确保辖区公路安全畅通，路域环境优美。

【海事执法检查】 2019年，安全生产宣传12次，发放宣传材料200余份。安全生产检查16次，检查各类船舶530余艘。加强重点水域、重点时段、重点船舶的安全监管，加强巡查和预防预控，水上旅游景区利用景区视频监控，实时掌握船舶流量、从业人员状况和码头旅客上下船秩序，提升现场监管实时性和有效性。加强船舶的动态监管，严厉打击船舶等各类违章行为，创造良好的通航环境。节日期间建立健全和完善安全生产责任制等各项规章制度，从源头上严格把关，消除事故隐患，维护水上交通安全形势稳定。清明、五一、端午期间，水上交通参与人员较多，加大安全宣传、查处力度，及时通报天气和水情信息，确保水上交通安全和人民群众生命财产安全。完善各项交通战备工作职责和工作程序，确保交通战备应急状态下的道路畅通。加强交通战备人员的专项业务培训，促进各项工作落到实处。

【创建文明城市整改】 坚持每周五到责任街道和社区，积极参加“创建全国文明城市，清理三乱志愿服务”活动，清理垃圾死角，提升城市文明程度，消除环境卫生“脏、乱、差”现象。宣传文明城市创建知识，提高群众参与率、知晓率、支持率，营造全民创建文明城市的良好氛围，增强社区居民的卫生文明意识。

【问题整改】 2018年12月6日至2019年1月31日，银川市委第五巡察组巡察兴庆区交通运输局党组，2019年3月29日反馈巡察情况意见。7个方面的问题整改到位，约谈11人，清退款项合计2万元。

（供稿人：白云）

▷ 城乡管理

城乡环境卫生专项治理

【概况】 2019年，兴庆区综合执法局坚持执法力量向基层倾斜，落实85%的执法人员下沉一线的要求，机关原有的127名工作人员和银川市划转的53人下沉至乡镇、街道执法中队。选任8名能力突出的在职在编人员担任执法中队中队长，轮岗调整7名任职时间超过2年的在编执法中队长。承接银川市下放的8个部门230项行政执法权，以及兴庆区各部门、乡镇448项行政执法事项。组建机关直属二中队开展专业领域执法，涉林业类案件立案1起，建设工程类案件立案2起，房地产类案件立案12起（结案5起），市容环境卫生方面立案约400起。建立综合执法决定审核与法律顾问制度，成立案件法制审核委员会，制定重大行政执法案件集体审理制度，召开案件审查会议8次。在银川市城管办、爱卫办组织检查考核中兴庆区以926.4分排名三区第一。

【教育培训】 开展执法培训6期，培训执法人员114人次，参与市级综合执法部门执法培训1次，通贵乡派出所组织开展半军事化封闭式培训1次，提升执法业务水平。

【制度建设】 制定《行政执法全过程记录制度》《兴庆区综合执法局行政处罚案件流程与审批规范制度》《行政文书排版有关问题的说明》《行政处罚案件卷宗制作说明》《卷内文件目录制作说明》《案件受理记录制作说明》等执法制度规范，确保每件行政执法案件有记录、有案卷，保障执法文书规范，案卷完整齐全。

【信息化建设】 引进全新执法监管平台，配备手持终端178部、执法记录仪178部，开展培训6次。结合智慧城市运营分中心建设，所有执法车辆安装定位系统，监督运行轨迹，实现执法工作远程指挥。

【执法证件管理】 完善行政执法人员执法证件报送考试制度。严格落实执法证件管理制度，杜绝无证执法和过期证件无效执法的情况发生，通过学习培训，使在编人员持证执法比例达到83%。

【“门前”三包管理】 落实“门前”三包管理责任。与2.4万家商户签订了《门前“三包”责任书》，悬挂门前“三包”责任制标识牌1.5万块，清理流动摊点2.4万人次，暂扣经营车辆1400辆次，暂扣其他经营工具6200件，清理店外经营2.1万起、乱堆乱放1.1万起，暂扣店外摆放餐厨垃圾桶600个次，查处违规倾倒餐厨垃圾、污水190起，劝离流浪乞讨人员497人，涉市容秩序类行政罚款73.2万元。

【马路市场专项整治】 取缔庆丰街市场、双福食街市场等11处马路市场，自2018年以来已经取缔22个。

【广告门头牌匾专项整治】 引进追呼系统，加强城市街道、巷道两侧建筑物、构筑物和其他设施“三乱”小广告的综合治理。上传1.8万个“三乱”小广告电话号码，甄别限制400多个号码的使用，拆除门头牌匾、广告标识2756处，整改门头牌匾949处，清洗门头牌匾2500处，拆除条幅广告2100条，清理玻璃贴字5500处，制作安装信息公示栏200个，清理“三乱”小广告1.4万处。

【建筑工地管理】 落实建筑工地文明施工标准化要求，从严治理建筑工地扬尘污染。开展联合整治检查80次，督促整改问题工地37家，覆盖裸露空地15处，下发限期整改通知书237份，查处违规车辆63辆，行政处罚17辆违规车辆和30家违规工地，罚款208000元。

【物业管理】 强化行业监督指导，全程指导、监督业主委员会的筹建及成立工作，完成业委会备案7个、物业服务合同备案55个、项目经理备案40个，下发限期整改通知书55份，现场协调处理督办单4件，微博回复53件，电话投诉60个，现场协调召开物业联席会议20次，协调涉物业企业纠纷矛盾40起，信用计分扣分处理60个物业服务企业。妥善安排住宅专项维修项目，上报73项专项维修资金项目，确定通过45个项目。

【垃圾分类】 开展垃圾分类宣传活动400余次，在观湖壹号、东城人家、塔东小区等40个示范小区均建成垃圾分类收集亭，回收厨余垃圾537.5公斤，回收报纸642.1公斤、纸板1187.3公斤、饮料瓶634.1公斤、纸箱20公斤、书本15公斤、旧衣物270公斤，在12个垃圾分类示范物业小区的基础上，建成12个生活垃圾分类无物业示范小区。

【春季病媒生物防控】 组织病媒生物预防控制培训300人次，投入85万元消杀经费，完成1000栋老旧无物业小区楼院、190栋城中村楼院、99栋两乡两镇楼院、71处养殖场及辖区范围内重点区域的集中消杀。

【城乡环境大整治】 实行日督查月通报排名制度，每月对各责任单位环境卫生状况通报排名，下发兴庆区城乡市容环境卫生月通报9期，二排沟、铁路沿线卫生通报9期，农村环境卫生专项通报3期，限期整改通知书28期，下拨农村服务外包经费220万元。

【“双创”基地产业孵化园展示区项目】 完成选址意见书、土地划拨决定书及土地不动产产权证书、建设用地规划许可证、建设工程规划许可证、中标通知书的项目名称变更等相关手续的办理，同步完成可行性研究报告和初步设计方案的编制和审批，设计完善施工图和图审手续。编制项目中期结算报告，督促施工单位整改质量检测不合格工程。

【健康城市、村镇建设】 制订《兴庆区健康城市健康村镇建设实施方案（2017—2020）》，联合相关单位初查筛选2019年申报的7个健康单位、15个健康社区、2个健康学校及1个健康村，3个健康单位、1个健康社区被评为自治区级健康“细胞”建设示范点，1个健康单位、4个健康社区被评为银川市级健康“细胞”建设示范点。申报各级卫生先进单位及卫生达标居民小区19家。

【拆违工作】 起草下发《兴庆区违法违章建筑整治工作实施方案》，摸底辖区范围内重大违建情况，拆除违法违规建设784处54万平方米，系2014年银川市开展违法违规建设专项整治以来兴庆区拆除面积最大的集中整治行动，解决民乐瓷砖市场、北塔四队、北塔六队、高台十二队等历史遗留的城中村违章搭建问题。

【“美丽楼院”创建】 制订《兴庆区关于开展“美丽楼院”创建工作实施方案》，以全面实现520个老旧小区“八个有”（有公共保洁、有垃圾分类、有秩序维护、有停车管理、有安全保卫、有绿化养护、有道路保养、有维修管理）为目标，通过实施改造、连片打通、引进物业等，引进北京诚智慧中物业服务有限公司、银川建发物业服务有限公司等13家物业企业进入老旧小区服务。

【队伍建设】 制定下发《兴庆区综合执法“七条”禁令及责任追究办法（试行）》，严格要求综合执法人员及辅助执法人员把“七条”禁令作为行为底线。从严整治只要待遇图清闲、不想担当不作为等问题，通报批评不作为、慢作为的综合执法干部1人，开展谈话提醒3人次，调整出综合执法队伍2人。

【文明养犬示范小区】 宝南社区、塞上骄子、玺云台等12个居民小区开展创建文明养犬示范小区活动，开展流浪犬收容工作。办理犬只准养证3732本，收容流浪犬1600只，查处遛狗不拴犬链33起，处罚2920元，批评教育不文明行为1862起，流浪犬问题得到有效治理。

【警综联合执法】 建立综合执法与交巡警联合执法巡查机制、综合执法与公安民警联合执法机制，成立24个巡查执法小组，率先在三区实行警综联合执法，制定公安民警配合乡镇街道城市管理执法日程，整改和处罚乱停乱放、占道经营、店外经营、停车场秩序混乱等。

【机动车停放规范专项行动】 制订下发《兴庆区文明城市创建整改机动车停车场工作实施方案》，统一规定机动车停车场标识、收费岗亭、电子监控系统、进出口支付收费系统，实行门前“三包”管理。新华商圈、南门广场、前进街西塔周边等重点区域科学划定非机动车停车点，标线不清楚的停车点重新施划。更换机动车看护房150个，规范整治机动车停车场220个，重划和新划非机动车停放点标线600处，清理违章停放非机动车辆1.2万起，清拖“僵尸”机动车210辆。

【旧货市场专项整治】 联合下发

《关于对辖区旧货市场进行统一搬迁的通知》和《关于开展铝合金加工和机动车维修专项整治的通知》，通过集中治理、文明劝导、宣传教育、执法惩戒等，打击无证经营、占道经营、露天作业、乱排乱放等违法违规行为，取缔违规旧货市场、铁艺加工、车辆维修180处，引导搬迁173处，查处占道经营1824处，行政罚款18450元。

（供稿人：陈晓丹）

城乡环境卫生综合治理

【概况】 2019年，兴庆区市容环境卫生服务中心以“兴庆率先”为工作总目标、高标准精细化规范化环卫作业及管理大提升行动为契机、全国文明城市创建整改攻坚任务为突破口，推进城乡环卫管理模式、环卫基础设施、环卫保洁队伍建设。落实“5+1”机械化无尘作业模式（即采用干扫扫浮灰、洗扫扫积尘、高压冲洗精细扫、洒水全面去脏污、道路养护除死角的五维立体式机械作业方式）。新建公厕22座。其中，建成区新建3座。整修改造5座垃圾中转站，提高垃圾转运工作效率。银川市投资改造环卫休息室11座，超额完成任务1座。

【步行街“旗舰”工程打造】 以步行街为立足点先行先试，“硬件化”改善街路设施，新置灭烟柱及环卫工具座椅、更新果皮箱、张贴文明标语、打磨雕塑光泽、改造粉刷景观设施。“软件化”改善街路卫生，采取人机结合模式，对市政设施、道砖墙面、花池等实行清洗作业，打造新华商圈“旗舰街”，改善城市名片新面貌。

【环卫样板街工程创建】 精选新华街、解放街、中山街等10条环卫样板街路，制定配套实施方案，因地制宜采取具体细化措施，提升作业质量标准。每周组织一次“比学赶超”现场观摩会，找差距，补短板，以点带面，向其他街巷延伸。

【烟头不落地行动】 在辖区步行街、文化街、新华街等街道人流密集区域安装灭烟柱，开展“烟头不落地，文明又美丽”行动。分别在公交车站台、医院、学校门口、广场等处安装立式灭烟柱，规定出吸烟区，在十字路口两侧安装挂式灭烟柱。各安装点位每日进行擦洗、清掏，保证灭烟器干净整洁无破损。多次开展“党员引领先锋，争做文明市民”捡拾烟头活动，利用宣传音箱、派发宣传单宣传倡导控烟理念，改善乱扔烟头行为。

【“1541”机械化作业】 以主要街路、重点街路为主，利用环卫保洁机械化作业设备，创新建立“1541阵型机械化多车一体化联合作业”模式。多车一体化联合作业模式：1辆洒水车当头，湿洒路面，将道路护栏的杂物冲洗到道路两侧；5辆前喷架洒水车利用高压水流冲刷路面的污泥；4辆洗扫车紧跟，污渍泥渣全方位洗扫吸污；1辆雾炮车队尾喷雾降尘。采取错时错峰洗扫降尘联合作业，作业时间为：9:30—11:30，14:00—16:30，20:00—21:30。6月初在区委、区政府组织的调研活动中，机扫车联合作业模式受到调研组的肯定和表扬。

【“以克论净”考核】 落实建成区道路“以克论净”考核评价体系，提高街路清扫保洁质量。265个停车场、84个小微公园及315处物业公司接壤的公共街面管辖区域纳入清扫范围，统一作业标准，建立常态化长效机制。利用抑尘扫帚、电动保洁车巡回保洁，利用道路养护车、电动清洗车实行机械清洗+人工循环洗扫模式，达到深度洁净。

【城中村卫生旧貌改善】 根据三处城中村实际情况，成立道路保洁、垃圾收运、高压冲洗等小组，实行“垂直管理、统一作业”。充实扫保人员、按时段清运垃圾、清洗果皮箱及卫生死角垃圾、铲除粉刷各类小广告，提升城中村区域整体卫生水平，从“整治脏乱差”的保洁方式向“洁净优”的精细化转型。

【背街小巷环境整治】 组织人员、机械化车辆清理背街小巷环境卫生2万次。使用小型高压冲洗车、结合人工作业方式冲洗背街小巷、支路巷道路面、沿线设施绿化等，精细化冲洗净化边沟、边角、沟缝等积泥、积

4月2日，打扫永泰城卫生

尘。日常卫生保洁和阶段性整治结合，形成卫生保洁长效机制。

【清理卫生死角】 清理树坑、道牙、墙角、绿化带内烟头，铲除、涂盖非法广告，巡回清掏擦洗果皮箱。清理小广告、广告涂盖后形成新的“牛皮癣”50000处。擦洗果皮箱3000个、灭烟柱16000次。清理路面污染（含渣土、油污污染、偷倒垃圾）6000处。安排专人清捞红花渠渠面漂浮物并冲洗护栏。

【机械化作业】 每日出动机械化作业车辆62辆，其中洗扫车28辆、洒水车28辆、干扫车1辆、雾炮车5辆，6:30—22:30实行7趟机械化作业。机械作业出车45000车次。配备机械作业人员重点冲洗道路施工、工地、公园广场周边，特别是城乡接合部及建成区边缘针对不同路段实施降尘洗扫。坚持每日一次城区主次干道精细化作业，以背街小巷为主，“以机械化清扫和人工保洁为主、机械冲洗和人工擦洗为辅”的“2+2”作业方式，推行“横到边、纵到底、全方位、立体式”作业模式。根据不同的天气气温状况出动调配车辆。季节、气温合适的情况下每3天对辖区全覆盖一次无尘作业，逐步增加清洗道路的数量，由重点片区向次干道覆盖、主要路段向背街小巷覆盖，确保路面潮湿无尘。

【公厕管理】 实施公厕管理三级所长制，落实责任强监管。“一级所长”由中心主任担任，“二级所长”由分管副主任担任，“三级所长”由清洁公司正副经理及监管人员担任，层层监管，协调、监督、检查和管理公共厕所，确保公共厕所管理符合规范。推进“厕所革命”，24小时公厕服务不打烊。选定湖滨西街光明广场等地处公园、繁华地段等公共区域如厕需求较大的10座公厕，实施24小时全天候开放服务，实行“跟进式保洁”作业法。增加公厕管理人员，强化人员培训教育，增强服务意识、责任意识。打造10座“精品样板”公厕，先行打造宁园、海宝公园海宝塔寺等商业繁华、人口密集等区域的10座公厕。2019年，公厕清污10500吨，维修完善厕内外设施900处，安装公厕指示牌510个，实地测量7座公厕残疾人通道，计划加装残疾人扶手。

【垃圾清运】 沿街商铺生活垃圾定时定点上门收运，背街小巷每日8:00、13:00、20:00收运，敬德街（烧烤一条街）每日24:00—1:00收运。固定垃圾点定期拉运，确保固定垃圾收运点干净无残留物，避免街面卫生二次污染。所有垃圾清运车辆，落实“定人、定车、定站点、定任务、定要求”和“包油料、包修理费”的“五定二包”制度。针对城中村垃圾量大且偷倒频繁的难题，加大清运车辆收运频次，定期集中整治垃圾箱、堆放垃圾点等周边卫生。

【垃圾中转站亮化】 严把运行标准，确保垃圾中转站亮化洁净。规范垃圾中转站开放时间，夏季：6:30—11:30，15:00—19:00；冬季：7:00—11:30，15:00—19:00。每周两次对站内墙面起吊设备、地面地坑、沟槽、窗户玻璃和外立面围墙清污除尘，加大消杀力度，清除异味。定期检查维修起吊设备，确保安全操作。

【环卫机械设备购置】 改善环卫作业条件，投资277万元，购置护栏清洗车2辆、小型扫路机5辆、三轮电动高压冲洗车10辆。

【环卫队伍管理】 规范作业质量标准，完善作业考评细则，人员着装情况纳入绩效考核，列入个人绩效考核效能计分。设立绩效考核奖励资金，实施两级“优良差”绩效考核，推行奖优罚劣、末位淘汰制，激励各部门职工争先创优。从仪容仪表、文明用语抓起，提升个人素质，提高工作能动性。开展职工培训，采用集中培训和分组轮训的方式，系统教育学习，提升环卫职工的整体素质。

【安全生产】 一线清扫员、驾驶员等开展避让行车、熟练掌握安全知识和技能等安全生产培训和教育，提高安全防范意识和自护自救能力。落实安全防范措施，检查和养护各类作业车辆和环卫设施设备，及时检修车况差、安全隐患多的车辆。严禁疲劳驾驶、违法违规作业，严格穿戴反光标志环卫专用服装。做好安全隐患排查，组织技术、维修人员大排查、大养护、大维修所属公厕、中转站等，确保各类环卫设施设备正常安全运转。完善环卫生产作业安全管理制度、健全安全岗位责任制和内部监督、考核奖惩机制。定期开展专项检查、督查，跟踪督办检查中发现的问题，确保整改到位。

【消防器材更换】 排查各部门消防栓、灭火器等消防器材，及时更换和补充合格证过期、安装不合格、损毁掉落的灭火器。94个灭火器换粉、加压，新增大型灭火器166个，车载灭火器112个，共计372个。

【环卫宣传】 严抓兴庆环卫微博和微信公众号的管理和维护，及时处理回复市民反映的问题，发表原创信息，及时宣传环卫工作新举措、新成绩、新气象。编印《环卫信息》95期，刊发工作信息113条。报纸、电视、网站、微信等媒体上刊播环卫工作信息230条。

（供稿人：刘静）

▷商贸·物流

银川商贸物流服务中心

【概况】　2012年1月，银川商贸物流服务中心经银川市人民政府批复成立。现有工作人员15名，其中正编7人、政聘5人、自聘3人，部门有规划建设部、经济合作部、综合办公室。2019年，银川商贸物流服务中心贯彻新发展理念，聚焦问题短板、精准靶向施策，服务项目建设，帮助企业解决重点、难点问题，推动兴庆区现代服务业发展。以商贸物流园区内商圈、楼宇、行业龙头企业为核心，整合区域内资源，建设“党建综合体”。打造“党建红色品牌”和“四亮”品牌，宁夏东部热电股份有限公司支部“党群之家”活动室、上海永绿置业有限公司支部“绿园”楼宇党群工作站、宁夏茶叶流通协会支部“茶空间”党群活动服务站等党建项目通过自治区委组织部党建项目审定。

【人才培养】　实施人才“小高地”工程。落实人才培养工作计划。组织商贸物流带、双创基地、通航产业园等辖区企业参加各类技能人才专题培训班，累计培养150人。组织企业高层管理人员赴浙江及深圳、厦门等地观摩。引进航空、电商、茶行业等领域高学历（高级职称）人才12人、技能人才37人。推荐申报非公企业6名同志参加2019年青年拔尖人才选拔评选，5人参加高精尖人才认定。宁夏诺未科技（银川）有限公司申报的羊膜间充质干细胞研究获银川市2019年“人才小高地”建设项目专项支持资金10万元。

【工作室创建】　推荐、指导银川众一茶城的宁夏茶行业职业培训学校建立“茶艺、茶品鉴”技能大师工作室。宁夏东部热电股份有限公司成立“高峰技能人才创新工作室”，研发团队有80余名经验丰富、技术精湛、创新能力强的年轻团队成员。

【人才服务】　为有技术、有项目的高精尖人才提供子女入学、住房保障等优厚待遇。帮助解决人才公寓20套，子女入学4人。做好人才项目及人才团队引进，对接宁夏职业技术学院艺术设计学院实训基地落户双创基地、山东南山航空产业集团飞行驾驶培训等4个人才团队落户通航机场。

【重点项目服务】　做好开工新续建的31个社会投资类项目服务工作。协调办理恒大足球小镇、新城控股吾悦广场、吉泰紫樾台、中房东方赋等兴庆区重点项目土地手续、证件等。月牙湖肉牛养殖基地建设项目协调征收3700亩土地，第一再生水厂建设项目协调征收土地524亩，恒大足球小镇建设项目协调征收土地312亩并开工建设。商贸中心跟进服务项目31个。宝丰健康城2019年完成18亿元投资额，完成工程量的60%。浙江国际轻纺城完工招商，国龙健康院投入运营，恒大足球小镇总用地面积约5000亩，计划总投资160亿元，2019年9月实施首期占地680亩。章子湖公园改造及体育公园随首期同期建设。新城吾悦广场项目计划投资额20亿元，规划用地面积120亩。银川永泰城2019年计划投资45000万元，三号地二期施工中。

【友爱商圈建设】　推进银川国际商贸城、荣恒星星小镇、中房万科高端商住综合体、兴庆万达广场、陆丰仓储物流园、立达国际五金建材城、东门购物广场等重大项目建设进度。国芳百盛、王府井百货升级改造成多业态商业综合体，新华百货等商场调整内部业态，丰富品类，优化消费体验，推进“互联网+”应用。

【打造功能服务基地】　打造集养

老、医疗、教育、康复、文娱等于一体的功能服务基地。推进宝丰健康城、国龙健康园、月星共享医疗等项目建设，加快配套养老产业的引入，在引入美年大健康体检中心的基础上，2019年又引入麦克迪奥医疗诊断中心、人体干细胞储存培育中心，打造面向全区医疗技术领先的高端互联网医疗高地。引入新型旅居式养老新绿地康养中心，处于投入试运营阶段。协调嘉德荣光银川公司红外线地暖项目在兴庆区建厂事宜。

【帮助工业产业转型升级】 组织物流带4家企业上报创新型电商企业项目扶持资金。帮助支持众一集团物流信息化项目建设。帮助协调交通物流园加快南区土地变性为商住项目建设，争取尽快完成国有股挂牌交易。联系申万宏源提供股权金融服务。帮助经营差的企业转型发展，恒兴机械转型养老产业，协助办理规划手续及后续厂房搬迁。帮助创新环保、永刚实业、伦泰仪表等原工业项目对接转型商务办公或物流仓储项目。

【园区基础设施建设】 配合自然资源局实施园区绿化改造提升工程，更换近900棵病虫害树木，解决企业和群众长期投诉的难点问题。协调兴庆区住建局实施商贸物流园区（原兴庆科技园）道路道砖改造工程，园区环境焕然一新。协调将商贸物流园区五条道路路灯改造和维修工程列为政协重点提案，该工程已完成工程量的90%。

【安全生产】 督促企业开展风险防控和隐患排查治理，易发生安全生产事故的企业开展重点检查和专项治理。开展安全生产培训班1次、消防演练1次、集中宣传2次，与各园区企业签订安全生产责任书220份，采取悬挂大幅标语、展板，发放宣传手册等方式宣传安全生产知识，展出展板12块，发放宣传手册150册，散发宣传单400份。及时整改园区安全重点单位、私营企业查出的安全隐患120处，做到不留死角、不走过场，确保安全。

【通航产业园招商引资】 完成通航产业园大环境绿化工程验收、机场综合业务楼工程和经二路等四条道路工程建设施工手续报批，实施通用机场外墙保温工程。与新疆、海燕、同城、亚捷、北汽等通用航空公司，泛太平洋跳伞俱乐部合作，开展航拍航测、高空跳伞、低空旅游、短途运输等通航业务。建立以银川通用机场为中心的飞机驿站，开展通用飞机检修、检测、部件改装等业务。与黄沙古渡景区联合开展低空旅游业务，达成初步意向。

【“双创”基地建设】 “双创”基地入驻企业106家。其中，电子商务类69家、文化创意类8家、科技信息类19家、教育培训类5家、现代农业类5家，从业人员700人。2019年，累计营业额1.34亿元，纳税额149万元。2019年6月，被自治区工业和信息化厅认定为自治区小型微型企业创业创新示范基地，获奖补资金100万元。2019年9月，被自治区工业和信息化厅认定为自治区中小企业公共服务示范平台。

（供稿人：哈兵　冯旭序）

商　贸

【北京华联综合超市股份有限公司银川分公司】 北京华联集团是商务部重点扶持的15家全国大型零售企业之一，是国际百货协会（LADS）唯一的中国零售企业会员。北京华联集团旗下拥有两家上市公司和多家控股公司，业态涉及大型综合超市、生活超市、百货店及商业地产等，在全国25个省区市的48个重点城市建有178家超市、21家百货店（另有5家在新加坡）、2家高级百货（北京SKP、西安SKP）及51家购物中心。2002年，北京华联入驻宁夏回族自治区，拥有6家大型精品生活超市（银川南门广场店、银川湖滨街店、银川悦海新天地店、吴忠滨河广场店、灵武水上锦都店、银川北京华联海悦广场店），1家大型社区购物中心（银川北京华联海悦广场）。创造就业岗位超过2000个。北京华联南门广场店是进驻宁夏的首家BHG生活超市，经营面积超过12000平方米，商品种类超过6万种，向顾客提供物美价廉的民生必需品。北京华联海悦广场店（购物中心+生活超市）于2017年1月7日隆重开业，位于长城路与正源街交会处，与北京华联BHG生活超市悦海店/BHG悦海新天地购物中心南北相望，占据银川市核心商圈优势区位，经营面积超过4万平方米。北京华联银川分公司门店被银川市工商局评为“食品安全示范店”，被消费者协会评为“消费者满意单位”“诚信单位”，被宁夏国家税务局、地方税务局评为“A级纳税信用单位”。2019年，北京华联银川分公司销售额4.1亿元。

（供稿人：韦磊）

【宁夏苏宁易购销售有限公司】 苏宁创立于1990年，在中国和日本拥有两家上市公司，28万名员工，服务全球6亿名用户，位居中国民营企业500强前三位。苏宁于2009年8月入驻银川，业务覆盖全自治区5个地级市，开设各类业态门店33家（电器店9家、零售店23家、百货1家）。宁夏苏宁经营商品包括空调、冰箱、洗衣机、彩电、音响、生活易购、通信、电脑、数码等10个品类，近300个品牌，3万多个规格型号。形成店面零售、对公销售、网上购物、渠道分销

宁夏苏宁易购销售有限公司

等多种销售渠道，实现对上游供应商、中游分销商和下游消费者的全方位服务。创新营销模式，发展异业联合，推进全会员制营销与精准营销，以节能惠民补贴等形式，为消费者带来形式多样的优惠措施，提升市场占有率。建立区域配送中心、城市转配点两级物流网络，实现长途配送、短途调拨与零售配送到户一体化运作。宁夏苏宁以客户体验为导向，创新店面环境、布局与系列服务原则，实现一站式购物。根据顾客多样化需求，提供产品推荐、上门设计、延保承诺、家电顾问等服务。银川苏宁拥有15家售后服务网点，百名专业服务工程师，推出阳光包、小狮净洗、彩电送装一体等特色服务产品，提供高效、快捷、方便的一站式购物体验。宁夏苏宁自成立以来每年面向当地的大学院校应届毕业生招聘，引进培养近百名高素质大学毕业生，公司为1200名员工建立完善的招聘、培训、激励与职业规划配套计划。2010年成立党支部，有党员50人，同年成立宁夏苏宁工会委员会，有会员300余人。2006年，苏宁创立“1+1阳光行——苏宁社工志愿者行动”，号召全体员工每人每年捐出1天工资用于慈善捐赠，每人每年奉献1天时间参加社工服务，成为中国第一家将社会公益长期化、制度化推进的企业。宁夏苏宁“1+1阳光行”自启动以来，共组建10多支志愿者分队，举办“苏宁阳光，情暖中国”“分享快乐，传递温暖”“关爱老人”等公益活动。2019年，宁夏苏宁销售额6.7亿元，同比增长31.28%。

（供稿人：刘蓓）

【银川王府井百货有限责任公司】 王府井集团股份有限公司创立于1955年，是中国大陆专注于百货业态发展的零售集团，零售网络覆盖华南、西南、华中、西北、华北、东北、华东七大经济区域，涵盖百货、购物中心、奥特莱斯、超市四大业态，有62家门店。银川王府井百货有限责任公司2016年2月落户新华商圈东方红广场，是集百货、餐饮、超市、功能业态于一体的年轻态潮流购物中心，有员工140人，注册资金1000万元。2019年初，店内外装修改造升级完毕，占地面积11458.58平方米，拥有化妆品、黄金珠宝、时尚女装、潮流男装等285个品牌，销售额11.8亿元。

（供稿人：王小雯）

物　流

【宁夏交通物流集团有限公司】 2009年成立，注册资金2.85亿元，是宁夏交通投资集团的权属子公司，从事物流园区的投资开发和运营管理。交通物流集团运营管理两处物流园区（中心），分别是宁夏交通物流园区和银古物流中心，占地1889亩。交通物流园区位于银川市兴庆区东北部，占地面积1509亩，完成建筑面积10万平方米，投资6.47亿元，建设用地的“七通一平”配套工程完成。建有货运信息大厅交易用房208套，面积16227平方米。零担、仓储库房14栋，面积31000平方米。物流宾馆5栋，面积39749平方米。停车场面积44700平方米。日均出入车流量5000余辆，2019年交易总额66532.6万元。银古物流中心位于银川市东南部，占地面积380亩，建有管理服务中心面积2112平方米。高架立体仓库8栋，面积35200平方米。仓库、中转库24栋，面积22280平方米。货运信息交易用房236套，面积11000平方米。大型停车场面积35000平方米。物流宾馆面积5000平方米。日均车流量2600辆。2019年交易额25031.2万元。两个园区拥有各类设施建筑面积18万平方米，引进各类物流企业及配套服务企业700余户，综合产值达20亿元以上，构建起辐射连接全国各个省区的400多个主要城市的运输线路，年零担货物中转量达300万吨，每天停放600辆大型载货汽车，日均车流量7000辆次，年货物吞吐量超过200万吨，2019年交易总额91563.8万元。公司是自治区“十二五”规划确定的“三大口岸九大物流园区”重点项目之一和国家级AAAA企业。

（供稿人：高静）

【顺丰速运（宁夏）有限公司】 2019年，顺丰在宁夏服务第一、二产业同时，响应国家快递“三向”工程号召，落实省市“乡村振兴战略”，挖掘宁夏农产品经济内部潜力，打造平台经济、流动经济，实施“互联网+农产品上行”等行动方案，加速推进智慧物流一体化在快递、电商、冷链、医药等高端细分领域的布局，凭借大数据系统及物流配送管理能力，建立电商一体化现代化物流服务标准体系。服务网络深入宁夏回族自治区所有区、市、乡镇，服务于宁夏中高端市场并赢得客户的信赖。全年营业收入3.48亿元，同比增长32.71%，员工人数1032人，网点数量83家（其中兴庆区17家），有1个二级快件中转场（操作场地2万平方米）。

（供稿人：姚苗苗）

【苏宁物流（宁夏）有限公司】 苏宁物流集团子公司之一，配送区域覆盖宁夏整个地区。宁夏苏宁物流有限公司秉承“有速度、有温度”的服务理念，输出优质服务。国家邮政局每月公布的快递企业申诉率数据表中，苏宁物流客户申诉率最低，占据服务质量榜首位置。宁夏苏宁物流仓储作业规模方面，大家电年存储能力10万台，日最高收发货能力10000台/套，支持销售规模8亿元以上。依托物流SCS（服务众包解决方案）送货预约系统，实现商品在线实时预约送货。苏宁物流拥有货物运输车辆40多辆，物流配送范围辐射银川、石嘴山、吴忠、固原、中卫等市，物流以商品集中式存储管理、区域干线公路运输及货物配送入户作业为主要业务运营内容。宁夏苏宁物流日均干线发车波次为8车次/日（高峰期可达15车次/日）、辖区内发车波次20车次/日（高峰期可达50车次/日）。2019年，宁夏苏宁物流有限公司兴庆网点全年到货量98401件，较2018年增长27%。当日送达准时率达95%。

（供稿人：陈昊远）

【宁夏中韵供应链有限公司】 韵达创立于1999年8月，总部位于中国上海。全国有50余个枢纽分拨中心、50000余家营业网点、3000余条陆运线路和800余条航空直发线路。2014年以来，韵达开通美国、德国、新西兰及整个欧洲地区的快递服务网络，服务网络延伸至海外。宁夏中韵供应链有限公司，注册资金3000万元，公司主营业务包括速递、物流、仓储。2019年，宁夏出港业务量完成1285.19万件，同比增长42%。进港业务量完成3456.42万件，同比增长55%。公司是全区除顺丰速运外唯一有资质从事跨境电商业务的企业。经过10多年发展，韵达快递已在宁夏范围内形成自营快递网络。公司合作企业涵盖杞里香、百瑞源、宁安堡、丰凯园、枸杞礼盒、衣杞源、厚生记、西夏磨坊等60余家枸杞、牛羊肉、灵武长枣、葡萄酒等宁夏优势特色产品流通企业。公司与灵武长枣协会建立长期合作伙伴关系，为灵武长枣种植农户和经销商提供仓配一体化综合性快递物流服务，累计完成业务量18万件。开通银川—兰州、西安、北京、苏州、石家庄、广州、武汉、太原8条478线路。4条单边：呼和浩特—西安—银川、石家庄—银川—兰州、济南—银川—兰州、银川—郑州—太原。境内省级班车线全覆盖。跨省班车：银川—阿拉善。航班（往返）：银川—郑州、郑州—银川、福建晋江—银川、北京—银川。韵达在宁夏业务量市场份额占30%。

（供稿人：朱岩）

2019年顺丰速运兴庆区网点明细一览表

表9

网点名称	网点类型	成立时间	网点地址
胜利商业街速运营业点	营业点	2010.7.1	银川市兴庆区胜利南街胜利商业街桥兴苑1-7号营业房
金茂速运营业点	营业点	2014.9.11	银川市兴庆区新华东街金茂建材城B区B24-13
石油城速运营业点	营业点	2016.9.1	银川市兴庆区银横路420孔雀湖花园一号楼09号营业房
新月速运营业点	营业点	2018.5.1	银川市兴庆区南门家友灯饰7-1-3号
清河南街速运营业点	营业点	2016.5.1	银川市兴庆区胜利街1165号（客运南站2号综合楼119室）
西北农资城点部	营业点	2008.4.1	银川市兴庆区清河北街庆丰苑26号楼3号营业房
商贸城速运营业点	营业点	2017.5.1	银川市兴庆区新世纪冷链公寓1-111

续表 9

网点名称	网点类型	成立时间	网点地址
北环速运营业点	营业点	2016.9.1	银川市兴庆区清和街街道清和园5号B栋商业楼104号营业房（众一科技商业城院内）
光明速运营业点	营业点	2017.11.1	银川市兴庆区进宁北街144号
上海东路速运营业点	营业点	2018.6.1	银川市兴庆区上海东路544号
广夏花园速运营业点	营业点	2014.5.1	银川市兴庆区长城东路114号信成商住楼3号营业房
新世纪速运营业点	营业点	2018.4.1	银川市兴庆区民族南街文苑东巷星光花园10号楼5号营业房
丽景湖速运营业点	营业点	2012.6.1	银川市兴庆区丽景北街52号附近丽景商务楼102商铺
湖滨速运营业点	营业点	2018.4.1	银川市兴庆区文化东街33号
建发速运营业点	营业点	2018.4.1	银川市兴庆区湖滨东街271号
前进街速运营业站	营业站	2018.5.1	银川市兴庆区解放西街自强巷25号
云开苑速运营业站	营业站	2019.9.1	银川市兴庆区上海东路云开苑咏菊苑7-3号营业房

▷邮政·通信

邮政

【兴庆区邮政局】 2019年，兴庆区普通服务网点31处，邮件处理（投递）场所19处，邮政车辆82辆、邮政电动三轮车87辆、摩托车4辆。业务总量13642.37万件，同比下降4.68%。业务收入完成9076.43万元，同比下降1.02%。其中，快递业务量完成81.73万件，同比下降31.09%。快递业务收入1402.88万元，同比下降20.34%。

（供稿人：高文钰）

通信

【中国移动通信集团宁夏公司兴庆分公司】 2019年，兴庆分公司客户到达71.2万户，客户份额62.2%。其中，4G客户到达54.5万户，4G渗透率76.5%。年度新增宽带5.1万户，年度新发展客户16.2万户，累计新增市场份额31.2%。累计销售终端30370个。宽带覆盖用户数达44.71万户，较年初覆盖用户数增长4.01万户，覆盖率提升至95%以上，全量小区增长至1167个。2019年3月，兴庆分公司获宁夏回族自治区党委宣传部“全区学雷锋活动示范点”称号，活动事迹在《宁夏日报》发表。

（供稿人：杨淑琴）

【中国电信银川分公司】 2019年，中国电信银川分公司围绕扩规模、提能力和强管控三条主线，构建“融合、融通、融智”三位一体市场价值经营体系，获“2019宁夏消费者点赞品牌企业”荣誉称号。“户户有合约”活动加合约用户550045户。银川“暖心行动”目标用户加合约完成99040户。千兆（含500Mb）提速16884户。洽谈、签约DICT项目19个，签约物联网30家。探索“互联网+药店”医药市场新模式，发展药店用户近500户，市场份额达到42%。银川电信服务问题一次性解决率97.52%，用户满意率98.77%。强化实体渠道实名制宣传与受理的管控、严控入网实名制核验。杜绝工号混用，代理商100%实名，严厉处罚两例违反实名制翻拍照片代理商，实名制率达99.69%。成立防范打击通信诈骗工作组，接收涉诈派单347起，核查漫游涉诈号码1348个。其中，漫游号码关停604个。处理恶劣涉诈事件8起，由此事件核查关联关停号码76个。接收骚扰派单300起，处理关停骚扰号码104个，限制呼出2个，警告整改72个，关停集团大数据派单骚扰用户电话号码1884个。“政企400”、语音专线、呼叫中心、“95/96”号码及短信端口的合同、资质、安全责任书等完成整改，不存在未报备及风险。银川地区70条语音专线全部补签最新信息安全责任书，并明确语音呼叫频次和呼叫时段。政企客户故障由上半年的平均70件逐月压降，年底持续保持在35件。巡检客户机房65家88次，完成34家政企STN网络光衰整治，22个重要政企客户环境保护专项工作，8家电路保护倒换测试，20家40台客户语音设备双路由保护。重新梳理分公司OLT上联，2000户以上的OLT进行双路由、双上联保护，29台超过1000户进行双上联优化，宝湖天下、兴庆府大院、福地苑、阅海万家更改为千兆小区。提高光衰达标率，整治光衰不达标用户13110户和50个政企客户机房、33个接入模块机房、11个C类机房。完成13个区域的网络覆盖优化和拆闲补忙，整改解决用户反映的304个痛点问题，强化NB-IoT业务支撑保障，NB-IoT小区RRC连接建立成功率为99.66%。优化VOLTE连接性能、保持性能、语音质量，提升4G网覆盖水平，VoLTE语音掉话率达0.06%、语音无线接通率达99.81%。推进以装、维、营、服一体化为工作内容的楼（村）长制，组建412人楼（村）长队伍。组建市、县（区）两级纵向专业化总监运营团队，其中市级总监12

人，县（区）级总监36名。

（供稿人：朱鹏）

【中国联通银川市分公司】 2019年，中国联通银川市分公司合同制员工370人，其中男职工128人、女职工242人。下设12个划小网格、11家自有营业厅，近300家社会渠道和授权营业网点、网上营业厅和售后服务受理点。完成业务收入4.19亿元。固定电话年末用户2.1万户。移网电话年末用户57.4万户，其中3G以上移网电话用户57.4万户。互联网宽带接入用户2.5万户。完成“2019年全区重大项目集中开工现场推进会”“2019年‘5·17’世界电信日”“水洞沟旅游文化节”、2019“丝绸之路”宁夏·银川国际马拉松赛、“6·1”中山公园游园会、第十一届中国国际商标品牌节、第四届中国—阿拉伯国家博览会、庆祝中华人民共和国成立70周年活动、智慧城市TMF峰会、虎克之路车友俱乐部活动、花博园游园会等11次大型活动通信重保工作。完成大客户业务，完成省际、省内电路。年终结息通信重保28次，重保电路113条，重保累计时长650小时。

（供稿人：王辉）

▷财政·税收

财　政

【概况】　2019年，兴庆区一般公共预算收入完成97098万元，同口径增长3.9%。全年基金预算收入完成18671万元（全部为区市专项补助资金）。债券转贷资金收入135500万元，其中新增地方政府一般债券转贷收入21200万元，新增地方政府专项债券转贷收入114300万元。争取和统筹各级政府脱贫攻坚资金12450.2万元，其中地方债资金3650万元，中央资金1200万元，自治区资金1140万元，银川市资金5185.2万元，兴庆区本级资金1275万元。资金用于月牙湖扶贫产业发展、基础设施建设、人畜饮水提升等扶贫事业发展。

兴庆区财政局机关支部“主题党日+”活动，参观自治区廉政警示教育中心

【民生保障】　投入16830万元保障城乡居民医疗保险、城乡居民养老保险、被征地农民养老保险。落实各项就业扶持政策，促进就业困难人员、“三支一扶”高校毕业生、建档立卡户等特殊群体就业。落实社会保障政策，足额保障特困人员供养、城乡低保、退伍士兵安置、居家养老、困难残疾人补贴资金。投入9201万元支持社区医疗服务体系建设，投入3581万元足额保障社区工作者、网格员的报酬待遇、绩效奖励、卸任补贴等，为网格化管理工作提供资金保障。

【惠民工程】　投入70954万元用于高级中学、三十一小学、三十二小学等的校舍新建、扩建，设备采购信息化建设，农村中小学学生免费营养早餐等，持续改善学校办学条件及特色学校建设。投入1829万元用于文化、体育、旅游广电等的支出。投入1164万元用于科技惠民计划及科技创新项目的支出，促进科技、文化、体育等事业发展。

【社会治理】　投入4969万元用于平安兴庆、信访调解、扫黑除恶等工作，提升辖区群众安全感、幸福感。投入3880万元改善农村人居环境，力促一、二、三产业融合发展。投入10478万元用于环卫及城乡环境卫生综合整治、垃圾分类等，打造美丽兴庆区。

【争取债券资金】　2019年，分配两批地方政府一般债券资金2.12亿元，安排街巷维修改造、学校暑期维修、交通道路及设施维修、园林绿化及高科技示范园区、农田水利建设等项目，清理拖欠民营企业、中小企业账款。分配城乡发展专项债券资金11.43亿元，用于大新镇杨家寨安置区工程、新水桥棚户区改造工程、掌政镇污水处理厂提标改造工程、掌政新顺家园A区和B区工程等项目。

【重点项目】 投入43283万元，用于老旧小区改造、恒大足球小镇建设、第八污水处理厂项目、农村人居环境改善、黄河两岸河滩地整治、月牙湖黄牛养殖等重点项目的建设。

【减税降费】 2019年，兴庆区3.94万户企业和个体工商户享受减税降费优惠政策，23.96万人次受益，减税降费1.1亿元。收回结余资金4458.5万元，集中用于民生保障及重点项目等支出。

【财政预算管理】 规范预算编制程序，细化预算编制内容，加强预算执行分析，提高预算前瞻性。财政评审63家单位387项工程项目，审结235项，审减金额1621万元，综合审减率11.8%。加强预算绩效目标管理，选取民生类6个项目重点绩效跟踪监控。组织《政府会计制度》《行政事业单位内部控制制度》等相关业务培训，提升行政事业单位财务管理水平。

【政府采购管理】 2019年，完成政府采购82项，总预算资金为127538.73万元，实际中标金额为97899.26万元，节约资金29639.47万元，资金节约率为23.2%。

【国有资产管理】 利用财务软件、政府采购平台、财政集中支付一体化平台、行政事业单位资产管理信息系统等，确保资产信息安全、准确以及信息的实时共享。组织预算单位开展5次线上线下培训。积极处置资产，引入第三方机构评估、处置各单位移

2019年3月7日，兴庆区税务局人员开展《小微企业最新税收优惠政策解读》

交的车辆。报废车辆51辆，公开拍卖3辆公车。兴庆区司法局等单位调拨各类资产48.28万元。

【政府债务化解】 制订《兴庆区防范化解隐性债务风险实施方案》和《兴庆区政府隐性债务风险应急处置预案》，提出具体化解计划，防控债务风险。2019年化解隐性债务19.66亿元。

【政府债务动态监控】 加强债务动态监控，细致核查和有效防控119家预算单位的月报数据。加强新增债券支出管理，每月统计新增债券项目资金支出情况并督促项目单位加快支出进度，发挥债券资金对经济社会发展的促进作用。

【金融行业管理】 不定期专项检查辖区内19家典当行、19家小额贷款公司、4家新三板挂牌企业等金融机构，促进金融产业健康发展。做好金融风险防范工作，结合扫黑除恶专项斗争，排查重点线索，受理金融类案件线索6件，协调相关部门处理完结。

【巡察整改】 2019年5月20日至6月22日，市委第一巡察组党组巡察财政局。7月19日，市委第一巡察组反馈巡察情况，财政局党组针对5个方面12类问题，制定64条对应措施整改，整改10类问题，有2类问题尚未整改完毕。

【扫黑除恶专项斗争】 分3个组自行开展扫黑除恶专项斗争金融领域突出问题的线索摸查，对辖区17家在银设立的银行分支机构和10家小额贷款公司宣传与摸排。重点核实金融机构是否正常经营，调取财务及业务资料排查非法放高利贷、“套路贷”、非法集资、暴力讨债等涉黑涉恶行为。掌握线索4条，其中合同经济纠纷1条，涉嫌诈骗犯罪1条，涉嫌非法集资2条，2条移交兴庆区扫黑办，均办结。另外，银川市金融局转办线索6条，均配合核查完成。

（供稿人：郭鹤翔）

税　收

【概况】 2019年，银川市兴庆区税务局在区、市局党委和兴庆区党委、区政府的正确领导下，深入贯彻中共十九大、十九届四中全会精神，推进党对税收工作的全面领导，突出落

实减税降费主题，聚焦组织税费收入主业，从严从实从细落实各项税收工作。

【减税降费】 政策宣传上，结合开展的大学习大讨论大整改大提升活动、便民办税春风行动等，创新和丰富活动载体，扩大政策宣传覆盖面。培训辅导上，开展纳税人学堂“集中讲”29场次、业务实体培训39场次、网络直播“自助学”8场次，结合一对一上门“结对教”的方式，累计辅导培训7万余人次，发放宣传资料12万余份，推送减税降费短信5万余条，刊发减税降费信息95条。纳税服务上，抓好优惠政策二维码告知、全程网上办、“最多跑一次清单”和便民办税措施的落实，创新和优化减税服务措施。统计分析上，建立健全统计核算分析体系，确保数据准确全面，为领导部门科学决策提供参考。工作纪律上，将减税降费列入绩效考核、督查督办、纪检监督，确保减税降费政策落实到位。2019年新出台的减税政策减免6.7亿元，2018年减税政策减免2775万元，2018年到期后在2019年延续的减税政策基础上减免3亿元，社保费降率减费1.2亿元。12397户纳税人办理退税费59110户次，计2.2亿元（含出口退税）。

【组织收入】 2019年，组织各项收入107.7亿元，同比增长10.3%，增收10亿元。其中税收收入49.97亿元，同比下降14.7%，减收8.6亿元，完成年度目标任务54亿元的92.5%。中央级完成22.6亿元，同比下降24.4%，减收7.3亿元。地方级完成27.3亿元，同比下降4.5%，减收1.3亿元，完成地方级任务27.05亿元的100.9%。完成县级收入5.97亿元，同比增长7.2%，增收4009万元，完成全年小区级任务5.9亿元的101.2%。完成非税收入57.8亿元，同比增长47.5%，增收18.6亿元。其中，社保费完成37.3亿元，同比增长11.6%，增收3.9亿元。

【户籍登记动态监控】 落实户籍登记动态监控机制，严格税种登记、非正常户认定、停业登记、注销登记户管理工作。清理7批次6.7万条数据，完成新版电子税务局、自然人税收管理系统上线、金税三期系统并库上线和增值税专用发票2.0版上线工作。推行实名办税，采集26300余户，采集率达73%。推行获得平台，42736户企业完成激活并正常使用，激活率达96.18%。登记纳税人124301户，占银川市总量的44.13%。其中，单位纳税人29975户，个体工商户43280户，其他户51046户。

【税收征管质量监控评价】 监控税收征管状况，做好错峰预约办税，自助办税辅导和催报催缴工作，逾期申报的，严格按照征管法和行政处罚自由裁量基准的有关规定处罚，提高申报率、准期申报率等征管质量指标，确保税款及时足额入库。2019年申报率在全市税务系统排名前列。

【增值税发票管理】 严格执行增值税发票领用管理指引，加强增值税发票日常管理，将1503户走逃失联户设为风险纳税人。

【出口退税管理】 严格执行出口退税工作规范，实行分类分级管理，截至12月底，备案出口退税企业168户，办理出口退税4358.75万元，免抵439.82万元。

【税收风险应对】 严格执行各税种事前信用管理、事中数据分析比对、事后快速反应的风险管理机制，利用第三方涉税信息，深化数据分析应用，精确实施风险应对，接受和推送的各类风险任务116户，查补税款11369.79万元，风险命中率达100%。发起跨区域协作任务26条，接收跨区域协作任务71条，按时处置率达100%，协作质量评价为“好”。

【规范执法】 严格落实税务行政处罚裁量权行使规则，实行税收执法人员持证上岗和资格管理制度，推进“七五”普法和“全员学法用法”常态化。严格执行执法公示制度，公示行政许可信息7699户，实施行政处罚3105户次，罚款金额224.53万元。开展执法全过程记录工作，上传影像数据69条。围绕五项内容严格落实重大执法决定法制审核制度，开展税收保全行政强制事项法制审核12户次，规范税款征收、行政许可、行政处罚、行政检查等执法行为。

【所得税管理】 辖区纳税人进行企业所得税汇算清缴培训，完成30170户企业所得税汇算清缴，应纳所得税额14.83亿元，减免4.85亿元，预缴7.8亿元，应补缴2.87亿元，申报率和数据准确率均为100%。开展2018年度企业所得税后续管理工作，分批次逐户核查329户享受税收优惠及其余各项风险指标涉及1781户次企业，调增应纳税所得额7973.57万元，查补税款701.33万元，加收滞纳金15.14万元。核查551户连续亏损5年的商贸企业，更正申报165户，调增应纳税所得额6143.61万元，弥补亏损661.20万元，补缴税款12.96万元，加收滞纳金0.97万元。强化个人所得税征收管理，落实个税改革政策，全年组织入库税款3.97亿元。

【土地增值税征收】 全年入库土地增值税16172万元，其中重点强化清算审核，完成市局清算要求中的13个项目，补缴税费3219.25万元，另自行组织审核完成6个清算项目，入库土地增值税993万元。开展城镇土地使用税比对核查，组织入库城镇土地使用税8418万元。

【城市维护建设税征收】 组织入库17272万元。强化房产税风险管理，组织入库20839万元。

【其他税源征收】 组织入库印花税8218万元，入库环保税45万元、水资源税4247万元。

【内控监督平台应用】 日常督查企业注销、纳税评估、定额核定、发票发售、风险应对、行政处罚等重点环节，督查整改81条日常过错信息，整改完成总局巡视涉及行政许可的83户信息，核查完成涉及小规模纳税人843条开票不符疑点信息，补缴税款67.05万元，滞纳金5.02万元。

【优化税收营商环境】 开展“便民办税春风行动”和第28个税收宣传月活动，落实“一网、一门、一次”改革，推行涉税事项办理清单化和涉税资料电子化，优化简并税务注销程序和涉税报表资料，简易注销企业6037户。设立2个自助办税服务厅，方便纳税人和缴费人就近办税、快捷办税。实行微信“预约·取号”系统，实现网上预约、远程取号、排队信息查询、办税进度通知、静默办理、便利服务、数据管理等7项便利化功能，纳税人办税时间减少约70%。开展“纳税人满意度整改攻坚年”活动，制定《银川市兴庆区税务局优化税收营商环境实施方案》，逐项整改2018年度纳税人满意度调查中的问题，压缩办税时间、减轻税费负担、优化税后流程等，提升纳税人、缴费人的满意度和获得感。

【纳税信用管理】 完成25357户纳税信用等级评定，其中A级939户、B级10608户、M级8126户、C级4581户、D级1103户。完成1347户个体工商户纳税信用等级评价试点工作，其中B级纳税人140户、C级纳税人1158户、D级纳税人49户。联合银行开展“银税互动”合作，21户守信企业提供“税银互动”贷款1650万元，缓解小微企业融资难问题。利用门户网站、微信公众号、纳税人学堂、公告栏等开展政策宣传，确保政策宣传全覆盖。

【干部队伍管理】 组建“税务教员先锋队”，开展需求培训7场次，会聚众智提升干部队伍综合素质。完成277名干部职级套转，推荐3名副科级领导干部到地方任职、推荐1名干部到泾源县扶贫挂职。参加“全员大学习、岗位大练兵、业务大比武”活动，2名干部进入全区前8名，代表区局参加总局组织的竞赛，入围人员占全市税务系统的67%。网络竞赛2个专业提升环节测试中，进入区局个人所得税科目前30%的有11人，占全市税务系统的26.83%。进入区局企业税收管理科目前30%的有8人，占全市税务系统的34.79%。获银川市税务系统2019年“全员大学习岗位大练兵业务大比武”第一名。

【扫黑除恶专项斗争】 针对房地产建筑、二手车交易以及农村合作社、煤炭销售等行业领域，从征、管、查等环节排查涉黑涉恶相关线索，打击虚开增值税发票和骗取出口退税等涉税违法活动与查处涉黑涉恶税收违法案件有机结合，2019年向兴庆区扫黑办移交线索4条，核实处理转办案件线索7件，检查各类企业28户，查补税款49万元。

（供稿人：张梅）

▷ 金融

银 行

【浦发银行银川分行】 2019年，实现营业净收入2.76亿元，完成计划的87%。考核口径经济利润7714万元，同比增加866万元。绩效积分6分，同比提升5.34分。风险成本收入比16.37%，同比下降15.71%。RAROC（风险资本回报率）19.88%，系统排名第20位。日均基础存款44.87亿元，完成计划的107%，系统排名第5位。同业存款竞争力8.31%，系统排名第3位。零售条线营收占比31%，同比提升9%。不良贷款净生成率0.14%，系统排名第2位。全行总体风险可控，系统内风险资产在西北地区中总量最小，在区内同业中资产质量处于前列。公司板块实现营收1.57亿元，占全行营收的57%。全年累计新增有价值客户368户，同比增长44%，完成总行计划的71%。对公存款日均余额53.52亿元，较2018年增加13.38亿元，增长33%，计划完成率91%，系统排名第19位。基础存款日均余额34.02亿元，同比增加4.3亿元，计划完成率100%，系统排名第十位。银租证、银租保等信用证创新产品置换表内贷款7.55亿元，累计投放信用证轻型化资产8.15亿元，新增地方政府债7.1亿元，落地6.5亿元代理承销。零售板块实现营收8631万元，占全行营收的31%，同比提升9个百分点。零售客户总量达32.9万户，同比新增6.1万户，私行客户达到118户，同比净增24户。零售存款日均余额18.45亿元，同比增长6.66亿元，增长56%，计划完成率115%，系统排名第6位。个人贷款余额10.41亿元，较年初净增5.69亿元，增长121%，增量排名股份制银行第三位。其中，住房按揭贷款余额8.6亿元，较年初净增7亿元，增长441%。信用卡累计实现营业净收入4540万元，同比增长33%，板块内占比达53%。金融市场板块实现营业净收入3195万元，其中金融机构实现营收1830万元，完成计划的110%。全年“一行一策”客户融资余额占比达35%。BBB级及以下客户贷款由2016年的9.89亿元压降至2.97亿元。现金压退风险资产2.8亿元，超出总行年度任务2亿元，完成率361%。零售贷款现金清收596万元，信用卡现金清收530万元。

（供稿人：孙凌龙）

【中国银行银川市兴庆支行】 2019年，主要财务指标情况：实现营业收入16312万元，完成全年任务的78%。实现拨备前利润12485万元，完成全年任务的79%。净利润5460万元，完成全年任务的60%。风险权重为39.69%，比全辖域平均水平低14.83%。其中，零售类贷款风险权重18.94%，比全辖域平均水平低0.48%。公司类贷款风险权重857.85%，比全辖域平均水平高10.82%。实际资本占用29250万元，比2018年末时点减少2739万元。核心业务发展情况：人民币时点存款余额为52.76亿元，较2018年末负增长4.49亿元。其中，公司时点存款余额16.58亿元，较2018年末负增长2.57亿元。个人时点存款余额36.18亿元，较2018年末负增长1.91亿元。公司存款增长-13.46%，个人存款增长-5.02%，存款新增额及增速均排名全辖域末尾，存款增长乏力。人民币日均存款余额为48.77亿元，较2018年末新增5.89亿元。其中，公司存款日均余额17.35亿元，较2018年末新增2.22亿元。个人存款日均余额31.42亿元，较2018年末新增3.67亿元。外币存款日均余额2514万元，较2018年负增长288万元。其中，外币公司存款日均余额为6万元，较2018年负增长22万元。外币储蓄存款日均余额为2508万元，较2018年负增长266万元。外币时点存款余额

2352万元，较2018年负增长278万元。其中，外币公司时点存款余额为0，外币储蓄时点存款余额为2352万元，较2018年负增长268万元。人民币贷款余额为56.47亿元，较2018年增加6.87亿元，增长13.86%。公司贷款余额174280万元，较2018年末增加的14710万元。2019年发放公司贷款4笔，金额总计37000万元，中小企业贷款24笔，金额总计8890万元。个人贷款余额34.63亿元，较2018年新增4.67亿元，较同期多增1.37亿元，增长49.68%，辖内新增额占比为44.52%，排名第一位。本年累计投放个人贷款2017笔，投放金额10.3亿元。其中普惠金融“两增两控”贷款余额2.85亿元，较2018年负增长1124万元，户数较2018年负增长18户，2019年累计投放95笔，累计投放金额2.08亿元。资产质量管控情况：不良贷款余额为4947.25万元，较2018年末减少129.52万元，不良率为0.88%。其中，公司类贷款余额为174279.96万元，较2018年增加14709.96万元。不良贷款余额为2026万元，较2018年末减少1177.94万元，不良率为1.16%。个人贷款余额为346317.92万元，较2018年增长45988.92万元。不良贷款余额为1782.90万元，较2018年末增加616.58万元，不良率为0.51%。信用卡透支余额为44181.25万元，较2018年增长8045.25万元。不良余额为1138.35万元，不良率为2.58%。

（供稿人：杨硕）

【中国工商银行宁夏分行银川城区支行】 2019年，城区支行下辖7个网点：城区支行营业室、城区支行中山北街支行、城区支行信义支行、城区支行丽景支行、城区支行石油城支行、城区支行燕鸽湖支行、城区支行振兴支行。内设三部一室一中心，即个人金融业务部、对公金融业务部、业务合规部、办公室、银行卡业务处理中心，在职员工124人。经营效益：实现拨备前利润8205万元，完成年度任务的92%。实现净利润5778万元，完成年度任务的91%。实现中间业务收入3967万元，完成年度任务的82%。资产质量：不良贷款余额1453万元，较年初减少1107万元。不良率0.99%，较年初下降1.14个百分点。存款业务：各项时点存款余额净增18148万元，距离目标任务相差4900万元，主要是2019年末社保资金实现归集，账户余额归零，集中上划资金6621万元。日均余额净增15688万元。贷款业务：各项贷款较年初净增27747万元，完成年度计划的131%。其中，公司贷款较年初净增10528万元，个人贷款较年初净增17219万元。客户：全量个人客户、公司客户、对公结算账户稳中有增，日均金融资产5万元以上公司客户净增42户，完成率120%。新开对公结算账户688户，完成率127%。新开有效对公结算账户462户，完成率104%。

（供稿人：鲁佳）

【黄河农村商业银行】 2019年，黄河农村商业银行坚持稳中求进总基调，加大支农支小和金融扶贫力度，做好服务实体经济、金融风险防控、深化转型创新各项工作，完成各项目标任务。截至年末，全行各项存款余额340.3亿元，较年初增加31.6亿元，增幅10.2%。全行各项贷款余额294.4亿元，较年初增加44亿元，增长17.6%。其中，涉农贷款余额67.8亿元，占各项贷款余额的23%。小微企业贷款余额86.2亿元，占各项贷款余额的29.3%。在计提5.07亿元拨备情况下，实现净利润4.47亿元，继续保持稳定盈利。全行拨备覆盖率157.23%，高于监管指标17.23个百分点。资本充足率12.89%，高于监管指标2.39个百分点。主要工作措施：加大营销力度，负债业务提升。拓展对公存款，截至年末，全行对公存款余额118.8亿元，较年初增加18.3亿元，增长18.1%。组织储蓄存款，截至年末，全行储蓄存款余额213.4亿元，较年初增加10.8亿元，增长5.4%。优化客户结构，截至年末，全行中高端客户较年初增加2562户，增长6.6%，中高端客户连续三年稳定增长，累计增长达16%。加快结构调整，资产质量不断改善。持续加大“三农”支持力度，至年末，全行涉农贷款余额

黄河银行客户经理进村入户采集农户信息

6875户、67.8亿元，较年初增加559户、2.4亿元。深化小微金融服务，至年末，全行单户授信总额1000万元（含）以下小微企业贷款余额86.2亿元，客户总数达5835户，较年初增加2087户。拓展消费信贷领域，至年末，全行准入按揭楼盘项目44个，新增按揭贷款6.4亿元。健全内控体系，经营风险整体可控。启动信贷基础管理和资产质量管理“两大工程”，重点把好新增入口、存量管控、不良处置“三道防线”。加大重点行业贷款、大额贷款和全口径不良贷款的监测、预警和分析。成功接入汇法网、公积金数据，连通百融、同盾等大数据风控模型，从源头防范客户信息不对称引发的信用风险。推进不良贷款市场化处置，入驻阿里拍卖平台，扩大不良贷款处置渠道。借助全国涉金融案件集中执行年活动，加强与银川市“三区”人民法院合作，开展清收专题培训，推进贷款诉讼案件集中执行。推进“大核算、大后台、大运营”体系建设，上收8家法人机构、152家营业网点的远程授权业务，实现县市机构远程授权业务全面上收。完善预警系统功能，启动信贷风险预警系统、押品管理系统建设。引入“融安e信”等风险智能服务平台，加强重点业务领域、关键部位环节风险排查。开展小额贷款、征信业务、科技信息、支付风险、代发工资等专项排查30余次，杜绝违规操作行为。拓宽营收渠道，转型发展效果明显。推进同业、银行卡业务，打通线上线下服务渠道，优化收入结构，修订同业授信管理办法，完成北京农商行、重庆农商行等48家同业机构授信，引入债券投资顾问模式，压缩5家券商委外专户投资规模。营销市场高息资产，投资宁夏地方政府债券、区内企业债券和标准化票据资产21.7亿元，新增贴现交易账户29户，累计办理直贴47.7亿元。拓宽低息融资来源，营销10家村镇银行同业存款164亿元。至年末，全行实现金融市场净收入4.2亿元，同比增加9463万元，增幅24.4%。建成信用卡网申系统和移动营销进件系统，拓宽信用卡营销渠道，缩短进件审批时间。黄河信用卡荣获银联数据“飞跃奖·活客之星”奖。以“宁建通”卡为载体，营销建筑工人代发工资业务，拓展ETC（电子不停车收费），推出残疾人专属社保卡、拥军卡。至年末，新增信用卡1.3万张、工会卡5.6万张、激活社保卡3.6万张。启动移动营销系统建设，建成企业预开户、线上预约及排队系统，上线新一代手机银行，新增聚合银联标准二维码，完成统一收单平台二期建设。新增个人网银Ⅱ、Ⅲ类账户开立和微信银行动户通知功能。强化基础保障，发展支撑更加牢固。完成新手机银行、黄河e贷等移动金融服务平台建设，上线智能客服系统，启动新移动营销系统建设。启动大数据底层平台等系统建设，推动管理智能化。加强“两地三中心”建设，完成22套重要信息系统应用级灾备，开展同城灾备切换、网络防火墙切换及消防应急演练。启动自动化运维平台、网络安全态势感知、网站安全加固等项目建设。优化自助设备服务平台，上线自助存单机，完成企业信息联网核查系统接入工作，推进无纸化项目建设，开发手机号码支付业务。新设2家营业网点，组织开展“消保服务百日竞赛”活动，打造星级网点。加强行内业务培训，举办各类培训182期、培训干部员工1.1万人次。组织中层干部任职交流，完成重点岗位员工轮岗，面向社会公开招录县市机构综合柜员298人，优化员工队伍结构。

（供稿人：柴上钦）

证　券

【东方证券股份有限公司银川民族北街证券营业部】 2015年12月28日开业，营业部位于银川市兴庆区民族北街12号邮电大楼1层、2层，总面积580平方米，内设柜台业务办理区、投资咨询洽谈室、客户交易室等，满足不同客户的现场服务需求。截至2019年底，营业部账户数3668户，同比增长14%。营业部客户资产合计1.013亿元，同比增长99.83%。

（供稿人：杨怡梅）

【申万宏源西部证券有限公司宁夏分公司】 2019年，公司把合规摆在各项工作的首位，合规专员每月抽检各业务部门1次，公开通报抽检情况。打造营业部服务品牌升级版，提升申万宏源品牌知名度，员工张婕被宁夏证券业协会授予“最美投教人”称号。分公司针对公司下发的各项考核指标，按部门、岗位、人员等实际情况分解、落实，开展劳动竞赛，分享先进经验提高整体团队能力。开拓银行多元化合作，与工商银行宁夏分行、农业银行宁夏分行、浦发银行宁夏分行等机构渠道对接，制定适应本地区推进的合作方案。联系对接银川通联资本、银川经控、银川城投、银川汇创资本等政府平台。完成代理买卖净收入市占率，完成率102.17%。融资融券利息收入市占率，完成率85.18%。利润实际完成值350.28万元。

（供稿人：张礁）

南京证券宁夏分公司兴庆区营业网点一览表

表 10

序号	营业机构名称	邮政编码	地址	负责人	区号	办公电话	手机
1	银川民族北街证券营业部	750004	银川市兴庆区民族北街15号	张小松	0951	6027252	13995299617
2	银川文化东街证券营业部	750004	银川市兴庆区文化东街74号	李均成	0951	6014108	13895182827
3	银川新华东街证券营业部	750004	银川市兴庆区新华东街43号	张　雷	0951	6015828	13895016328
4	银川湖滨东街证券营业部	750004	银川市兴庆区湖滨东街354号	蔡国金	0951	6080333	13709571386
5	银川凤凰北街证券营业部	750001	银川市兴庆区凤凰北街21号	葛　军	0951	5023808	13995103375
6	银川燕鸽湖证券营业部	750000	宁夏银川市兴庆区燕庆街179号	秦　鹏	0951	6151607	13895699176

保　险

【中邮保险宁夏分公司】 2019年，公司在职员工46人，占地面积1083.28平方米。全年实现总保费收入30455万元，同比增长9%，完成年度预算的103%。银保新单保费14229万元，同比下降1%，完成年度预算的98.8%。续期保费15862万元，同比增长18.9%，完成年度预算的106%。总保费市场占有率2.4%，银代市场占有率12.7%，银代期交市场占有率27.3%。邮银渠道代理中邮保费占比21.7%，邮银渠道代理中邮期交占比60.8%，点均保费53.8万元，月均出单率62.9%。实现期交新单保费11371万元，同比增长250%，完成年度预算的125%，结构占比91%。长期期交保费3363万元，同比增长4643%，完成年度预算的163%，结构占比30%。承保宁夏、青海铁塔公司团险项目，实现保费29.3万元。承保两项保险统括项目，实现保费164万元。实地帮扶培训同心、红寺堡等支行，完成借意险保费174万元，同比增长115%。开发汽车产业链、粮食经济等项目，实现保费18万元。个团险保费收入368万元，同比增长141%，完成预算进度123%，全国排名第四，其中小额保险保费收入174万元，同比增长115%，完成预算进度348%。承保线上率达99.6%，保全线上率19%。13个月保费继续率93.9%，25个月保费继续率97.6%，宽末综合达成率97.3%。成立续期业务品质管理小组，借助投递员上门面访失效保单客户，复效361件343万元。新契约合格率、理赔10日结案率、保全合格率等指标位居全国前列。完成惠众保退保782件，退保金额4230万元，受理满期给付业务1604件，给付金额3398万元。二访录音上传率、问题件结案上传率100%。完善分公司回访录音及工单档案归集整理，犹豫期内电话回访成功率99.8%，位列全国第二名。2019年标准保费业管费率36.6%，同比下降47.2%，百元标准保费变动业务费用2.7元，同比下降62%。公开采购率83.3%，预算节约率23%。优化开支申报审批事项4项。员工参加内、外部培训22次643人次。合规检查4个市中邮保险局、13个县邮政分公司、24个代理网点。修订完善制度30个、废止34个，现行制度188个。完成客户身份识别4326件，排查可疑交易31笔，无可疑交易报告。审核合同23份、关联交易10笔、产品课件及相关材料30份。

（供稿人：杜宝）

【中国大地保险宁夏分公司】 2019年，公司在宁夏地区设立机构24家，其中省级分公司1家，中心支公司5家，支公司11家，营销服务部7家。在册人力487人，销售序列310人，占比63.66%。本科及以上学历229人，占比47.02%。全年完成保费收入51415.88万元，同比增长0.84%。其中，车险27649.55万元，增速0.26%。非车险（含农险）18812.66万元，增速0.25%。人身险4953.67万元，增速6.6%。接报案44505件，已决案件34523件，赔付金额达1.65亿元。投入警保联动专用车辆1台、专员1人，处理交通事故965起，查勘现场154起，调派案件811起。承保农业保险2050笔，保险保障金额12.62亿元。15家机构政策性农业险已决赔款案件11686起，已决赔款5956.88万元，受益农户17923户次。开通银川地区的车驾管服务，投入服务人员2名，办理车驾管业务121笔，实现警保双方信息的共享、流程的互联和标准的统一。7月19日，中国大地保险宁夏分公司成功中标宁夏回族自治区税务局全系统车辆保险服务项目，取得全区税务系统41家单位公务用车定点保险的唯一承保资格。2019年1月，中国大地保险宁夏分公司获评“劳动保障守法诚信等级评价A级单位”荣誉称号。3月，公司入选2019宁夏消费者点赞品牌企业。

（供稿人：周艺苑）

【江泰保险宁夏分公司】 2019年，分公司人力计划编制数为72人。截至11月30日，分公司人员76人，含实习生4名，班子情况是“一正两副两助理+财务副总监”。业务收入指标完成1715万元，完成年度预算的92.2%，完成1月至11月收入预算进度的97.80%。除卫生渠道外，其余渠道均未完成收入预算进度。公司总体成本费用879万元，完成预算成本费用进度1202万元的73%。清收情况：11月底应收账款166.37万元，其中2019年应收账款164.97万元，占应收账款总额99.16%。2018年应收账款0.65万元，占应收账款总额0.39%。2017年有应收账款0.75万元，占应收账款总额0.45%。推送佣金收入1636.21万元，账面应收率为10.16%。分公司全年参加总部各类视频培训83.5学时（其中包括新员工培训24学时），审核报备业务合同46份，审核归档同质业务合同近1000份。2018年及以前的客户档案全部归档。

（供稿人：禹小明）

【新华人寿保险股份有限公司宁夏分公司】 2019年，分公司实现总保费231315万元，同比增长16%。新单保费50702万元，同比增长5%。首年价值保费13081万元，达成率60.8%。续期保费180744万元，同比增长19%。团险4971万元，同比增长39%，全渠道达成业务指标。累计为全区13万名客户提供理赔服务，理赔金额达6.6亿元。人力发展当地市场第一名，年初人力7199人，年末人力达9189人。全年新增4851人，脱落2861人，净增1990人。规模人力居宁夏寿险市场第一名。2019年8月份开展“消防进万家”活动，落地银川市、吴忠市、石嘴山市、固原市，向以上城市所辖县区各大中小型居民小区消防义务宣传，赠送家用灭火器近18.6万具。“关爱全国环卫工人”大型公益行动覆盖所设机构全体环卫工人，属全国首例。新华保险向银川市、石嘴山市、吴忠市、固原市12379名环卫工人每人捐赠保额10万元的人身意外伤害保险，捐赠保险金额12.379亿元，完成4例环卫工人意外身故理赔，赔付金额40万元。截至2019年底，新华保险累计捐款捐物价值逾170万元。全区首家3.0代大型客服中心建设完成投入使用。

（供稿人：魏彦红）

浦发银行银川分行营业网点信息一览表

表11

营业网点	地址	电话
营业部	银川市兴庆区新华东街51号（亲子广场对面）	0951—5910240
兴庆府支行	银川市兴庆区康平路423号（康平路与天平街交叉口东北角）	0951—5910462

▷ 综合经济管理

国有资产管理

【概况】 2019年，国控公司围绕兴庆区“四个全面”战略布局和“五大发展理念”及年初确定的工作目标，完成区委、区政府安排的各项工作任务，为建设绿色、高端、和谐、宜居兴庆区作出贡献。

【掌政镇污水处理厂提标改造项目】 兴庆区国控公司负责掌政镇污水处理厂提标改造，出水水质由城镇污水处理厂污染物排放标准（GB18918—2002）一级B提升至一级A，解决掌政镇特色小城镇生活污水直接排放永二干沟问题。项目用地面积11480平方米，建筑面积3461.8平方米，设计使用年限为50年，日处理生活污水3000立方米，概算投资2335.32万元。建设内容：提升改造原有设备设施（原有老化设备更新），采用A20+二沉池+反硝化深度滤池工艺，新建粗细格栅间及沉沙池、调节池及生化池、二沉池、污泥池、深度处理车间、接触消毒池及计量渠、除臭设施等。项目工程组成由主体工程、辅助工程、公用工程及环保工程组成。项目2018年9月正式开工建设，2019年7月工程竣工试运行。试运行期间在线监测数据显示，日均处理能力2800立方米，出水水质各项指标完全达到一级A标准，稳定达标排放。项目系中央环保督察组重点督查项目。

【停车场项目】 2019年5月，兴庆区政府实施本辖区范围内公共地段、街区小巷的沿线道路改造，规划设置停车泊位线，安装停车场设施及收费标示牌。经兴庆区人民政府授权由兴庆区国控公司代为行使公共资源投资人权利，承担停车场所有权管理职责，按照机动车停车场设立审批程序及物价部门收费标准办理“机动车停车场设施备案证”，委托专业机动车停车场服务公司（个人）承包管理。施划停车场56处，泊车位5000余个，收取承包经营费70万元。

【扫黑除恶专项斗争】 成立扫黑除恶专项斗争领导小组，召开专题会议重点部署，学习政策、文件和具体要求，领会精神实质，发动干部职工配合，查找线索。悬挂横幅，制作宣传页、放置门旗和知识测试等，干部职工知晓率达100%。召开推进会议3次、撰写简报6期、悬挂横幅2条、发放宣传页100张、放置门旗1面、知识测试2次。

【融资贷款】 做好兴庆区棚改项目政府购买服务融资贷款工作。继续与农发行对接，发放大新三期、掌政四期、新水二期、杨家寨二期等4个棚改项目进度款6.3231亿元。与宁夏银行业批发贷款担保股份有限公司合作出资500万元，设立兴庆区中小微企业发展融资担保扶持基金，扶持中小微企业获得贷款担保费补贴。辖区11家企业融资贷款达3200万元，发放贷款担保补贴63.31万元。

【兴庆区水污染防治PPP项目】 督促推进兴庆区水污染防治PPP合作项目，万亩奶牛养殖园区、月牙湖滨河家园、通贵乡3个污水处理厂项目建成，投入运营。

【掌政污水处理厂临时排污项目】 鉴于环保督察整改要求，短时间内完成临时污水处理设施施工，解决掌政镇特色小城镇生活污水直排永二干沟的问题，直至新的污水处理厂投入运营。

【燕鸽公寓商业综合体及周边部分设施改造项目】 2018年，兴庆区通过招商引资引进上海交通大学国家健康产业研究院租赁进驻燕鸽公寓商业综合体。国控公司分2个标段负责实施如下工程：一是将2、3号公寓楼顶部现有8处“上海交通大学”“国际健康大厦”（4.5米×4.5米）广告字拆除，制作安装8处48个“上海交通大学”“国际健康大厦”（6.5米×6.5米）发光广告字，完工并经财政评审，投资100.51万元。二是将1—3号楼北侧道路同燕庆路连通，门口硬化停车场、燕庆路非机动车道部分道砖更换、树池硬化，硬化面积1950平方米，更换道砖480米，完工并经财政评审，投资80.15万元。

【资产管理】 建立资产信息管理系统，实现资产“入口”到“出口”、增减变动等各个环节的动态监控。聘请第三方机构或安排专人进行管理的国有房产、土地、水系等资产梳理、勘测定界，确保资产安全。

【土地资产清理】 清理征收交国控公司管理的土地资产（未办理产权手续）72宗，面积5703.66亩，评估价值71676.14万元（以征收成本核算）。水系及乡镇湖泊8处，面积16401.23亩，评估价值221244.47万元。

【安置区及街道办事处营业房清理】 2019年以来，国控公司加大安置区及街道办事处营业房销售、租赁力度，销售营业房78套，面积10475.2平方米，销售金额6898.06万元。租赁营业房（公寓）124套，面积16599.25万平方米，租赁金额387.57万元，收回销售、租赁费7285.63万元，上述房款上缴财政，作为非税收收入入库。

【燕鸽湖基地东湖公园管护权移交】 原燕鸽湖物业服务处与兴庆区政府共建的燕鸽湖基地东湖公园管护权移交国控公司，国控公司负责管护费用测算，委托有资质的绿化公司管护燕鸽湖东湖公园，管护费65万元/年。

【债务化解】 协调兴庆区人民法院民事裁定，解决银川国际鲜花港管理有限公司与咸阳古建集团有限公司宁夏分公司债务纠纷161万元。负责委托第三方机构检测金水花苑安置区项目质量安全，出具验收检测报告，协调市政府相关部门办理安置房不动产登记证，解决安置户入住7年无法办理房屋产权手续问题。

（供稿人：董维龙）

土地资源管理

【概况】 2019年，兴庆区自然资源局落实自治区、银川市、兴庆区人民政府的决策部署，深化重点领域改革，优化提升自然资源供给效率，完成2018年土地变更调查、兴庆区第三次国土调查、生态红线评估调整等工作。

【“大棚房”清理整治】 1月“再排查、再清理”“大棚房”行动中，排查出“大棚房”问题1126个，除塔桥村天香源花卉及虹安花卉因征地原因拆除、通贵乡丰华源养殖合作社未完成复垦外，其他已复垦。另案处理图斑171个，面积115.58亩。其中，拆除清理图斑124个，面积62.99亩。立案图斑3个，面积7.7亩，履行处罚结案。符合一户一宅政策图斑31个，面积24.51亩。设施农业用途图斑4个，面积8.38亩。整改不到位图斑9个，面积12亩。

【2018年度土地变更调查】 2018年度土地变更调查，自然资源部下发兴庆区监测图斑313个（分割后图斑317个），涉及兴庆区4个乡镇、3个街道办事处及滨河新区，监测面积15900.5亩。变更调查成果：新增建设用地图斑128个，伪变化图斑189个。新增建设用地128个图斑监测面积2129.6亩。其中，新增合法建设用地图斑69个，监测面积1802.3亩。新增违法建设用地图斑59个，监测面积327.3亩。违法比例（含增补耕地面积）为6.19%。经过卫片执法检查阶段整改，违法比例下降至4.45%。

【设施农业用地备案】 2019年，审核备案设施农业用地8宗，备案总面积19263.56亩，其中生产设施面积19214.26亩，附属及配套设施面积49.3亩。

【第三次国土调查】 兴庆区第三次国土调查范围涉及兴庆区2个乡、2个镇、11个街道办事处，调查面积约648平方公里（97.25万亩）。8月7日，通过厅级第三次国土调查最终核查，综合差错率0.7%。8月26日，收到国家全图斑核查反馈，综合差错率0.6%。

【“两证合一”工作】 兴庆区确权工作量为19703宗。月牙湖、通贵、大新和掌政等4乡镇经初步认可，可调查登记宗地数为18569宗。其中，确定可确要宗地数为14013宗，另有4556宗地属计划拆迁范围，完成宅基地摸底调查。

【耕地保护】 2019年，银川市下达兴庆区耕地保有量不低于20.67万亩。根据兴庆区2018年度土地利用现状变更调查成果，兴庆区耕地面积为20.35万亩，耕地保有量低于下达面积。兴庆区自然资源局做好乡镇与兴庆区人民政府、乡镇与村委会层层签订目标责任书工作，层层分解任务。完成耕地保护动态监测监管系统在线核查举证、储备补充耕地项目核查、基本农田保护标识的更新维护。

【土地增减挂钩项目清查】 兴庆区城乡建设用地增减挂钩项目（一期2060.25亩）于2013年12月9日通过自治区国土资源厅验收。经对拆旧复垦区内业核查，拆旧不到位涉及23个图斑。

【批而未供土地处置】 兴庆区范围内（不含苏银产业园）批而未供土地114个批次154个项目，面积727.44公顷，按要求需消化20%批而未供土地约145.49公顷。兴庆区可自行消化126个项目，共25个具备处置方案。

【问题地图监管】 逐个对接兴庆区范围内的6家涉密测绘地理信息成果申领使用单位，联合兴庆区保密局做好抽查督查，联合兴庆区市场监管局和文体旅游局开展“问题地图”实地走访监管。

【村镇规划管理】 2019年6月，研究成立村镇规划管理中心。6月26日，由自治区土地勘察规划院公开招标委托北京北达城乡规划设计研究院编制，完成规划方案及规划图集制作。会同兴庆区农水局完成兴庆区2个乡、2个镇、35个建制村、187个自然村的分类，统计上报。

【地质灾害排查】 制定《地质灾害风险隐患排查治理实施方案》，成立地质灾害工作领导小组。重点对月牙湖乡燕子湖灾害隐患点安排专人值班，组织专家及专业技术人员到地质灾害隐患点实地调研勘查，初步形成项目建议书。

【湿地保护】 研究制定《兴庆区湿地保护实施方案》《兴庆区自然资源局湿地管理制度方案》。聘请第三方机构专业人员，监测辖区内的湿地生态，每年监测费用3万元，严格记录辖区动植物种群、数量、种类分布、迁徙与繁衍活动规律及水质、水源、水位监测等。加大湿地巡查力度，巡查过程中发现违法侵占和填埋湿地线索4起，移交兴庆区综合执法局处理。

（供稿人：孙志龙）

统　计

【概况】 2019年，兴庆区统计局围绕区委、区政府年初制定的各项工作目标任务，依法开展统计工作，努力提高科学管理水平，做好统计调查、统计分析、统计咨询等，助力经济社会发展。

【统计法律法规学习】 贯彻落实党中央国务院关于统计工作决策部署和统计法律法规，学习“意见”“办法”“规定”，举办以《依法治统·依法统计·夯实防惩统计造假弄虚作假基础》为主题的区委中心组（扩大）学习会，提高对统计造假、弄虚作假极端危害性的认识，树立依法统计、依法治统理念，确保统计调查数据资料的真实、准确、完整、及时。结合中心组学习和各类培训班，传达《关于深化统计管理体制改革提高统计数据真实性意见》《关于统计违纪违法责任人处分处理建议办法》《统计违法违纪行为处分规定》精神。

【第四次全国经济普查】 2019年，兴庆区统计局及经普办完成第四次全国经济普查。经济普查正式登记1月1日开始，4月30日结束。经普办采取现场审核、网络平台审核、业务审核的三级会审制度，确保普查数据质量。沟通联系取得税务部门单位名录与登记单位比对，形成查漏补缺名单，电话确认、实地走访逐一核实、补登。兴庆区有法人和产业活动单位12777个，其中法人单位10896个，产业活动单位1881个。核查样本单位提供的统一社会信用代码证、主要业务活动、从业人员期末人数及2018年度财务报表等相关资料及指标，通过随机抽查，7个普查小区核查情况总体良好，实地检查数据与平台数据基本一致。

【统计数据质量核查】 兴庆区企业统计人员总计603人，参加年报培训人员482人，参训率近80%，新纳规企业和调库企业7个，全部审查到位，月度、季度数据波动较大的企业8家，现场核实到位。

【统计宣传】 加大统计法律、法规的宣传力度，增强《中华人民共和国统计法》的严肃性。通过统计内网、QQ群、制作宣传手册等载体，宣传统计知识，提高统计宣传的针对性和实用性。数据质量核查期间，上门指导提升基层统计人员业务素质和法律意识。组织部分专业统计人员及企业统计员参加银川市统计系统法治教育培训班，树立统计法治思维，履行依法治统职责，提高统计工作服务。

【统计执法检查】 针对统计执法人员不足的现状，邀请银川市统计局执法人员联合执法检查兴庆区10家企业。从检查情况看，大部分单位资料齐全、上报数据准确，基础工作扎实，只有1家企业未按要求建立统计台账，已要求企业整改。

【企业“一套表”统计制度】 落实企业“一套表”统计制度，夯实统计年报、定期报表基础工作。年初利用统计年报会和专题会议等形式培训规模以上、规模以下1000多家企业。完成2018年年报和2019年前三季度各专业定期数据的收集、审核、汇总和上报，“四上”企业联网直报率达100%。

【"四上"企业入库】 达到入库标准的新建企业和成长型企业建立拟达标企业预备库，加强预备库企业的监测和达标入库的跟踪指导，确保"应统尽统"，关停倒闭的企业及经营惨淡、潜力不足的企业要求及时退库。"四上"企业入库18家。其中，房地产企业4家，投资企业3家，建筑业企业6家，工业企业2家，服务业企业1家，商贸企业2家。变更企业（名称）12家。

【统计专项调查】 做好规模以下工业、规模以下服务业、小微建筑业等抽样调查的基础上，开展生态移民统计监测、2018年妇女儿童规划统计监测、宗教名录核查、城市养老调研、2019年全区人口变动情况抽样调查等工作。

【经济运行监测】 面对经济下行压力，每月监测房地产、固定资产投资重点项目、商贸服务业等领域的数据，关口前移，变"事后"统计为"事前"预警，准确把握经济发展趋势，为领导决策提供科学依据。不定期实地走访调研固定资产投资项目，及时掌握重点项目进展情况，做好分析预警。配合商务部门做好统计站建设，核查试点单位，做好人员培训，全面真实反映兴庆区消费品市场运行情况。

【统计服务】 做好经济指标年度、季度简明手册、统计分析报告、季度经济指标卡片和统计信息等经常性统计服务工作，印发《兴庆区2018年度经济指标手册》和《兴庆区2019年一季度经济指标手册》《兴庆区2019年二季度经济指标手册》。发布统计信息141篇，统计分析报告18篇。

【妇女发展规划监测】 兴庆区《妇女儿童发展规划监测体系》（2011—2020年）涉及的妇女参与决策和管理、妇女与经济、妇女儿童与教育、妇女儿童与健康、妇女与社会保障、妇女与法律、妇女儿童与环境领域确定38个可量化指标，总体完成情况较好。其中，《妇女规划》可量化指标20个，达标指标19个，达标率95%。感染梅毒的孕产妇采取预防母婴传播等干预措施为87.1%，未达到目标值90%。《儿童规划》可量化指标18个，达标17个，1个指标（18岁以下儿童伤害死亡率）暂无数据，无法判断是否达标或预期能否达标。

【儿童发展规划监测】 兴庆区《儿童发展规划监测体系》4个领域中可量化的监测指标为18个，17个指标达标。1个指标（18岁以下儿童伤害死亡率）暂无数据，无法判断是否达标或预期能否达标。

（供稿人：张凌云）

审　计

【概况】 2019年，兴庆区审计局突出审计重点，政策跟踪、财政、民生、资源环境、经济责任、隐形债务等各项审计中，坚持审计全覆盖，紧盯公共资金使用、公共权力运行等重点环节，揭示重大违纪违法问题，促进提高资金使用效益。完成审计项目15个，审计查处违规资金63.07万元，管理不规范资金97.53万元，出具审计报告4份，提出审计意见建议15条。组织筹备召开兴庆区委审计委员会第一次会议，会议审议通过《中共兴庆区委审计委员会工作规则》《中共兴庆区委审计委员会办公室工作细则》《兴庆区关于全面加强审计整改工作的实施方案》《兴庆区贯彻落实〈领导干部自然资源资产离任审计规定（试行）〉的实施方案》及《兴庆区2019年度审计项目计划》等文件。

【党建工作】 落实"三会一课"制度，健全组织生活、民主评议等制度。召开党员大会3次，支委会6次，讲党课2次。开展"3+X"主题党日活动，制定机关"3+X"主题党日年度任务清单，开展6期活动。召开"不忘初心、牢记使命"主题教育动员会1次。制定《兴庆区审计局"不忘初心、牢记使命"主题教育实施方案》。机关全体在职党员主题教育知识测试1次，发放并批阅试卷7份。举办主题教育集中学习班8天48个学时，开展学习交流分享会2次、研讨3次。举办先进典型集中学习会1次。

10月10日，银川市审计局调研兴庆区审计工作

组织全体党员参观党史馆，开展革命传统教育1次。全体干部到女子监狱参加警示教育1次。建立立查立改问题清单6项，其中4项整改完成，2项整改中。

【廉政建设】 制定全面从严治党、党风廉政建设和反腐败工作主要任务分工，抓好各项工作落实，层层签订党风廉政责任书。建立全面从严治党“三个清单”，查找问题，研究整改措施。学习贯彻习近平总书记关于扫黑除恶专项斗争的指示精神，认真落实纪委相关要求。开展形式主义官僚主义突出问题集中整治，针对6个方面30个问题，结合班子、班子成员工作情况，自查自纠，制定清单公示，接受群众监督。开展中央八项规定回头看和“四风”延伸的9个问题整治活动。

【预算执行审计】 成立5个审计组，开展兴庆区本级财政、卫生监督所、科技局、原经合局、司法局5个单位预算执行审计。审计查出部门单位在执行预算中部门预算与实际执行结果差异大、超标准开支公务接待费等。针对查出的问题，依照有关法律法规处理处罚，提出合理化建议。

【经济责任审计】 上半年经济责任审计卫生监督所、原经合局、司法局、科技局、掌政中学、宜创公司及月牙湖治沙林场7个单位的7名领导干部，除宜创公司、司法局及月牙湖治沙林场3个项目在审，其余项目均审结。审计发现部门预算与实际执行结果差异大、超标准支出业务接待费、国有收益未上缴财政、建设工程管理不规范等问题。

【专项资金审计】 完成自治区审计厅隐形债务专项资金一季度的审计情况报告（该项目一季度一报）。拖欠民营企业账款专项及兴庆区2018年度扶贫资金专项审计完成。

【临时交办审核项目】 完成政府临时交办的兴庆区农业高科技智慧示范园物业管理经费等13个审核项目。

【巡察整改】 针对第六巡察组巡察反馈的14项33个问题，制订66项整改措施，整改期间召开局党组会4次，针对巡察出的问题新出台或修订完善9项制度，给予3人局内通报批评，约谈2人。整改完毕长期坚持的29项，整改的4项。

（供稿人：荆巧丽）

市场监督

【概况】 2019年，兴庆区分局监管各类市场经营主体14万个。辖区食品生产经营单位7567户，其中食品生产企业30家，食品生产小作坊338家，流通环节食品经营户3715户，餐饮服务单位3459户。药械经营使用单位总数1896家，其中药品零售企业605家，医疗器械经营企业930家，药品、医疗器械使用单位334家。化妆品直销企业10家，会销和体验式销售企业19家，化妆品经营使用单位749家。特种设备使用单位3284家，涉及设备数量10910（台）部。查处一般程序案件155件，罚没款159.83万元，案件类型涉及产品质量、食品药品、特种设备、医疗器械、商标广告、非法传销等六大类。接、转、回复各类消费者投诉举报12283件，其中投诉9252件，举报2170件，建议599件，检举70件，咨询192件。调处率92.6%，为消费者挽回经济损失246万元。兴庆区有效注册商标1985件，其中中国驰名商标5件，宁夏著名商标32件。专利申请量530件，发明有效量218件，专利授权量53件。2018年度企业年度报告应公示数38009户，公示数28971户，年报率76.22%。

【规范行政执法】 通过法治教育培训提高执法人员依法行政能力，开展百余场普法宣传增强市场经营主体的法律意识，创造良好的法治环境。组织召开案审会21次，听证会12次，应对行政复议3次，参加行政诉讼4次，规范行政执法行为，保障行政处罚案件程序合法。

【保健市场整治】 开展保健市场乱象整治“百日行动”，集中打击会销经营、虚假宣传等行为，查处违法行为16起，罚没款14万元。

【食品安全监管】 加强校园食品安全专项检查行动，检查校园周边食品经营户1138家次，向社会公示证照齐全经营规范的小饭桌153家。开展“你送我检”七进活动20期，完成快检任务14419批次，58批次国家食品抽检信息系统反馈不合格食品严格核查处置。重点整治“三黑”、保健食品虚假宣传、学校及幼儿园主体责任落实不到位、食用农产品质量安全等问题，取缔黑窝点19个，立案37起。第四届中阿博览会等重大活动食品安全保障零差错、零投诉、零事故。创建新华街、康平路、敬德街、玉皇阁南街4条食品安全示范街，宣传引导商户文明诚信、规范化经营。

【食品管理和从业人员培训】 组织辖区生产企业参加“食安员抽考”系统考试，开展各类培训35期，组织集体约谈14次，约谈企业负责人412人次，签署食品经营承诺书320份。

【药品药械监管】 检查药品经营企业、医疗机构等758家次，查办药品案件70起，其中一般程序案件26起，没收药品560盒、中药饮片2400克，罚没款4.26万元。简易程序案件44起，罚没款1.31万元。完成2019年药品监督抽样91批次，回收家庭过期药品35051盒，货值金额47.03万元。检查医疗器械经营单位567家次、使用单位102家次，查办医疗器械案件19起，没收医疗器械83支（盒），罚没款9万元。组织辖区药品、医疗器械经营使用单位开展药品安全、医疗器械质量培训7次。

【化妆品监管】 检查化妆品经营使用单位172家次，查办化妆品案件8起，罚没款1.22万元，监督抽样10批次婴幼儿护肤类产品、20批次染发类产品。开展2019年全国化妆品安全科普宣传周和化妆品公益咨询进社区活动，提高消费者对化妆品安全的正确认识。

【特种设备监查】 制订2019年特种设备日常和重点监督检查计划，根据行政区划合并及时调整。开展特种设备安全生产大检查隐患大排查大整治、“防风险·除隐患·遏事故·保大庆”特种设备安全百日专项治理，开展天然气充装使用管理安全专项整治、大型游乐设施专项检查、涉危险化学品特种设备使用单位安全检查等。累计监督检查特种设备使用单位394家次，涉及特种设备911台（套），下发“特种设备安全监察指令书”78份，发现安全隐患204条，整改完成194条。开展特种设备安全知识宣传活动7次，组织102家电梯使用单位和14家涉危险化学品特种设备使用单位培训，增强使用单位的安全主体意识。

【“3·15”宣传活动】 组织“3·15”宣传周、第三季欢乐购物季等活动，开展宣传服务活动14场次，利用沿街商户电子屏滚动播放消费提示信息341条次，发布消费警示46条，销毁假冒伪劣产品12车，发放宣传手册30种1.6万份，接待和解答群众咨询3000人次，提升消费者自我防范和依法维权的能力。

【银川市放心消费单位（店）申报】 推进“诚信经营示范街”和“放心消费在银川”创建工作，督导辖区61家消费维权站运行情况，分类指导和培育53户经营户，完成申报银川市放心消费单位（店）工作。

【网络交易监管】 检查网上平台、网站、网店1534家次，实地检查427家次，排除网站域名到期、网站与域名不符等16户，督促更改6个贴标错误网站，召集涉网经营企业负责人进行座谈，规范网络市场经营行为。

【市场监管】 针对农资化肥农膜、成品油、散煤、婴幼儿用品、装饰材料等重点领域产品，抽检307批次，232批次合格，立案9起。开展2018年度企业年报及信息抽查、“百万户·百万企”信用承诺活动、企业信用修复等工作。市场巡查、提醒告诫、主动服务等方式指导经营者做好明码标价、收费公示，规范8处旅游景点、48家宾馆、127家商贸零售商家、11家交通运输和生活服务业商家、68处停车场、31家房地产企业的经营行为。针对民乐瓷砖市场“脏乱差”的情况成立7个整治小组，规范978家食品经营户。

【计量器具监管】 联合宁夏计质院免费强制检定辖区早市、集贸市场1478家摊位的1646台计量器具，没收并当场销毁“鬼秤”18台。

【扫黑除恶专项斗争】 贯彻落实市局相关文件精神及工作部署，先后召开总支会议16次、党委会5次、专题会50次，成立6个督导组，发布专题信息127期。对照问题自查，细化形成了5个方面6个问题及16条整改措施，整改成效显著。收集摸排线索40条，严格按照要求处置完毕，上级交办线索62条，严格依规核查上报60条。与辖区派出所、街道乡镇等部门畅通协同工作渠道，落实“一案三查”制度，人民法院、人民检察院、公安分局发来的建议书，跟踪督办和对账销号需要其他部门联合整治的问题及时发送函件、共同处置，核查处理问题68个。

【行业乱象整治】 开展行业乱象整治行动，电视问政曝光的“黑心棉”黑作坊问题立案查处，6家涉嫌违反《中华人民共和国预防未成年人犯罪法》相关规定的娱乐场所吊销营业执照，查处传销窝点111处、传销案件13起，教育和劝导初次涉传人员1432人。

【创城整改】 成立创城工作领导小组及创城办公室，制定整改创建工作方案，参与整改创建的14个集贸市场逐一梳理问题清单。围绕创城实地测评、文明督导、食品安全等内容举办培训60场，培训人次1000人，设置公益广告宣传栏280个，制作灭烟柱22个，张贴禁烟标识35个，利用电子屏宣传公益广告3550条，张贴宣传画2100张，制作宣传牌141块，宣传文明诚信经营、社会主义核心价值观等内容。

【集贸市场整治】 行政约谈市场开办方20次，与经营户签订门前“三包”责任书2688份，督促落实主体责任。与街道办聚焦整改难题，函文往来20次，梳理问题70条，形成整改问题发现、协调、解决的全程跟踪机制。下发督查通报28期，发现问题150余条，紧盯整改落实。协调各农贸市场累计投入资金2117.5万元，更新和改造墙面、路面等硬件设施，设立文明监督岗和复秤台，购置垃圾桶和购物车，集贸市场提档升级成效明显，接待各级人民政府及其他市县现场观摩十余次。

（供稿人：海玲）

发展改革

【概况】 2019年，兴庆区发展和改革局贯彻区市党委、市政府和兴庆区委决策部署，执行兴庆区四届三次人民代表大会审议批准的2019年国民经济和社会发展计划，围绕项目推进、经济结构调整、服务保障民生等年度重点工作要求，主动适应经济发展新常态，开拓经济工作新局面，推进各项工作。完成上争资金13.7亿元，完成市级下达10亿元目标任务的137%，完成兴庆区本级下达12亿元目标任务的114%。实际到位资金10.14亿元。争取国家、自治区优惠政策1个。完成示范类工作2个。兴庆区工程建设项目进场交易30个，中标金额50588.21万元，累计节约财政资金10679.99万元。完成68类国防动员潜力调查和银川市国防动员迎检考核。

【都市商圈加速建设】 新华商圈加速提升。新百东门购物广场完工。上陵星华汇项目、新华百货总店后院整体改造项目、中环大厦项目完工。金宇凤徕湾、中冶幸福宸、北塔书院、世茂璟悦府等高端房地产项目快速推进，鼓楼尚街、敬德街等特色街区示范效应持续扩大。友爱商圈快速发展。恒大足球小镇、吾悦广场均进入土方开挖阶段。碧桂园天誉名邸、万科城市之光、初昕苑、塞上凝聚力南区等商住宅项目处于建设期，预计2020—2021年时间段内完工。推进兴庆万达广场、宁港财富中心项目，江宁国际酒店用品城二期项目、立达五金建材城、浙江轻纺城完工。

【信用体系建设宣传】 制定《信用体系建设和创新扶持专项行动》。实行“以电子光盘开标、电子光盘评标为主”的招投标方式，推进招投标每个环节全程共享。确立开通政务外网及第一批需要录入银川市公共信息平台公示信息的单位，增强推动社会信用体系建设工作基础。配合银川市开展“银川市十大联合奖惩案例”评选活动。征集上报兴庆区联合奖惩经典案例4例，兴庆区人民法院提供的案例获“银川市十大信用典型案例”荣誉。联合文化街办事处、新华街办事处开展2019年度“诚信建设进社区”，联合教育局开展“诚信建设进校园”，开展各类宣传教育活动20场次。订制宣传扇子2000把、折页7000份、海报500张、无纺布袋2000个、展架等信用建设专项宣传用品，布置条幅、摆放展板、发放资料、现场解答等引导老百姓关爱信用记录，关注社会信用体系建设，营造褒扬诚信、惩戒失信、争做文明人的社会氛围。

【编制规划方案】 完成《兴庆区国民经济和社会发展第十三个五年规划纲要》中期评估并通过兴庆区人大常委会审议。制定《兴庆区关于扶持区域总部经济楼宇经济的意见》。委托上海中智经华管理顾问有限公司启动兴庆区现代服务业产城融合及城市更新规划。撰写《关于推进兴庆区高质量发展实施意见（征求意见稿）》。

【服务企业】 制定《兴庆区县级领导包抓服务重点企业实施方案》，明确22位县级领导包抓宁夏哈纳斯燃气集团有限公司、银川市东部天然气有限公司等46家企业，涉及制造、零售、物流、家居建材等行业。开展清欠民营企业农民工工资，2019年，清欠民营中小企业账款1.2亿元。帮助16个项目单位申报670万元项目资金。帮助3家工业企业申报融资租赁补贴资金等各类项目资金296.05万元，卧龙电气银川变压器有限公司被确认为自治区隐形冠军企业，多家企业申报“双创”平台项目等。

【项目建设】 2019年实施基本建设项目108个，总投资909.3亿元，开工率100%。民间投资占固定资产投资比重为86%。自治区和银川市在本辖区实施重点项目2个（宝丰健康综合养老项目和兴庆区万达广场项目），总投资109亿元。坚持“首席服务官”和县级领导包抓服务重点企业工作机制，紧盯项目进度，实行倒排工期、挂图作战，力促各项目按时间节点推进。落实项目专家评审，提高项目方案设计的科学性。

【政府投资项目咨询论证】 咨询论证项目44项（含可行性研究报告审核），送审金额19.9亿元，审减后批复金额共计19.04亿元，审减0.86亿元。

【完工项目竣工验收】 联合住建局、财政局完成项目现场验收10个。社会投资项目备案110个，总投资475.28亿元。

【项目储备】 重点围绕“三农”建设、重大基础设施建设、生态建设、老旧小区改造、社会事业和社会治理等领域，储备2020年第一批基本建设项目76个，总投资798.73亿元。年度计划投资128.2亿元，其中亿元以上项目34个，总投资659.4亿元，年度计划投资117.8亿元。

【企业资金争取】 组织卧龙电气银川变压器有限公司、宁夏哈纳斯燃气集团有限公司等3家企业申请获批自治区工信厅、财政厅2019年度自治区工业企业融资租赁补贴资金196.05万元。卧龙电气银川变压器有限公司被确认为自治区隐形冠军企业，获批支持资金100万元。

【企业项目申报】 组织银川商贸物流服务中心申报并获评双创示范基地项目，组织多家企业申报“双创”平台项目、双创示范平台考核奖励项目、双创示范平台网络考核奖励。组织企业申报自治区双创示范项目，申报“双创”、平台项目2个，创业创新示范基地1个，众创空间共享平台1个，创业创新服务项目4个。通过评审1家，为银川滨河如意服装有限公司。组织符合条件企业开展“优势产业降低用电成本”申报工作，上报符合上报条件企业2家。

【人才工作】 组织宁夏公路勘察设计院申报青年储备人才工程项目，申报国家级学术带头人2个、自治区级学术带头人1个、自治区级优秀青年后备骨干3个、银川市级优秀青年后备骨干2个。配合兴庆区人才办开展“基层一线及艰边人员人才引进流出情况”国有企业经营管理人才统计，联系国网宁夏电力公司填表上报。

【“地条钢”专项整治】 联合街道、乡镇、质检等单位和部门开展兴庆区“地条钢”专项整治，建立监督举报制度的同时，形成防治“地条钢”月报制度，杜绝“地条钢”生产经营行为的存在。

【安全生产】 发布《关于切实加强岁末年初和2019年“两节”、两会安全防范工作的通知》《关于印发〈开展“防风险除隐患遏事故保大庆”安全生产百日专项整治行动工作方案〉的通知》等，督促开展安全生产。汲取“3·21”江苏盐城市天嘉宜化工有限公司发生特别重大爆炸事故经验教训，组织辖区从事制造业的安全生产重点企业第一时间开展自查，检查安全生产重点企业、装备制造业企业安全生产。梳理企业中存在的安全隐患，逐一排查，整改到位。安排和部署企业开展安全生产应急演练。

【第三产业经济提速】 2019年，服务业经济发展提速，第三产业实现增加值448.54亿元，同比增长6.3%，占GDP比重为84.38%，仍然是经济增长的主要支撑。

【企业政策资金扶持】 2019年，组织企业申报自治区服务业发展引导资金（共两批）项目9个，1个项目获得100万元资金，支持贷款贴息项目2个、310万元，支持贷款贴息企业2家、312万元。组织申报银川市发改委服务业发展引导资金项目7家，其中3家获投资计划260万元。

【“双公示”工作】 推进政务信息公开力度，推动行政许可和行政处罚“双公示”常态化机制，“信用银川”网站公示行政许可9353条，行政处罚1226条。

【价格管理】 2019年，受理群众价格举报和信访转办案件358件。配合公安、人民检察院、人民法院机关完成盗窃、抢劫、强迫交易等刑事、民事案件中涉案物品价格认定340件。

【收费管理】 开展2017—2018年度行政事业性收费工作，完成17家行政事业性收费年度审核报告，收费1096.17万元，清理规范经营服务性收费项目。完成49家幼儿园年度收费情况的审核报告，个别收费不规范的幼儿园规范和整改。完成8所公办幼儿园的保育教育费收费标准的审核和各类企业转供电环节收费行为、收费标准的检查。完成2家2018年农副产品平价商店稳价政策绩效评价。结合庆祝中华人民共和国成立70周年大庆活动，开展假日期间居民生活必需品和服务价格的监测检查，保障市场物价的稳定。

【粮食与物资储备】 完成宁储粮兴庆储备库和滨河储备库，全国政策性粮食库存数量和质量大清查。完成辖区粮油仓储企业夏季粮油安全大检查及秋季粮油安全大检查。开展粮食科技宣传周和世界粮食日宣传周活动，发放宣传材料1800余份。完成政策性粮食仓储企业夏粮点样扦样工作，组织开展辖区2家粮食经营企业粮食流通统计制度执行情况专项检查、秋粮收购检查、粮食产后服务中心建设项目需求调查工作。

（供稿人：郭倩）

招商引资

【招商引资项目】 2019年，实施招商引资项目50个，计划总投资约772.59亿元，年度计划投资约106亿元，到位资金102.79亿元（包含20.6亿元金融项目）。与2018年同期相比增长30.75%，完成全年目标任务的128%。其中，续建项目30个，到位资金36.41亿元；新建项目20个，到位资金66.38亿元。根据银川市“6+3+4”招商主体任务分工，2019年兴庆区在三区两县一市中任务数最多，为80亿元，其他各县区均为60亿元。

【重点在谈项目】 砂之船银川奥特莱斯项目在第四届中阿博览会上签订合作协议。传化城市物流中心项目签订合作协议。绿城新华东街城市综合体项目企业制作与修改规划设计方案。绿城收购国际汽车城项目，进行尾楼续建及商业改造和住宅楼的开发，规划调整140亩商业用地。红星欧丽洛雅项目协调市自然资源局完成该块土地手续的审核。宇田大厦项目办理施工手续中。融创MALL商业项目设计和修改方案中。

【重大项目】 总投资50亿元的银川吾悦广场项目获得项目用地，项目一期取得施工许可证，预计年内可实现投资10亿元。总投资130亿元的银川恒大足球小镇项目获得部分项目用地，一期130亩开始土方开挖，预计年内实现土地出让金4.7亿元。

【商务工作】 2019年，实现社会消费品零售总额191.88亿元，增速3.1%，分别占自治区和银川市的26.9%和45.5%。集中组织新华百货、王府井百货、国芳百货等开展兴庆区消费促进月活动、节假日促销活动、公益性演艺演出活动，整合各行业消费热点，推动消费品市场繁荣。协助荣德百瑞红树莓成功申报“宁夏优品”。

【规范二手车行业】 6月份联合市场监管、街道、税务、城管等单位调研检查指导辖区内153家经营主体，集中整改行业中存在的倒卖发票、逃避税收、欺诈消费者、套路贷、环境卫生脏乱差等5类乱象，整治涉及问题较大的金三角国际汽车城，拆除违建200余间，规范二手车市场。

【成品油市场监测】 对辖区内34家成品油经营企业（其中1家暂停营业）进行2018年度的审验，通过年审19家。督促加油站完成地下储油罐双层罐更换，辖区内加油站双层罐改造全部完成，其中中石油11家未报送第三方检测，其余22家已报送检测报告。

【市场运行监测】 监测辖区内企业138家（其中零售行业78家，批发行业40家，服务业20家）。上报生活必需品周动态分析48篇、生产资料周动态分析48篇、重点流通月分析12篇。节假日期间督促13家重点监测企业做好节日销售数据，汇总整理节日消费内容上报工作，分析挖掘节日消费特点，确保节日期间消费市场稳定，为领导决策提供依据。举办检测企业信息员培训4次。

【社区蔬菜直销店监管】 加大蔬菜直销店经营企业监管力度，联合相关部门专项检查辖区内社区蔬菜直销店食品安全、农残品检测公示、店面环境卫生等120次，确保蔬菜直销店经营企业规范经营。

【安全生产监管】 加强辖区内成品油经营企业、大型商超安全生产监督管理，联合应急管理、消防等部门，开展安全生产专项检查41次。6月份联合抽查辖区内12家加油站，检查加油机53台，民营加油站检查做到全覆盖，依法纳税、安全生产、计量监督、环保达标等方面存在问题的企业要求其限期完成整改。

【项目申报】 申报银川市现代物流重点项目4个、标准化菜市场4个，荣德百瑞红树莓成功申报“宁夏优品”。

（供稿人：金敏）

应急管理

安全生产

【概况】 2019年2月21日，兴庆区应急管理局成立。整合原有安全生产监督管理局职责、政府应急办职责、公安分局消防管理职责等13家单位应急救援职责及相关议事协调机构，核定行政编制6名，事业编制6名。全年发生生产安全事故41起，同比下降10.9%。死亡18人，同比增长80%。受伤29人，同比下降50%。直接经济损失219.43万元，同比下降46.8%，四项关键性指标呈“三降一升”趋势。连续4年未发生较大及以上级别生产安全事故，安全生产形势稳定。3月19日，兴庆区安全生产监督管理局被自治区安全生产委员会评为全区安全生产工作先进集体。4月1日，兴庆区人民政府被银川市人民政府授予“银川市2018年度安全生产工作先进集体”称号。

【危险化学品等重点领域专项整治】 成立危险化学品安全生产大检查工作领导小组，分管副区长担任组长，督查危险化学品企业，各县级领导带队开展分管行业领域安全生产。应急管理局组织相关行业主管部门检查辖区危险化学品使用、储存、运输企业安全，检查各类危险化学品企业72家，查找隐患521条，下发责令限期整改指令书72份，停产停业3家，立案调查1家，处罚金额15万元。

【安委会考核巡查迎检】 从严、从细、从实做好国务院安委会安全生产和消防考核巡查迎检工作。政府分管领导召开专题会议研究部署，应急管理局指派专人负责资料收集及材料撰写。4月24日下午，国务院安委会安全生产和消防工作第十二考核巡查组检查兴庆区安全生产和消防工作。4月25日上午，考核组实地检查宁夏天豹汽车运输有限责任公司银川汽车站。自治区获“优秀”考核等次。

【安全生产百日专项整治】 组织开展“防风险、除隐患、遏事故、保大庆”安全生产百日专项整治行动。协调消防大队执法检查人员密集型场所、文物古迹、大型商业场所、消防重点单位，督促整改火灾隐患2206处。下发责令改正通知书1087份、行政处罚决定书88份，罚款71.85万元，“三停”16家。下发临时查封决定书35份。联合属地街道综合整治北环批发市场、民乐瓷砖市场等商贸流通企业，检查商户、住户、仓库445家，累计发现隐患193条。协调住建局执法检查43家建筑工地，整改隐患117个。协调文化体育旅游广电局安全检查25家星级酒店及4个旅游景点，整改隐患90个。协调各属地单位与辖区3万多家经营户签订安全生产责任书，出租屋、群租房、老旧小区开展安全检查，整改隐患50余个，检查商业网点1874家，整改隐患136个。结合创建整改全国文明城市，集中拆除各类违章建筑32万平方米。

【防灾救灾】 成立自然灾害防治救援办公室，统筹协调各部门职责移交，指派专人负责交接工作，确保防汛抗旱、救灾、地质灾害防治救援工作不断档、不缺位。开展各类防灾救灾，协调兴庆区减灾委员会成员单位集中在“5·12”全国减灾日开展宣传活动，现场发放各类宣传品1000余份，接受群众咨询超过200人。召开兴庆区防汛抗旱工作会议，研究部署2019年兴庆区防汛抗旱总体工作，落实防汛抗旱工作的各项责任。统计辖区内应急救援力量，了解应急救援力量的现状和不足，打下整合应急救援人员、物资、装备基础。

消防救援

【概况】 兴庆区消防大队现编制74人，指战员93人。其中，干部25人、消防员68人。政府专职队员20人，消防文员16人，下辖新华、海宝、满春3个中队。大中队消防执勤车辆24辆，其中消防监督执法车4辆、消防摩托车2辆、中队执勤消防车18辆。2019年，确定辖区消防重点单位213家，总储存价值1000万元以上可燃仓库、堆场3家。

【消防监督】 有针对性地组织监督抽查重点单位，严格处罚检查中发现违反《中华人民共和国消防法》的单位。加大处罚的同时，大队严格按照程序办理案件，为被处罚单位讲解有关法律规定。2019年，大队监督检查单位3698家，发现火灾隐患或违法行为3791处，督促整改火灾隐患或者消防违法行为3600个，临时查封49家，责令"三停"22家，罚款102.2万元。

【政府专职消防队伍建设】 4个人民政府专职消防队运行正常，完成政府专职消防队员30人配备保障。提请政府召开消防工作会、部门联席会及其他专题会议8次，与行业部门以及消防安全重点单位层层签订目标责任书、责任告知书以及消防安全承诺书计320份，党政主要领导及分管领导带队检查25次。

【消防公共设施建设】 提请人民政府召开专题会议研究，完成主干道、老旧小区、棚户区、廉租房和城乡接合部等区域的消火栓水源普查，新增规划建设市政消火栓26个，维修、维护445个，现有消火栓1071个，其中维修后可用的有979个，维修可用率达91.4%。

【消防文员发展】 完成1：1消防文员配备，协调政府划拨20.5万元解决招聘16名消防文员工资和福利待遇经费支出及编制归属问题，12名文员取得三级消防监督执法岗位资格。

【消防安全网格化管理】 结合政府安监部门推动的三级全覆盖安全创建活动，依托文化街、新华街街道办召开消防检查工作网格化管理经验推进会，加强网格化管理考核通报，开展网格化管理过程中存在问题答疑、现场观摩、集中培训及挂钩帮扶检查社会单位等活动，规范推进2个乡、2个镇、11个街道办事处消防安全网格化管理工作。100%落实200家消防安全重点单位和50%落实属于人员密集型场所的非重点单位，采取"四个能力建设达标""户籍化监控管理""火灾高危单位维保督办""重大隐患单位查处曝光""双微平台拓展宣传""重点单位档案规范建立""三未工程手续办理追踪"等方法，建立完善基层消防组织，落实社会单位消防安全主体责任，加强自身动态管理，夯实城乡火灾防控基础。

【消防宣传培训】 推动"全民消防我行动"和"七进"工作，免费向群众发放宣传册、挂图等4万份，招募消防志愿者5000人。举办"五类"人员培训班130期、培训人员1.8万人次，开展灭火逃生演练60次。组织开展"开学第一课"80次，培训师生2万人次。开展消防安全进军训活动，辖区初中、高中、大学的新生接受消防知识教育，新生受训率达100%。

【消防信息发布】 中央级媒体和自治区级媒体刊发消防新闻3条，区内主流媒体刊发稿件12篇。微信、微博等推送信息8000条。

【火灾监督检查】 开展各行业专项行动20余次，未发生较大以上火灾事故。2019年，检查社会单位5138家，督促整改火灾隐患5646处，下发责令改正通知书2355份，下发行政处罚决定书144份。罚款138.75万元，"三停"31家，下发临时查封决定书54份。行政拘留2人，火灾调查率100%。督促派出所检查单位10922家，发现和督促整改隐患2139处，下发责令改正通知书1630份，实施行政处罚784项，罚款27.9万元。

【执法规范】 严格执法规范化，服务窗口受理行政审批527项，办结建筑工程消防设计备案123项、消防验收备案88项、审核38项、验收23项、消防安全检查211项，无行政复议和行政诉讼案件。

【消防安全保卫】 完成十九届三中全会、全国两会、世界杯比赛、青岛峰会、自治区成立60周年庆祝活动、国庆节活动等重大活动消防安全保卫工作任务。

（供稿人：梁佳敏）

【消防安全宣传】 利用广播、电视、网络、报纸等新闻媒体向社会群体开展消防安全宣传，加大消防安全宣传的力度和广度。深入消防安全重点单位、学校社区、乡镇农村等开展消防宣传培训活动，免费发放宣传册、挂图等2万余份，举办消防安全培训班20期、培训人员1.5万人次，开展灭火逃生演练30次。联系宁夏电视台、银川电视台、《银川日报》的记者集中报道应急管理局主办的"安全生产月""防灾减灾日""政府开放日""事故现场会"。

（供稿人：王娜　许方杰）

▷卫生·健康

疾病防控

【概况】 疾控中心成立于2006年4月，核定事业编制20人，现在编在岗职工19人，2010年经政府批准招收10名大学生（其中1人调出，考走1人，辞职1人）。陆续聘用“40、50”公岗人员7名及其他专业人员4名。2019年，中心人员有37人。中心下设办公室、综合业务科、慢病科、疾病控制科、性病艾滋病地方病结核病防治科、公共卫生科、检验科等科室。

【疾控宣传】 利用重点卫生日开展宣传活动23场次，制作宣传横幅10条，发放宣传折页3500份、宣传单4100张、宣传画960张、各种宣传册5100本，约2200人次咨询。创办《健康教育》专栏11期。

【培训学习】 举办继续医学教育培训班11期，其他各类培训和工作会议21期，1600人次参加。选派专业技术人员到上级业务部门参加培训学习，共有156人次参加上级80个班次的脱产培训班。

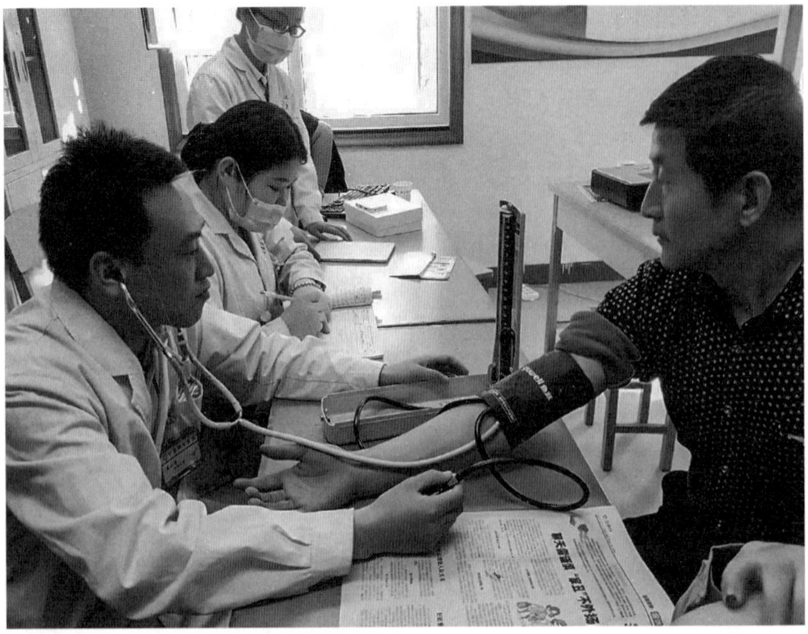
5月14日，老年人健康服务宣传活动

【乙、丙类传染病防控】 报告乙、丙类传染病例5865例，报告发病率774.46/10万。审核传染病自动预警信息254条，排除疑似事件254条，辖区73家传染病网络直报单位运转一切正常。

【学校传染病防控】 举办学校、托幼机构传染病防治知识培训班1期。调查处置学校、托幼机构传染病暴发疫情28起，指导消毒，提出防控措施，及时控制疫情。审核录入1339份小学生健康影响调查问卷。

【手足口病防治】 2019年，调查手足口病聚集疫情12起。采集手足口病例标本77份，调查手足口病重症病例4例。

【免疫规划】 开展规范化预防接种门诊建设工作，加强儿童预防接种信息管理系统数据质量管理，监测185例疑似预防接种异常反应，均按程序上报和处置。一类疫苗报告接种率均在99%以上，有序开展二类疫苗接种。

【结核病工作】 2019年，定点医院结核病门诊接诊可疑肺结核患者275例，X线检查率100%。查痰272人次，查痰率98.90%。登记发现活动性肺结核患者192例，活动性肺结核患者落实化疗方案。2018年同期登记管理肺结核患者181例（非结核死亡6例、结核死亡1例、转耐多药治疗4例、其他1例），治愈74例，完成疗程94例，成功治疗率为92.82%。各综合医疗机构报告肺结核及疑似病例961例，属辖区病例457例（重卡90例），转诊367例，转诊率100%。追踪患者367例，追踪率100%；追踪到位349例，追踪到位率95.10%。

【棘球蚴病工作】 管理棘球蚴病病例12例，其中4例免费药物治疗，8例未进行药物驱虫治疗。流行村1056条犬开展驱虫工作。

【突发公共卫生事件应急处理】 及时调查处置学校、托幼机构传染病暴发疫情28起，其中学校暴发疫情14起、水痘11起、猩红热1起、手足口病1起、诺如病毒感染性腹泻1起。幼儿园暴发疫情14起，其中手足口病疫情12起、猩红热1起、水痘1起。现场书写疫情处置单28份，指导消毒，提出防控措施，使疫情及时得到控制。暴发疫情中，银川市第四幼儿园手足口病疫情构成一般突发公共卫生事件，已结案。

【电子健康档案管理】 兴庆区居民电子健康档案建档数597342份，建档率79.90%。65岁以上老年人电子档案数61773份，接受健康管理34746人，老年人健康管理率54.61%。管理高血压患者44223人，管理任务完成率103.40%，血压控制满意率82.29%，规范管理率76.84%。糖尿病患者电子健康档案数15575份，管理糖尿病患者任务完成率142.03%，血糖控制满意率79.20%，规范管理率80.87%。

【死因监测】 审核死亡卡3242张，兴庆区的死亡病例为2848例，报告粗死亡率为376.07/10万。

【肿瘤监测】 2019年，录入辖区肿瘤病例3272例，随访5138例，失访608例。

【伤害监测】 2019年，录入伤害卡片38096张。

【心脑血管病监测】 2019年，报告急性心脑血管病例3329例。

【精神障碍患者管理】 审核重性精神障碍患者4350例次，存在问题病例535例次，均及时反馈各乡镇、社区核实、修改。国家严重精神障碍系统显示累计录入2811例，在册2607例，检出率3.44‰，规范管理率80.02%，面访率83.2%，服药率82.16%，规律服药率63.71%，精神分裂症患者服药率81.51%，应急处置14起。为辖区319名服药患者发放药物，体检382人次。民康医院睡眠门诊累计免费为433名患者发药、评估等。为97例癫痫患者免费发放药物及药物调整，诊断复核确诊17例癫痫患者，癫痫患者体检58人次。

公共卫生监测

【公共卫生场所监测】 "双随机"公共场所采样319家1194份样品、11家游泳馆17份水样。开展医疗机构消毒质量监测，采集97家医疗机构，共182份样品。上报食源性疾病536例信息，审核信息158次。

【饮用水水质卫生监测】 完成36份水龙头水质的样品采集，开展城乡饮用水水质卫生监测，采集枯水期水样48份。完成饮水型地方性氟、砷水样采集及8~12岁儿童氟斑牙患病情况调查。

【传染病监测】 督导及培训流感样病例、以霍乱为主的肠道传染病、甲肝等重点传染病防控、细菌性痢疾以及手足口病等监测工作，各督导检查4次。辖区流感样病例监测医院采集流感样病例咽拭子标本1561例，监测阳性结果200例。采集高致病性禽流感环境样145份，采集职业暴露人群血标本105份。调查流行性出血热病例7例，均为其他县区病例。调查皮肤炭疽病例3例，均为其他县区病例。调查登革热病例5例，均为输入型病例。调查狂犬病2例，均为其他县区病例。

【空气污染监测】 每月10—16日分别进行$PM_{2.5}$（空气中细颗粒物）采样，并在系统报告$PM_{2.5}$采样结果。

【蚊密度监测】 12家养殖场、6家居民户、2家医院、2所公园开展蚊密度监测4次，累计布灯226盏，最后一次的蚊密度为12.66只/灯·夜。开展勺捕法24次、路径法5次，均未监测到幼蚊。

【三类人群监测】 完成吸毒者（DUS）、孕产妇（PRG）等3类人群708人的监测。

检验检测

【公共场所检测】 完成公共场所（公共用具）1194份、医疗机构消毒效果检测233份样品检测，菌落总数超标21例，总大肠菌群阳性1例，空气菌落总数超标9例，出具检验报告。完成辖区内二次供水及生活饮用水126份的理化及微生物38项检测，其中菌落总数超标5例，总大肠菌群阳性9例，耐热大肠菌阳性1例，出具相关检测报告。完成辖区11家游泳池的水质检测，出具报告。

【艾滋病抗体检测】 完成辖区三所监管场所“逢进必检”艾滋病抗体初筛检测421人份，HIV抗体2例既往阳性。落实免费抗病毒治疗：累计治疗498人，在治438人。完成艾滋病抗体初筛检测4561人份，HIV抗体阳性8例，其中3例既往。梅毒螺旋体抗体30例阳性。丙肝抗体阳性47例，并及时出具检验报告。

【碘缺乏病检测】 完成8~10岁非寄宿学生200人及100名孕妇家中食用盐样、尿样的采集及检测，该批300份盐样中，无非碘盐，碘盐300份，合格碘盐273份，不合格碘盐27份。碘盐覆盖率100%，碘盐合格率91%，合格碘盐食用率为91%达到国家规定的90%消除标准。开展100名孕妇和200名学生的碘缺乏病防治知识宣传活动。根据碘缺乏病防治知识基线及效果评估健康教育问卷调查显示，孕妇、学生碘缺乏病防治知识知晓率基线分别为92%、84.5%，效果评估知识知晓率分别为98%、97%。

【布病检测】 布病定点监测医院接诊辖区自愿检测者958人次，筛出阳性201例。辖区各医疗机构网络上报布病病例43例，重卡7张，均已删除，其余36例均开展流行病学调查。

【实验室检验检测】 检测辖区孕产妇及学生盐碘及尿碘监测样各300份。完成棘球蚴病血清学检测60人份，犬包虫检测300份，布病高危人群检测700人份。完成区疾控下发的梅毒、生活饮用水氟、砷、铜质控考核盲样检测工作考核，结果优秀。完成区疾控下发的碘盐及尿碘、布病盲样考核检测，结果合格。邀请专家验收中心二级病原微生物实验室备案，已通过。

（供稿人：王雁德）

人口健康

【概况】 2019年，兴庆区卫生健康局加强疾病预防控制，提高卫生服务质量，推进健康兴庆建设。制定《兴庆区关于印发社会心理服务体系建设试点工作实施方案》《兴庆区2019年社会心理服务体系建设试点工作计划及责任分工》。建立疾控中心提供技术支持、定点医院（银川市第一人民医院）为治疗管理主体、社会组织（志愿者组织）自助自救的防艾“三位一体”的合作机制。计划生育特殊家庭实施“一对一”结对帮扶。天成社区卫生服务站在宁居祥和医养服务中心开展医疗服务，实现社区卫生服务站与养老机构融合发展。

【传染病防控】 2019年报告乙丙类传染病例4142例，报告发病率546.94/10万。国家免疫规划疫苗报告接种率均保持在95%以上，二类疫苗接种工作有序开展中。

【HIV抗体筛查】 开展HIV抗体筛查122656人次，其中初筛阳性188例，确证检测阳性94例。

【结核病防治】 定点医院结核病门诊接诊可疑肺结核患者182例，X线检查率100%。查痰180人次，查痰率98.90%。

【突发公共卫生事件应对】 及时调查处置学校、托幼机构传染病暴发疫情，及时处理突发事件，均得到有效处置。

【农村妇女两癌筛查】 农村妇女乳腺癌筛查任务完成2100人，完成率为175%。农村妇女宫颈癌筛查任务完成2100人，完成率100%。

【卫生许可申请办理】 受理卫生许可申请581件，依法办理行政审批事项512件，现场办结率达100%。时限内办结率达98%，群众满意率达100%。

【投诉受理】 受理投诉和转办案件162件，受理162件，调查回复162件，回复满意度100%。行政处罚8件，罚款70516.45元，群众满意度100%。

【健康扶贫】 “三个一批”分类救治累计救治1590人。其中，大病集中救治423人，慢病签约服务1156人，重病兜底11人。“三个一批”分类救治率为100%。享受“一站式”结算的患者达367人次，政府财政兜底资金合计132.2万元，自付占比7.91%。

【精准签约】 落实精准签约政策，月湖乡应签约9013人，实际签约7868人，签约率为87.3%。掌政镇应签约4759人，实际签约1838人，签约率为38.6%。签约人员因户在人不在，导致无法签约，签约率低。

【人口监测】 2019年，兴庆区常住人口683278人，出生6108人，其中男孩3187人、女孩2921人。死亡人数1833人。未婚生育31人，多孩超生148人，出生政策符合率为97.06%。

【计划生育奖励扶助】 落实奖励扶助、特别扶助、少生快富工程。2019年，有353名人员享受计划生育奖励扶助政策，811名人员享受特别扶助政策，323名人员享受“少生快富工程”政策，累计享受资金768.48万元。

【流动人口生育服务登记】 促进流动人口均等化服务，落实流动人口均等化服务职责，符合生育政策的流动人口办理一孩、二孩生育服务登记。

【健康老龄工作】 组织实施人口老龄化国情区情教育暨老年健康西部行项目，活动有人口老龄化国情区情宣教、义诊和健康咨询服务、“七点半·拉窗帘”公益行动、老年健康服务、孝德文化大讲堂等。围绕“健康快乐夕阳红”主题开展“助老为乐·幸福相随”、经典阅读、“孝老敬老典型”宣传评选、“母亲节”献礼、健康知识讲座、义诊健康咨询等系列婚育新风进万家活动。围绕“孝老爱亲、向上向善”主题，开展走访慰问、志愿服务、文化体育、义诊咨询等“敬老月”活动。

【互联网+医疗服务】 组织辖区73家基层医疗卫生机构医务人员举办2期互联网+医疗服务、家庭医生电子签约平台及基层卫生人才能力提升培训班。完成远程门诊诊断187人次，远程心电41919人次、远程影像11677人次。

【卫生院院长轮岗交流】 深化基层医疗机构人事改革，掌政中心卫生院、通贵乡卫生院、月牙湖乡卫生院院长实行轮岗交流，轮岗交流期限为3年。

【高血压、糖尿病患者健康管理】 2019年，高血压、糖尿病患者管理纳入年度落实基本公共卫生服务项目和家庭医生签约服务的核心工作，提高考核分值占比。高血压患者健康管理任务完成率为97.11%（年底完成100%目标），糖尿病患者健康管理任务完成率为134.88%。

【基层医疗设施建设】 完成满春四期安置区博雅家园社区卫生服务站、塔桥家园社区卫生服务站改建工程，年底投入使用。

【健康兴庆】 发挥“健康兴庆”媒体传播力量，公共卫生、健康教育、中医药知识等栏目推送各类健康信息130余篇，传播健康知识。与宁夏电视台联合举办健康教育栏目，发布疾病预防、慢病管理、健康素养常识等内容。乡镇卫生院、社区卫生服务中心（站）通过控烟宣传、合理膳食等活动，促进全民健康行为养成。开展各类活动48场次，参加人数800余人，发放宣传册1960份。银川爱尔眼科医院打造青少年近视防控中心，为儿童青少年免费开展眼健康普查、眼健康知识宣教及免费咨询业务。开展健康促进机关创建7家、健康促进学校创建4家、健康促进医院创建7家、健康促进企业创建3家、健康促进社区（村）创建13家。重新打造2个健康主题公园。重新粉刷宣传栏46个，更新喷绘46块，地签123个。

（供稿人：马婷婷）

卫生监督

【概况】 2019年，兴庆区卫生监督所贯彻执行各项卫生法律法规，发挥卫生监督功能，开展医疗乱象整治活动，推进行政执法3项制度实施，确保辖区人民群众的健康权益和生命安全。

【卫生许可证办理】 窗口接待约900人次，电话接听群众咨询1200余人次，受理卫生许可申请581件，办理各类行政审批事项512件，现场办结率达100%，时限内办结率达98%，群众满意率达100%。

【单位监管】 2019年，监管经营单位3702户。医疗卫生379户，其中乡（镇）卫生院4户、村卫生室40户、社区服务站34户、个体诊所及门诊部301户。传染病防治382户，放射诊疗的单位5户，公共场所2679家。学校卫生、托幼机构187户，其中各类学校77户，大中专学校3所、中学22所、小学50所、特殊学校1所、武术学校1所、托幼机构110所。生活饮用水卫生192户其中二次供水单位178家、农村集中式供水单位14家。计划生育、职业病健康体检机构3户。

【卫生监督监管】 对2604家公共场所，386家医疗卫生机构、5家放射诊疗单位、187所学校（托幼机构）、280户供水单位、37户职业卫生单位开展卫生监督综合监管，综合监督覆盖率达100%。

【公共场所卫生监督】 辖区内有住宿576家、沐浴场所267家，美容美发1632家、影剧院2家、歌舞厅11家、音乐厅18家、游艺厅74家、游泳馆11家，体育馆4家，商场9家。监督覆盖率100%。

【“四小行业”监督】 监督检查辖区“四小行业”，联合检查“养生、保健、瘦身”等名义涉嫌医疗治疗场所、（健康）美容职业培训机构、化妆品公司、青少年视力康复机构等。全年检查经营单位2926户次，新发放许可证501家，免费增补发放证照公示栏50个，免费张贴禁烟标识243个，发放“公共场所禁止开展医疗美容”标识212个，规范经营821户次。

【美容场所监管】 重点拉网式自查和专项整治中房富力城（A座、B座、C座）公寓楼、共享春天写字楼、尚东帝景小区等隐蔽区域涉嫌非法医疗美容场所，检查指导生活美容场所（持有卫生许可证）234家。排查其他机构以“养生、保健、医疗美容培训”等名义持有营业执照113家。入户检查不规范营业美容单位28家，下达卫生监督意见书28份。4月，培训重点区域的美容机构负责人和从业人员50人，当场签订“兴庆区生活美容场所拒绝非法医疗美容承诺书”50份。

【医疗机构监督】 监督检查医疗卫生机构386家，填写医疗机构卫生监督量化分级评定结果告知书386份。其中，27家个体诊所由C级调至B级、35家医疗机构由B级降至C级。填写医疗机构不良执业行为记分通知书386份，其中8家个体诊所不良执业行为记分超过12份，提前启动校验程序，暂停执业1~6个月。74家不良执业行为记分超过9分的医疗机构，责令改正、警告促使其整改。

【医疗人员执业检查】 检查医疗机构及其专业技术人员依法执业情况。处罚25家医疗机构，罚款11万元人民币。首次行政2家社区服务站和1家村卫生室。

【放射卫生监督】 制定兴庆区2019年开展放射卫生工作计划及方案。开展放射诊疗的单位有5家，有DR诊疗设备5台、CT机1台。5家医疗机构均取得“放射诊疗许可证”，有专职放射工作人员7人。检查中要求各开展放射诊疗活动的单位须完成放射诊疗设备防护性能检测和放射工作人员体检任务。

【学校卫生监督】 辖区内各类学校77所，其中普通高校3所、中学22所、小学50所、特殊学校1所、武术学校1所。有托幼机构110所。辖区内学校监督率达100%。

【农村供水单位监督】 辖区内农村集中式供水单位14户，其中日供水千吨以上单位1户、日供水百吨以上千吨以下13户，均未持有效卫生许可证。二次供水单位264户，持证单位187户。2019年双随机任务8户，其中集中式供水1户、二次供水7户。12户供水单位出厂水均符合《生活饮用水卫生标准》（GB 5749—2006）要求。25名从业人员均持有效健康证，持证率100%，水质检验率100%，水质合格率95%。

【农村二次供水监督】 重点巡查264家农村二次供水单位，向居民公示各单位卫生许可证和健康证的持证情况、各物业公司是否按季度开展水质检测、消毒设施能否正常使用、二次供水水箱能否定期清洗消毒、排污管及溢流管是否分离、二次供水卫生管理制度是否健全等，及时下发卫生监督意见书，及时整改。二次供水单位发证187户，网络填报覆盖率100%，健康证持证率98%，2019年双随机填报率100%。行政处罚2019年未办理卫生证的单位2户，罚款3500元。

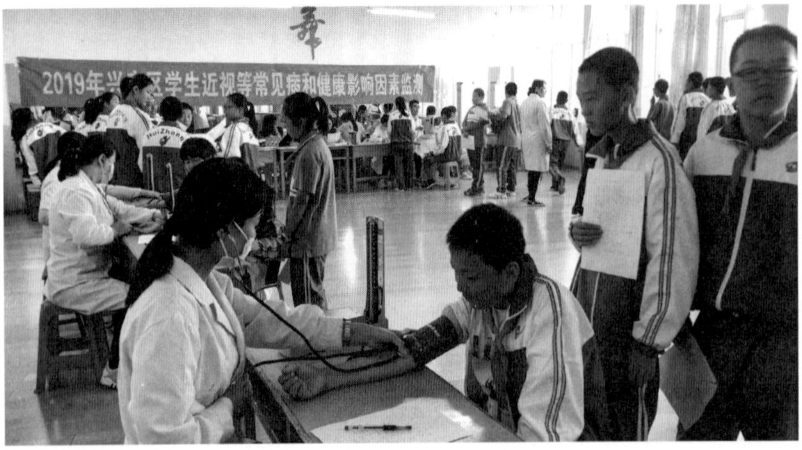

2019年兴庆区开展学生近视等常见病和健康影响因素监测工作

【农村饮用水水质检测】 2019年，农村饮用水检测8个单位的出厂水与末梢水，二次供水单位5个，城市管网水9个。其中，二次供水单位全部达标，合格率100%。农村饮用水主要是锰、氯化物、硫酸盐、耗氧量、浑浊度、溶解性总固体指标不合格，合格率90%。

【职业卫生监督】 检查造册用人单位37户，监督43户次，行政处罚3户次（警告并限期改正）。培训辖区协管及用人单位负责人3次，共228人次。

【卫生监督协管】 辖区内设有38个社区卫生服务站（中心），2019年度能正常履行卫生监督协管服务工作的社区卫生服务站（中心）35个、卫生院4个。协管员按月完成卫生监督巡查和信息报送，主管监督员定期督导和评价各社区卫生服务站（中心）和卫生院，完成卫生监督协管巡查4355次，发现和上报违法线索信息280条。各项卫生监督巡查工作年度覆盖率达100%，季度覆盖率达62%~85%。

【卫生监督投诉】 2019年，兴庆区卫生监督所接到各类投诉和转办案件191件，受理191件，调查回复191件，回复满意度100%，群众满意度100%。

【非法医疗美容专项检查】 开展“美容医疗机构依法执业”和“生活

美容场所禁止开展医疗美容”专项检查2次，医疗美容机构均建立注射肉毒毒素、胶原蛋白、透明质酸钠等药品及器械在购进、管理、使用环节的制度，药品储存、使用符合要求，未发现存在超范围执业情况。开展打击非法医疗美容培训1次约400人次。接到各类投诉举报案件73件，处理投诉举报案件73件，群众满意率为98%以上，收到群众赠送锦旗1面。立案17起，行政处罚17起，罚没款11.38万元。查处非法行医案件14起，罚没款9.38万元。其中，非法医学美容7起，罚款人民币7.1万元；非法行医7起，罚款人民币1.66万元，没收违法所得0.62万元。收缴药品52类672单位，医疗器械12件。公共场所3起，罚款2万元，两起非法行医案件调查取证之中。涉嫌非法行医罪移送公安部门2人。

【春、秋季学校及托幼机构传染病防控】 加强学校结核病和呼吸道传染病防治的宣传督导。副所长带队开展11所中小学宣传活动，讲课培训、分发宣传册，从病原体、传播途径、防治措施入手，带动学校老师和学生参与，形成大众传播趋势。以微信群做传播媒介，预防结核病和春季呼吸道传染病。结合儿童、学生开学前的传染病流行趋势和乙脑流行状况，组织16名监督员投入学校及托幼机构传染病防控和饮用水卫生安全监督检查，宣传传染病防控知识，10个工作日监督指导92家学校和托幼机构。

【医疗机构专项整治】 开展门诊部、个体诊所、社区卫生服务中心（站）及乡镇卫生院规范性经营专项整治和医护人员资质审查，出动执法人员84人次、执法车辆39台次，分2组监督检查，检查医疗机构274家，其中诊所237家、社区卫生服务中站26家、门诊部11家。签订医疗机构依法执业承诺书274份，立案查处15起，罚款69500元。

【中医养生保健服务整治】 排查银川市重点区域中房富力城A、B、C座和共享春天。调查可能从事开展中医养生保健服务的36个经营场所，下达意见书36份。清理涉嫌诱导消费的非法医疗广告，行政处罚3起并上报。

（供稿人：白建东）

▷民生·服务

人力资源与社会保障

【概况】 2019年，兴庆区人社局坚持民生为本、人才优先，惠民生与促发展相结合，推进社会保障制度落实，加强人事人才工作，构建和谐劳动关系，推进人社扶贫，提升公共服务能力，有序推进人社各项事业。

【预防和解决拖欠农民工工资】 组织“送法到工地、到企业”等活动，围绕恶意欠薪和恶意讨薪等违法行为的表现及不良后果现场宣讲，通过实际案例剖析、现场讨论及问题解答等形式规范用工行为，督促企业增强法律意识，依法签订劳动合同，按时按规发放工资。针对建筑领域是否存在“恶意讨薪、恶意欠薪”等涉黑涉恶问题展开排查，督促整改排查出的隐患，变事后追讨为事前预防、被动治欠为主动防欠。与建筑施工企业签订目标责任书，建立约束机制，提高企业规范用工、守法诚信的责任意识。督促辖区人力资源服务机构、劳务派遣单位开展人力资源市场领域“黑中介、黑职介”问题自查。督促2018年以来的续建项目严格执行农民工实名制管理、劳动合同签订、银行卡直接支付等制度。新开工建设的项目做到“八率”必达才能施工建设，监督指导企业规范有序发放农民工工资。人力社保领域受理案件排查涉黑涉恶线索，核查办结上报线索8条。建立完善劳动仲裁“六机制”，及时化解劳动争议矛盾纠纷。设立“法律咨询室”“流动仲裁庭”，制定完善“绿色通道制度”、案件集体合议制度、劳动人事争议仲裁风险提示制度以及“快立、快调、快结”制度，形成高效便民的劳动仲裁机制，保障劳资双方权益。

6月4日，人社局检查小组在牛街检查一家餐饮企业

【社保参保】 持续推进城乡居民基本养老保险参保扩面，坚持政策宣传，引导鼓励辖区城乡居民选择适合自己的养老保险参保缴费。2019年度，主抓特殊人群的参保，加快实现贫困人员城乡居民基本养老保险应保尽保。累计办理城乡居民养老保险参保登记39110人，超额完成银川市社保局下达的目标任务35713人，参保率100%。

【被征地农民养老参保】 “特事特办”“一事一议”协调解决新镇高科技智慧示范园区建设项目、月牙湖乡塘南村下零队安置区建设项目、通贵乡孔司路改扩建建设项目被征地农民养老保险财政补贴问题。协调解决丽景街双庄二队被征地农民因无征地补偿款发放花名册而无法办理养老保险问题。大新镇碧桂园和中房万科征地项目涉及的被征地农民养老保险问题。2003年前后征地项目涉及的被征地农民养老保险问题。掌政碱富桥黄河运动公园被征地农民养老保险问题。掌政镇东郊水源地项目和银川市东线公路（青银高速至贺兰山路）工程项目被征地农民养老保险问题，485名符合参保条件的被征地农民办理养老保险审核参保手续。办理被征地农民养老保险参保登记1366人，累计办理被征地农民养老保险11923人，完成本年度参保计划。

【社保扶贫】 借助人社扶贫信息平台，核实社保扶贫系统建档立卡贫困人员参保情况。兴庆区登记在册建档立卡贫困人员13871名，建档立卡贫困户应参保9949人，实际参保9949人，参保率100%。其中，财政为8014名建档立卡人员代缴100元。低保人员5769人，应参保3258人，实际参保3258人，参保率100%。特困人员152人，应参保152人，实际参保152人，参保率100%。1253名建档立卡户按月领取城乡居民养老保险待遇。

【养老金不见面审批】 建立"不见面、马上办"审批模式，简化办事材料和程序，运用社会保险大数据与"互联网+"技术实现城乡居民养老保险相关业务通过政务服务网统一申报和受理。推行线上为主、线下辅助的多种资格认证方式，解决群众"最后一公里"办事问题，不见面审批办件量21052件，领取养老金8665人。

【电子社保卡应用】 实现协议医疗机构电子社保卡环境改造全覆盖，从就医购药需要出发，以"互联网+医保服务"为核心推动电子社保卡的全面应用。社会保障卡现场制卡17282张，激活密码重置解挂社会保障卡24780次，查询社保卡信息18816次。

【投诉举报受理】 2019年，劳动保障监察立案受理工资拖欠投诉案件695件，结案685件，追回劳动者工资512.65万元，结案率99%。协调受理投诉案件85件，结案85件，协调处理金额19.7万元，结案率100%。建筑领域协调处理农民工工资案件17件，涉及人数699人，涉及金额1695.67万元。办理网上信访案件76件，办结74件，协调处理金额2549.63万元，办结率97%。处理银川智慧城市12345一号通案件2264件，办结2244件，办结率99%。办理辖区内农民工劳动合同备案522件，备案人数17617人。农民工劳动合同解除51家，解除人数2172人。

【农民工工资支付保障】 2019年，收缴建筑工程项目农民工工资保证金4955.25万元，收缴率100%。研究制订《2019年度根治欠薪专项整治工作方案》《兴庆区关于开展根治欠薪夏季行动的通知》《关于在兴庆区政府投资类新开工建设项目实施部门开展农民工工资保证金差异化缴存管理制度改革试点的通知》等文件，从制度上建立健全农民工工资管理工作机制。5月开始，统计辖区农民工工资支付情况，逐个化解统计出的问题。召开政府投资类项目工程款拨付及农民工工资支付专题会议，安排各项目责任单位优先支付农民工工资，政府投资类项目农民工工资全部支付到位。协调政府相关部门履行政府建设项目施工企业工资支付情况日常监管责任，实行政府类项目农民工工资代发制。政府类项目发放专用账户代发农民工工资32笔，涉及农民工4770人次，金额为6880.86万元。政府分管副区长2次带领农民工清欠工作领导小组成员单位，专项执法检查辖区政府类投资项目农民工工资支付及权益保障情况。存在欠薪隐患的工程项目，实行领导包案制，督促企业筹措资金支付拖欠的农民工工资，实现2019年年底前政府类投资项目、国企类项目"两清零"。

【拖欠农民工工资惩戒】 2019年1月，重庆市某建筑安装工程有限公司被兴庆区劳动监察大队列入拖欠农民工工资"黑名单"，上报自治区及银川市，通过信用共享平台实施联合惩戒，这也是银川市首家因拖欠工资被列入黑名单的企业。6月30日，该公司支付拖欠工资1687.79万元。劳动监察大队将劳动用工、工资支付情况作为企业诚信评价的重要依据，情节严重的企业按季度曝光，通过新媒体平台累计向社会公布4起严重欠薪的重大劳动保障违法行为。

【劳动仲裁】 劳动人事争议仲裁受理劳动仲裁案件1690件，结案1540件。其中，涉及劳动报酬348件，社会保险313件，确认劳动关系60件，解除、终止劳动合同950件，其他19件。涉及职工人数1691人，涉案金额达2473.88万元，结案率91%。一裁终局596件，终局率77%。全面推行网络化办案方式，将接访、立案、排庭、审批、送达、审理、结案等相关程序和信息及时录入"劳动关系管理平台"中，录入率达100%。

【成立基层调解组织】 建立健全基层调解组织网络。成立乡镇、街道调解组织15个、企业劳动争议调解组织562个，实现调解工作基层全覆盖。

【事业单位工作人员招聘】 2019年，招聘事业单位工作人员29人，选调事业单位工作人员16名。

【教育系统专业人员招聘】 通过公开选拔教师、公费师范生占编、特岗教师招聘及转正，招聘教育系统专业技术人员145人。其中，公开选拔教师30名，招聘特岗教师40名，特岗教师转正29名，公费师范生占编46名。招录“三支一扶”高校毕业生55名。

【事业单位工作人员考核】 完成2019年事业单位工作人员考核4384人，其中优秀695人。完成兴庆区第六轮岗位聘用，非领导岗位职责职员晋级17人，新招录事业工作人员转正定级14人。事业单位推荐申报中高级职称评审381人，其中除教育系统的事业单位正高级职称1人、副高级职称9人、中级职称11人。高技能人才评聘晋级12人，其中高级技师2人、技师5人、高级工5人。依托职称评审平台，完成辖区内中小学（幼儿园）单位注册审核工作，评审中小学幼儿园人员职称360人，其中副高级90人、中级150人、初级120人。

【专业技术人才补贴】 取得副高级以上职称，但未被聘任的相应等级的最低岗的人员，可申报兴庆区高级专业技术人才补贴，正高级每人每月500元，副高级每人每月300元。2019年，申请高级专业技术人才补贴22人，其中正高级2人、副高级20人。补贴11.88万元。

【专业技术人才培训】 提高专业技术人员专业技术水平能力，组织3700多名专业技术人员和高技能人才参加继续教育、安全生产、消防知识、生态环境网络教育培训。

【人才项目申报】 推荐4人申报自治区政府特殊津贴，推荐5人申报“塞上英才”和“塞上技能大师”，推荐2人申报“自治区技术能手”，推荐5人申报青年拔尖人才培养工程，推荐2人申报自治区技能大师工作室，推荐1人申报“最美高校毕业生”。推荐1个“人才小高地”项目，并组织开展“自治区特聘专家”，宁夏回族自治区博士补助等其他人才及人才项目申报。经评审，2人入选2019年自治区青年拔尖人才培养工程，按每人6万元标准给予培养单位资助，培养周期5年。3人入选第三届“塞上技能大师”和“自治区技术能手”。

【人才引进】 2019年，教育、卫生柔性引进高层次人才6人，预引进硕士、博士各1名。

【医疗参保】 2019年，城乡居民医疗保险完成参保缴费251914人，完成缴费目标任务242524人的103.87%。其中建档立卡户人员13850人，医疗保险参保缴费率达100%。城乡居民医疗保险经办情况：停保204人，退费167人，参保登记269人，零缴费核定18740人，居民医保转移4412人，人员基本信息变更7663人，信息查询46277人，身份认证3726人。

【医疗费用报销】 城乡居民医保异地就医结算：住院报销631人次报销金额392.25万元，门诊统筹199118人次报销金额505.05万元，门诊大病169人次报销金额7.03万元，退费145人次报销金额6.98万元，基金支出合计报销金额911.31万元。2019年7月以来，大病医疗救助结算84人次发放救助金73.25万元。异地医疗报销审核631人次，异地备案215人次，转诊转院审批255人次，区外门诊大病报销6人次，大病财政补贴14人次，大病二次报销169人次。告知就医自付超过1万元的169名患者在中国人寿二次报销。2017年1月至2018年12月底，兴庆区建档立卡户未享受“一站式”结算政策兜底保障人员143人次，未报销金额103.92万元，上会审核报销支付。

【打击欺诈骗保专项治理】 成立兴庆区打击欺诈骗保专项治理工作领导小组，明确各部门职责任务，分工负责。利用4月“打击欺诈骗保专项治理宣传月”，组织辖区医疗机构和零售药店，设点、悬挂横幅、电子屏、张贴宣传画、媒体公众号播放打击欺诈骗保动漫片，开展专项宣传活动，提升参保人员对医保政策知晓率和满意度，公布打击欺诈骗保监督投诉电话，接受群众监督。配合开展辖区266家协议药店、4家乡镇卫生院及36家村卫生室打击欺诈骗保专项检查。不定期督导检查定点零售药店和监管的医疗机构，及时纠正、核查发现的骗保乱象和可能涉及欺诈骗保的行为，查处辖区涉及欺诈骗保的长生医院等4家医疗机构。

【医保救助】 走访调研月牙湖乡就医保政策群众知晓掌握情况和“一站式”结算执行情况，分析因病致贫原因、存在的问题，研究解决方案，形成调研报告。协调解决月牙湖乡3名建档立卡困难群众2017年至2018年未享受“一站式”结算政策政府兜底保障问题。解决月牙湖乡和掌政镇143名建档立卡困难群众2017年至2018年未享受“一站式”结算费用103.91万元。大病医疗救助建档立卡群众10人次，发放救助金3.23万元。

（供稿人：马彩霞　马红萍）

劳动就业服务

【概况】 2019年，兴庆区城镇新增就业9961人，完成目标任务9800人的102%。城镇失业人员再就业5910人，完成目标任务5850人的101%。城镇就业困难人员就业769人，完成目标任务680人的113%。城镇登记失业率3.26%，低于4%控制目标0.74个百分点。“零就业家庭”实现动态消零。开展职业技能培训16期800人，完成目标任务700人的114%。开展贫困劳动力培训787人，完成目标任务的175%，其中精准脱贫技能培训4期204人，驾驶员培训583人。滨河如意服装厂开展200名缝纫工的岗位技能提升培训。农村劳动力转移就业9858人，工资性收入13880万元。培育创业实体542个，完成目标任务520个的104%。创造新岗位1277个，完成目标任务1250个的102%。全民创业带动就业2560人，完成目标任务2500个的102%。建档立卡贫困劳动力创业11人，完成目标任务10人的110%。开展创业培训16期455人，完成目标任务14期405人的112%。创业担保贷款发放89人，发放金额1025万元，完成目标任务800万元的128%。

【就业扶贫成果（产品）推介活动】 以“‘你’消费‘我’脱贫——来自兴庆区就业扶贫车间的问候”为主题，组织辖区扶贫车间（企业）开展扶贫产品进商圈、进机关、进社区“三进”活动。1月27日，兴庆区7个扶贫车间上千件扶贫产品在步行街新华商圈“抱团”展示和销售。3月7—8日，扶贫车间和扶贫产品进入银川市行政中心展示和销售。3月底，安排扶贫产品进入辖区内的社区销售。扶贫车间（企业）的10余种扶贫产品进入大众视野，带来近5万元的收益。

【创新创业挑战赛活动】 与兴庆区团委、宁夏高校创新创业服务联盟、宁夏沙枣花香科技众创空间等单位联合，组织辖区内中小微企业、创新创业优秀示范单位、农业合作社与全区各农特产品企业、高校大学生互动，开展“创业新时代·筑梦新兴庆”创新创业挑战赛的主题赛事活动。5月29日，举办启动仪式。7月3日，在银川金茂国际生活港C1楼举办线下开幕仪式。活动以创业生存挑战赛为主线，结合创业讲堂、特色产品T台秀、创新论坛、创意街市产品展示等系列子活动，展示优秀企业风采，促进农特产品销售，增强地区经济活力。

【就业创业数字化平台】 组织开发“银川市兴庆区公共就业创业数字化示范平台建设项目”。通过数据和资源的互联互通，实现数据向上集中、服务向下延伸，做到就业创业服务、管理全程信息化，推进公共就业创业服务全民共享，提升基层公共就业创业服务能力和效率，完善就业创业服务功能。

【劳动需求调查】 开展劳动力资源和企业用工需求调查，收集掌握“用工需求、求职需求、培训需求、创业需求”4种需求信息，开展就业援助、技能培训和需求对接“三大服务”，提高劳动力就业成功率。

【就业统计监测】 建立就业指标动态监测制度，按月提报就业指标完成进度，按季度提报就业运行情况分析，提供决策参考。

【就业援助】 开展就业援助服务，帮扶就业困难群体。就业援助月期间，开展“送政策、送岗位、送温暖”活动，入户走访就业困难人员，发放就业政策、招聘信息、培训项目、灵活就业社保补贴等宣传材料。结合银川市就业援助慰问活动安排，为80名援助人员送去优惠政策、岗位信息、培训项目等，困难援助人员家庭每户发放慰问金600元，共计48000元。

【公益性岗位政策】 安置422名就业困难人员在公益性岗位上实现就业，其中建档立卡贫困劳动力111人。

【灵活就业社保补贴】 开展2018年度灵活就业社会保险补贴申报摸底和宣传，2018年度就业困难人员灵活就业后缴纳的社会保险费给予补贴。上报享受灵活就业社会保险补贴人员6069人，补贴资金2565.72万元，最终确定上报人数6039人，补贴资金2553.39万元，其中高校毕业生1人，补贴资金8535元。

【高校毕业生就业服务】 开展“服务解忧促就业，指导关爱助发展”为主题的高校毕业生就业服务专项活动。印发政策宣传品2000份，登记高校毕业生1520人，其中应届毕业生1433人。提供就业推荐及职业指导252人次，组织高校毕业生专场招聘会3场，提供岗位5859个，达成就业意向307人。高校毕业生参加职业技

2019年3月25日，兴庆区民政局2019年社会救助政策“业务大培训 岗位大练兵”第一季度岗位练兵业务培训

能培训2人，参加创业培训61人，实施就业援助7人，实现就业7人。

【创业政策宣传】 组织工作人员入园区、进商圈、下街道，利用举办创业培训班、招聘会、技能培训班的机会解读、宣传创业担保贷款、大学生创业补贴、优秀创业项目评选等创业政策。

【创业服务平台建设】 依托兴庆慧创·创业实战规划顾问平台，聘请创业顾问20余名，提升服务能力，创新服务方式，为创业者提供免费的创业指导、政策咨询、项目评估、跟踪管理等专业性服务。

【创业孵化基地培育】 引进科技含量高、技术领先、创新层次高、有发展前景的园区企业和创客入驻创业孵化基地。调查申报创业孵化示范基地的硬、软件设施，复评申报成功的创业孵化示范基地。兴庆区现有市级创业孵化基地3家，自治区级创业孵化基地5家。

【移民就业扶贫】 开展“春风行动”等就业援助服务专项活动，提供职业介绍、职业指导、就业信息等服务，发放“春风卡”5831份。组织召开适合农民工、生态移民、失地农民的招聘会7场，提供就业岗位5491个，达成就业意向403人。打造“一村一品一车间”就业扶贫模式。组织服装纺织、种植养殖、手工艺品等有外加工业务的企业在有条件的乡镇（村）创建就业扶贫车间（基地），精准对接贫困户，利用“企业+贫困户”“合作社+贫困户”等多种方式实现就业。月牙湖乡和掌政镇有9家就业扶贫基地（扶贫车间）。

【劳务合作就业】 引导村党支部、劳务协会（公司）、劳务经纪人与发达地区、经济开发区、工业园区和大型企业开展劳务协作，组织贫困劳动力转移就业，增加贫困劳动力劳务收入。2019年4月，月牙湖乡塘南村举办“2019年兴庆区劳务经纪人培训”，73名学员经学习考核取得劳务经纪人证书。月牙湖乡10名劳务经纪人带动272名农村贫困劳动力在月牙湖及周边、滨河新区、薰衣草庄园、红墩子光伏保护站、锦城公园、中海城等地务工，务工收入在2000~5000元。

【培训脱贫】 2019年初，对辖区就业年龄段的1657人采用问卷调查方式进行培训意愿调查，其中培训意向最热门的专业是保安、电工、焊工、美容师、消防员。开展精准脱贫能力培训4期，培训建档立卡贫困劳动力204人，其中电工1期、管道工2期、麻编织1期。培训结束后联合宁夏银河职业技能培训学校为2018—2019年参加精准脱贫能力培训学员提供一站式推荐就业专场招聘会，提供就业岗位1499个，达成就业意向65人。

【就业补贴政策】 2018年，对稳定就业6个月以上，劳务收入不低于1.5万元的建档立卡贫困劳动力每人奖励1500元，兴庆区就业创业和人才服务局审核第一批1751份（月牙湖乡上报1239份、掌政镇上报512份）建档立卡户稳定就业补贴申报资料，审核通过1584人，发放稳定就业补贴237600元。第二批建档立卡户稳定就业补贴申报资料617份（掌政镇上报617份）审核中，随后为符合条件的人员发放稳定就业补贴资金。

（供稿人：曹明月）

扶贫开发

【概况】 2019年，兴庆区扶贫工作围绕中央打赢打好精准脱贫攻坚战的要求和创建自治区脱贫攻坚示范区的目标，落实中央、自治区和银川市决策部署，抓好中央巡视组、国家脱贫攻坚考核反馈问题整改，突出精准扶贫、精准脱贫基本方略，坚持工作到村、扶贫到户、帮扶到人，推进精准脱贫各项工作取得实效。实现兴庆区月牙湖乡滨河家园5个贫困村脱贫摘帽，已脱贫2932户13389人，未脱贫103户421人。

【政策保障】 制定出台《兴庆区打赢脱贫攻坚战三年行动实施方案》《兴庆区2019年脱贫攻坚工作要点》《兴庆区脱贫攻坚结对帮扶工作联动机制实施方案》《兴庆区2019年贫困村脱贫出列实施方案》《兴庆区2019年财政专项扶贫资金使用分配方案》《兴庆区脱贫攻坚项目库建设实施方案》等配套文件。发放普及“帮扶政策明白卡”“帮扶联系卡”，加强扶贫政策宣传，确保扶贫政策进农户、入人心。

【健全责任体系】 2019年，兴庆区委常委会和政府常务会议分别研究脱贫攻坚工作5次、6次，召开扶贫开发领导小组会议7次，区委、区政府主要领导定期走访调研贫困村、贫困户，现场研究解决问题。与月牙湖乡、掌政镇签订2019年度脱贫攻坚目标责任书，实施五级书记遍访贫困对象行动，解决贫困村、贫困户产业、就业等实际困难。乡镇党委书记年均遍访贫困村52次、贫困户260户，贫困村支部书记年均遍访所有贫困户。加强兴庆区扶贫办人员整合，调整充实月牙湖乡、掌政镇乡级扶贫办。

【扶贫动态管理】 制定印发《关于2019年扶贫对象动态调整的通知》，设立扶贫网格，招聘46名网格管理员，每个网格员对接60~70户建档立卡贫困户开展工作，继续开展建档立卡户动态调整和查漏补缺专项行动，逐户逐人调研，真正实现零漏评、零错退，群众满意度达到95%以上。举办培训和召开会议安排部署具体工作，组织辖区乡镇排查存在符合条件的困难群众，最终确定月牙湖乡新识别1户3人。调研自发移民867户3306人，没有发现符合条件的自发移民贫困人口。网格员入户调研采集脱贫户脱贫信息，未发现返贫人口。建档立卡人口自然增加447人，自然减少319人。

【驻村扶贫】 确定2名县级领导分别担任掌政镇、月牙湖乡驻村工作队队长，优化调整县级领导帮扶建档立卡贫困户，印发《兴庆区脱贫攻坚结对帮扶工作联动机制实施方案》。配强驻村力量，选派5名驻村第一书记和10名驻村工作队员在月牙湖乡滨河家园5个贫困村开展驻村扶贫工作。

【干部帮扶】 区委、区政府主要领导分别负责帮扶月牙湖乡和掌政镇劳务移民安置区，每村确定1名县级领导、2个市直部门、2~5个兴庆区本级部门定点帮扶，每个建档立卡户都有一名帮扶责任人，每名责任人帮扶不超过5户，落实74家单位841名干部开展结对帮扶，实现“双包”全覆盖。

【扶贫工作培训】 2019年，举办脱贫攻坚政策培训班6期，培训帮扶干部978人次。

【扶贫资金使用】 2019年，各级财政投入扶贫专项资金总计11175.2万元。其中，中央财政扶贫专项资金1200万元，自治区财政扶贫专项资金1140万元，脱贫攻坚地方债安排的资金3650万元，银川市扶贫资金2185.2万元，月牙湖集中连片贫困地区扶持资金3000万元。兴庆区制定《兴庆区2019年财政扶贫资金分配使用方案》，计划建设项目22个，其中续建项目4个，新建项目18个。资金拨付到项目实施单位，支付项目资金9625.89万元。财政扶贫项目和资金使用县乡村公示率达100%。已实施的扶贫项目进行资金审计和项目绩效评价。

【壮大村集体经济】 投入自治区、银川市扶贫资金2310万元到月牙湖乡5个贫困村，以村集体资金入股分红形式投入宁夏荣德佰瑞农业科技发展有限公司、宁夏西月花卉科技有限公司、宁夏周景世荣进出口有限公司、澳中健康产业发展有限公司，帮助企业扩大生产，约定用工全部使用本地移民，解决月牙湖乡移民就业问题。企业每年为每个贫困村分红25万元，壮大贫困村集体经济。出台《兴庆区发展壮大村集体经济工作方案》，兴庆区本级财政每年安排550万元重点支持集体经济薄弱村，积极申报自治区财政厅扶持壮大村集体经济试点村，消除月牙湖村等4个集体经济收入低于5万元的“空壳村”。

【移民基础设施建设】 “十三五”劳务移民搬迁完成，投入3.5亿元建设移民安置住房1140套及水路电网等配套设施，投入3295万元建成生态移民“多代多人”住房232套。投入8347万元实施月牙湖乡农村饮水安全巩固提升工程、红树莓示范园高效节水滴灌工程等4个水利项目，投入1116万元建成全长8.7公里的月牙湖乡洪岳路，月牙湖乡1.4万亩土地进行盐碱地改良，投入5000万元实施月牙湖乡滨河家园、万亩奶牛养殖园区2个污水处理厂建设项目。结合乡村振兴战略实施乡村环境卫生服务外包，投入287万元在掌政镇、月牙湖乡新建公厕5座。月牙湖乡被列入银川市特色小城镇项目。

【控辍保学】 制定兴庆区防辍保学工作方案，签订防辍保学责任书，实施贫困学生台账化精准防辍，有针对性地制定劝返措施，保障月牙湖乡、掌政镇学生完成九年义务教育。2019年，兴庆区没有义务教育阶段学生辍学现象出现。

【健康扶贫】 落实月牙湖乡、掌政镇所有贫困人口健康扶贫政策、基本医疗、大病保险全覆盖，推进贫困人口慢性病患者签约管理，已核准的慢性病患者，签约医生负责制定有针对性的健康管理方案，提供签约服务。需住院治疗的，联系县域内定点医院确定诊疗方案，实行“先诊疗、后付费”“一站式”结算，确保健康扶贫政策落实到位。兴庆区基本医疗保险参保率100%，移民地区乡镇卫生院综合建设达标率100%，村卫生室综合建设达标率100%。

【危房改造】 出台《兴庆区危房改造实施方案》，鉴定贫困户住房安全，符合改造条件的应改尽改，特别是月牙湖乡非贫困村危房户，严格按标准要求维修、加固或改造。因户施策，兼顾实际常住人口与满足基本居住条件，严格控制危房改造面积，落实质量安全标准。按照农户自建政府补贴的原则实施改造。调研危房户86户，其中建档立卡户33户，所有危房全部改造完成，达到入住标准。

【提升饮水安全】 投资8347万元实施月牙湖乡人畜饮水提升改造工程，改造老旧供水主管网和入户管网，确保饮水安全。实施月牙湖乡滨河家园污水处理项目，解决居民生活污水处理问题。

【产业扶贫】 继续巩固和扩大月牙湖乡树莓、花卉、奶牛、肉牛、肉兔等产业优势，延伸产业链，增加价值，建立扶贫产业带动建档立卡户联结机制，2019年实施月牙湖乡肉牛养殖基地、肉兔养殖基地、设施温棚，掌政镇扶贫设施温棚园区等扶贫项目。争取社会各方面力量，引导农户养殖基础母羊，存栏3000余只，种植山药125亩，新建、扩建扶贫产业园区、扶贫车间8座，带动建档立卡户300余户，户均增收8000元以上。

【就业扶贫】 完成精准脱贫能力培训1385人，其中技能培训204人、驾驶员673人，发放补助资金214.58万元，雨露计划476人，发放补助资金71.4万元，致富带头人32人，完成全年培训任务的164.8%。建设掌政镇劳务就业指导中心，提升劳务经纪人综合能力，培育劳务中介组织，带动贫困劳动力劳务转移就业，实现贫困劳动力劳务转移就业2000人次。结合“春风行动”、“就业援助月”、安排公益性岗位等公共就业创业专项活动，与檀溪谷、沙温泉等相关企业搭建平台，为劳务移民提供就业岗位500个。开展扶贫产业产品“进城记”消费扶贫系列活动，将移民地区扶贫企业、扶贫车间8种产品推介“进商圈”“进社区街道”“进行政中心”，拓宽扶贫产业产品的销售渠道。

【金融扶贫】 与黄河银行月牙湖支行、掌政支行、华夏银行、邮储银行合作，将小额信贷风险补偿金增至1670万元。月牙湖乡、掌政镇设置扶贫贷款办理点，现场为贫困户办理贷款。发放贷款1206户6770万元，完成全年任务的144%，小额贷款贴息212.79万元。安排96.65万元为所有建档立卡户购买意外伤害险和大病补充保险。

【教育扶贫】 改善农村学校基础办学条件，投资400万元维修改造月牙湖回民二中宿舍、月牙湖回中厕所。投资1400万元在月牙湖乡新建海军希望小学附属幼儿园，月牙湖滨河五村幼儿园、掌政希望星幼儿园建设工程完成，可增加840个学位让移民地区幼儿就近入园。落实控辍保学目标管理责任制，建立完善的疑似辍学学生台账，乡、村、学校三级联动做好控辍保学工作。落实学前教育、义务教育阶段贫困学生生活补助、兴庆区户籍建档立卡高中生及大学生生活补助政策，不让一名学生因贫失学。2019年，各学段贫困学生享受资助8472人次，资助金额520万元。

【健康扶贫】 “三个一批”分类救治累计救治1580人，其中大病救治422人、慢病签约1146人、重病兜底12人，“三个一批”分类救治进展100%。落实医疗保障“一站式”结算，2019年已享受“一站式”结算患者403人次，财政兜底资金1461879.25元，个人自付占比7.92%，报销占比92.08%。

【兜底保障】 492名建档立卡贫困人口纳入低保保障范畴，月发放低保资金18.3万元。落实残疾人两项补贴政策，提高和改善困难残疾人和重度残疾人的基本生活水平，发放补贴资金1055.14万元，其中642名建档立卡对象每月发放重度残疾护理补贴5.13万元，884名建档立卡对象每月发放困难残疾人生活补贴16.51万元。落实临时救助政策，向744名困难群众发放临时救助资金80.77万元，其中救助建档立卡对象49人次，发放资金7.44万元。

【劳务移民】 建成新创家园就业服务指导中心，设置便民服务、群众接待、就业服务指导、党群工作等功能室，提供移民咨询办事、申请补贴、招工就业等服务。组织帮扶责任人和新录用的16名扶贫网格员入户调研建档立卡家庭，进行“一户一策、一人一策”信息。建设扶贫车间2个，针对老年人、残疾人且在家照顾老人及小孩，不方便外出务工的妇女，通过培训，利用闲暇时间从事服装加工、手工制作112人实现稳定就业。挖掘设施农业、旅游产业和小城镇商贸服务业用工就业潜力，确保每户都有适合的脱贫措施和增收渠道，实现户均至少1人稳定就业。

【脱贫典型宣传】 培树先进典型，表彰奖励16户脱贫典型示范户，让典型人物讲述身边的脱贫好故事。抓好脱贫攻坚宣传报道，对接各主流媒体，围绕脱贫攻坚各项工作，宣传脱贫富民产业发展、致富带头人建设等成果。

【党建扶贫】 推进“两个带头人”工程，培训村“两委”班子240人次、致富带头人40人次，选派4名科级后备干部作为第一书记和驻村队员充实到扶贫一线，投入60万元公开招聘12名职业化党务工作者，集中打造月牙湖乡滨河家园三村等4星级服务型党组织5个。强化阵地建设，投入680万元打造村部阵地2200平方米，12个村级活动阵地面积全部达到500平方米以上。实施党建重点工作项目化，通过滨河家园一村“党建扶贫车间”、小塘村“双带双培示范基地”等党建项目，助推农村党建规范化建设取得新成效。整顿农村软弱涣散基层党组织，教育引导转化月牙湖乡信教党员65人。

【存在问题】 一是建档立卡户自我发展意识不足。移民群众思想观念保守，“等、靠、要”的思想在部分群众身上表现突出。二是建档立卡户普遍文化水平较低，学习现代技术技能困难，随着传统建筑等体力型岗位的减少，移民就业形势更加严峻。

（供稿人：郭京南）

民 政

【概况】 2019年，兴庆区民政工作树立“民政为民、民政爱民”理念，推进全面从严治党要求，落实民政政策，推进民政各项工作。建立兴庆区第二次全国地名普查数据库，编制上报《兴庆区地名文化保护目录》，完成兴庆区地名图录典志编纂。争取区市项目资金2180万元。严格依法办理婚姻和收养登记，继续推进婚姻家庭辅导，做好婚姻历史信息数据补录。办理结婚登记2079对、离婚登记1116对、婚姻家庭辅导438对。获银川市三八红旗集体奖（银川市妇联）和自治区民政工作先进集体称号。

【农村社区公共服务综合信息平台建设】 以通贵乡通贵村和通北村为试点，新建、资源对接、资源链接统筹整合兴庆区电子政务公共平台和部门业务应用系统，以“1+1+N”（一库+一平台+多种公共服务）建设模式推进农村社区公共服务综合信息平台建设。国家实验区农村社区公共服务综合信息平台系统建设5月份完成，系统功能涵盖主动服务、社区事务、阳光村务等7个系统模块。系统信息数据采集工作部门数据完成90%以上，通贵乡入户采集数据完成60%以上。

【社会救助改革】 2019年，兴庆区被自治区民政厅确定为社会救助综合改革试点地区，2个乡、2个镇、11个街道办事处启动低保审批权限下放试点工作，建立低保“两会一票”制度，规范审核审批、系统审批和行政文书使用3个环节，实现审批权限与监督管理职能分离。投入资金330万元为每个乡镇（街道）连续3年购买20名社会救助入户核查员，增强基层人员救助业务经办能力。

【提升养老服务质量】 2019年，争取居家及社区养老服务试点项目资金622万元，建立以居家为重点、社区为依托、机构为补充、医养结合为基础的多元化养老服务体系。加大政府购买养老服务力度，在2018年购买15个服务站点的基础上增加至21个，投入资金126万元，公开招标引入社会组织提供专业运营服务。

【社会组织培育】 完成兴庆区社会组织创新发展中心（孵化基地）建设，采用引进—孵化—评估—出壳的模式，为社会组织提供基础设施服务、咨询指导服务和能力建设服务。依托社会组织创新发展中心平台，加快社会组织孵化培育，引入13家社会组织入驻创新发展中心，指导10家社会组织完成备案登记。举办兴庆区第一届社会组织公益创投大赛，投入扶持资金25万元，完成8家社会组织签约工作。

【乡村积分管理制度】 与兴庆区委组织部、文明办三家联合印发《兴庆区关于进一步完善修订村规民约开展乡村治理积分制管理工作实施方案》，完善量化村规民约、建立村民积分登记、规范程序科学考评、突出结果鲜明导向，推行乡村治理积分管理制度。通贵乡、大新镇所有村完成村规民约和积分管理细则修订，实行积分登记。掌政镇、月牙湖乡试点村组织完善实施细则。

【社区管理】 修订完善《兴庆区星级和谐社区考评标准》，完成13个城乡社区服务站建设项目。推进社区工作者队伍职业化建设，落实职业化薪酬制度，制定《兴庆区村（社区）“两委”成员补选工作实施方案》，推进2019年村（社区）“两委”补选工作，加强村（社区）工作者队伍建设。

【“儿童之家”建设】 规范“儿童之家”服务管理，实现城乡社区“儿童之家”全覆盖。制定《兴庆区“儿童之家”建设实施方案》，每个乡（镇）、街道推出1~2个“儿童之家”示范点，统一规范街道儿童之家上墙制度，建成的儿童之家全部挂牌。

【社区微养老服务项目】 实施“一碗热汤”距离的嵌入式社区微养老服务项目，加大资金投入力度，夯实养老服务基础。投入131万元实施凤凰

12月30日，兴庆区召开“关于开展2019年度银川市家庭服务业调查工作”业务培训会

北街崇安社区日间照料中心和解放西街日间照料中心2个改造项目。投入48万元为景湖日间照料中心和满春四期日间照料中心购置设施设备。持续推进政府购买居家养老服务，提升养老服务品质，9月份公开招投标引进社会组织运营服务14家老年活动中心、5家日间照料中心和2家农村幸福院，提供专业化养老服务。

【农村低保扶贫】 做好农村低保、扶贫两项制度衔接工作，“应保尽保、应扶尽扶”。落实低保、残疾人两项补贴制度等救助惠民政策，累计发放社会救助资金4261万元。运用社会救助家庭经济状况核对机制，对救助对象实施精准识别和救助。

【基层社会救助工作人员培训】 制定全年度社会救助政策培训方案，每季度邀请区、市民政领域专家向各乡镇（街道）、村（社区）基层民政专干授课，每月依托互联网平台开展社会救助政策网络竞赛活动，提升基层社会救助工作人员政策理论水平和业务经办能力。

【慈善网络体系建设】 发挥兴庆区慈善物资调剂运营中心作用，完善慈善网络体系建设，撬动300万元以上捐赠物资投入脱贫攻坚，推动兴庆区慈善事业发展。

【社区治理十佳“金点子”大赛】 举办兴庆区第一届社区治理十佳“金点子”大赛，评选“金点子”13个，兑现奖励资金8.4万元，推动社区治理创新发展。

【规范社会组织】 开展社会组织年检和打击整治非法社会组织专项行动，规范社会组织发展。兴庆区有社会组织360家，依法查处中国老年书画家协会等3家非法社会组织。

【“三社”人员队伍建设】 实施兴庆区社会工作者“2830”人才培养计划，推动志愿服务系统应用，组织社工考前培训班6期，加强“三社”人员队伍建设。

【清理不规范地名】 制定出台《兴庆区进一步清理不规范地名实施方案》，开展清理整治不规范地名专项摸排。制定出台《兴庆区乡（镇）级行政区域界线勘定工作实施方案》，投入资金27.5万元做好乡镇区划勘界。采集地名条数10337条，清理登记不规范地名58条。

（供稿人：晋莹　马静）

▷科技·环保

科技工作

【概况】 2019年，兴庆区科技局组织企业上报2020年自治区重点研发计划项目30个，征集自治区科技创新需求项目6个，征集自治区企业科技创新需求项目2个。新组建宁夏花卉工程技术研究中心和宁夏回族自治区交通BIM（建筑信息模型）工程技术研究中心。

【科技创新宣传】 实地走访企业宣传区、市科技创新优惠政策，有针对性地向企业推送政策。编印《科技创新驱动政策汇编》，系统汇编推进创新驱动战略、支持企业科技创新等政策性文件，加大创新驱动战略宣传力度。建立“兴庆科技”微信群，宣传最新科技相关政策、发布科技信息、交流创新经验、推进科技政务公开，微信群人数达400人。组织企业开展“科技服务进百企”培训会，参会人员达100人。

【科技项目实施】 2019年，兴庆区科技局推荐企业申报区、市科技项目18个，上争区、市科技项目资金851万元。实施本级科技创新项目和科技特派员专项24个，投入经费220万元。

【科技型企业培育】 2019年，上报认定国家高新技术企业6家，通过认定4家。上报自治区农业高新技术企业4家，通过认定2家。推荐上报自治区科技厅备案科技型中小企业22家，通过备案21家。推荐14家科技中介服务机构纳入自治区科技厅科技中介服务机构库。填报2016年科技型企业监测6家、2017年科技型企业监测7家、2018年科技型企业监测14家。依托银川爱必达园艺有限公司组建宁夏花卉工程技术研究中心，围绕花卉产业数字化等方面开展研究与成果转化。宁夏公路勘察设计院有限责任公司申报的宁夏回族自治区交通BIM（建筑信息模型）工程技术研究中心进入科技厅形式审查中。宁夏中晟种子专业合作社获2019年自治区成果转化专项补助。帮助4家科技型企业申报科技金融专项资金，申报落实资金20.75万元。

【科技人才工作】 完善兴庆区科技人才库，在库人才603名。开展重点产业人才现状调研，完成辖区17家企业人才工作调研问卷。组织申报推荐：2019年吸引“双一流”高校优秀大学生到宁夏开展社会实践岗位需求2家企业，银川市高精尖人才项目2个，银川市高端经营管理人才培养计划项目1个，2019年度银川市学术技术带头人储备工程人选项目18个，自治区“塞上英才”人员选拔项目1个，自治区青年拔尖人才培养工程人选项目1个，银川市“凤城科技名家”项目2个，“2019年银川市荣誉市民”项目1个。落实科技特派员“三区”人才帮扶贫困村任务，选派3名法人特派员帮扶月牙湖乡贫困村。

【气象工作】 完成气象工作任务，向市气象局上报兴庆区2个乡、2个镇、11个街道办事处的人员信息，在宁园集中开展减灾宣传活动。

【科技创新资金投入】 2019年财政预算科技创新项目资金993.9万元。主要支出：2018年本级科技创新和科特派项目资金215万元，2019年本级科技创新和科特派项目资金220万元，配套补助科技厅项目资金151.9万元，红树莓现代种植示范园滴灌技术项目、旱稻轮作技术项目资金407万元。

【技术合同交易】 2019年，输出技术合同284项，成交额14009.37万元，吸纳技术合同250项，成交额26206.14万元。

【科技培训】 举办2期培训，建立“兴庆科技”微信服务群，每天发送科技政策、前沿科技信息。

（供稿人：陈俊）

环境保护

【概况】 2019年，兴庆区环保分局贯彻市委、市政府关于生态环境保护工作的决策部署，整改落实中央环保督察“回头看”及水环境问题专项督察反馈问题和创建全国文明城市，聚焦兴庆区生态环境重点领域、关键问题和薄弱环节，严格执行环保法律法规，开展防污治污，排查、整治“散乱污”企业300家，解决环境突出问题，提升生态环境质量。

【水质监测】 黄河（兴庆区段）稳定保持在Ⅱ类水质，鸣翠湖水质为Ⅲ类，东郊水源地水质为Ⅲ类。主要入黄排水沟水质达到目标考核要求。城镇污水处理厂出水水质均达到一级A排放标准。

【土壤质量监测】 一般工业固废综合利用率90%以上，危险废物处置率100%，土壤环境质量安全可控。大气、水和土壤污染防治及主要污染物总量减排完成国家、自治区、银川市下达任务。

【环保责任】 落实《银川市党政领导干部生态环境损害责任追究办法实施细则（试行）》，压实乡镇、街道及相关部门环境保护责任。制定生态环境保护重要指标、重点任务责任清单和中央环保督察反馈问题整改清单，明确责任领导、责任内容、完成时限等，层层压实工作责任，实现台账式管理、精细化治理。区委、区政府督查室会同环综办、生态环境分局、农业农村和水务局、自然资源局等部门，定期督查、通报，确保各项任务保质完成。

【中央环保督察反馈问题整改】 制订《兴庆区贯彻落实中央环保督察“回头看”及水环境问题专项督察反馈意见整改方案》，抓好相关反馈问题的整改落实。定期进行2018年168件投诉转办件“回头看”，确保不发生反弹。2018年“回头看”及水环境专项督察反馈的14项整改任务中，需要长期坚持的4项达到整改阶段性目标，完成年度整改任务8项。

【助推经济发展】 发展总部经济和楼宇经济，推动低端产业退出，优化产业发展环境和空间。出台11个领域奖补政策，实施“低端退出一批、转型升级一批、招商引资一批”工程，发展新型现代服务业、生态精品旅游、都市现代农业、工业节水节能项目等新产业、新业态，促进产业发展生态化。

【整治“煤尘”污染】 建成区燃煤锅炉全部拆除，完成散煤“双替代”项目7个、燃煤锅炉“煤改电（气）”项目3个，新建改造清洁煤配送中心3个。集中整治瓷砖市场和北塔四队、六队等重点区域散煤，开展清洁煤集中配送，解决城市分散供热带来的大气污染问题。

【整治工业废气污染】 严格建设项目环保审批，从源头严控大气污染物排放增量。工业企业挥发性有机物整治和全面达标排放工作完成，完成治理项目10个。

【整治扬尘污染】 监督检查辖区140个建筑工地，“6个100%”达95%以上，开展联合检查80次，督促整改工地40个，覆盖裸露空地20处，下发限期整改通知书240份。查处违规渣土车辆65辆，行政处罚20辆违规车辆和30家违规工地，罚款21万元。

【整治“汽尘”污染】 34座加油站全部安装油气回收装置，完成率100%。生态环境、综合执法、交巡警等部门联合执法检查物流园区、建材型材集散区域的车辆，查处“冒黑烟”车辆20台。

【水污染防治】 落实河（湖）长制。设立兴庆区级河长14人、乡镇级河长40人、村级河长54人，实现河（湖）长全覆盖。启动黄河两岸河滩地收回整治、河滩地生态廊道规划，推进黄河流域生态保护修复。整治重点为入黄排水沟。定期通报河湖水质监测结果，倒逼落实水污染治理责任。开展黄河流域“携手清四乱·保护母亲河”专项行动，整改44处“四乱”问题并销号。封堵取缔排污口、提标改造污水处理厂、综合整治岸坡环境、拆除沿线违章建筑物，消除城市黑臭水体，改善入黄排水沟水质。协同实施滨河水体净化和东部生态水系联通工程，尝试利用石墨烯技术开展水环境治理。

【污水处理设施监督检查】 每月至少检查城镇污水处理厂1次，3个城市污水处理厂出水水质均稳定达到一级A排放标准。月牙湖乡滨河家园污水处理厂、万亩牛场污水处理厂、通贵乡小城镇污水处理厂、掌政小城镇污水处理厂建成投入使用，农村污水收集处理能力提升。

【畜禽粪污治理】 划定禁养区10个，面积281.76平方公里，禁养区内养殖场全部关停。加快推进肉牛养殖场向河西地区转移。推广政府、企业、第三方运营公司共同投资、合作运营的畜禽养殖业污染治理模式，养殖园区粪污治理实现全覆盖。

【保障饮用水源安全】 推进城乡饮用水水源地保护工作，东郊水源地保护区范围内未发现新增污染源及排污口。实施保护区隔离防护工程，完成水源地边界重新核准打桩定界。

【土壤污染防治】 抓好重点企业监管。加强监督检查荣洁固体废物处置公司，督促企业与兴庆区人民政府签订目标责任书在政府网站公开信息，停止收集处置生活垃圾，原有垃圾填埋区域封厂治理，确保渗滤液不外排。开展疑似污染地块排查，辖区无疑似污染地块。开展农业“三禁三减”行动。采取政府引导、合作社带动、服务站个性化配肥等服务模式，推广测土配方施肥技术涉及4个乡镇14.18万亩，技术覆盖率达90%以上，采集土样145个，土壤化验1740项次。开展各类田间试验8个，推广秸秆培肥改良2万亩，增施有机肥8.21万亩。

【农村人居环境专项整治】 有序整村推进污水管网改造，以规模较大、条件较好的镇河村二队、通北村、月牙湖村二道墩队为试点，统一规划，分步实施，9个建制村生活垃圾治理、污水处理覆盖、厕所粪处理、卫生厕所普及率达100%。全面提速农村厕所改造力度，完成7000余户的改造任务，新建农村公共卫生厕所17座。完成农村改厕配套污水治理建设项目8个。

【推进垃圾分类试点工作】 层层签订目标责任书，每月开展垃圾分类推进会。40个示范小区建立垃圾分类收集站。开展宣传周主题、教育活动400次。每月开展1次积分兑换，扩点增面，提高生活垃圾分类覆盖率。

【第二次污染源普查】 组织第三方机构推进污染源信息录入、污染源信息强制审核、污染源普查系统更新、工业源、农业源及移动源空间信息采集等普查工作，专网强审、提示性审核、核算完成率均为100%。第二次污染源普查工作完成。

【环境执法监管】 全年出动执法人员3200人次，现场检查企业1600家次，实施行政处罚案件26件，罚款69万元。采取“不打招呼、不听汇报、不留情面、直奔现场、打破常规”方式，持续开展废气、废水排放企业夜间突击执法检查。

【医疗机构专项执法检查】 出动执法人员400人次，排查整治医疗机构220家。

【秸秆等废弃物禁烧】 加强秸秆等废弃物禁烧，严格精准管理，强化重点地区秸秆焚烧和扬尘监管，及时通报出现的焚烧火点、扬尘污染。

【建筑施工噪声污染防治】 完成夜间建筑施工噪声审批1228件，夜间巡查3000人次，处理投诉800件，立案查处15起。

【餐饮油烟噪声污染治理】 依法查处未依法备案登记、油烟净化设施不正常运行等行为，重点区域、重点投诉和中央环保督察反馈问题“回头看”，确保问题整改到位。

【环境信访办理】 群众反映强烈、影响社会稳定的热点、难点问题及时研判，现场核查，做到查处到位、整改到位，维护群众环境权益。受理群众来信来访来电等信访投诉3200余件，办结率100%。

（供稿人：何杨悦）

▷教育·文化·档案工作

教育

【概况】 2019年，兴庆区教育系统贯彻全国、全市、全区教育大会精神，围绕立德树人根本任务，在师资队伍建设、优质教育均衡发展、“互联网+教育”示范区创建、民办及学前教育发展等方面，取得进展。

10月23日，红领巾一条街志愿服务活动

【阳光招生】 2019年，招生人数相比往年更多，分配难度更大。兴庆区教育局摸查前期户籍，走访社区、实地查看等，完善招生政策，优化片区划分，通过宁夏电视台、《宁夏日报》等区内主流媒体向社会发布。4所公办幼儿园在摇号招生基础上，首次试行公办中小学电脑派位招生。重点选取外来随迁子女最为集中的2所学校片区（十九小、回民一小），化解入学矛盾。启动中小学新生入校“阳光分班”工作，推行义务教育“零择班”，缓解择班择师热。妥善安置外来随迁子女就读，90%的学校对片区内外来随迁子女做到“全纳”，促进教育公平。

【“互联网+教育”】 成立“互联网+教育”领导小组，与华中师大吴砥教授团队签订工作室合同，成立“教育部教育信息化战略研究基地”，由专家全程指导“互联网+教育”示范区创建工作。投入2177.356万元购置326台触控一体机、311台教师电脑，建设12间云机房，完成一期在线共享智慧课堂建设，支付各项费用。实施网络改造工程，升级改造城域网机房，网络接入带宽升级提速。完成辖区所有学校的网络提速改造。辖区所有学校进行无线网络改造。推进课堂教学方式、课程结构、学习模式和评价标准的改革，以兴庆区十六小和兴庆区十八小为引领，开展创客教育、跨学科学习（STEAM）教育，PBL项目式学习教育，探索构建基于“互联网+”的创新素养教育课程体系。兴庆区回民二小、兴庆区十八小为种子学校，开设人工智能教育课程和实践项目，探索构建信息技术与学科深度融合的课程体系。以银川市第十五中学“3571讲学稿”课堂为引领，利用宁夏教育云平台推进智能教学助手深入应用，探索构建课堂教学方式创新改革体系。2019年，新增5个云平台名师工作室，形成名师常态化示范、引领，发挥名师资源的辐射带动作用。《兴庆区“互联网+教育”三年发展规划》获全区“互联网+教育”、创新素养教育推进工作方案评选一等奖。3所学校入选国家基础教育信息化应用典型案例，有2所国家级“STEAM”（科学、技术、工程、艺术、数学合称）种子学校和领航学校、12所自治区级信息化应用示范学校、2所自治区级“互联网+教育”智慧校园示范学校、3所自治区级“互联网+教育”融合应用试点学校、16个项目遴选评审进入自治区“互联网+教育”项目库。月牙湖地区实现在线课堂项目全覆盖。

【集团校办学】 2019年，兴庆区九小纳入六小教育集团，三十小纳入回民二小教育集团。兴庆区官湖小学和兴庆区十八小实质性合并，成立十八小教育集团。兴庆区掌政中心小学和回民三小实质性合并，成立回民三小教育集团。兴庆区二十四小和二十三小实质性合并，成立二十三小教育集团。已组建9个教育集团，实现集团化办学的校区24个。

【共同体办学】 2019年，兴庆区政府与银川一中、银川二中、银川市第二十一小学签订托管协议，继续开展共同体办学。由银川一中托管银川市第十二中学、银川市第十中学。由银川二中托管银川市第二十中学。由银川市第二十一小学托管兴庆区第五小学和兴庆区第十五小学。

【跨省联合办学】 2019年，实现“首都带首府”项目——兴庆区回民实验小学与中国农业科学院附属小学结成“姊妹学校”。“银淮之星”项目——兴庆区二小与江苏淮安外国语实验小学建成发展联盟。“苏银合作”——兴庆区掌政中学与江苏常州市北郊中学建成发展联盟。完成“闽宁交流”等项目，实现优质教育资源的跨地区共享。

【师资队伍建设】 录用免费师范生46名、招录特岗教师30名，全区范围内公开招聘教师40名，全部安排到相关学校。安排88名教师进行为期一年的轮岗交流。送到清华大学参加培训的校（园）长、骨干教师600人次，组织58名中小学校（园）长赴华中师范大学参加校长信息化教育领导力培训班和全国骨干校长高级研修班学习，提升校长管理意识和能力。

【德育建设】 开展主题为“社会主义核心价值观”学习宣传、“扣好人生第一粒扣子”、“唱响我和我的祖国”、“与国旗同框”、“阅读之星”评选、“读书月”等活动，进行爱国主义和仪式教育。10月份，掀起传达学习贯彻习近平总书记的贺信热潮，各校利用升旗仪式、校园广播站和座谈会的形式开展宣传活动40场，覆盖人数65000人。

【学校团队建设】 打造19所标准化少先队活动室，4个中队获得“全区动感中队”称号，32个中队获得“银川市动感中队”称号。建立学校党支部指导中学团校开展活动常态化机制，实行学校党支部书记、学校团委书记、党员教师带头讲团课制度，强化团员责任意识和使命担当。

【未成年人思想道德建设】 研究出台《加强未成年人思想道德建设实施方案》，规范在校生管理。开展“红领巾一条街”“小手拉大手”等活动，影响和带动家长参与志愿服务。9名少先队员、3名大队辅导员、3名中队辅导员获自治区级的优秀少先队员和“优秀少先队辅导员”称号。十九小、景岳小学获全区“优秀少先大队”称号、二十九小获全区“优秀学校少工委”称号。7所学校获银川市“优秀少先队集体”称号，6个中队获银川市“优秀少先中队”称号，26人获市级“优秀大（中）队辅导员”称号，33名学生获市级“优秀少先队员”称号。

【优化教育布局】 投资2.8亿元续建兴庆区第三十二小学等7所中小学、幼儿园，新建、扩建兴庆区第三十三小学、银川市第二幼儿园分园等7所中小学、幼儿园。项目完成后，增加学位2760个。投入3306万元，维修改造18所学校的教学楼、办公楼等，维修8所学校的室外操场。

【普高验收】 准备验收所需各项文书档案和统计资料，调取适龄人口信息，电子信息筛选、学籍网上比对，筛查出兴庆区户籍学生在各高中就读人数，组织工作人员取证和入户核查。下半年通过自治区验收。

【控辍保学】 重点入户核查农村移民地区建档立卡家庭的学生。向月牙湖乡等5个乡镇街道派发督导函，并就疑似辍学学生情况和各乡镇街道负责领导沟通。核实兴庆区987名失学少年儿童信息，除27名学生信息无法确认，其他失学学生情况均得到确认。

【民办学校（机构）规范】 辖区内已审批的508家民办学校（机构）进行年检考核，争取专项经费35万元，表彰奖励50家年检优秀单位和4个幼教集团。组织民办中小学、幼儿园及新审批机构就收费、招生广告发布等培训3次。组织85所公（民）办幼儿园与28所中小学结对交流，召开专题家长会99场，小学与幼儿园双向交流74次，集团开展专题教研观摩活动5场。处理民办机构收费纠纷7起，联合派出所调查处理家长怀疑幼儿园教师虐童事件5起。

【小区配套幼儿园专项治理】 回收合同到期公有民办幼儿园4所，2所民办幼儿园转为普惠园，新建、补建公办幼儿园4所，为8所回收和新建园核拨经费50万元。完成31所公办幼儿园名称申报。与银川市自然资源局对接，完成辖区75所民办幼儿园的土地属性和产权确权认定。逐一约谈涉及回收、购置和转普惠的幼儿园举办者。

【培训机构专项整治】 组织85家有小学六年级学科培训的机构召开小升初工作约谈会，下发约谈单85张，抽查14家往年家长有反映的培训机构。专项检查479家培训机构的教学内容、是否替代义务教育进行全日制培训。组成5个检查组检查2019年新审批的102家机构规范办学工作。关停10家无证培训机构、6家学前班，叫停3家有证机构违规举办的学前班，查处4家托管中心超范围经营举办学前班的违法行为。2所民办学校、75所民办幼儿园9项办学风险点进行隐患排查，存在风险点的学校（幼儿园）召开约谈会，下发约谈单64份。同时加强督查整改情况，组成9个检查组二次复查风险点整改情况。

【教育资助】 发放学前教育资助资金131.47万元，学前二年受助1463人，建档立卡受助幼儿486人。2019年，130219人次享受免费教科书，免费金额达985.53万元。522名初中寄宿生发放生活补助26.1万元。2019年，生源地助学贷款签订1064笔合同，贷款金额达745.5万元。

【社会资助】 为34名贫困大学生争取社会资助14万元。月牙湖乡4所中小学捐赠作业本27600本。月牙湖地区4所学校贫困学生进行视力筛查、验光，捐赠100副近视眼镜。兴庆区农村12所学校学生捐赠5000双布鞋。

【结对帮扶】 各学校征集5497名教师、学生、家长志愿者，2240名在校贫困学生开展结对帮扶，学业辅导9310人次，心理沟通7255人次，送课1466节，捐赠学习用品5258件、图书11293本、衣物996件，经济帮扶44681元。

【校园安全管理】 利用“安全生产月”“安全教育日”开展安全教育活动，邀请法治副校长进校园法治讲座，提高师生法律意识。联合市场监督管理局、卫生健康局等部门对辖区75所民办幼儿园开学检查。专项检查71所民办幼儿园食品安全，安全抽查182家培训机构，下发整改通知书63份。联合交警二大队检查民办幼儿园32辆校车安全，校车司机举办专题培训1次。校园周边娱乐场所、网吧、成人用品店、KTV等场所，开展88次联合执法，关停网吧6家、酒吧7家、成人用品店23家。

（供稿人：乔宝同）

文化

【概况】 2019年，兴庆区文化旅游体育广电局坚持以习近平新时代中国特色社会主义思想为指导，贯彻落实党的十九大精神和自治区第十二次、市委十四次和兴庆区第三次党代会精神，结合“不忘初心、牢记使命”主题教育，坚持以人民为中心的工作导向和高质量发展理念，以文化旅游融合发展为主线，不断开拓兴庆区文化旅游体育事业新局面。

【文化设施建设】 提升改造文化馆音乐培训室和多功能厅建设，向社会提供更好的培训辅导场所和设施服务。重点打造完成三个中心培训基地：兴庆区职工文化中心、职工服务培训中心、职工文体中心。完成丽景湖公园文化广场大舞台设施设备改造提升工程，完善公共文化服务设施网络。

【文化惠民】 推进“四送六进”文化惠民活动，推行菜单式、预约制服务机制和“你点单·我送戏”服务模式，满足群众文化需求，全年送戏下乡演出、广场文化演出400多场次、送图书4000册，举办各类公益性艺术培训30次。推进“书香兴庆，兴庆书香”品牌活动魅力。结合“我们的节日”在社区阅览室、农家书屋开展的“冬”诵品读——“一本好书”分享会、“农家书屋寻年味”写春联送祝福活动、新时期“雷锋精神”传承“雷锋文化”“不忘初心　共享阅读”“书香随行快乐过年”“社会主义核心价值观”等主题活动34场次，参与人数达9000余人次，提升群众参与度、满意度。

【图书管理】 2019年，兴庆区图书馆新增图书31000册，馆藏图书达131139册。新打造图书流通服务点11个，累计打造34个图书流通服务点。开展“四送六进”“进景区、进社区、进部队、进企业、进农村”活动11场次，送图书2600册，期刊2000册，展销图书2000册，参加活动人数达1000人次。到馆人次66494人，其中书刊文献外借人次23445人次，书刊文献外借册次62901册次，办理读者证1025张。2019年6月，被银川市妇联、银川市教育局、银川市文明办、银川市文化旅游广电局联合授予“银川市亲子阅读示范基地”。10月，兴庆区移动图书馆开通，提供“自动服务”“数字资源移动阅读”“读者阅读交流社区”等4项服务功能。

【特色文化活动】 举办2019年“文明之约”“兴庆欢歌·千人广场舞大家跳展示活动”“壮丽七十年放歌母亲河唱响新时代”“丝路放歌·黄河诗会”。举行“歌颂祖国兴庆欢歌”合唱展演、兴庆区掌政镇第三届西红柿文化旅游节等文化品牌活动，开办鸣翠湖第二届“荷花文化旅游节”等，提升兴庆区文化知名度和美誉度。

【文艺展赛】 围绕中华人民共和国成立70周年，开展文艺展赛活动，各协会通过微信群通知展览赛事活动。区市各级展览展演中，各协会有100多人次获奖或入展。组织申报银川市第三届贺兰山文艺奖，其中12人申报作品奖，5人申报新星奖。

【新中国成立70周年文化活动】 组织各民间文艺团队围绕“迎大庆”主题编排一批优质的精品文艺节目。组建兴庆区文化馆舞蹈队参加“壮丽70年·筑梦新征程——激情广场舞动塞上”全区广场舞大赛，获三等奖和优秀组织奖。组建300人的舞蹈团队参加银川市升旗活动，完成分配任务。开展“壮丽70年奋进新时代”“中华民族一家亲同心共筑中国梦”等专场文艺演出91场次，参与活动群众达39600人次。举办经典诵读、黄河诗会、千人广场舞、快闪系列、合唱比赛等文化活动20场次，参与活动人数10000人次。

【文化遗产保护】 定期开展文物安全检查，全年4次巡查文物保护单位和田野文物，专项巡查长城6次，开展汛期专项文物安全检查2次。利用“5·18”国际博物馆日、文化和自然遗产日等节日，加大文化遗产保护、文物安全政策法规宣传力度。在丽景湖广场组织“5·18”国际博物馆日、文化和自然遗产日专场宣传演出2次，发放宣传资料500份，形成“人人关注、人人参与”的良好局面。

【全民阅读活动】 通过“点击博看书院畅享优质资源”活动，让读者进入集图书、期刊、报纸、特色专题于一身的兴庆区图书馆微刊阅读平台。开展“吉语贺岁·好书传情”电子有声贺卡活动，读者扫二维码进入移动端的电子有声贺卡创作界面，从推广工程资源库群、移动阅读平台中选取精品图书。开展“图书下乡”提升美丽乡村气质的主题活动、“诵读经典·诗意兴庆”主题新春诗会、“我们的节日·喜闹元宵”有奖灯谜竞猜活动、“改革开放40年·农村发展焕新”迎新春农民朗读大赛等活动，彰显“书香兴庆，兴庆书香”品牌活动魅力。

档案工作

【概况】 2019年，兴庆区档案馆以档案信息化发展为契机，提高档案创新服务为重点，抓队伍建设，提高干部职工综合素质。抓业务建设，提升干部职工的业务水平，与兴庆区民政局合作完成《兴庆区社会福利院大事记》编研。

【业务培训】 组织开展业务学习和业务培训。通过领学、自学、抄写业务笔记等方式学习《归档文件整理规则》《国家档案局第8号令》《国家档案局第13号令》《国家档案局第32号令》《机关档案管理规定》等，提高干部职工业务知识。7月9日，举办兴庆区2019年档案归档工作培训班，邀请银川市档案馆业务指导科长，解读与指导归档文件材料整理规则，64个单位120人参加培训。不定期组织开展业务工作交流，针对档案查询中出现的各类问题讨论研究，完善档案查询服务工作。开展岗位业务大练兵活动，干部职工之间形成互学互比的氛围，增强工作责任感，提高档案工作管理能力。

【档案接收】 接收涉改单位档案入馆，本次机构改革中涉改单位14个，兴庆区委老干部局、兴庆区社会福利院、兴庆区档案局将档案移交入馆。其中，兴庆区委老干部局移交2014—2018年（5年）永久5盒计54件、定期30年5盒计181件。兴庆区社会福利院移交2014—2018年（5年）永久5盒计345件、定期30年5盒计126件、实物档案牌匾22件、荣誉证书10件。兴庆区档案局移交2015—2018年（4年）永久9盒计261件，定期30年4盒计66件。指导整理接收兴庆区党委办公室2016年文书档案工作，移交进馆档案永久14盒计398件、定期30年8盒计223件。接收入馆的农村土地承包经营权确权登记档案进行后续盖件章、完善相关信息等，整理上架月牙湖村等28个村的土地确权档案1085盒，计31000件。

【档案安全管理】 制定出台《兴庆区档案工作安全突发事件应急处置预案》，馆领导与各科室负责人签订“档案安全保密责任书”。11月1日，邀请宁夏鑫政安防火知识宣传中心教官专题培训消防安全知识，提高突发事故的应急处置能力。检验档案库房安全设施及配置，5个档案库房及爱国主义教育基地柜式七氟丙（GQQ120-2.5TX）气体灭火装置安全检验，排查上架的档案实体卫生，确保档案无霉变、虫蛀、鼠咬等情况，核对数据，保证档案无丢失等现象。年初档案馆库房配置门禁系统，档案库房实现门禁与门锁的双重保险。坚持每日一次常规检查库房，每月一次清理大检查，做好检查台账，消除安全隐患，延长档案的使用寿命和耐久性。2018年8月，5个库房的照明灯更换达到县（区）三级综合档案馆照明建设要求。与承担数字化工作的公司签订安全保密协议，与婚姻登记中心签订关于婚档复制保密合同，参与数字化工作的人员进行安全保密教育，杜绝泄密事情发生，确保档案安全。

【档案查询】 2019年，提供婚姻档案利用5865人次。其中，窗口查询2805人次，帮助住房保障局核查135人次，协助国安公证处查询218人次，国立公证处查询240人次，国信公证处查询13人次，电话查询365人次，电话咨询1462人次，协助外省市查询2人次，文书档案利用524人次，住房制度改革领导小组利用29人次，农村土地承包经营权确权登记档案利用39人次，退伍军人档案查询33人次。

【档案信息化建设】 现有婚姻档案电子目录171407条，文书档案电子目录86623条，通过局域网使用档案管理应用系统。

【数字化处理】 截至2019年，文书档案的数字化处理完成150万张。2015—2017年婚姻档案数字化处理工作完成2557卷107264件。农村土地承包经营权确权登记档案32100件。数字化处理592件，完成1.9%。

【档案工作宣传】 6月9日“国际档案日”在悦海新天地广场开展主题为“新中国的记忆”“国际档案日”宣传活动。现场摆放展板、挂横幅及发放宣传品、宣传册、档案文化产品等，宣传档案工作的意义、成绩、知识，宣传档案工作者的事迹、精神等。从档案角度讲述新中国的发展历程和辉煌成就、党领导中国特色社会主义事业发展的丰功伟绩、档案工作的独特作用，让越来越多的群众走进档案，感受新中国成立70年来档案见证的经济社会发展的辉煌成就。传播档案行业文化，为建设文化强国作出档案工作者应有的贡献。

【涉改单位档案移交】 上半年调查了解涉改单位的档案收集、整理、归档工作，制订移交入馆计划。针对调查了解中发现各单位档案存在收集不全面、整理及归档不规范等问题，举办兴庆区档案工作培训班。邀请银川市档案馆业务指导科科长对归档文件材料整理规则集中培训。指定专人到各涉改单位，完成兴庆区农业农村和水务局、兴庆区委政策研究室、兴庆区住房和城乡建设局、兴庆区商务和经济技术合作局等14家涉改单位档案的审验指导。

（供稿人：季青）

2019—2020学年第一学期兴庆区中小学、幼儿园学生情况统计表

表 12　　　　单位：个、人

学校	教学班班额情况统计							在校学生数				在校学生分年级学生数、班额情况												在编教职工、特岗教师人数					在编教职工、专任教师、特岗教师各类情况统计						离退休教师数	学校自聘教职工人数			兴庆区聘用教师人数
	教学班个数	其中			最小班额(人/班)	最大班额(人/班)	平均班额(人/班)	总计	其中			一年级		二年级		三年级		四年级		五年级		六年级		总计	其中				女职工	回族职工	回族女职工	大专以上学历	共产党员	共青团员		总计	代课老师	工勤人员	
		50人及以下	51~55人	56~65人					女生	回族	女回	班数	人数	班数	人数	班数	人数	班数	人数	班数	人数	班数	人数		学校领导	专任教师	专任教师中，特岗教师	非专任教师											
回民一小	33	17	16	—	46	54	47.0	1647	758	294	148	6	303	6	280	6	311	6	307	5	244	4	202	69	3	66	3	0	57	12	8	69	35	8	35	17	14	3	2
回民二小本部	78	7	60	11	48	58	54.0	4178	2014	765	371	16	880	16	850	12	670	10	520	12	592	12	666	182	7	175	19	0	165	51	46	175	79	36	0	18	18	0	1
回民二小海宝校区	16	10	6	—	44	54	48.1	770	352	112	51	3	156	4	203	4	177	4	180	1	54	0	0	40	1	39	2	0	34	7	6	31	20	0	17	2	1	1	0
回二北塔校区	32	17	10	5	44	59	51.0	1634	741	345	179	6	326	6	298	6	271	6	287	4	219	4	233	39	—	38	—	1	34	7	6	38	13	—	18	8	8	—	—
回民三小	29	23	6	—	40	54	47.0	1365	673	240	122	5	213	5	237	5	219	4	197	5	237	5	262	67	3	64	1	0	56	9	7	65	40	12	41	13	13	0	0
二小	27	10	12	5	44	58	52.0	1407	666	235	123	5	249	5	236	4	217	4	230	4	212	5	263	68	3	65	1	—	60	10	9	68	35	2	—	13	7	6	—
三小	30	13	17	—	49	54	51.0	1536	693	238	118	5	266	5	267	5	251	5	246	5	251	5	255	93	5	88	1	—	80	18	17	90	46	—	69	10	8	2	1
四小	19	16	3	—	44	54	48.0	917	425	100	43	3	139	4	180	3	145	3	154	3	150	3	149	49	1	48	4	—	41	8	7	49	25	4	33	6	5	1	—
五小	18	15	3	0	32	54	42.0	775	368	124	60	3	131	3	127	3	98	3	113	3	146	3	160	56	2	54	1	0	42	15	14	53	27	0	1	6	1	5	1
六小	31	18	13	—	46	54	50.0	1549	732	253	114	5	251	5	262	5	245	6	281	5	254	5	256	75	4	71	1	0	65	22	20	73	35	—	64	18	16	2	0
六小湖滨分校	28	10	18	—	47	53	51.0	1418	663	210	105	5	255	5	238	4	206	4	206	5	255	5	258	57	0	57	0	0	49	11	7	57	29	—	3	13	13	—	1
七小	24	12	11	1	43	56	50.0	1201	562	202	90	5	259	5	241	4	201	4	203	3	164	3	133	53	3	49	1	1	44	12	8	53	27	2	41	15	14	1	1
十小	16	13	3	—	35	52	44.9	719	314	105	51	0	0	3	116	3	144	3	156	4	155	3	148	42	2	40	2	0	37	9	6	43	21	3	20	6	5	1	1
景岳小学	18	13	5	—	42	52	48.0	862	404	146	70	3	136	3	149	3	140	3	152	3	130	3	155	44	2	42	4	0	38	12	9	38	20	1	43	8	7	1	0

续表 12

学校	教学班班额情况统计							在校学生数				在校学生分年级学生数、班额情况												在编教职工、特岗教师人数					在编教职工、专任教师、特岗教师各类情况统计						离退休教师数	学校自聘教职工人数			兴庆区聘用教师人数
	教学班个数	其中			最小班额(人/班)	最大班额(人/班)	平均班额(人/班)	总计	其中			一年级		二年级		三年级		四年级		五年级		六年级		总计	其中				女职工	回族职工	回族女职工	大专以上学历	共产党员	共青团员		总计	代课老师	工勤人员	
		50人及以下	51~55人	56~65人					女生	回族	女回	班数	人数	班数	人数	班数	人数	班数	人数	班数	人数	班数	人数		学校领导	专任教师	专任教师中，特岗教师	非专任教师											
十七小	27	3	16	8	49	57	53.0	1445	699	157	79	5	275	5	258	5	251	4	224	4	209	4	228	54	2	52	1	0	39	8	5	52	18	7	14	14	13	1	1
十八小	37	2	19	16	50	63	56.0	2087	960	363	181	8	434	7	382	6	304	5	312	5	298	6	357	97	5	92	0	0	78	20	16	77	41	1	44	18	5	13	3
十九小	36	12	23	1	48	56	52.0	1860	989	251	125	6	307	6	311	6	310	6	307	6	301	6	324	89	4	85	2	0	75	13	11	69	38	0	31	10	7	3	3
唐徕回民小学	36	18	18	0	45	55	51.0	1831	841	410	198	6	292	6	330	6	297	6	300	6	289	6	323	97	4	93	2	0	82	24	22	97	55	12	0	10	10	0	1
二十二小	29	20	9	—	47	54	50.0	1448	661	229	116	6	288	6	290	4	206	4	208	6	294	3	162	47	2	45	3	—	37	12	10	47	31	4	25	18	16	2	4
二十三小	35	21	14	—	45	55	50.3	1760	846	319	156	6	290	6	326	6	319	6	300	6	288	5	237	81	3	78	2	—	69	19	18	81	46	—	—	13	8	5	—
二十四小	32	7	25	—	46	55	51.6	1653	745	228	88	6	303	5	269	5	263	5	262	5	235	6	321	63	2	61	1	—	47	12	9	61	35	—	—	15	15	—	—
二十五小	33	9	15	9	49	60	54.0	1777	854	330	169	7	353	6	327	6	302	6	324	4	234	4	237	63	3	60	1	—	49	12	9	58	34	8	1	15	15	0	1
回民实验小学	20	17	3	—	39	53	45.1	901	425	180	90	3	155	3	131	3	119	3	128	4	172	4	196	46	5	41	1	0	44	5	5	43	23	4	9	13	7	6	1
二十六小	23	13	7	3	33	57	47.4	1091	514	174	88	4	134	4	187	4	186	4	209	4	206	3	169	44	2	42	1	0	34	10	3	44	25	0	—	14	12	2	3
二十七小	20	10	9	1	43	56	49.0	977	458	165	71	4	211	3	155	3	140	3	140	4	176	3	155	40	2	38	2	0	36	7	6	40	15	11	18	13	13	0	0
城市小学合计	776	361	353	62	—	—	—	39080	18398	6545	3182	140	6979	141	7050	129	6350	125	6335	124	6139	117	6227	1786	74	1710	56	2	1506	364	301	1702	883	115	527	317	261	56	29
十二小	27	15	11	1	45	56	50.0	1344	623	258	75	6	282	5	256	4	204	4	215	4	200	4	187	53	3	50	—	—	38	8	6	48	38	—	1	20	13	7	1

2019—2020学年第一学期兴庆区中小学、幼儿园学生情况统计表

表 13　　　　单位：个、人

学校	教学班班额情况统计							在校学生数				在校学生分年级学生数、班额情况												在编教职工、特岗教师人数					在编教职工、专任教师、特岗教师各类情况统计						离退休教师数	学校自聘教职工人数			兴庆区聘用教师人数
	教学班个数	其中			最小班额(人/班)	最大班额(人/班)	平均班额(人/班)	总计	其中			一年级		二年级		三年级		四年级		五年级		六年级		总计	其中				女职工	回族职工	回族女职工	大专以上学历	共产党员	共青团员		总计	代课老师	工勤人员	
		50人及以下	51~55人	56~65人					女生	回族	女回	班数	人数	班数	人数	班数	人数	班数	人数	班数	人数	班数	人数		学校领导	专任教师	专任教师中，特岗教师	非专任教师											
二十八小	16	6	8	2	46	57	51.0	815	348	167	85	3	154	3	148	3	152	3	139	2	108	2	114	28	2	26	—	—	19	6	3	28	19	0	15	16	13	3	2
二十九小	18	13	1	4	43	57	48.0	865	400	149	70	3	130	4	176	3	136	3	145	2	112	3	166	36	2	34	4	0	28	9	6	36	23	3	10	8	4	4	0
三十小	8	7	1	0	45	51	48.0	386	195	119	91	4	202	4	184	0	0	0	0	0	0	0	0	13	0	13	1	0	10	4	2	13	5	2	0	12	6	6	0
银川四中小学部	28	23	5	0	37	52	44.0	1054	464	78	32	4	153	3	152	4	179	4	186	4	205	4	179	56	0	55	0	1	40	13	9	52	26	0	39	13	13	0	0
回民二小新水桥校区	10	10	0	0	35	50	43.4	434	179	146	61	1	48	1	50	2	92	2	90	2	84	2	70	24	0	24	3	0	20	1	0	23	12	4	2	4	4	0	0
回民实验新渠稍校区	4	4	—	—	10	20	16.3	65	23	13	5	0	—	0	—	1	10	1	18	1	17	1	20	10	—	10	—	—	7	1	1	9	9	—	—	1	1	—	—
回三掌政中心小学校区	9	9	—	—	25	46	32.0	286	120	17	6	1	37	1	35	2	59	1	45	2	50	2	60	20	1	19	0	0	15	3	1	20	10	0	24	5	2	3	0
十八小官湖校区	7	7	—	—	26	46	36.0	249	128	19	6	1	26	1	40	1	38	1	46	2	54	1	45	16	—	16	0	0	12	1	1	16	9	0	14	3	1	2	—
三小春林校区	6	6	—	—	16	27	19.0	118	46	16	9	1	27	1	17	1	22	1	16	1	20	1	16	7	1	6	—	—	5	2	1	3	2	—	8	3	2	1	—
十六小镇河校区	6	6	—	—	9	19	14.0	84	41	2	2	1	15	1	15	1	19	1	13	1	9	1	13	11	1	10	0	0	9		—	11	5	—	8	5	2	3	1
六小碱富桥校区	9	9	0	0	23	42	31.0	276	143	40	19	2	51	1	39	1	42	2	46	1	34	2	64	21	1	20	0	0	16	10	7	21	9	0	—	11	3	8	0
掌政中心小学部	16	6	3	7	47	64	55.0	880	450	266	130	3	162	3	174	3	143	3	148	2	127	2	126	33	0	33	3	—	22	7	6	30	11	2	—	5	5	0	—
唐小通南校区	6	6	—	—	24	34	28.0	170	85	170	85	1	24	1	27	1	29	1	25	1	31	1	34	14	1	13	1		11	5	3	14	7		8	2	1	1	0
兴庆区回中小学部	12	12	0	0	26	47	34.3	412	198	386	187	2	52	2	56	2	72	2	65	2	77	2	90	22	—	22	—	—	10	11	4	22	6	—	39	10	10	—	—
大塘中心小学	15	13	0	2	37	59	43.0	639	319	639	319	2	117	3	114	3	119	2	87	3	113	2	89	28	1	27	7	0	14	9	4	23	9	0	17	7	3	4	4
海军希望小学	6	4	1	1	43	60	49.0	296	130	295	130	1	43	1	60	1	49	1	49	1	54	1	41	15	1	14	2	0	8	3	1	14	7	3	8	4	1	3	2

续表 13

学校	教学班班额情况统计							在校学生数				在校学生分年级学生数、班额情况												在编教职工、特岗教师人数					在编教职工、专任教师、特岗教师各类情况统计						离退休教师数	学校自聘教职工人数			兴庆区聘用教师人数
	教学班个数	其中			最小班额(人/班)	最大班额(人/班)	平均班额(人/班)	总计	其中			一年级		二年级		三年级		四年级		五年级		六年级		总计	其中				女职工	回族职工	回族女职工	大专以上学历	共产党员	共青团员		总计	代课老师	工勤人员	
		50人及以下	51~55人	56~65人					女生	回族	女回	班数	人数	班数	人数	班数	人数	班数	人数	班数	人数	班数	人数		学校领导	专任教师	专任教师中，特岗教师	非专任教师											
乡镇小学合计	233	172	40	21	—	—	—	9914	4644	3767	1808	41	1786	40	1811	38	1618	37	1593	36	1538	36	1568	475	14	460	28	1	336	102	63	451	225	14	195	152	95	57	10
小学合计	1009	533	393	83	—	—	—	48994	23042	10312	4990	181	8765	181	8861	167	7968	162	7928	160	7677	153	7795	2261	88	2170	84	3	1842	466	364	2153	1108	129	722	469	356	113	39
银川二幼	12	5	7	—	25	40	31.0	377	162	90	42	4	104	4	122	4	151	—	—	—	—	—	—	38	2	32	0	4	35	5	5	35	11	12	68	45	33	12	1
银川二幼满春分园	18	8	10	—	22	39	31.0	558	237	131	51	7	169	5	166	6	223	—	—	—	—	—	—	8	1	6	0	1	7	1	1	8	5	0	0	81	61	20	1
银川三幼	9	3	5	1	27	43	34.0	302	143	82	44	3	82	3	100	3	120	—	—	—	—	—	—	27	2	23	0	2	26	4	4	26	13	0	29	33	23	10	0
银川三幼希望星分园	5	3	2	—	15	34	24.0	123	64	76	37	1	15	2	43	2	65	—	—	—	—	—	—	4	1	3	0	0	4	1	1	5	1	—	—	19	10	10	—
银川四幼	8	3	5	—	25	38	32.0	253	111	63	27	3	76	2	65	3	112	—	—	—	—	—	—	36	3	30	0	3	34	6	6	35	19	5	15	24	12	11	1
银川五幼	11	4	5	2	26	42	33.0	368	150	73	34	3	80	4	127	4	161	—	—	—	—	—	—	50	3	41	0	6	45	11	10	48	20	10	55	37	22	15	0
银川五幼月牙湖分园	9	5	4	—	25	33	28.0	255	126	104	57	2	52	3	95	4	108	—	—	—	—	—	—	24	0	24	0	0	24	10	10	24	4	6	0	23	12	11	0
幼儿园合计	72	31	38	3	—	—	—	2236	993	619	292	23	578	23	718	26	940	—	—	—	—	—	—	187	12	159	0	16	175	38	37	181	73	33	167	262	173	89	3
蒙特梭利小学	13	13	—	—	17	26	25.0	273	134	40	29	3	62	2	49	2	42	2	42	2	37	2	41	38	3	32	—	3	36	7	7	37	3	16	—	3	—	3	—
少林精英学校小学部	10	10	0	0	12	40	27.0	276	25	45	5	1	12	1	16	1	26	2	51	2	73	3	98	0	0	0	0	0	0	0	0	0	0	0	0	38	22	16	—

2019—2020学年第一学期兴庆区中小学、幼儿园学生情况统计表

续表 14　　　　单位：个、人

学校	教学班班额情况统计							在校学生数				在校学生分年级学生数、班额情况						在编教职工、特岗教师人数					在编教职工、专任教师、特岗教师各类情况统计						离退休教师数	学校自聘教职工人数			兴庆区聘用教师人数
	教学班个数	其中			最小班额(人/班)	最大班额(人/班)	平均班额(人/班)	总计	其中			七年级		八年级		九年级		总计	其中				女职工	回族职工	回族女职工	大专以上学历	共产党员	共青团员		总计	代课老师	工勤人员	
		50人及以下	51~55人	56~65人					女生	回族	女回	班数	人数	班数	人数	班数	人数		学校领导	专任教师	专任教师中；/特岗教师	非专任教师											
银川三中	38	0	31	7	50	58	54.2	2058	992	309	152	14	778	12	651	12	629	137	4	129	—	4	86	25	15	134	59	18	128	4	4		
银川十中	22	18	4	0	44	54	49.2	1083	468	153	74	10	478	6	285	6	320	80	4	74	0	2	59	12	10	76	30	1	94	8	7	1	0
银川十二中	38	15	23	—	48	52	50.0	1909	915	307	152	16	808	12	594	10	507	109	3	102	1	4	76	27	25	108	48	10	48	26	24	2	0
银川十五中	48	23	12	13	44	60	50.0	2485	1166	403	211	16	905	16	801	16	779	149	5	141	0	3	106	32	23	149	79	0	158	19	16	3	0
银川市回中	44	6	38	—	50	55	50.0	2284	1100	475	115	16	827	14	743	14	714	159	5	151	—	3	102	30	22	159	62		110	15	7	8	1
银川市二十中	26	17	9	—	42	52	48.0	1258	565	219	112	10	500	8	402	8	356	82	2	77	0	3	65	16	3	78	28	1	3	10	3	7	0
银川二十一中	24	22	2	—	40	53	46.0	1118	470	216	92	8	380	8	373	8	365	90	0	89	0	1	50	17	9	89	43	1	36	9	6	3	0
城市初中合计	240	101	119	20	—	—	—	12195	5676	2082	908	90	4676	76	3849	74	3670	806	23	763	1	20	544	159	107	793	349	31	577	91	67	24	1
银川四中初中部	14	10	3	1	36	56	46.0	641	289	25	8	6	251	4	216	4	174	41	4	37	0	0	28	5	5	41	25	0	—	0	0	0	
银川五中	24	14	10	0	38	52	47.0	1128	506	228	103	8	409	8	405	8	314	76	4	71	3	1	55	13	9		33	37	—	14	10	4	0
掌政中学初中部	17	6	9	2	48	58	52.0	882	372	145	61	6	308	6	297	5	277	57	1	55	2	1	39	9	8	57	24	11	22	5	3	2	
兴庆回中	12	12	0	0	28	35	31.9	383	189	371	183	4	121	4	124	4	138	38	2	36	—	—	23	11	6	38	25	—	8	3	3	—	—
月牙湖回中初中部	12	11	1	—	39	51	46.0	553	266	530	249	4	200	4	182	4	171	37	3	34	4	—	27	5	0	37	18	—	1	1	1	—	1
月牙湖回民二中初中部	14	8	5	1	49	56	51.0	711	328	168	98	5	247	5	249	4	215	50	3	47	5	0	28	14	8	47	16	0	0	2	2	0	—
农村初中合计	93	61	28	4	—	—	—	4298	1950	1467	702	33	1536	31	1473	29	1289	299	17	280	14	2	200	57	36	220	141	48	31	25	19	6	1
初中合计	333	162	147	24	—	—	—	16493	7626	3549	1610	123	6212	107	5322	103	4959	1105	40	1043	15	22	744	216	140	935	490	79	608	116	86	30	2
少林精英武校初中部	8	8	0	0	31	40	36.0	283	25	63	5	2	67	3	116	3	100	0	0	0	0	0	0	0	0	0	0	0	0	42	26	16	0
中小学合计（不含民办学校）	1342	695	540	107	—	—	—	65487	30668	13861	6600	—	—	—	—	—	—	3366	128	3213	99	25	2586	682	504	3088	1598	208	1330	585	442	143	41
中小学幼儿园合计（不含民办校）	1414	726	578	110	—	—	—	67723	31661	14480	6892	—	—	—	—	—	—	3553	140	3372	99	41	2761	720	541	3269	1671	241	1497	847	615	232	44

▷体育·旅游

体育

【全民健身活动】 组织举办迎新年环湖徒步行和新年登高活动、第二届农民篮球争霸赛、欢乐家庭冰钓大赛、第二届冰雪休闲运动会、第九届鸣翠湖端午休闲体育运动会、全国象棋业余棋王赛宁夏赛区第二届棋王争霸赛"檀溪杯"地方大师快棋赛、宁夏"中房杯"社区运动会、2019兴庆区第五届门球比赛、宁夏第五届全民健身节兴庆区第十七届钓鱼比赛，丰富群众体育生活，提高兴庆区体育知名度。

【体育设施建设】 争取中央、自治区体育专项资金749万元，建成中山公园3公里和唐徕公园4公里健身步道、11个多功能运动场、50套健身路径及一批体育设施安装，维修更换篮球板、篮球框6件，修复健身路径39件。

【体育产业】 在自治区级6个体育产业示范单位基础上，推出绿地21城零公里户外运动商城、薰衣草庄园等自治区级体育产业示范单位，助力兴庆区全民健身工作。

【竞技体育】 自治区第十五届运动会上，兴庆区体育代表团获54枚金牌、总积分1021.8分，取得县（区）组第一名、团体总分第二名的成绩，同时获"体育道德风尚奖"。

【涉黑涉恶调查】 辖区211家文化旅游体育行业经营场所进行宣传和线索摸排，其中调查网吧97家、KTV等娱乐场所78家、星级宾馆15家、旅游景区（星级农家乐）15家、体育场馆6家。收到来自群众举报或走访调查问题线索3条，均实现问题线索登记，逐条上报核查办理。

【中央督导组问题反馈整改】 针对中央第20督导组反馈的问题，制订《关于中央扫黑除恶第20督导组反馈问题整改方案》和《关于中央扫黑除恶第20督导组反馈兴庆区问题整改方案（修订稿）》，开展整改，完成中央第20督导组问题反馈整改工作。

【助力全国文明城市创建】 制订《兴庆区开展"文化旅游体育文明行"活动实施方案》，组织召开文化旅游体育行业创建全国文明城市动员大会暨全域旅游工作推进会，辖区文化旅游体育各行业企业负责人200人参加会议。组织干部职工参加创建文明城市志愿服务活动，每周五下午到社区参加志愿服务活动，举办兴庆区"携手共建文明城市暨第十六届湖城之夏·广场文化季文艺演出"，加大创建文明城市宣传力度。

旅游

【旅游示范区建设】 以创建全域旅游示范区为工作重点，推动辖区旅游企业提档升级。全年旅游收入突破1.53亿元，同比增长26.4%，接待游客216.8万人次，同比增长24.3%。其中，农家乐接待39.8万人次，同比增长3.5%；旅游收入3174万元，同比增长8.7%。

【特色旅游活动】 加大文化与旅游的融合，鸣翠湖景区举办"丝路明珠魅力银川"的冰雪彩灯嘉年华、第三届荷花文化艺术节等。檀溪谷景区举办首届"书画杯"文化艺术节、第四届电影节、象棋比赛等。天山海世界举办全民消夏节"缤纷海世界·欢乐大马戏"。五渡桥农庄举办"冬游掌政·亲情相聚"及送"福"到农家和"醒春肥·行耕礼"等活动。被自治区文化和旅游厅评为"宁夏十大旅游特色农家乐"之一，奖励20万元。

【文化旅游培育】 黄沙古渡打造黄

河水上体验游和沙漠体验游。兵沟景区打造峡谷探险游。薰衣草庄园、凤凰花溪谷打造花卉观赏游。天山海世界、鸣翠湖、檀溪谷打造水上体验游和温泉康养游等特色旅游产品。挖掘“老街巷”历史文化资源，打造敬德街、鼓楼尚街、花沙牧场等一批特色鲜明的文旅夜市，推动夜间文旅经济发展。

【提升旅游行业服务水平】 各星级宾馆和A级景区设立文明志愿服务岗，公开服务内容，开展文明引导、文明讲解、文明助残等志愿服务活动。制定行业规范，规范行业的服务标准，使各种服务更温馨、更人性化。通过服务提升促进各企业提档升级，金宇伊豪宾馆和长相忆宾馆评为四星级酒店，自治区文化和旅游厅分别奖励100万元。兵沟景区被评为AAA级景区，五渡空间被评为四星级农家乐，开心林场被评为三星级农家乐。薰衣草庄园和天山海世界申报国家AAA级旅游景区中。

【旅游市场安全管理】 年初与各旅游企业签订《2019年旅游安全生产责任书》，重大节日前联合相关部门综合检查。检查企业的娱乐设施安全、水上营运船只安全、消防安全、食品安全等，发现存在安全隐患要求立即整改，不能立即整改的限期整改，确保全年无重大安全事故发生。结合“扫黑除恶专项斗争”，调查各旅游企业，发现檀溪谷景区有流动商贩向游客兜售“三无”旅游产品的行业乱象，联合相关部门清理整顿。

（供稿人：李宁武）

▷乡·镇·街道（管委会）

月牙湖乡

【概况】 月牙湖乡位于银川市东北部58公里，紧邻银川滨河新区、宁东和机场三大组团，地处毛乌素沙漠与黄河交接处，西与贺兰县以黄河为界，东与内蒙古鄂尔多斯鄂托克前旗接壤，南与灵武市以明长城为界，北与平罗县高仁乡相连。面积333平方公里，南北长58.8公里，东西宽9.3公里，耕地4.28万亩（其中包括为生态移民开发土地1.68万亩），林地1120亩，黄河湿地2.3万亩。辖建制村12个，村民小组83个，人口7564户30006人。2019年，全乡社会总产值达12亿元，同比增长10%。农民人均可支配收入达12060元，同比增长7.6%。生态移民可支配收入达8579元，同比增长10.5%。医疗参保28851人，养老保险参保14844人。

【农林畜牧业】 2019年，完成种植小麦6500亩、玉米9100亩、水稻1800亩。全乡奶牛存栏22764头，黄牛饲养量5525头。羊饲养量32187只。禽类饲养量55767只。第二批次生态移民890头托管到期奶牛，完成二次托管工作。累计完成花卉种植415.8亩。产鲜切花227万枝。红树莓全年产量400吨，新增绿化面积1500亩。

【信访工作】 协调处理信访遗留问题27件，接群众信访问题56件，化解49件。

【政务服务】 12个村为民服务代办点全年累计提供养老和医疗保险代缴费、计划生育服务、劳动就业创业咨询、文化体育活动开展、法律维权、矛盾纠纷调解、临时救助申请等公共服务达2770人次。

【扫黑除恶专项斗争】 成立扫黑除恶专项斗争工作领导小组，召开扫黑除恶专项斗争工作推进会9次，党委会专题研究扫黑除恶专项斗争9次，开展扫黑除恶专项斗争集中培训5期。抽调精干力量7人组成专班，完善工作流程。开展扫黑除恶专项斗争宣讲活动18次。乡、村两级100余干部逐户走访发放《致全乡人民开展扫黑除恶专项斗争一封信》10000份。累计以短信推送或电子屏滚动播放的形式展示宣传标语38条，安装宣传标语、墙绘42处，普及银川市扫黑除恶专项斗争政策知识、举报方式以及线索举报奖励机制。制定线索“周报告”制度，上报线索36条，银川市滨河新区公安分局立案调查36起，全部办结。承接中央扫黑除恶巡视组转办结件11件，办结11件，办结率100%。

【文明城市创建整改】 制订《月牙湖乡2019年全国文明城市创建工作实施方案》。专项整治二道墩市场、滨河家园商业街店外经营、占道经营及车辆乱停乱放现象等。建立乡、村级志愿者劝导队，每日晚6:30—9:30轮班配合综合执法队及当日值班“夜查”干部开展商业街志愿劝导。每周五按包村分片，配合各村开展环境卫生整治、五保老人服务、留守儿童教育等志愿活动，推动乡村文明创建。

【农村人居环境整治】 推进“三拆一清一改一建”，拆除违法建筑3600平方米，清理辖区“大棚房”通过验收。清理老旧危房78栋5800平方米、临时违章建筑37处。累计清运垃圾6800吨、清运土方4450吨，动用各类机械300次、人工1200人。组织村民自行清理房前屋后卫生，累计清理各村巷道31条，长度60公里。落实农村改厕项目，上半年申报改厕项目1300户，完成700余户。清理整治主干道、乡村道路等35条，累计长度超过64.6公里，清理乱堆乱放350处，实现人居环境整洁目标。

【环境保护】 争取实施2.5万亩机深松作业，推进秸秆禁烧源头管控，确保秸秆综合利用率达94%以上。加强境内水系环境治理，加快推进万亩牛场污水处理厂项目，滨河家园污水处理厂及下水管网末端处置项目建成达标投运。投入资金290万元，扩大市场化保洁范围和覆盖面，提高保洁员作业标准，继续加大对垃圾清运设备的投入，争取实现每个建制村均配有垃圾清运车，确保农村垃圾及时处理。

【肉牛养殖基地建设项目】 项目总投资1.6亿元，含16个养殖单元及1个基地综合服务区，总建设占地面积94.08公顷。10个养殖单元土方平整工程建设完成，设计养殖规模达4.5万头左右，供电工程建设完成。园区各养殖单元承包企业进场开工建设，年底实现正常运营。

【滨河家园污水改造项目】 实施滨河家园污水处理厂以及污水管网联通改造项目，争取资金2649万元，在滨河家园五村新建1座占地10亩的日处理污水2500立方米的污水处理厂，解决滨河家园安置区污水问题，污水主管网铺设完成，污水处理厂由国控公司督促建设，完成建设并投入使用。

【人畜饮水提升改造项目】 兴庆区农业农村和水务局与自治区水投集团合作，组织实施月牙湖乡人畜饮水提升改造工程项目，项目总投资8347.7万元，主管道铺设完成，入户管道铺装中，10月底完成通水。

【续建扶贫设施温棚园区项目】 争取上级扶贫资金启动苏银园区二期建设，二期计划新建44栋高标准日光温棚及72栋拱棚，配套相应的水电路等基础设施，项目总投资4640.13万元，温棚主体建设完成。

【续建兔舍项目】 投资1624.38万元建设兔舍园区道路、上下水、电气和暖通管网等配套基础设施，该项目完成建设，进行养殖设备安装，10月底投入使用。

【土地流转】 整村推进土地流转发展高效益农业种植产业，与宁夏骏华农牧有限公司合作，由骏华公司投资在海陶北村、海陶南村及月牙湖村集中连片流转7000亩左右土地用于发展饲草、薰衣草、牡丹等种植项目。与银川康绿源奶牛养殖有限公司合作在月牙湖乡流转1500亩土地种植饲草。康绿源公司投资在月牙湖村二道墩队流转1500亩土地用于饲草种植。

【产业扶贫】 依托红树莓、花卉、奶牛企业等，以产业带动就业，使400名建档立卡户通过就业致富。依托利益联结机制，利用收益性资金将产业发展与村集体、农户进行捆绑，提高约300户未脱贫、无劳动能力建档立卡户年保底收益约3000元，村级集体经济突破20万元。依托村级产业发展，形成“一村一品”发展格局，增强村集体经济发展活力，促进“40、50”人员、留守妇女、老人约300人就业增收。

【教育扶贫】 上半年累计发放教育补贴531人72.9万元。其中，“雨露计划”306人45.9万元、学前教育225人27万元。

【金融扶贫】 发放扶贫小额贷款898户、4882.9万元，完成全年任务的103.9%。小额贷款贴息212.79万元。安排96.65万元为建档立卡户购买意外伤害险和大病补充保险。

【劳务输出】 实现年输出劳务人员1万人次。其中，连续就业6个月的稳定就业人员1018人。财政全额代缴2019年医疗、养老保险费。符合条件的798名建档立卡贫困人员纳入低保保障范围。与宁夏骏华农牧有限公司合作，为1856名社员每年每人带来3000元固定收益。

【劳务移民就业】 建成新创家园就业创业服务指导中心，实现户均至少1人稳定就业。新创家园建档立卡人口中18周岁至60周岁有劳动能力的有2684人，稳定就业1160人，临时工532人，其中在银川市区及掌政镇就业务工人员774人。

【“两不愁三保障”】 “三个一批”分类救治累计救治1761人，其中大病救治510人、慢病签约1237人、重病兜底14人，“三个一批”分类救治率100%。无因学致贫学生和建档立卡学生辍学情况。各学段贫困学生享受资助8516人次，资助金额520万元。33户建档立卡户危房改造完成，达到入住标准。

【月牙湖村】 2004年成立，244国道穿村而过，南起月牙湖乡肉牛养殖基地，北至滨河家园五村南侧的幸福村庄。面积6.92平方公里，耕地6720.67亩，林场占地2371亩，其中土地流转面积1450亩。辖月牙湖队、园艺队、二道墩队和牧民队4个生产队，村民828户、1843人，党员30人。主导产业是种植业、养殖业、个体经营及劳务输出，2019年人均可支配收入11380元。

【大塘南村】 1998年5月成立，全部为中卫市海原县搬迁至此的生态移民。村民小组6个，耕地2974亩，林地8亩，村民586户、2108人，党员49人。种植业以小麦、玉米和药材为主，村民收入以外出务工为主，以经商、养殖业、运输业等为辅。

【大塘北村】 位于月牙湖乡东北角，东靠沿山公路北段，南与大塘南村为邻，西靠历城街与小塘村为邻，北靠红树莓基地，距月牙湖乡政府3公里处。面积3.67平方公里，其中耕地4200亩，人均耕地3.5亩。村民小组6个，系1989年从海原县6个自然村整体搬迁而来。村民381户、1306人，纯回族居民村。

【海陶南村】 位于月牙湖乡最南边，东至毛乌素沙漠，西至黄河，南至月牙湖村，北至海陶北村，是一个典型的纯回族聚居村。面积3.87平方公里，其中耕地3416亩，人均占有耕地1.9亩，以中药材、玉米、小麦、黄豆为主。村民小组8个，村民644户、2319人。党支部1个，党员49名。主要以种植和养殖业为主，从事货运工作人员100人，物流运输成为海陶南村村民致富的一个好途径。

【海陶北村】 位于兴庆区月牙湖乡以南6公里处，北与塘南村为邻，南接海陶南村，东与兴庆区万亩奶牛基地相接，西临203省道。村民小组6个，面积3.34平方公里，其中耕地4100亩。村民378户、1269人。回族村，党员40人。以种植玉米、小米、黄豆及养殖为主，养殖园区2个、养殖棚145栋，牛存栏800头，年收入960万元。2019年，全村3300亩集中连片土地全部流转，每亩流转费700元，比自种收益提高30%的经济效益，村集体经济收入由原来的1.5万元/年突破到10万元/年。

【小塘村】 位于月牙湖乡西北部，面积3.34平方公里，其中耕地2860亩。村民395户、1408人，主要是海原县搬迁至此的生态移民，全部为回族，党员32名。建档立卡户27户、110人（已全部脱贫）。

【塘南村】 位于月牙湖乡中心地带，北与小塘村为邻，南接海陶北村，东以南一支渠为界，西面与203省道相连。面积3.67平方公里，其中耕地4500亩，人均耕地1.95亩。村民小组9个，村民511户、1761人，党员35人。以种植小麦、玉米，养殖牛、羊，货物运输为主导产业。2019年，人均纯收入11000元。

【滨河一村】 位于银川市兴庆区月牙湖乡北部，东与滨河家园四村接壤，西至203省道，南、北分别与滨河家园二村、三村相邻。村子由2012年至2014年分别从彭阳县孟塬乡、冯庄乡、城阳乡、白阳镇中的8个村委会、13个自然村搬迁生态移民组成。纯汉族居民村，面积2.4平方公里。村民小组7个，村民865户、4094人，党员78名。3918亩耕地全部流转给中扶集团、中澳树莓加工有限公司、荣德百瑞科技有限公司租用，865头奶牛由骏华牧业托管。村民收入来源以劳务输出、奶牛托管、土地流转为主，企业分红、社会福利等其他收入为辅。

【滨河二村】 位于兴庆区与平罗县交界处，紧邻黄河，西到203省道红线，东到鄂尔多斯台地，距月牙湖乡政府4公里。为2012年“十二五”生态移民村，村民小组8个，村民889户4079人，党员59人，村“两委”班子成员6人。累计识别建档立卡户230户、1443人，脱贫228户1436人，2019年实现贫困村脱贫出列。村集体年收入达40.4万元，有盛世惠农肉牛养殖、应红育肥羊养殖、劳务输出、周景世荣花卉大棚种植等4项特色产业，支柱产业为劳务输出。2019年，人均纯收入达8619元，较2018年增长11%。

【滨河三村】 2013年5月成立，位于兴庆区与平罗县交界处，紧邻黄河，西到244国道红线，东到鄂尔多斯台地，距月牙湖乡政府4公里，村民803户、3841人（其中回族386户、汉族417户），党员82名。全部为固原市彭阳县搬迁至此的生态移民。村民小组8个，耕地面积3405亩。村收入除奶牛托管和土地流转外，以产业带动和劳务输出为主，2019年人均纯收入达8765元。滨河家园三村扶贫车间与银川银欧服装有限公司合作成立，建筑面积约500平方米，2020年3月正式投入使用，以生产加工校服为主，解决本村25名留守妇女在家门口就业，其中建档立卡户15名。

【滨河四村】 位于月牙湖乡北部平罗交界3公里处，移民搬迁村，2014年由固原市彭阳县9个乡镇，17个自然村劳务搬迁至月牙湖乡。村民小组8个，村民821户、3902人，建档立卡户391户、2054人，党员80人。流转耕地3382亩，托管奶牛825头。村民主导产业是劳务输出。

【滨河家园五村】 耕地3284亩，村民小组8个，村民829户3786人，累计识别建档立卡户484户2225人。脱贫474户、2196人（其中脱贫不享受政策80户、396人），贫困发生率0.77%。人均纯收入达8542元，较2018年增长10%。

（供稿人：刘秀荣）

通贵乡

【概况】 通贵乡地处银川平原，海拔1110米，位于银川市东郊，隶属银川市兴庆区管辖。距银川市区17公里，紧邻黄河，面积94.43平方公里，南北宽13.8公里、东西长7.8公里。辖河滩村、司家桥村、通南村、通贵村、通北村和通西村6个建制村，62个村民小组。全乡总人口约1.7万人，回族占总人口的83%。通贵乡党委下辖9个支部，其中6个村党支部、1个机关党支部、1个退休职工党支部、1个社会组织党支部，党员550名。2019年，通贵乡围绕“先锋通贵品牌化、集镇管理精细化、村庄治理花园化”工作目标，突出“加快集镇建设、做强农业生产、加大土地流转、做强劳务输出、加强招商引资”等重点工作，推进经济社会各项事业持续健康快速发展。

【农村人居环境整治】 上争各类资金500万元，陆续实施通北村、通南村、通西村、司家桥村、河滩村5个村的人居环境整治项目。协调渣土办转运3000车次、5万立方米，铺垫永通路两侧坑洼处。

【集镇安置区建设】 通贵乡集镇安置区二期、安置区三期（分为A、B、C、D四个标段）总建筑面积26.8万平方米，建设住宅1955套202036平方米、营业房412套66370平方米、幼儿园1座、集散中心1座。除安置区三期D标段以外，其余安置区均完工，D标整体工程进度约70%，2020年7月竣工交付。2019年，申请安置区二期、三期中央债券资金共1.55亿元（已支付1.06亿元），除三期D标段外其余安置区资金支付比例均达80%。公开招标确定宁夏宏瑞御景物业服务有限公司整体承担通贵乡安置区一、二、三期的物业管理。使用安置区分房信息化全过程管理软件，完成拆迁356户、1710人的分房安置工作，安置面积约为6.9万平方米。

【水系及园林景观绿带工程】 完成特色集镇水系及园林景观绿带工程，建成总长1988米的景观水系，配套步行慢道和亲水平台，集镇市政道路两侧和重要节点种植金叶榆、柳树、紫穗槐等。

【农贸市场改造】 完成农贸市场既有建筑节能改造暨提升改造建设项目，市场内铺装硬化地面2.3万平方米，新建彩钢交易大棚6400平方米。市场外西侧实施既有建筑节能改造2200平方米。

3月5日，通贵乡工会、劳保所共同组织2019年通贵乡农民工保安员技能竞赛活动

【文化广场改扩建】 改造450平方米文化站用房，建设戏楼、廊子等构筑物，配备党建宣传栏、坐凳等，2019年10月底竣工。

【农业基础设施建设】 争取资金3100万元，实施通南村1.8万亩国土整治项目及河滩村8000亩农业综合开发项目。实施2018年下半年自治区“一事一议”财政奖补项目新开渠下段翻建、通北村13队渠道砌护等7个项目。2019年乡级人大代表意见建议小农水建设及渠道砌护等工程12个，均完成建设投入使用。向上级争取资金约800万元，实施通北村5500亩农业综合开发项目。

【农业规模化生产】 完成滨河大道以东约3.6万亩河滩地禁种禁养，滨河大道以西约7万亩耕地面积中有约5.6万亩土地进行规模化流转耕种，种植水稻4.2万亩，95%以上水稻品种为优良品种。种植旱作物2.85万亩。其中，小麦1800亩、大豆（菟丝子）23000亩、玉米3700亩。试种酿酒高粱约200亩、红花约500亩，形成种地养地相结合的稻旱轮作制度。

【畜牧防疫】 现有规模化养殖户22户。全乡奶牛存栏约1866头、肉牛存栏约2269头、羊存栏约14522只、生猪存栏约2383头、家禽饲存栏约42130只。实行重大动物疫病防控和动物防疫社会化购买服务，推进畜禽粪资源化利用。存栏畜禽实施免疫防治，免疫密度100%，佩戴免疫标识100%，免疫档案全部登记造册。加强农贸市场肉类、活禽检疫工作。加强4家畜禽粪资源化利用处理设施监管，确保正常运转。

【水务一体化改革】 聘请第三方评估公司摸底3座自来水厂现状，协商自来水产权回购问题，完成基础数据、资料收集，现场勘验。

【秋季农田建设】 2019年，高标准农田建设项目区2.6万亩，清淤沟渠565条296公里，整修农路472条268公里。实施机深翻6万亩、机深松2万亩，秸秆打捆7.5万亩，沟渠路杂草清理11万亩，植树造林40亩（永通路两侧种植经果林）。

【河滩地收回】 委托宁夏天拓经纬测绘有限公司全面测绘境内河滩地，现状核查测绘面积3.56万亩（其中责任地4043亩）。测绘数据的基础上，组织各村“两委”、队长、老党员代表、群众代表确定地类性质（责任地、河滩地），明确每块地的地类性质、耕地面积和实际承包人。11月底前完成河滩地收回工作。

【保护母亲河专项行动】 开展“携手清四乱，保护母亲河”专项行动。组织人员对辖区全部河沟进行垃圾清理、杂草清除、全面清淤。乡、村两级出动人员623人次，机械76台次。清淤跃进沟1.5公里、柳庄治理南大沟、八一沟7.4公里，封堵排污口4处、取缔违建1处。清理整治边坡约26公里，打捞各类漂浮物及垃圾杂物20.6吨。落实河滩地违建拆除检察建议书要求，拆除河滩地违建27处，拆违面积约13000平方米。

【“大棚房”清理】 实地摸排全乡范围内所有农业大棚、设施用地使用情况。实地核准国家和西安督察局下发的疑似图斑，确认大棚房1处，总占地约28亩，违法图斑占地面积约28亩。确认的1处大棚房拆除复垦完毕。

【民政救助】 配合完成兴庆区农村试点平台建设6个村信息采集工作。争取银川市“焕新乐园”慈善项目，改造7名符合标准的低保儿童家庭儿童房，配置生活学习用具。发放各类民政救助资金528.7万元，对101户计划生育家庭奖励扶助对象发放扶助资金160800元。

【乙脑疫苗接种】 登记乙脑疫苗接种人员4872人，实际接种人员4492人，接种率为92.2%。

【退役军人服务】 完成退役军人信息采集录入，发放双拥卡，悬挂“光荣之家”光荣牌。

【安全生产】 召开安全生产会议3次。组织消防安全培训3次，健康安全知识培训1次。组织乡安委办、项目办、食安办3个部门联合开展安全生产和食品安全专项检查7次。检查辖区内24家企事业单位以及“十小场所”，下发限期整改通知书3家，立即停产停工3家，查出安全隐患185处，整改156处，整改率约84.3%。

【无毒村居建设】 发放各类宣传资料6000余份，加大禁毒工作宣传力度，严厉打击毒品违法犯罪活动，推动“无毒村居”创建工作，打造无毒村居示范点。通贵乡无毒乡镇成功创建并予以授牌，被授予二级无毒社区并通过复检。通北村、河滩村、司家桥村被确立为二级无毒村居。

【平安通贵建设】 辖区内7名重点信访人员建立“六包一”责任制和重点信访事项“七个一”工作机制，明确具体的工作专班、化解方案及工作措施，形成县、乡、村三级联动包抓稳控工作局面，确保责任落实到人，层层压实责任。2019年，共调解处理矛盾纠纷85件，调处成功83件，成功率97.6%。接待群众来访35件，受理17件，受理率达49%。受理“12345”平台办理工单441件，办结率达98%。受理市长热线1件，已办结。受理国家网上信访案件20件，办结11件。矛排网受理投诉38件，调解处理26件。调解重点难点信访案件5件。

【扫黑除恶专项斗争】 发动乡、村、队三级党员积极开展线索调查及入户宣传。印制下发扫黑除恶专项斗争倡议书20000份、宣传扇子、提兜袋10000个。编排文艺节目展演，做到扫黑除恶专项斗争全民参与、家喻户晓。专项整治辖区重点行业、领域突出问题，全乡各支部调查上报线索7条，全部办结。

【政务优化】 落实“放管服”改革，梳理乡级受理事项39项，其中乡级可直接办理事项29项、代办理10项。村委会可直接办结事项10项。设立各村便民服务代办点，各项民生数据录入政务云平台，方便群众办事。加大政务公开力度，通过网页、微信、公示栏等途径，公开政务信息45条，强化重点领域、重点项目、重点资金的监管，政府执行力提升。

【司家桥村】 位于通贵乡最南端，东到永二干渠，西至惠农渠，南与永固相连，北与通南村接壤，面积约8.4平方公里，耕地面积7240亩。自然村民小组6个，人口504户、1584人，党员48名。2019年底，农民人均收入14300元。

【通南村】 地处通贵乡中部，面积38平方公里，耕地面积2.2万亩。村民小组15个，人口1160户、5170人，党员115名，其中回族人口占99.3%。贫困户82户，贫困人口120余人，其中低保户100人、特困人员7人。人均耕地面积约4亩，主要种植水稻、小麦、玉米、苋丝子等。劳务输出、土地流转、外出务工是该村促进农民增收的主要途径。

【河滩村】 位于兴庆区东部、黄河西岸，通贵乡最南端。南至掌政镇强家庙村，北至通贵乡通南村，西至通贵乡司家桥村。面积13平方公里，耕地面积约6500亩村民小组4个，人口500余户、1518人，党员51名。2019年，实现农民人均可支配收入15780元，被兴庆区委组织部评定为三星级党组织。

【通贵村】 位于通贵乡集镇，东西长7.1公里，南北宽2.4公里，面积19平方公里，耕地面积8775亩。村民小组15个，人口1108户、4271人。下设5个党小组，党员110名。

【通北村】 位于黄河西岸，北邻贺兰县金贵镇通昌村，西邻惠农渠，贺兰山路与滨河大道穿境而过。面积11平方公里，耕地面积15300亩，村民小组13个，人口1318户、4858人。2019年底，农民人均收入14800元。党员119名，设5个党小组。2019年底，被兴庆区委组织部评为四星级村党组织。

【通西村】 位于通贵乡西北侧，与贺兰县相邻，贺兰山路、银通路穿境而过。面积约8平方公里，耕地面积8635亩，村民小组9个，人口622户、2450人。2019年底，农民人均收入14500元。党员66名。2019年底，被兴庆区委组织部评为三星级村党组织。

（供稿人：纳雪儿）

大新镇

【概况】 大新镇地处银川市市区东部，东邻兴庆区掌政镇，南与永宁县望远镇相邻，西隔丽景街与银川市兴庆区主城区相望，北与贺兰县习岗镇新胜村相连。辖区南北长15公里，东西平均宽度2.2公里，面积37平方公里。辖上前城、塔桥、燕鸽、大新、新水桥、新渠稍6个建制村，东城人家、聚丰苑社区、永泰社区、银横社区、燕祥社区、新安社区、银燕园社区、燕庆园社区、燕乐园社区、燕翔园社区、燕依园社区、燕欣园社区12个居委会，1个农转非公司燕庆公司。村民小组70个。其中，上前城村10个、塔桥村13个、燕鸽村5个、大新村10个、新水桥村15个、新渠稍村13个、燕庆公司4个。接管燕鸽湖基地，增加社区6个，居民6万人。2019年，全镇居民31587户、78147人，常住人口126457人。其中，汉族111196人，回族14448人，其他民族813人。全镇农民人均可支配收入达17791元，村集体经济总收入达723.35万元。基层村党组织18个，非公党组织2个，下设党小组63个，社区党支部12个。

【传统产业】 小杂菜种植初具规模，设施蔬菜种植12350亩，露地蔬菜种植1072亩。畜牧业“出户入园”完成，搬迁重点养殖户3家。首个花卉组培研发生产中心投入运行，花卉交易市场整合升级，鲜切花、盆栽植物、观赏苗木等种植面积达4000亩。

【观光旅游业】 2019年，梦回田园综合体运营，无公害瓜果蔬菜产销联动，蒙古风情园特色显著，开展冬季滑雪、青少年拓展等娱乐活动，吸引游客1.2万人。推进金色果岭田园综合体建设，承接党群实践教育2000人次，绿色乡村游前景广阔。

【项目建设】 投入3.8亿元完成杨家寨安置区A、C、D区建设，建成住宅1412套15.63万平方米，配套商网169套3.8万平方米。投入1340万元实施新寨路一期项目建设，安置区基础设施建设逐步完善。完成拆迁20万平方米，征收塔桥村土地1000亩，恒大足球小镇项目顺利实施。万科初昕苑、碧桂园天誉名邸等世界500强高端项目进展顺利，推进新城控股吾悦广场商业综合体，社会投资类项目带动成效显著，城东板块资产溢价明显，商圈经济凸显活力。

【老旧小区改造】 投入1200万元完善上前城康居南区、燕兴花园、燕鸽五队商业网点等小区基础设施建设。完成上前城康居南区、燕庆四队庄点等道路亮化工程。投入416万元维修改造燕庆街人行道、绿化带、污水管网，居民出行条件得到改善。

【环境治理】 开展整改创建全国文明城市，发动志愿者万余人次，清理乱贴画乱堆放4万余处，补绿植绿约10.5万株，新增公益广告678处、非机动车停放牌1100个。投入1100万元，出动11750人次，机械663台班，拆除大棚房等违章建筑29.6万平方米、旱厕248座，清理“小散乱污”企业53家，建立库房使用台账，实现系统化监管。落实食品安全“一岗双责”制度，查停无证无照小作坊29家。规范新水桥、燕庆农贸市场管理，经营秩序提升。新建水冲式公共厕所5座，招标引入3家清扫保洁公司，辖区道路实施长效管理。落实河长责任制，投入50.3万元治理塔白路、前桥沟沿线污水，辖区沟湖水质基本达标。投入190余万元对新水家园、新水桥回民小学等供暖管道集中并网，拆除永恒能源等处的锅炉，推进农业面源污染治理、秸秆禁烧、清洁煤替换等。

【社会保障】 低保权限下放试点创新工作完成，发放低保户、特困户、低收入户救助资金520万元，协助办理失地农民养老保险407人，城乡居民养老保险参保7819人，医疗保险参保13367人。开展“春风行动”招聘会3场，职业技能培训班2期100人次。

【科教文体】 新建科普图书室18个、宣传教育阵地19个，开展科普宣传15期。取缔关停5家无证培训机构，控辍保学10人。完善大新村、新水桥村综合文化服务中心建设。依托“我们的节日”开展文艺活动80余次，“四送六进”文艺演出30余场，丰富居民精神文化生活。组织辖区10支队伍参加兴庆区“我和我的祖国”创意快闪视频录制活动，参加兴庆区“歌颂祖国兴庆欢歌”大型合唱比赛并获得一等奖及最佳组织奖。

【医疗卫生】 塔桥花园卫生服务站建设完成，宝丰健康城康养综合体规模显现，多元化医疗卫生体系逐步构建。全镇出生人口1178人，出生率12.7‰。孕前优生健康检查192对，妇女“两癌”筛查698人，乙脑疫苗注射3445人。开展健康知识讲座19次，“新家庭”宣传活动23次，筛查精神障碍患者291人，家庭医生签约管理78711人。

【工青妇工作】 2019年，发放农村妇女创业小额贷款90万元，自治区民生计划贫困“两癌”妇女救助金8万元，帮助780人办理“爱妮保”保险。开展团组织生活会，动员干部群众为希望工程金秋助学捐款2.1万元。

【村集体经济改革】 投入资金85万元聘请第三方清产核资大新村、上前城村等5个村，各村集体经济组织成员进行身份认定和配股，成立6个村集体经济合作社。强化村集体经济监管，实行村集体企业“镇聘村用”财务代管制度。

【物业管理】 制定《大新镇安置住宅区物业监督管理办法》，探索引入市场化物业公司入驻服务上前城康居南区、北区、燕兴花园3个无物业小区。推进垃圾分类，发放垃圾分类宣传材料2万份，完成资源垃圾回收3800公斤。2019年上半年物业管理考核位居兴庆区乡镇街道第二名。

【和谐社区建设】 投入147万元完成新安及永泰社区的阵地打造，完善章子湖家园等19个儿童之家，建成老年活动中心18个、老年饭桌2个、日间照料室6个。开展城乡协商议事活动，推进移风易俗，“村规民约”修订全覆盖，提升红白理事会作用，形成文明乡风。基层干部队伍结构优化。推进社区工作者职业化建设，完善考核管理制度，落实四岗十八级薪酬待遇。开展5个村、12个社区“两委”的补选。完成170名村、社区“两委”后备干部等13部门联审工作，保证基层干部队伍能力素质。

2019年7月19日上午，兴庆区大新镇工会开展“送清凉”活动

【信访工作】 建立健全镇、村、队三级安全防范和社会矛盾调解网格化管理模式，召开疑难信访案件联调会议21次，受理各级转办督办件2450件，化解王某某、马某某等疑难信访案件。

【社区矫正】 开展“七五”普法宣传，以案说法开展“3·15”案件反思讨论23次，调处各类纠纷86起。全年解除社区矫正人员64人，在矫85人，无脱管漏管现象。强化吸毒人员管理，在册吸毒人员与戒断3年未复吸人员均得到妥善管理，辖区人口禁毒宣传教育覆盖率100%。

【大新村】 1979年成立，面积2平方公里，位于友爱中心路以东，燕鸽村以西，北与新水桥村接壤，南邻银通公路。村民小组10个，人口1020户4320人，党员166名。大新村城镇化水平较高，5个村民小组土地被征占，另5个村民小组耕地部分被征，全村剩余土地900亩，2019年人均可支配收入17453元。村民主要经济收入为第二、三产业，以房屋出租、劳务输出为主。2015年，建设城市生态农业观光园，建设温棚54栋，以租金形式入股大新梦回田园综合体。2016年，建设大新综合市场，成立大新农商实业有限公司，与新百生活超市签约15年，年租金200万元，解决失地农民就业200人。村上牵头成立大新众合物业公司和燕宏祥物业公司，年收入100万元，解决失地农民180多人的就业问题。

【塔桥村】 地处银川市东大门，人口2243户5529人。土地及耕地面积2000亩，有冯家渠、朱家渠、袁家渠、哈沙渠、娥蝗渠、塔徕渠和前桥沟、十队与十一队交界沟。2005年，成立党总支，下设蔬菜科技园区党支部和夕阳红党支部。2016年7月，成立渡辉物业公司党支部，党员139名（正式党员137名、预备党员2名）。2019年，村集体经济收入突破200万元，人均收入18000元。塔桥村近年来发展花卉苗木、仓储物流、房屋出租、劳务输出等，村集体经济壮大。先后获全国文明村、全国绿色小康村、自治区先进党支部等多项荣誉称号。

【新渠稍村】 2001年，由原雷庙村和新渠稍村合并成立。位于银川市东郊9公里处，东至贺兰汉佐村，西至友爱中心路，南至新水桥村，北至贺兰县新胜村。村民小组13个，人口1102户、3316人，回族1398人，占总人数的42.2%。党员104人。一般耕地1325亩，苗木果树种植用地135.7亩，温棚3356.47亩，棚1309栋39150间。其中，流转土地685.6亩、空心棚113亩。医疗保险2317人，养老保险1985人，失业保险2人，低保25人，残疾人津贴23人，其他4人。

【新水桥村】 1983年成立。2000年和2003年与新春村7个生产队、原满春8队合村，组成现在的新水桥村，位于银川市市区东4公里，面积4.9平方公里，下设15个村民小组和党小组。人口1905户、4149人，其中回族3700人，占总人口的80%以上。全村主要产业以劳务输出、交通运输以及温棚种植为主。党员144人，下设新盛党支部、新业党支部、安信党支部3个支部。

【上前城村】 地处银川市南大门。东至大新渠，西至友爱中心路，南至永二干沟，北至六盘山路。自2003年至今，上前城村耕地陆续被征用，10个生产队全部失地，1316户、4174人，农转非人口3980人，其中回族296户、1380人，是一个典型的回汉两族杂居村。村党总支下辖前锋、前华2个党支部10个党小组，正式党员165名。建成“三代表一委员”工作室、妇女之家、儿童之家、农家书屋、司法调解室、运动健身室、康复训练室、老年活动中心8个功能室。

【燕鸽村】 位于银川市东郊3公里处，因美丽而传奇的燕鸽湖而得名，东至掌政镇茂盛村，西至大新村，南至石油城，北至新水桥村。面积2.5平方公里，耕地面积1535亩。村民小组5个，人口1122户、2006人。党支部1个，下设党小组5个，直管党员71名。2019年，全村人均纯收入17400元。燕鸽再生资源市场项目2017年8月开工建设，10月竣工，占地面积9.75亩，总投资380万元，资金来源为燕鸽村集体资金。2019年，集体经济收入达40万元。先后被评为“自治区级文明村”、全国“农村集体财务规范化示范单位”等。

【东城人家社区】 2015年8月成立。位于兴庆区银横路大新镇西侧，面积1.1平方公里，由东城人家小区、管道基地家属院、燕兴花园3个小区组成。人口6116户、12495人，其中少数民族有906人，商户327户。社区党支部1个，直管党员84人。社区办公用房面积942平方米，设有便民服务站、党员活动室、群团活动室、教育培训室、议事园、妇女儿童维权工作室、妇女之家、儿童之家、家长学校、未成年活动室、调解室、未成年人心理健康服务站、老年人活动室。

【聚丰苑社区】 2015年8月8日成立。面积2.2平方公里。有聚丰苑南区、聚丰苑北区、上前城康居北区、塔桥家园4个住宅小区（均属于拆迁返还小区），1个大型市场（立达建材市场）。人口4550户、10813人，少数民族521人。社区党支部正式党员41名，预备党员1名。社区办公室、活动场所511平方米。2019年3月，社区获兴庆区社区治理“金点子”大赛三等奖。

【新安社区】 2018年11月成立。位于兴庆区银佐路新安家园东区S13号楼，面积1128平方米。东至京藏高速公路，西至友爱街，南至北京路，北至国商南路。面积2.7平方公里。居住小区4个，除新安家园已入住，其余是在建项目，新安家园人口3650户、11500人，其中少数民族人口约2800人，居民多为大新、新水桥、新渠稍、燕鸽村4个村拆迁安置户及外来流动人口。党支部4个，分别为新安社区党支部、兴庆区第三十小学党支部、中铁建工集团宝丰项目党支部、吉泰紫樾台党支部。

【银横社区】 2018年12月15日成立。位于银横路与燕庆街交叉口西南兴庆华府小区8号楼三楼，居民小区5个：友爱家园东区、友爱家园西区、兴庆华府、银古小区、友乐家园。人口4314户、8797人，少数民族1364人。2019年4月，成立党支部委员会。8月，成立居委会。社区直管党员29名，社会组织队伍5支。2019年10月，被兴庆区人民政府授牌为银川市兴庆区民族团结进步示范社区。

【银燕园社区】 2012年7月成立。东至京藏高速，西至燕庆街，南至银燕巷，北至燕鸽家园南墙。面积0.66万平方公里，居民楼44栋，人口1746户、5289人，少数民族391人，直管党员10人，离退休老党员121人。居委会工作人员7人（其中基层骨干5人、公益性岗位2人）。辖区内学校1所（银川四中）、幼儿园1所

（银燕实验幼儿园）、便民生活服务网点1处。

【永泰社区】 2018年12月成立。位于大新镇辖区西侧。东至大新渠，西至友爱中心路，南至新华东街，北至银通路。面积1.243平方公里。居民小区5个，人口6773户、16182人（在建约4000户），60岁以上老年人508人，青少年1276人。学校1所，商业网点330家，孵化社会组织5个，红色物业队伍1支。2019年4月，成立党支部，党员27人。

【燕乐园社区】 2012年成立。位于燕鸽湖基地，面积0.508平方公里。东至环湖东路，西至燕庆街，南至环湖南路，北至燕通路。居民小区2个，人口3200户，其中少数民族369人，社区直管党员13人。辖区医院1座、物业服务站1座，个体商户120户，幼儿园1所，高级中学1所，文化运动广场2处，微型消防站1所，湖心公园1处。社区打造"十五分钟"生活圈：15分钟行程内便有为老服务中心1家、便民餐厅1家、便民理发店3个、政府蔬菜直销店1个。2019年3月，获兴庆区巾帼文明岗称号。

【燕庆园社区】 2012年7月成立，位于燕鸽湖基地老年大学二楼。东至京藏高速路，西至健身步道，南至兴庆路，北至燕和路。面积0.71平方公里。辖燕庆园和燕鸣园2个居民小区，62栋楼224个单元，人口3052户、8963人。社区党支部1个，党员14人，社区社会组织10家，志愿者1210人。2019年1月，社区获2018年度银川市社会文艺团体协会戏曲类创新节目优秀奖。3月，获兴庆区巾帼建功先进集体、兴庆区第一届社区治理"十佳"金点子优秀奖。11月22日，社区推荐的2位居民被宁夏回族自治区教育厅评为自治区2019"百姓学习之星"。

【燕祥社区】 2018年11月5日成立，位于银川市兴庆区新华东街燕祥家园9号楼。东至燕庆街，西至大新渠，南至银横路，北至银通路。面积1.1平方公里。辖燕祥家园1个小区，人口3297户、8806人，少数民族721人。党支部1个，党员24人。先后获银川市兴庆区民族团结示范社区、兴庆区2019年度"五四红旗团支部"。

【燕翔园社区】 2012年7月成立，位于燕和园服务站三楼。面积0.55平方公里。东至孔司路，西至环湖东路，南邻燕和路，北靠燕通路。辖燕翔园、燕和园小区和孔雀湖花园3个居民小区，人口3894户、9613人，少数民族725人。党支部成立于2018年8月，直管党员24人，社区"两委"成员7名。文化活动中心2处、室外大型活动广场1处，面积约1000平方米，小型活动广场3处，面积约300平方米，公共卫生间6处。2019年10月，获银川市兴庆区民族团结进步示范社区称号。

【燕欣园社区】 2012年7月成立。东至环湖东路，西至燕庆街，南至永恒能源，北至燕京路。面积0.4平方公里，由燕舞园、燕欣园、东方韵3个小区组成，住宅楼88栋，人口3886户、10658人，少数民族399人。党支部1个，直管党员7人。燕欣园开展"为老"品牌服务，社区党群服务活动中心设有按摩室、棋牌室、台球室、阅览室、摄影室、舞蹈室和志愿者活动室等10多个功能活动场所。

【燕依园社区】 2015年8月成立，位于燕依园社区养老服务中心二楼。东至京藏高速，西至燕庆街，南至燕通路，北至迎燕巷。面积0.38平方公里。有燕润园小区和燕依园2个小区，人口2964户、7624人，少数民族528人，67栋楼247个单元，成员单位7家。社区工作人员9人，其中"两委"7人，管理员2人，公益性岗位1人，直管党员9人。2018年7月底，成立燕依园社区党支部。

【燕庆公司】 1993年，长庆石油勘探局征用原银川市郊区大新乡燕鸽六、七、八、九4个生产队土地（现银川市燕庆实业发展公司）土地1180.47亩建生活基地，将原燕鸽六、七、八、九4个生产队从燕鸽村划分出来，成立银川市燕庆实业发展公司。燕庆公司位于东郊3公里，东至石油基地，西至大新渠，南至大新镇政府，北至银川市客运管理处。公司土地全部征完，只剩四队庄点60亩。燕庆街商业网点和城市建设预留用地长1700米、宽90米，共计230亩。2019年底，燕庆公司下设4个村民小组、1个党支部，党员49名，属于纯汉族村，公司总人口1123人。燕庆公司人均纯收入1.4万元，集体年经济纯收入达280万元。

（供稿人：张安静）

掌政镇

【概况】 掌政镇位于宁夏回族自治区银川市东，地处黄河沿岸，京藏高速、青银高速、银西高铁、滨河大道穿镇而过，区位优势显著。面积153平方公里，耕地69600亩，辖12个建制村、119个村民小组和1个劳务移民安置区。人口8846户、2.97万人，劳务移民1094户、4875人。2018年，全镇农民人均可支配收入15997元，年均增长7.4%。辖区内有国家AAAA级旅游景区鸣翠湖湿地公园、典农公园、赵家湖湿地公园等重点生态旅游景点。获国家生态乡镇、"全国创建文明村镇工作"先进镇、"一村一品"示范村镇、全国第三批生态景观旅游名镇、全国第二批特色小镇等称号。完成8个村、16名“两委”成员补选工作。建成儿童之家6个，全部投入使用。办理人大代表建议30件，办结率、满意率达100%。

【传统农业】 落实农作物种植面积约44984亩，其中小麦5742.1亩、玉米8948.26亩、水稻29896.4亩、大豆397.2亩。实施自治区盐碱地农艺改良项目9000亩。开展作物苗情调查、病虫害调查、小麦玉米水稻测产工作，预防草地贪夜蛾、稻水象甲发生。重新划定、测绘、公示强家庙、碱富桥、永南3个村总面积10040.74亩的粮食功能区，签订管护责任书。

【农业耕地地力补贴】 做好44586.76亩粮食作物投保工作，申报发放农业耕地地力补贴400多万元。

【稻旱轮作】 验收通过2018年稻旱轮作1万余亩，补贴资金75万元，上报2019年稻旱轮作2900亩。

【秋季农田建设】 高标准完成秋季“三项任务”和“林业三项任务”，建设0.75万亩永南村高标准农田片区。清淤干渠3条，干沟3条，合计7.8公里。开挖农田退水沟56条，支渠、斗渠49条，合计40.3公里。沟渠路林带防秸秆焚烧除草面积5万亩，修整农路6.8公里。

【设施农业】 提升改造现有的蔬菜园区4个，蔬菜育苗中心及新品种、新技术示范展示园区1个，涉及各类设施温棚13904亩。打造洼路村红康蔬菜基地，建成新型面包棚6个，占地50亩。镇河冷链项目和孔雀新型日光棚开工建设。全年引进新品种12个、新技术5项、新项目4个，开展设施蔬菜订单农业种植试点，发展40余户示范种植越夏樱桃番茄300余亩。实施大型水肥一体化项目1个，富硒蔬菜试点项目1个，蚯蚓繁殖及蔬菜套种项目1个，有机肥试点应用3400余亩，五渡桥、洼路村800余户提供优质有机肥520余吨，户均减少化肥应用量和成本支出650元。验收通过220亩秸秆微生物发酵田。

【畜牧养殖】 2019年，防疫牛2.3万头次、羊3.6万只次、猪4.5万头次、家禽28万只次，检疫生猪3200头、牛134头、家禽1520只。取缔泔水猪养殖4处，加强泔水养殖监督检查和无检疫证私屠乱宰行为查处，监督查处销售无检疫证畜产品行为。非洲猪瘟疫情捕杀、封锁、消毒，保障疫情发生后没有蔓延，通过农业农村部检查验收。推进标准化养殖，协调4户肉牛养殖户搬迁至月牙湖肉牛基地。

【观光休闲业】 发展农业观光、休闲旅游等农村服务业，实现多业态乡村文旅产业提档升级，年接待游客近8万人次。打造花溪谷生态农村休闲旅游观光园区。举办掌政镇第三届西红柿文化艺术节，继续打造全国“一村一品”西红柿村镇，打响“美丽镇河”西红柿商标。改造提升现有10余家农家乐硬件设施、文化内涵。成立农家乐协会，举办8场旅游推介活动，推动农家乐产业化发展。

【重点项目】 争取住建部特色小镇建设专项资金3400万元，完善基础设施建设。完善镇区道路管网，实施创业园二期道路工程，新建纬一路、东二路，总长874.35米，配套道路两侧雨水、污水、给水等管线工程。实施兴庆路智能交通信号设施工程，安装13.6公里的道路信号灯。完善公共交通网络，掌政公交车场建成投运，开通3条公交线路，方便群众出行及外出务工。投资3400万元，改造镇河、洼路、孔雀、春林4个村的户内厕所，安装马桶及排水管线等相关设施。改造污水处理管网，完成原有污水处理设备提升改造工程，新建污水管网，配套污水处理装备，集中处理镇区居民生活污水。

【惠农、惠民项目】 利用为民服务发展专项资金项目、一事一议项目等，全年硬化农村巷道和园区道路6448米，投资金额492万元，涉及全镇11个村，惠及群众1.5万人。完成农渠砌护7200米，投资金额88万元，惠及群众5000人。完成永南村和碱富桥村党群文化阵地打造，投资金额38万元，总面积887平方米，惠及群众4500人。实施永通路、银横路、赵家湖路、兴庆路两侧及物业小区绿化工程，改善群众生活环境。

【移民扶贫】 成立就业创业服务指导中心，和新创家园社区居民委员会筹备小组，设置便民服务、就业服务指导等功能室，解决服务群众“最后一公里”问题。招聘移民扶贫人员16名，动态化掌握建档立卡户人口、就业、收入等信息和贫困户的实时需求，构建管理体系。“外调”完善建档立卡户动态管理，成立脱贫攻坚外调组，家庭调查海原、西吉、彭阳及相关外县区115户未常住且收入不稳定人员，走访109户，掌握其务工和收入状况、不搬迁、不迁户原因，提供就业推荐和脱贫退出依据。

【自主创业脱贫】 鼓励自主创业，落实各项创业扶持政策，发挥扶贫小额信贷作用，全年发放196户、877万元扶贫贷款，引导群众利用好贷款资金全力发展致富产业。协调辖区企业、市场为移民创业和摆摊设点提供场地支持，18户移民在掌政商业街开店创业，15户在农贸市场摆摊经营。

【公益性岗位脱贫】 争取50个公益性岗位，安排“40、50”人员担任社区保洁员和治安员等工作。

【产业扶贫】 结合毗邻市区的有利条件，组建专业劳务公司1个，培育劳务经纪人2名，带动务工120人。与宝丰枸杞采摘园、辖区企业、市区餐饮服务业等建立外出务工合作机制。支持农业企业、合作社及农户雇佣移民进棚务工或将温棚租给移民种植，建成新创家园西侧24.8亩劳务移民种植培训示范基地，含7栋可移动大棚，引进宁夏乐乐树农业科技有限公司种植水果西红柿，吸纳长期工7人、季节工30人。新建扶贫车间2个，鼓励引导留守妇女就近就业，协助月美制衣按计划分期招录234名建档立卡户。47名建档立卡户稳定在岗，工资水平达2500元以上。

【环境保护】 15件中央环保督察“回头看”转办件全部办结销号。加强散煤使用单位管理及清洁煤使用推广，建成清洁煤配送中心1个。镇区主干道路、建筑作业现场洒水降尘作业，确保裸露空地、堆土场整治率达100%。严格落实镇村河长制，开展“携手清四乱保护母亲河”专项行动，联合执法12次，出动人员300余人次，拆除各类建筑物约1.8万平方米，检查出的29处乱建问题全部销号。做好滨河大道以东2.2万亩黄河两岸河滩地收回工作，保护黄河流域水生态。

【秸秆处理】 推进秸秆禁烧源头治理，层层落实禁烧责任，建立镇村队三级巡查机制，清理辖区内杂草及焚烧隐患。完成秸秆机械灭茬及深松翻3.5万亩，秸秆还田0.6万亩。

【动物无害化处理】 建成全区首家病死动物无害化处理及资源化利用中心，全年无害化处理死亡猪1850头、牛108头。

【人居环境整治】 开展镇河村、洼路村、孔雀村人居环境专项整治，拆除违章建筑16处，清理残垣断壁2000米，粉刷主干道路沿线庄点房屋外立面35000平方米，硬化巷道6000平方米。实施兴庆路道路两侧亮化美化工程，破旧围墙修复、彩绘，打造文化艺术墙。统一拆除安装碱富桥十字路口85家商户门头牌匾。开展“美丽掌政、洁净庭院”评比，动员农户整治房前屋后卫生，逐步建立健全村庄清洁常态化管理体系。完善“门前三包”卫生管理机制，全年签订“门前三包”责任书600份。

【“大棚房”清理】 完成“大棚房”整治整改问题379个，通过区、市及国务院督导组检查及验收。

【民政救助】 民生大厅全年办理老年优待证1451件，“40、50”灵活就业人员社会补贴申请293件，就业创业证202件，再生育申请87件，小额担保贷款审核通过放款128户。开展城乡低保审批权下放工作，落实自治区脱贫攻坚兜底保障和临时救助政策，其中新创家园兜底保障272户、408人。高龄、特困、低保救助对象679户、927人，保证救助金足额及时发放，累计发放特困、高龄、低保、重残补贴等各类救助金634.85万元。

【文体活动】 组织农民篮球争霸赛、迎新环湖健步走、“社火秧歌”大赛及各类农民文艺演出近30场。获2019年兴庆区职工第九套广播操比赛一等奖。加强综合文化服务中心建设，建成8个标准化农民文化大院，镇河、掌政、春林村成功申报为综合性文化服务中心。

【妇女工作】 为妇女创业发展提供资金支持，配合石嘴山银行发放小额贷款105户、597万元。开展关爱女性健康知识讲座10次，发放“两癌”补助金4万元。联合宁夏开明眼科医院免费体检500户村民。

【社会保障】 统筹辖区城乡医疗、养老保险，全年办理失地农民养老保险109人，新生儿医疗参保登记105人，建档立卡户户籍迁入人员办理新参保180人。

【劳动保障】 推进劳动就业保障，举办专场招聘会3场，输出农村转移劳动力3911人。追回农民工劳动报酬15笔，完成辖区20余家重点企业用工人员薪资情况调查登记。

【清产核资】 完成清产核资工作，全年清产核资的资产账面数8380万元，清查核实数1.6亿元。负债账面数1911万元，清查核实数162万元。所有者权益账面数6469万元，清查核实数1.6亿元。流转耕地10383.1亩，涉及农户2656户。发放确权证书6494本，修改变更280本。

【移风易俗】 完善修订各村村规民约积分制。深化“道德红黄蓝榜”，完成4次季度评选工作。发挥各村红白理事会监督作用，倡导喜事新办。潜心培育道德模范，三八妇女节开展“好婆婆”“好媳妇”评选活动，评选出6名“好婆婆”、23名“好媳妇”，培树好家风带动社风民风。开展“我们的节日”活动20场次。依托新时代农民讲习所、道德讲堂等载体开展移风易俗宣讲50场次，惠及2000人。

【社会治理】 推进扫黑除恶专项斗争，各村集中督查15次，树立宣传栏82块，安装宣传展板2200块，制作悬挂宣传标语280条，印发《致广大群众一封信》22000份，走访入户宣传、做政策解释10452户，打造数条扫黑除恶宣传街。办结各类线索件77条，累计整顿各类乱象387条。组织专题培训班15期，参训人员达500人。推进“法治乡村”普法宣传教育活动，利用宪法日等时间节点和赶集日开展法律宣传20次。开展重点专项整治打击犯罪行为，落实领导接访制，全年班子成员接访、约访220人次。开展司法调解排查行动40次，排查矛盾纠纷52件，调解成功52件，成功率100%。全年受理各类信访案件118件，接访820人次。

【安全生产】 全年安全生产大检查12次，累计排查企业、商户、建筑工地1584次。组织培训安全生产21场，惠及500人次。清理整治“散乱污”企业107家。

【政务公开】 2019年，政务公开平台主动公开信息28条，全年更新微博42条，转发80条，答复网友留言18条。各村利用“阳光村务”微信公众号平台，及时公开财务、政务信息。

【五渡桥村】 地处掌政镇中心地带，村民小组8个，党小组5个，人口546户、2430人，党员89名。面积3.67平方公里，耕地4880亩。全村大小沟道、渠道113条，长度48177米。五渡桥村主抓设施蔬菜，全村建有二代温棚30000余间，年收入2000万元。全村18个合作社，主要发展种苗育种、蔬菜种植、多肉植物养殖等优质农业产业。

【洼路村】 地处掌政镇北端，距离银川市区9公里，东至惠农渠，南邻永二干沟，西与五渡桥村相接壤，北依镇河村。面积10.8平方公里，耕地4100余亩。村民小组9个，人口667户、2269人。党小组5个，党员103名。洼路村推进蔬菜花卉育苗种植中心及花卉旅游观光园区建设，打造集设施农业观光、休闲采摘、餐饮娱乐于一体的休闲旅游胜地，企业有沙温泉、凤凰花溪谷。

【孔雀村】 位于兴庆区掌政镇的最西边，与石油城相邻，是掌政镇的西大门。东至汉延渠，南至春林村，北至杨家寨，距银川市中心约5公里。面积2.75平方公里，耕地3740亩。村民小组7个，人口690户、2090人，党员79名。主要产业及收入来源是设施温棚、花卉、蔬菜、草莓采摘和库房出租，全村二代温棚10600间，年收入930万元。

【镇河村】 位于掌政镇北端，面积7平方公里，耕地5200亩，湖泊湿地、滩涂面积6000亩。生产队11个，人口3225人。党员104人，党小组8个。全村人均13间大棚，“名、特、优、新”露地蔬菜种植和移动空心棚1.5万间。2018年，建设实施党群示范基地，四队、八队园区核心面积307.2亩、71栋温室大棚，辐射面积1600亩。

【茂盛村】 位于银川市兴庆区掌政镇银通路以东8公里处，东依汉延渠，北邻汉佐村，西邻燕鸽村和新水桥村，南靠杨家寨村。面积3.24平方公里。人口828户、2583人，村民小组9个。党小组7个，党员92人。主渠道5条，主沟道3条。全村实现土地经营权流转600多亩，其中农家乐占地115亩，3家蔬菜种苗育苗基地，1家园林绿化苗圃基地。

【掌政村】 位于银川市向东8公里处，面积9.5平方公里，耕地2810亩。村民小组14个，人口1370户。党小组10个，党员178人。2018年，村集体经济收入16万元，村民年人均收入达10200元，同比增长5%。

【春林村】 银川市兴庆区东郊6公里处，面积2.5平方公里，耕地4500亩。村民小组6个，人口2345人。党小组6个，党员69名。企业有昆仑蔬菜园区和金河。2018年，村集体累计年收入23万元。

【杨家寨村】 地处掌政镇东北端，距银川市区11公里，东至汉延渠，南邻孔司路，西与石油城相接壤，北依燕鸽村。面积7.5平方公里，耕地4369.87亩。人口896户、2876人，村民小组9个。党小组8个，党员104名。2018年，杨家寨村人均可支配收入14700元，发展“双孢菇种植示范基地”等项目。

【碱富桥村】 位于掌政镇向东5公里左右，靠近黄河，土地14.47平方公里，其中耕地11000亩、渠道650亩、沟道450亩、水系及湖泊1600亩、其他8000亩（包含林地、已征闲置土地、庄园地等）。人口1009户、2773人，党员89人。有村企业50个，集体经济年收入10万元。

【强家庙村】 地处掌政东端，距离银川市区14公里，南靠碱富桥，北邻通贵司家桥，西至惠农渠，东至黄河边。面积9平方公里，耕地32000亩。村民小组12个，人口1042户、3086人，党员108人。

【永南村】 位于掌政镇东端，东靠滨河大道，南邻望通路。面积12.5平方公里，耕地6000余亩。村民小组7个，人口534户、1308人，其中回族人口520人。党小组4个，党员55名。华夏河图生态小镇坐落于永南村黄河西岸，面积18.8平方公里，主要有银川当代美术馆、艺术家村落、鱼塘湿地公园、惠农渠公园、石刻公园、雕塑公园、禾乐村。

【横城村】 1989年与临河分开，独立成村，依据1989年原灵武市各建制村划界图，东至水洞沟坡，西至石坝村交界，南至马鞍山梁，北至长城。面积35平方公里。人口262户、616人，党员48人，村委会现有4人任职。

（供稿人：杨洋）

前进街街道

【概况】 前进街街道办事处位于兴庆区教育南巷17号。范围东起民族南街，西至利民街、凤凰南街，北起解放街，南至治平路。面积2.7平方公里。社区居委会5个，居民小区91个，其中有物业小区30个，无物业小区61个，人口17591户、36138人。党支部20个，其中机关支部1个、社区党支部10个、非公企业联合支部9个，党员730余名。辖区文明单位13家，包括自治区级文明单位5家，银川市级文明单位5家，兴庆区级文明单位3家。幼儿园2所，银川市第五幼儿园、星光华幼儿园。医院1家，银川市第一人民医院。社区卫生服务站2所，明德卫生服务站、星光华社区卫生服务站。

【组织建设】 学习贯彻习近平新时代中国特色社会主义思想，购买发放相关图书近3000册，开展中心组理论学习等各类学习50次，以“‘庭院微党校’小党课”等活动深入学习贯彻。开展主题教育理论知识学习50次，专题研讨8次，对照主题教育要求开展工作，确保支部党员不漏学、不缺课，主题教育保质保量顺利进行。争取为民服务发展专项资金48万元，用于银华社区“庭院微党校”等3个项目打造。申请党建项目资金14万元，用于星光华社区“党建+红色物业”社区智慧服务管理一体化等两个党建项目打造，推动基层党建引领社会治理创新。整顿整治软弱涣散基层党组织，将3家单独组建的非公企业纳入软弱涣散党组织，并进行整改记录，对照时间节点开展整顿转化。审查社区“两委”班子人员47人，严把补选选举程序，完成各社区“两委”补选，拟补选人员集体廉政谈话。开展“3·15”案件警示教育专题组织生活会，学习党章党规，开展批评与自我批评。

4月4日上午，前进街街道武装部携兴庆区武装部机关党支部、前进街街道机关党支部、陶瓷社区党委、星光华社区党委、前进街派出所党支部、凯尔府邸卫生服务站党支部、宁夏医科大学药学院团委到银川市八里桥烈士园开展“迎接新中国成立70周年·缅先烈 忆初心 践承诺·传承红色基因”支部主题党日活动

【社区阵地建设】 2018年，在实施西塔社区“十光聚力·文化西塔”党群活动阵地节能改造项目基础上，继续争取自治区民政厅社区建设经费65万元，提升打造社区忆光文化驿站、老年活动室。改造星光华新置换的社区党群活动阵地537.2平方米，项目均已完工。

【老旧小区改造】 争取政府经费560万元进行陶瓷小区路面硬化、疏通下水管道、更换破损井盖、修葺小区门房及楼道粉刷量化工程。市医院家属院、广夏新村、进宁南街26号、明德巷60号4处老旧小区下水管网改造、地面硬化、违章拆除、墙面粉刷等改造工程，项目均已完工。争取经费100万元协调住建局等单位改造利群街、敬德街路面破损等问题。

【餐饮烧烤示范街打造】 打造敬德街“餐饮烧烤示范街”。牵头联合多个部门在敬德街沿线开展市容和交通秩序联合执法，解决车辆违停、道牙破损、废弃树坑、食品安全等问题。开展6次大型环境整治，为辖区沿街居民营造良好的生活居住环境。打造“餐饮烧烤示范街”，促进沿街商户成立“烧烤协会”，协会牵头引导商户自发依规实行夜间划定时段店外经营、街道办事处监督整治违章现象相结合的方式管理示范街。协调周边地面停车位1000个，敬德街沿线划定停车位400个。选定商户作为试点使用“油水分离器”，推广到所有商户。对接宁夏旅游协会，敬德街被列为外来游客观光点之一，入口处打造立体五面精神支柱，围绕“一眼望宁夏、一口品宁夏”主题，展示宁夏传统特色美食、“五宝”、地域文化等。

【和谐社区建设】 改革社区党委班子选人用人机制，采用90后社区基层骨干担任社区党委专职副书记、服务站站长等。启用工作能力突出的新入职网格员、公益性岗位工作人员承担社区重点工作。培养专业社区人才，11名网格员考取社工证。各社区每月定时召开议事园工作会议，邀请物业公司、辖区单位、包委干部、社区党员、居民等共同解决本社区重点、难点问题。对标创建标准推进各社区评星定级，创建五星级和谐社区1个，打造标准化星级和谐社区4个。

【物业管理】 定期督导物业管理小区，及时反馈督促整改。安排部署近期重点工作，同时针对小区卫生保洁、绿化养护、秩序维护和设施设备等方面存在的问题集中反馈，促进物业管理规范化、标准化，将物业服务融入社区治理中。

【文明城市创建整改】 发放《致辖区居民的一封信》等各类宣传资料近40000份，制作宣传展板等400块，开展创城志愿服务活动350次，集中宣讲、入户宣传、开展“道德讲堂”引导辖区单位、居民等参与到创建工作中来。街道辖区调查各类问题，协调解决暂不能解决的问题。整改落实兴庆区、银川市创城办转办的100多件督办问题。创城工作中暂不能解决的20项重点难点问题及时反馈兴庆区创城办。打造铁路沿线“一面示范墙”，宣传社会主义核心价值观、新二十四孝等。围绕“公共环境好、社会秩序好、道德风尚好、同创共建好、宣传氛围好”五好标准打造敬德街“一条示范街”。打造陶瓷小区“一个示范小区”。围绕“辖区环境优美、居民文化素质高、文明氛围浓厚”等标准打造银华社区“一个示范社区”。

2019年3月4日，前进街西塔社区“庭院微党校”校长陈宝庆（左一）为辖区孩子讲述雷锋的故事

【环境治理】 清运建筑垃圾、杂物、废弃物等700余车，清理卫生死角、脏点、乱涂乱画等5000余处，粉刷楼道墙体近5万平方米。协调辖区18家物业公司修剪、补植30个小区的树木、草坪。处理数字化城市管理反馈问题136起。西塔市场周边等开展大型集中整治8次，整治店外堆物850起，投入创城资金100万元。开展违法违规建设专项整治，拆除10处900平方米违章建筑。取缔三林巷马路市场、星光华早市、敬德街早市。处理占道经营、店外经营等行为900次，下发“责令改正通知书”220份。拆除违章门头、大型户外广告设施170处。15家违章商户“门前三包”行政罚款10000元。清理辖区僵尸车10辆。拆除明德巷、长城路违章台阶40家。20条主干道路、背街小巷“街巷长”常态化巡查所负责街巷，建立落实定期汇报、问题交办、协同整治工作机制。

【社会治理】 开展扫黑除恶专项斗争。累计入户宣传18693户，发放宣传手册等600份，宣传折页7000份，发挥基层综治中心和服务管理作用，组织各社区配合派出所深挖辖区内人员密集场所、重点地区等场所，累计梳理出8条问题线索，均不属于黑恶犯罪。

【信访工作】 及时办理调处各类信访案件，2019年处理“12345”电话督办单1142件，办结自治区网上信访件14件，银川市政民互动平台信访件21件，人民网地方领导留言板投诉2件，中央扫黑除恶第20督导组移交电话信访件7件，办结率100%。

【安全生产】 与辖区企业单位、商业网点重新签订消防安全和安全生产责任书，签订率达100%。坚持安全隐患排查与各类专项整治行动相结合，辖区商业网点、公共娱乐场所开展安全检查3次，排查安全隐患2起，均协调处理。重点检查公共娱乐场所、文物古建筑、网吧等场所，把安全工作落实到各个方面。

【计生工作】 2019年，计划生育统计17591户，人口36138人，统计属全面二孩101人，完成孕前检查任务34对，孕前随访145人，享受特别扶助政策37户、53人，兑现金额42.72万元，申请独生子女保健费455户、624人，兑现资金18.2225万元。

【食品安全】 坚持“两率一度”，实施食品安全战略，登记食品经营商户389家、宾馆酒店类17家、娱乐场所类32家、其他类别53家、学校餐厅2家。

【企业薪酬调查】 对辖区21家中小企业开展企业薪酬调查，询问调查、笔录15家小微企业，并对这些企业进行信用评价。

【社会救助】 累计补助低保户562户697人，发放低保资金474424元，给高龄低收入老年人6人发放高龄津贴33000元，城市困难残疾人552人发放困难残疾人补贴110160元。申请临时救助7人发放临时救助金16500元。春节慰问90~99岁老人52人，发放慰问金52000元。

【工青妇工作】 审计辖区16家有账户的独立工会，确保工会经费合理运用。落实团组织换届，经99位团员代表选举产生新一届团工委成员。妇女节前夕举办庆三八“经典永流传·诗韵润前进”诗词朗诵比赛。母亲节前夕开展“巾帼心向党，传承好家风”活动，培树和弘扬夫妻和睦、尊老爱幼的家庭文明新风。

【华林社区】 范围东起民族南街，西至三林巷，北至南薰西路，南到修业路。居民小区23个，住宅楼89栋，人口3760户、7618人。社区“两委”人员9人，公益性岗位3人，党员122人，下设2个党支部，占地面积505平方米。其中，办公活动场所借用宁夏电力公司，面积100平方米。华林巷老年活动室285平方米，民族花园老年活动室120平方米。注册志愿者1500余人。辖区企事业单位5家，个体户160家。

【陶瓷社区】 1984年成立。范围东起三林巷、敬德街，西至利民街，北临南薰路，南至修业路，是典型的老旧小区。居民小区14个，居民楼100栋，人口3454户、6876人。社区占地面积510多平方米，直管党员134人，4个小区党支部，3个非公企业联合党支部。辖区内有60岁以上老年人879人，80岁以上高龄老人105人。低保家庭18户25人，残疾人119人。商业网点265户，组建各类志愿者服务队10支。

【星光华社区】 2005年成立。位于星光华小区会所二楼。范围东起民族南街，西至凤凰南街，北起宝湖路，南至治平路。居民小区1个，居民楼62栋，人口2990户、7734人。下设2个党支部，1个非公企业联合党支部，8个党小组，社区直管党员158人。社区基层骨干7名，助理员2名，公岗3人。辖企事业单位2家，沿街商业网点34家。小区内商业网点11家，联合党委共驻共建单位5家。

【西塔社区】 位于兴庆区前进街13号。范围东起民族南街，西至利民街，北起解放西街，南至南薰西路，属于新华商圈。辖25个小区、135栋楼，人口2880户、5610人，多数为老旧小区，流动人口基数大。社区直管党员143人，文明单位6家，社会组织5家，个体商业网点1200余家。残疾人128人，低保17户23人。

【银华社区】 2003年6月成立。范围东起民族南街，西至凤凰南街，北起修业路，南至宝湖路。居民小区6个，住宅楼80栋，人口4507户、8300人。志愿者队伍11支、1451人，党员147人。非公企业党支部4家，文明单位1家，个体商业网点623家。社区办公用房面积731平方米，位于塞上骄子一期二区会所内，配备有图书阅览室、多功能活动室、书画室、法律工作室、乒乓球室、康复室、宣传教育中心、电子阅览中心。

（供稿人：金花）

解放西街街道

【概况】 解放西街办事处成立于1958年，原名公园街办事处（城区公社）。1980年，更名为城区解放西街街道办事处。2002年7月，新命名为兴庆区解放西街办事处。地处兴庆区中心地带，面积3.9平方公里，东起民族北街，西至凤凰北街，北起上海东路，南至解放西街。人口19499户、46138人。街道办事处正式职工19人，其中公务员8人，事业人员11人。兴庆区内部编制人员22人，办公地址为文化西街59号。辖文艺、银湖、健康、北苑、海宝、华新6个市民服务站，28个居民小区，住宅楼489栋。机关、企事业单位65个，国家级文明单位1个，自治区级文明单位6个，银川市文明单位17个，街道党工委、办事处先后获三十多项国家、自治区、市级荣誉称号。2019年，解放西街创新社会救助“33344”工作模式，实现低保对象动态服务管理，先后接受自治区领导的调研，街道获银川市禁毒示范街道荣誉称号。

【组织建设】 围绕中共十九大精神、习近平新时代中国特色社会主义思想等重点内容，组织理论学习21次，周例会学习35场次，撰写心得体会100余篇。街道党员领导干部带头讲党课6期，各类宣讲12场次，通过举办党务知识培训班，专题培训、以查代训等，提升干部职工队伍素质。制定《解放西街整顿软弱涣散基层党组织实施方案》，以非公企业党组织和2018年党组织星级评定中被降星党组织为整顿重点，梳理自查清单、整顿清单12份。落实“四议两公开”制度，申报为民服务发展专项资金项目8个，资金70.6万元，完成项目4个。落实党员包户责任制度和无职党员设岗定责，开展在职党员服务活动300次。召开党风廉政专题会议4次，层层签订党风廉政建设责任书18份、廉政承诺书30份。开展形式主义、官僚主义突出问题集中整治行动，查找党工委班子存在的形式主义、官僚主义问题5条、制定整改措施11条，班子成员个人存在问题22条、制定整改措施22条，全部整改完毕。纪工委不定期效能督查9次，下发督查通报6期，对工作开展不力、开会迟到或居民投诉到“12345”平台的7人诫勉谈话。对6个社区居委会班子成员进行政策法规、业务知识等培训，组织31名基层骨干参加全国社会工作者职业资格考试，53名社区工作人员联审，完成5个社区成员补选工作，新选入“两委”成员9名。

【老旧小区改造】 申报老旧小区改造项目和为民服务发展专项资金，改造12个小区70栋楼的下水管网和路面，解决银湖小区和立新巷4号院污水外溢、新新小区管网老化道路坑洼等问题。施划机动车停车泊位600个，非机动车停车位160处，解决停车难、停车乱问题。

【和谐社区创建】 争取自治区民政厅为民办实事资金116万元，建设700平方米的老年人“日间照料”中心。打造集学习娱乐等功能于一体的“儿童之家”6个，“爱心接力”辅具借用、回收服务站1个，培育为辖区青少年、儿童服务和拥军优属的社会组织2个。完善街道社区综合文化站建设，开展“大手拉小手”“清明祭英烈”“红领巾成长课堂”等主题教育82次，约5000人参加。2019年，文艺社区创建四星级和谐社区、健康社区创建三星级和谐社区，华新、银湖、北苑社区继续巩固四星级和谐社区。

【特殊群体慰问】 2019年服务高龄空巢老人1235人次，慰问115人，发放慰问金14.35万元。慰问精神障碍患者43户。春节“八一”期间慰问辖区企业军转干部，发放慰问金2.9万元。

【社会救助】 2019年，办理退休人员养老金资格认证、社保低保补贴申请等各类业务4772件，医疗救助10人，临时救助7人，困难残疾人生活补贴1人，重度残疾人护理补贴2人。申报低保150户、215人、117.35万元，残疾人生活补贴464人、48.04万元，发放其他各类救助资金50.57万元。申报灵活就业人员社保补贴375人。追缴2015—2016年度违规享受社保补贴50人、38万元。

【就业创业】 新增就业375人，开展招聘会2次，发布用工信息98条，用工岗位267个。开展大学生青年创业咨询服务活动159人次。公开招聘公益性岗位13名。

【健康兴庆】 动态管理辖区人口服务，入户率100%。家庭医生签约率同比提升20%。开展健康教育、“三减三健”、慢病预防等宣教活动58场次，惠及16025人。

【计生工作】 2019年，审核计划生育特别扶助家庭49户、69人，资金58.8万元。审核计划生育家庭独生子女伤残死亡一次性抚慰金15户、24人，资金11.45万元。发放独生子女保健费728户1000人，资金28.93万元。

【食品安全】 健全完善食品安全管理网络和巡查管理机制，召开联席会议4次，举办培训班6次，开展宣传咨询活动58场、2541人次，发放宣传单及宣传品各2000份。专题培训辖区83家食品经营户，并签署承诺书。开展假冒伪劣食品专项整治3次、保健品营销市场摸底排查3次，查处问题“保健品店”10家。专项

2月3日，解放西街华新社区党委联合辖区共驻共建单位对辖区内困难党群开展节前慰问

检查61家校园食堂机构，督促不达标的7家整改。

【环境整治】 整合辖区单位、各类志愿者等资源，利用“爱国卫生日”等契机开展环境卫生综合整治，重点集中清理无物业管理的214栋楼卫生、乱堆乱放、乱贴乱画。整体粉刷老旧小区36栋楼、58个单元，清理草坪、花池及绿地29600平方米。集中消杀214栋楼的下水井、地沟、暖气沟病虫害，补植、修剪树木3135株，绿化面积27734平方米。清理商户卷帘门小广告、玻璃贴字等13000余张，拆除楼顶大字、超大牌匾1800平方米，拆除违规建筑2300平方米，清理占道经营1960起，清理乱堆乱放670处，暂扣违章电动三轮车、烧烤炉等470件。打造建发现代城等示范停车场3处、升级换代看护亭（房）12处。迁离汽修和铝合金加工商户12家，整改21家，行政处罚14家。签订“门前三包”责任书2500份，处理数字化平台案件3000件。

【物业管理】 建立健全物业投诉机制，处理各类投诉案件900件，办结880件，满意率95%以上。召开协调会28次解决业委会的筹备、换届及成员的选举等问题。完成4个老旧小区的物业公司引进，排查电梯、监控设备安全隐患，全年新增固定灭火器130处。清理自行车棚32个，综合改造立新巷西区、宾馆家属院等10个小区67栋楼的环境，改造面积268371平方米，受益居民3433户。

【垃圾分类】 完成20家辖区单位的垃圾分类宣传普及，新增示范点3个，实行垃圾分类小区1个，新增分类垃圾桶460处。

【信访工作】 预防并及时化解各类信访矛盾纠纷428件，成功率100%。全年处理“12345”督办单1275件，宁夏网上信访投诉案件6件，银川市政民互动业务办理平台18件，微博投诉50件。

【安全生产】 落实属地安全监管责任，节假日期间开展专项整治，张贴《银川市人民政府关于加强烟花爆竹安全管理的通告》2000张，联合兴庆区消防大队、西街派出所检查辖区12家重点单位，联合兴庆区消防大队检查华新社区微型消防站现场实操演练。签订消防安全和安全生产责任书205份，检查单位581家，排查隐患65处，整改57处，举办知识讲座12次。

【扫黑除恶专项斗争】 成立领导小组和办公室，制定实施方案，召开专题会议21次，推进会5次。制作宣传栏、喷绘等157块，利用各种活动宣传20次，组织培训24场次，发放宣传资料15000份，提高群众的知晓率和参与度。公布各级举报电话、信箱、网上举报平台，宣传银川市举报奖励办法，发动群众举报。检查重点娱乐场所、校园周边网吧、市场等场所涉黑涉恶线索，走访社区矫正人员、刑满释放人员，整治乱点线索14个，上报线索5条，均办结。

【特色街巷打造】 打造20世纪80年代的老旧背街小巷文艺巷为特色小巷，围绕“青春”“励志”“向上”“文艺”4个主题制作墙绘27幅。济慈巷两侧打造以“二十四节气”和“家书”为主题的文化墙300米。福星苑打造“红色物业”文化阵地。特色小巷被中央、宁夏回族自治区、银川市等各大媒体报道14次。

【退役军人服务站】 打造退役军人服务站，采集12类退役军人和其他优抚对象人员信息，建档立卡，悬挂“光荣之家”牌，发放双拥卡。确保优抚对象、无业退役军人、伤残人民警察、残疾军人享受各类政策。解放西街退役军人服务站先后接受自治区党委书记等领导的调研。

【志愿服务】 6个社区建立朝阳艺术团、老来俏红歌演唱队等志愿服务团队8支、320人，党员义务110志愿服务巡逻队108人，社区开展“治安巡逻”“文艺演出”“爱心理发”“结对帮扶”等“菜单式”服务。银湖社区“家政服务”、北苑社区“爱心理发”等志愿服务队，海宝社区“太极之光”舞蹈健身队形成规模影响和品牌效应。

【华新社区】 2003年成立，面积0.4平方公里，辖福川苑、福星苑、北宝苑3个居民小区，居民楼77栋，人口3940户、10371人。直管党员205人，个体工商户210家，企事业单位28家，辖区单位5个，个体经营网点200家。

【北苑社区】 2000年成立。东至民族北街，南至北京路，西至进宁北街，北到上海东路。面积0.26平方公里，辖金菊园、红梅园、翠竹园、玉兰园、牡丹园、水产小区、临湖一村7个小区，居民楼84栋，人口3215户、7744人。社区直管党员257人，党小组5个，接管退休人员740人，老年人1360人，低保户15户24人，残疾人115人。个体工商户189家，企事业单位21家。

【海宝社区】 1995年5月成立。位于兴庆区海宝公园正南方向，东起进宁北街，西至天平街，南抵北京路以北、北至上海路以南。面积0.60平方公里，居民小区10个，住宅楼84栋，人口3885户、8210人。社区党委下设2个党支部，直管党员260人，个体工商户286家，企事业单位21家。

【文艺社区】 2000年7月成立。位于解放西街东南角，南邻解放西街，西靠立新巷、珠市巷，北接湖滨西街，东接民族北街。面积0.35平方公里，人口2510户、6248人，直管党员161人，个体工商户328家，企事业单位11家。文艺社区居委会服务阵地面积550平方米，内设图书阅览室、文化娱乐室、会议室、综合服务室。

【银湖社区】 位于民族北街以西，湖滨西街以北，凤凰北街以东，北京东路以南。面积2.16平方公里，人口3829户、8133人。居民楼112栋，老年人占20%。直管党员290人，个体工商户283家，企事业单位13家。社区居委会基层骨干7名、管理员2名，具有初级社会工作者职称1名，公益性岗位2名。

【健康社区】 位于凤凰碑东北角，东起立新巷、珠市巷，西至凤凰北街，南起解放西街，北至湖滨西街。面积0.35平方公里。住宅楼47栋，人口2120户、5432人，个体工商户170家，企事业单位5家，离退休人员464人，直管党员94人。社区办公地点在进宁北街101号，办公面积550平方米，工作人员9名，其中基层骨干7名、公益性岗位2名。

（供稿人：陈珍）

胜利街街道

【概况】 位于银川市兴庆区胜利街林华南巷1号，东至清和街，南至徕龙公园与永宁为界，西至民族街、凤凰南街延伸至南环路口，北至宝湖路。面积9.15平方公里，人口2.97万户、6.14万人。辖清苑、景园、南华、康馨、天盛、祥和、紫金、上前、家园9个社区居委会。星光华、天盛、嘉木花园、家园4个社区卫生服务站。居民小区43个，其中有物业管理小区32个、无物业小区11个。街道党工委下设14个党（总）支部。其中，机关党支部1个，社区党委（总支、支部）9个，非公企业党支部4个。直管党员940人。辖区单位18家，个体私营企业及商业网点1434家，医疗单位10家，疗养院2家。街道编制20人，实有18人，政府长聘人员15人，公岗40人，“三支一扶”2人。社区工作人员78人，其中基层干部63人，管理员15人。2019年，办理新退休人员录入289人，统筹城乡养老保险及领取养老金待文化街社保情况：遇申报58人，为2220名退休人员进行养老金认证审核，办理丧葬费121人，新增居民及新生儿参保402人，核定残疾人73人。

【组织建设】 坚持每月开展3+X主题党日活动。9月，开展“不忘初心、牢记使命”主题教育，集中学习、自学、讲党课、研讨交流，让学习常态化。开展软弱涣散党组织整治整顿，制定工作方案，做到五明确（明确整顿对象、问题清单、整顿措施、整顿时限、整顿责任）。严格依法依规开展社区党组织委员补选，选优配强班子成员。加强党风廉政建设，签订党风廉政责任书，结合街道班子实际制定全面从严治党三个清单，日常工作中落实中央八项规定精神，加大街道纪检监察力度。

【社区阵地建设】 解决紫金、祥和、南华等3个社区的阵地打造经费，祥和和南华社区争取到65万元的民政厅城乡建设资金，紫金社区协调540平方米的新阵地。康馨社区“520”社区工作法被民政部评为全国优秀社区工作法，成功创建五星级党组织和五星级和谐社区。

【文明城市整改创建】 发放爱国卫生宣传资料20000份、悬挂横幅55条、展板55个，新闻媒体宣传11次，参加人员1000人次。整治占道经营2000起、店外经营1000家。清理商户门前、楼道、雨棚、院内乱堆乱放1541处。清理沿街商铺小广告、电子屏、悬挂物、乱贴乱画6400条。清理生活垃圾、废弃物、建筑装修垃圾243车、221吨。清理居民门前菜园围栏堆放等78户。清理河湖周边卫生13处。修缮林华南巷、永安巷和无名巷内的破损，制作统一规格的门前三包责任书，和商户签订1145份门前三包责任书。天盛市场开展维护市场秩序、消防安全、卫生环境精细化管理的专项整治，市场商户配送和换发灭火器，市场各出口安装地桩，禁止车辆堵塞消防通道，提升市场精细化管理。

【拆违工作】 拆除杏林园内违章搭建的600余平方米大棚房、宁医大总院急救中心门前的违建的36间彩钢房。拆除搭建的菜园236处、235户，拆除凉亭遮阳篷6000平方米，拆除违建面积12000平方米。拆除违规广告牌匾160块、LED电子显示屏、广告标识近200块。拆除天盛巷马路市场2500平方米200余个违章搭建的摊位以及伞架。

【犬证办理】 倡导文明养犬，抓捕流浪狗130只，办理犬证200本。

【社会治理】 召开扫黑除恶专项斗争推进会、学习会议26次，专题培训4次，应知应会测试4次。设立“举报箱”12个。制作悬挂横幅157条、大型喷绘23处、宣传电子屏62处、道旗138条。张贴宣传海报1800份，发放宣传手册近2万份。举办大型文艺演出3场、知识讲座1次。上报信息67条。办结中央扫黑除恶专项斗争督导组转办信访案件13件。出动警力160次，检查旅馆116次、娱乐场所

24家、出租房40间。检查小旅馆77家、网吧10家，拆除“群租房”56家。查处行政案件13起，行政处罚13人。

【社会救助】 累计发放低保资金81.79万元、残疾人生活补贴14.02万元、高龄津贴10.21万元、救助金3.2万元、低保户采暖补6.26万元、慰问资金11.82万元、低保户电价补贴0.49万元、开斋节补贴3.08万元，补发补贴1.17万元。

【计生工作】 2019年上半年，出生532人，符合全面二孩政策144人，政策符合率100%。已婚育龄妇女8800人。109对夫妇孕前优生健康检查。

【工会工作】 组建工会5家，发展会员300人，会员系统中会员人数2896人。“两节”送温暖活动期间走访16家企业。慰问一线职工129人。其中，慰问困难职工16人，投入资金3.4万元；慰问在职住院职工5人，发放慰问金0.25万元。

【妇女工作】 2019年，妇女维权信访案件3起，其他维权案件5起。“两癌”民生救助23人。2019年，申报兴庆区级最美家庭4户。开展各类活动13场次，参与人数达1000人。

【安全生产】 调整街道安委会成员，制定实施细则，明确安全生产责任。不定期召开安全生产会议，安排部署安全检查。开展重点行业专项检查整治，拆除群租房56户、违章彩钢房1处，密集场所安全检查30余次。进行安全生产重点企业登记54家。

【兵役登记】 成立征兵工作领导小组，设立征兵工作办公室，召开街道征兵工作动员会，悬挂宣传横幅12条，发放征兵宣传资料1000份，完成适龄青年兵役登记，为部队输送多名兵员。

【退役军人服务】 完成退役军人登记及信息采集，建立退役军人纸质档案、电子档案，悬挂光荣牌，制作应发放双拥卡，接待退伍军人政策咨询、思想疏导，举办退役军人招聘会5场次，走访慰问退伍军人、残疾军人、军属、烈属、烈士子女30人次。

【康体医疗服务】 康体医疗大党委累计组织开展义诊服务103场次、医疗志愿服务69场次、流动人口均等化服务46场次、居家养老服务以及患者后续辅助治疗服务等服务项目32场次，服务17000人。

【上前社区】 东起胜利街，西至凤凰南街，北至特勤二中队围栏，南至永二干沟。面积3平方公里。居民小区1个，人口3814户、9444人。社区党支部1个，正式党员35名，预备党员1名，联合党委2个，志愿者队伍5支、600人。上前社区有廉租房、公租房、限价房、经济适用房、失地农民返还房5种房型，居住人口弱势群体较多，情况较为复杂。

【康馨社区】 居民小区3个，人口5003户、10530人。社区党员118人，下设2个支部和8个党小组。培育社区社会组织团体10个，志愿者队伍5支，注册志愿者1773人。辖区内1家驻区单位（宁夏医科大学总医院）。

【家园社区】 2012年9月成立。位于胜利南街1230号，2013年7月23日举行正式揭牌仪式。东至清河南街，南至上前城清真寺，西至凤凰南街，北至六盘山路。面积0.5平方公里，辖外来务工公寓、金侨华府、银古尚座、森淼苑、森淼新苑、老林业学校6个小区，住宅楼42幢，人口3240户、3865人。家园社区地理位置独特，其中有全区最大的人力资源市场。银川市汽车站、宁夏中南部外来务工公寓，人员密集，流动性大。社区阵地622平方米，工作人员8名，注册志愿者568人，辖区单位7家。

【清苑社区】 2015年7月成立。东起永安南巷，西至凤凰南街，南至林华巷，北到小游园。面积0.7平方公里，辖清苑尚景、清苑丰景、唐华苑南北区3个小区，人口3145户、5749人。直管党员60人，党小组3支，联合党委4家，企事业单位4家，社会组织5支，志愿者队伍10支、1056人，社区占地面积712平方米。2019年，清苑社区获“银川市兴庆区民族团结进步示范社区”和“兴庆区级卫生先进社区”称号。

【天盛社区】 2007年1月成立。东起胜利街，西至红花渠，南至治平路，北以宝湖路为界。面积0.8平方公里，人口3041户、7689人。辖区内企事业单位6家，商业网点139个，志愿者队伍7支、716人，社区活动场所面积1280平方米，社区“两委”班子成员7人，党员171人。

【南华社区】 1999年8月成立。2019年1月搬迁至康华园小区。东至胜利街，西至凤凰街，南至六盘山路，北至附属医院桥头。面积0.5平方公里。居民小区6个，住宅楼67栋，人口3011户、7527人。下设2个党支部，3个党小组，直管党员84人。

【景园社区】 位于252号江南水乡景园B区院内，2009年7月成立。东至清河南街，南至六盘山路，西至胜利南街，北至治平路。面积1.1平方公里。辖江南水乡景园B区、幸福里、老十二中家属院、解放军第九四二医院家属院4个居民小区，人口3069

户、4680人。辖区文明单位2个（宁夏汉延渠管理处、新华百货胜利店），独立非公企业建会组织1个，社会组织2家、个体商业网点350个，注册志愿者634人，直管党员48名。社区2019年获银川市二级无毒社区称号。

【紫金社区】 2015年6月成立。东至胜利街，西至清河街，南至宝湖路，北至治平路。面积0.7平方公里。居民小区11个，其中在建小区1个、老旧小区10个。志愿者队伍8支。

【祥和社区】 2003年9月成立。东至贡花渠，南至治平路，西至民族街，北至宝湖路。面积1.1平方公里，辖光华家园、光耀上城、星光华府、南辰雅园4个小区，人口4457户、7265人，在册党员180人。社区办公阵地828.83平方米，志愿服务队5支、728人，社会组织2个。

（供稿人：黄思童）

凤凰北街街道

【概况】 凤凰北街办事处成立于1997年，位于兴庆区西北角，面积5.2平方公里，东临凤凰北街，南至解放西街，西以唐徕渠为界，北至贺兰山路。2019年，街道人口23089户、51702人，辖阳澄社区、安秀社区、兴隆社区、崇安社区、北安社区、北塔社区、新民社区7个社区居民委员会，核定“两委”成员51人。

【组织建设】 补选7个社区、13名缺额党委委员和26名居委会成员，加强基层组织力量。加强非公和社会组织党组织覆盖质量，撤销空壳支部1个，拟组建非公党支部1个。发挥党员带头模范作用，推行党员“亮身份作表率”包户责任制及开展无职党员设岗定责活动，参与创建文明城市、扫黑除恶等工作。开展专项整治“回头看”，紧盯“六个严禁”抓作风建设，重点整治形式主义、官僚主义等“四风”问题，查找出6个方面、11个问题，建立问题整改清单，明确整改责任人和整改时限。开展“1+X”基层宣讲活动，以“庆祝中华人民共和国成立70周年、民生保障、环保”等为主题，微宣讲60余场次，受众1.5万人。

【社区阵地建设】 投入252万元新建安秀社区3层840平方米党群活动服务阵地，2020年初入驻办公。实施阳澄社区960平方米阵地装修改造项目，兴隆社区506平方米社区阵地改造完成，街道社区阵地建设达标。

【老旧小区改造】 申请政府专项资金，实施6个老旧小区维修改造项目，粉刷老旧楼栋106栋，硬化裸露空地1.7万平方米，补种植绿2万余平方米。海宝苑小区外墙保温、更换窗户及单元门。部分小区安装健身器材，既有住宅加装电梯8部，改善群众生活环境和出行条件。投入预算资金200万元实施房办家属院、检察院家属院、唐徕公司楼院“三院连通”改造项目，进行院落地面硬化、下水疏通、自行车棚翻新重建、楼栋墙体粉刷、院落围墙粉刷、院落大门改造和院落氛围营造等多个改造项目，新楼院命名为“三合苑”，引进物业公司实行常态化管理和服务。云开东巷、阳澄巷翻新打通，西桥巷、兴仁巷等10个背街小巷维修改造，施划机动车位375个、非机动车位5处，新增路灯43个。银川市政府投资600万元，实施阳澄巷道路拓宽改造项目，项目已完工。

【健康养老服务】 推进“凤凰北街智慧健康养老应用试点示范”工程，提升社区健康养老服务功能，争取各级民政部门项目资金（投入资金15万元），打造“嵌入式”社区老年人日间照料中心，为社区老年人提供助餐、生活照料、医疗保健、精神慰藉、权益维护等一站式服务。

【职工服务】 阳澄社区打造“区域性职工服务中心”，服务范围辐射辖区近百家企业职工，不断提升职工活动条件。加强公共服务，建设6个公共服务驿站，配备雨伞、药具、微波炉等设备，为环卫工人和志愿者提供爱心服务。

【环境整治】 取缔唐徕小区西门口16户长期摊贩占用消防通道的马路市场。拆除不规范门头牌匾94处，清理占道经营6200起，规范店外经营3800起，清理流动摊贩（包括校园周边）6000次。清理“僵尸车”13辆，西桥巷、阳澄巷、兴仁巷等道路设施机动化车位257个，解决停车难问题。拆除北塔三四六队彩钢、彩瓦和侵占公用地建房（含楼顶鸽子棚），拆违面积28718平方米，零散拆违20余处，市容秩序得以改观。

【物业管理】 整治辖区内21个物管小区、22个无物业老旧小区。清理乱堆乱放、楼道杂物6500处。清理乱贴乱画、小广告5万处。抓捕流浪狗121只。施划机动车位1071个、非机动车位55处。无物业老旧小区配备消防器材和微型消防站20组。改善小区环境卫生，提升居民生活条件。6个老旧小区争取资金改造，探索引入物业，民运村、三合苑引入成功，兴胜小区、安秀18号大院对接洽谈成功。

【环境保护】 提前做好冬季环境保护。北塔四六队200户小锅炉供应清洁煤3000吨。加强“小散乱”、餐饮用煤、油烟、噪声等治理。

【垃圾分类】 开展垃圾分类知识宣传、讲座等活动。联合物业在社区阵地及部分小区设立专用垃圾桶。唐徕花园设置垃圾分类示范点1处，老旧小区、无物业小区配置分类垃圾箱102组（204个），引导居民规范垃圾分类。

【社会救助】 落实社保、低保、社会救助等资格审批、资金发放，辖区226名低保对象发放低保补助金130.6万元，发放特困供养救助金4.2万元，发放临时救助金3.46万元。

【社会治理】 开展扫黑除恶专项斗争，专项整治重点行业重点领域。梳理线索14条（去重1条未计入），办结13条，办理中央扫黑除恶第20督导组下沉兴庆区反馈电话（信访件）17件，办结14件。化解辖区供热施工过程中村民阻挠施工等矛盾纠纷问题12件。

【民族团结示范创建】 加强马克思主义民族观宗教观学习教育，推进宗教场所“四进”活动，开展民族团结示范创建工作。阳澄社区2019年成功创建银川市级民族团结进步创建示范单位。民运社区、安秀社区2019年成功创建兴庆区级民族团结进步创建示范单位。街道和7个社区全部成功创建兴庆区级及以上民族团结示范单位。

【崇安社区】 位于唐徕小区，是一个老旧小区为主的社区，人口3887户、9952人。其中老年人2000人，占总人口的20%。面对社区老年人多、残疾人多、困难人群多的问题，发挥暖万家为老服务队、“穿心连”义务巡逻队、金色阳光市民学校、叶子家政等14家社会组织，为社区2000人通过有偿、低偿和无偿等多元化服务方式开展困难救助、心理疏导、治安巡逻、家政服务、文化娱乐等多元化服务。

【安秀社区】 1997年成立，位于唐槐新村100号楼西侧，面积0.7平方公里，住宅楼57栋加6栋27层高的小高层（不包括58户平房），人口3393户、8483人。驻社区党政机关、企事业单位16家，商业网点158家，小企业8家。社区办公面积840平方米，工作人员12人，下设2个党支部，8个党小组，直管党员157人。先后获自治区“充分就业社区”，银川市计划生育先进集体、居民自治示范社区、科普示范社区等荣誉称号。

【兴隆社区】 位于唐徕小区西北角，面积10万平方米。住宅楼65栋，人口3344户、11038人。社区60岁以上老年人982人，其中85岁以上老人66人，90岁以上老人23人。下设2个党支部，6个党小组，直管党员249名。辖区单位2家，非公企业4家，个体商业网点101家，各类志愿者服务队伍5支。社区办公阵地由原118号楼阵地扩展成117号、118号、119号共3个阵地，健全“五室一站”。

【阳澄社区】 社区位于北京路117号（银川市体育局西侧），西起唐徕渠，东至凤凰北街，南起北京路，北至云开巷。面积约0.9平方公里。人口3010户、7478人，流动人口2600人。有物业小区6个，无物业小区4个。“两委”班子成员8人，党员179名，社区党委下设党支部2个，党小组10个。辖区党政机关、企事业单位14家。2019年，协调各级单位投入260万元改造阳澄巷，进行道路改造、重新铺设下水管道、安装配套路灯75盏、种植树75棵，施划机动车及非机动车停车位，解决阳澄巷出行难问题。

【民运社区】 2015年8月成立，位于凤凰北街的西北角，面积0.49平方公里，辖海宝西区、运动员村、民族运动员村及北塔六队城中村4个小区101栋楼，人口3280户、9300人，其中流动人口850人。社区2018年购买海宝西区8号营业房736.2平方米，当年10月底投入使用。党组织2个，其中社区非公企业联合党支部1个，党小组6个，直管党员170人。辖区单位1家，商业网点123个，社会组织4家，各类志愿者服务队伍6支。形成“居家养老、社区照料、志愿帮扶、亲情慰藉”的社区养老服务模式，社区卫生服务站为居民建立健康档案1500家，开展卫生医疗及健康教育服务。

【北安社区】 2000年7月成立，面积0.31平方公里，住宅楼48栋，别墅13幢，人口2812户、5875人。下设2个党支部，1个非建制党支部，党员154人。社区和物业公司资源共享，拥有567平方米的活动阵地。2019年，补选产生3名中共北安社区委员会委员，居委会副主任1名，委员5名。志愿者队伍9支，注册志愿者630余人，开展志愿服务82次。

【北塔社区】 位于凤凰北街650号，东起凤凰北街，西至唐徕渠，南起康平路，北至贺兰山路。面积0.9平方公里。辖锦泰花园、兴洲财富缘、清湖苑、枫河雅居4个小区，人口4417户、13977人。辖区单位7家，小型企业21家，个体工商户209家，艺术团队6支，志愿者队伍7支。党支部1个，党员210名，党小组7个，联合党委1个，非公企业党支部1个。

（供稿人：田娟）

中山南街街道

【概况】 中山南街街道东起丽景南

街，南到宝湖东路，西至中山南街（胜利街），北到解放东街。面积3.87平方公里。居民小区56个，物业管理小区20个，住宅楼618栋，人口28162户、42389人，流动人口12735人。街道物业服务中心管理25栋楼，其中70%为无物业管理楼院。办事处正式职工16人，其中公务员7人。事业人员13人，兴庆区内部编制人员24人。基层骨干53人，管理员15人，社会公益性岗位工作人员26人，“三支一扶”2人。2019年，第四次全国经济普查涉及7个社区、31个普查小区，普查上报法人1215家、个体954家。打造街道文化站1个、社区文化室7个、公共电子阅览室7个。2019年1月，中山南街司法所被司法部评为“坚持发展‘枫桥经验’实现矛盾不上交试点工作表现突出集体”。

【组织建设】 推进金南社区共享阳光计划、清和社区“135+关爱型”党建工作模式、民乐社区“党建引领+五圈服务”和康华社区“庭院微党课”。民乐社区在兴庆区第一届社区治理金点子大赛中获第一名，培育金牌书记2名。利用周学习例会、“主题党日+”活动及微宣讲、党课、市民讲习所、“学习强国”学习平台等载体，开展各类主题宣讲约170次。2019年，转入党员37人，转出党员26人。联合11个部门联审各社区53名“两委”成员。层层签订党风廉政主体责任、监督责任书33份，与领导干部及社区书记问题约谈9人。开展重点工作、纪律作风和问题突出专项督查8次，通报5期，问责3人。

【扫黑除恶专项斗争】 街道召开12次党工委会议、34次专题会、6期扫黑除恶专项斗争培训会和4次社会乱象综合整治协调会研究部署推进扫黑除恶专项斗争工作。组织辖区派出所民警、党员志愿者入户宣传，打造中山南街法制宣传长廊、红花渠沿岸扫黑除恶专项斗争宣传廊。制作喷绘25块，悬挂宣传牌120块，张贴宣传海报1567张，入户宣传率达到全覆盖。设置举报箱20个，梳理16条线索，对8个乱象进行记录，列出整改清单。7月4日，迎接中央扫黑除恶专项斗争第20督导组组长韩勇检查瓷砖市场和东环批发市场。

【文明城市创建整改】 辖区主干道、背街小巷新增整改创建全国文明城市宣传喷绘1300平方米。组织文明条例学习10次，与党员签订文明行为承诺书500份。12350人参与创建文明城市集中整治，清除乱贴乱画、各类小广告、乱堆乱放96800处。清理车棚73个，乱牵乱挂727处。清运生活垃圾4941.2吨，建筑、装修垃圾594.3吨。配备垃圾分类箱73组，铁皮垃圾箱76个。粉刷160栋楼、136个单元。组织7家市级单位和办事处、社区1800人参加“爱国卫生日”大型集中整治活动10次，清理垃圾50吨，清理乱贴乱画15万处，清理乱堆乱放700车。签订“门前三包”责任书8000份，定制“门前三包”责任牌1300个。消杀206栋楼、1500个下水井及500个垃圾箱。清理沟侧杂草、垃圾35车，关停沿岸加工商户36家。裸露花池和空树坑补种217株绿植，金叶榆绿篱340米。南门广场及周边空树坑、枯死树木修剪补种29株。老旧小区裸露花池补种各类乔木291棵、灌木11231平方米、花卉5364株、草坪16356平方米，小区内硬化109309.04平方米。

【老旧小区改造】 维修10条背街小巷24处。南桥市场综合1号、2号楼小区，清和南街422号，友爱一区，安和园小区，金盾小区，建南小区等6个小区进行2019年老旧小区改造。

【志愿服务】 组建21支志愿服务队，注册登记志愿者5884人。2019年，开展志愿服务活动672次。

【信访工作】 信访实行“七个一”包案化解机制。处理宁夏网上信访综合管理平台信访件25件，办结率100%。受理群众来访28人次，化解群体矛盾突出问题3件。按时核查完成信访局转办中央督导组交办信访件33件。“12345”平台受理1798件，办结1778件，办结率99%。回复政务微博37件，发布原创微博320篇。化解各类矛盾纠纷11起。

【退役军人服务】 辖区退役军人双拥卡完成录入，制卡并发放新卡，完成悬挂光荣牌。

【拆违工作】 聘请工程造价咨询公司测量彩钢房、炉渣砖、砖混结构的违章建筑。6月17日，开始为期38天的拆违工作，出动1700人次拆除瓷砖市场彩钢房、炉渣砖类违章建筑23万平方米。拆除东环批发市场彩钢房类违章建筑100平方米。

【社会救助】 2019年，低保户新增17户，续审75户，停发20户。累计为1130户低保家庭1618人发放低保金87.21万元，其中困难残疾人687户、722人发放残疾人生活津贴14.02万元，发放各类节日补贴1.36万元，价格临时补贴1.67万元。分散特困供养人员、高龄低收入老年人发放津贴3.85万元，节日补贴0.71万元。临时救助11户、2.72万元。3310名残疾人发放两项补贴32.38万元。2660人发放护理补贴21.06万元。650人发放生活补贴11.32万元。18名视力残疾人、30名肢体残疾和精神智力残疾人申请政府购买托养服务。

【计生工作】 2019年，办理一孩准生证144本、二孩准生证84本、三孩准生证2本。办理独生子女证118本。上报新增符合特别扶助政策计划生育家庭8户、14人。上报自治区级失独家庭6户、8人，发放抚慰金8万元。审核2019年度辖区居民独生子女保健费411户、553人、15.805万元。发放2018年独生子女保健费919人、261275元。组织102对育龄夫妇免费孕前优生健康检查，电话随访育龄妇女402人次。

【食品安全】 检查各类食品经营户182家，开展各类食品安全专项检查4次。其中，针对校园周边环境及周边小作坊、小餐馆、食杂店、小饭桌等商户52家，小饭桌34家开展专项整治2次。

【就业创业】 全年采集用工信息247份，介绍用工岗位459人，引导并帮助失业人员再就业175人。办理就业创业证422人。

【社会保障】 申报社保补贴439人、191.37万元。其中，申请养老保险436人，补贴金额159.18万元。申请医疗保险174人，补贴金额32.19万元。追回25名2015年、2016年有工商营业执照但仍然享受社保补贴资金人员11.12万元。2019年，参保办理人数589人，新参保345人。社会保险人员待遇资格认证1257人，参加社会保险人员领取死亡待遇申报80人，参加养老保险人员定期领取待遇资格申报13人，城乡居民社会保险参保登记26人，丧葬费办理登记80人。

【环境保护】 检查沿街商户及小餐饮业散煤267户，全部整改。东环批发市场270户、瓷砖市场304户商户完成“双替代”煤改电整改任务。联合环保局、市场监督管理局、应急办、消防、供电局集中摸排整治，进行散乱污登记117家，实行断电措施83家，暂扣设备6台。90户铝材加工商户搬迁至立达市场，20余户商户关门停业。办结中央生态环境保护督察“回头看”反弹案件2起。大气污染热点督办案件15起。

【综合治理】 执法中队清理整治违章占道经营、店外经营13800起。清理店外音响噪声扰民600家。清理乱堆乱放4000处。取缔马路市场3个，清理违章流动摊点2600个。违章电动三轮车、灯箱广告牌、烧烤炉等工具物证保留5000件。清理主、次干道两侧商户卷帘门小广告38000张。清除玻璃贴字8000平方米，清理对联、条幅、横幅等1700起，拆除悬挂LED灯、侧招500个，拆除破损门头900块。劝导、规范整治餐厨垃圾违规行为1400处。办理犬证230本，抓捕流浪狗150只。处理数字化案件9600件。拆除破旧门头牌匾500余块。

2月18日，中山南街举办元宵节猜灯谜活动

【安和社区】 东起丽景南街，南至景明路，西到红花渠，北到新华东街。面积0.32平方公里。居民小区3个：安和园、安康苑、天都十六区。住宅楼40栋，1个物业管理小区，人口5201户、6423人。社区工作人员12人，其中基层骨干7人、管理员2人、公岗3人。

【康华社区】 东至丽景街，西至红花渠，南至新华东街，北至解放东街。辖区面积0.4平方公里。居民小区4个：康怡园、康华园、雅安公寓、财贸小区（包括财贸平房）。住宅楼52栋，2个物业管理小区，人口3267户、8568人。社区工作人员12人，其中基层骨干7人、管理员3人、公岗2人。

【新宁社区】 东起红花渠，南到新华东街，西至中山南街，北到解放东街。面积0.34平方公里。居民楼58栋，人口3134户、5316人，物业服务中心管理25栋楼。社区工作人员12人，其中基层骨干8人、管理员1人、公岗3人。

【富强社区】 东起红花渠，南到长城东路，西至中山南街（胜利街），北到新华东街。小区楼院有：东胜小区，富强小区（含佑民小区、交通厅家属院、农行家属院），东环南路（含银起家属院、报社平房金泰大厦商住楼），红运新村，建发小区（有物业管理）和商都商住楼。住宅楼共计54栋，2个物业管理小区，人口3109户、5905人。社区工作人员12人，其中基层骨干4人、管理员5人、公岗3人。

【清和社区】 东起清和街，南至宝湖东路，西至胜利街，北至长城路。面积0.43平方公里。有丽锦苑、金茂花园、金茂公寓、友爱一区、机械队、兴发小区、石油家属院、南桥平方、水利小区户、福嘉公寓、桥兴苑、桥兴苑公寓、建南小区，内蒙古23号、25号楼，结合楼、农学院楼、外贸楼、供电局小区、乳品楼、综合楼72户、玫苑一区，南桥1号、2号，玫苑二区、公路局、民航改造楼、供销社楼、裕隆小区、丽苑小区、友爱二区、金茂在建公寓。住宅楼共计129栋，7个物业管理小区，人口5158户、12972人。社区工作人员14人，其中基层骨干8人、管理员3人、公岗3人。

【金南社区】 东至丽景街，南至宝湖路、西至清和南街，北至新生巷。面积0.8平方公里。含金盾小区14栋楼、清沁园小区7栋楼、工商局家属院、武警小区10栋楼、景华苑小区3栋楼、友爱三区7栋楼、水利安装处2栋楼、兴庆二区54栋（自建房）、民乐一队26栋（自建房）、风沟东老干楼3栋楼和南遥平房。居民楼共计127栋，5个物业管理小区，人口4104户、6982人。社区工作人员12人，其中基层骨干6人、管理员4人、公岗2人。

【民乐社区】 东至丽景街，西至清和街、南至风机厂新生巷，北至长城东路（路南）。面积1.2平方公里。含康民花园18栋、亚东小区5栋、红花小区9栋、平房24间、康民西区7栋、昌源小区7栋、民航小区10栋、路桥家属院1栋、公路设计院1栋、民乐五队、民乐六队、兴庆一区，住宅楼共计37栋，4个庄点，3个物业管理小区，人口4189户、8958人。社区工作人员14人，其中基层骨干8人、管理员2人、公岗4人。

（供稿人：马雪琴）

富宁街街道

【概况】 富宁街街道办事处位于宁夏银川市兴庆区西桥南巷70号。范围东起利民街，西至唐徕渠，南起书苑西巷，北至解放西路。面积5.6平方公里。辖自强社区、西关社区、中寺社区、大庙社区、利群社区、南苑社区6个社区，小区和散居楼院115个，其中老旧小区87个。人口1.95万户、3.94万人，党员1188人。辖区有非公企业39家，工商个体网点1300家，单位21个，中小学、幼儿园4所，宗教场所3处（清真中寺、地藏寺、天主教堂），是一个老旧小区多、老年人多、流动人口多、基础设施差的老城区街道。2019年9月6日，富宁街街道办事处分别被自治区爱卫办、银川市食安委命名为自治区级健康单位示范点和食品安全先进街道。

【组织建设】 开展“不忘初心、牢记使命”主题教育，自学与集中学习11期，专题研讨5期，领导班子成员调研7次，形成调研报告。结合“3+X”主题党日、微宣讲等开展各类主题教育70余次。落实“青苗工程”，严格基层党组织书记教育管理，调整不胜任、不称职的基层党组织书记1人。召开党风廉政建设专题会议6次，研究干部作风问题、问责处理等党风廉政建设工作。“三重一大”事项由街道党工委会议集体讨论研究，专项检查、突击察访、随机抽查监督检查。集中整治形式主义官僚主义等“四风”问题，查找建立问题清单、整改清单，明确整改责任人和整改时限，街道公示。

【扫黑除恶专项斗争】 召开专题会议21次，听汇报、找问题、谋部署。兴庆区督导检查指出的问题和中央扫黑除恶第20督导组反馈的问题，建立整改清单，落实整改责任，明确整改时限。专门督导检查各社区工作4次。制作固定宣传大字15处、横幅45条、宣传喷绘10处。辖区单位、物业公司悬挂宣传横幅57条，电子屏宣传85家，小区楼院张贴宣传海报1000余张，管理员入户17000户，发放宣传单17000份。利用微信群推送相关知识10次、组织专题培训3次、应知应会知识测试3次。上报3条线索，办理转办线索2条，办理兴庆区信访局转办中央督导组移交信访件3件，均办结。

【文明城市创建整改】 成立工作小组、督导组，制定实施方案，召开创城工作部署推进会30次，开展各类宣传活动46场次，发放创城宣传宣传资料4700份。开展卫生整治120次，整治小区楼院115个。清理乱堆放、铲除并粉刷700个楼道单元，清理绿化林带1.8万平方米，修剪树木2771棵，裸露空地补植小白榆2万株，清运杂物上千车。清理违章流动摊点500起，暂扣各类经营工具及物证460件，清理小广告乱悬挂等违规行为1.5万起。拆除破损门头170块，劝导、规范整治餐厨垃圾违规行为190处。拆除彩钢房42间，拆除违建面积约2502平方米。处罚辖区内各类违章行为130起，累计处罚金额22520元。取缔铁北巷菜市场，重点打造前进路、铁北巷、宗睦巷示范街巷。

【志愿服务】 落实街（巷）长制度、“门前三包”制度。每周开展一次到两次志愿服务活动。建立以党员干部、道德模范、行业先进、热心居民、志愿者为代表的“富宁街凤凰碑综合宣讲团”等各类志愿团体10余支，累计开展各类志愿服务80余次，参与人数达3000人。辖区注册志愿者3533人，实施志愿服务项目49项，完成志愿服务时长15892小时。“文明你我他”小程序注册人员4211人，发召集令209次，居民随手拍929次。

【和谐社区创建】 自强社区深化“1234文化服务型社区”，巩固“带你看看爹和娘”“我来为你敲敲门”“红色基因辈辈传，争做楼院小小长”特色品牌服务活动，社区秦腔义演全年累计演出40余场次，观众达3000余人。西关社区、利群社区2个服务站建成，覆盖4个社区的日常居民政务服务。5个社区建设儿童之家，为辖区困境儿童及普通儿童提供学习、娱乐活动场地。各社区做到“五室一站”全覆盖，为居民提供党员活动、居民议事、教育培训、综合活动、群团工作、便民服务等，全年为困难家庭、空巢老人和残疾人提供生活照料、医疗保健等服务80次，提供法律援助、就业咨询、文艺演出、全民健身及阅读活动等服务120次。

【老旧小区改造】 2019年，列入老旧小区改造19个项目，其中节能改造项目1个（经贸委小区），投入项目资金1500万元。宗睦巷、铁北巷、前进街北侧人行道、利民街铁路沿线黄土裸露段进行铺设道砖、停车位划线，修补富宁街、宗睦巷沥青路面等。

【计生工作】 2019年，审核上报独生子女费对象为702户、984人，其中新增72人，退出193人。审核上报金额27.73万元。发放“生育服务证”292本。

【健康兴庆】 创建健康促进单位1个、健康促进社区3个、健康场所1个。宣传全民健康教育、控烟、慢性病及艾滋病防治等方面的相关知识，落实监管责任制，全年组织开展保健品、校园周边等食品行业各领域专项整治5次，取缔无证校外就餐点4家、食品加工黑作坊3家。

【垃圾分类】 34个物业小区设置垃圾分类收集点，每月宣传垃圾分类工作，配备专职人员负责垃圾分类收集。无物业老旧小区配备分类垃圾箱，宣传、劝导居民形成垃圾分类习惯。

【社会救助】 2019年，享受低保256户、335人，发放低保金169.24万元。临时救助及大病医疗救助13人，发放金额2.91万元。申请廉租住房140份。投入86万元，为300名重度视力（盲），500名精神、智力和重度肢体残疾人开展居家生活照料和康复服务。

【劳保工作】 政务云养老金资格认证3002人。手机App自助方式养老金资格认证4500余人，其中为行动不便的老年人上门认证200余人。停发去世养老金人员81人，企退人员社会化管理覆盖率100%。企业薪酬调查13户。用人单位遵守劳动用工和社会保险法律法规情况专项检查121户。接待来访劳动人事争议调解2例。用人单位劳动保障监察巡查登记信息121户。

【综合治理】 与辖区单位签订安全生产责任书1200份，1200家单位排查隐患860次，发现隐患34家，均已整改。开展打击传销活动及小作坊、铝合金制作行业等多项专项排查整治行动，排查出的治乱问题建立台账，逐一整治销号。

【信访工作】 2019年，受理“12345”信访督办件389件、宁夏网上信访综合平台信访件10件、银川市政民互动业务办理平台投诉件3件。

【大庙社区】 2000年7月成立。东至富宁南街，南至长城西路，西至凤凰南街，北至新华西街。面积0.6平方公里，人口3118户、8124人。辖23个居民小区楼院，87栋住宅楼。辖区单位6家，非公企业84家，商业网点139家。社区党总支部直管党员147名，1个联合党委、2个党支部、9个党小组。

【利群社区】 地处富宁街东南，东起利民南街，西至富宁南街，北接新华西街，南邻长城东路。面积0.8平方公里，居民小区18个，住宅楼116栋，人口3842户、10626人。辖区行政事业单位3家，商业网点370个。党总支下设3个党支部，党员177名，社区工作者9名。

【南苑社区】 东起利民街，南邻书苑西巷，西至凤凰南街，北起长城路。面积1.2平方公里，人口7827户、10971人，物业公司5家。辖区各类企事业单位4个，机关单位1个，直管党员210人，下设2个党支部，11个党小组。

【西关社区】 位于富宁街西北角，东起凤凰南街，西至唐徕渠，南起长城路，北至解放西街。面积1.05平方公里，人口3138户、7531人。社区直管党员205人，下设2个党支部，“两新”组织1个。辖区内有财政厅、地方税务局、司法厅等9家驻区单位，个体商户230家。

【中寺社区】 西起富宁街，东至利民街，南邻利群街，北接解放街。面积0.85平方公里，居民楼81栋，人口3756户、10932人，是一个老旧小区集中、商业网点集聚、人口流动频繁、少数民族会聚、宗教场所居多的社区。辖区单位4家，小学2所（兴庆区回民三小、十六小），幼儿园1所（宗睦幼儿园）。宾馆2家，银行2家，KTV娱乐场所3家，宗教场所3处。直管党员161人，下设2个党支部，8个党小组。

【自强社区】 位于凤凰碑东南角，东起富宁街，西至凤凰南街，南起新华西街，北至解放西街。面积0.4平方公里，居民楼72栋，人口3151户、5252人。辖区科级以上单位3个，各类有偿服务网点248家，非公有制经济企业35家。志愿服务团队11支，注册志愿者750名，累计开展各类志愿服务60次。社区党委直管党员184名，联合党委1个、党支部3个、党小组8个。楼院居民自治委员会1个。

（供稿人：张皓芝）

玉皇阁北街街道

【概况】 玉皇阁北街街道东起丽景北街，西至中山北街，南起解放东街，北至上海东路。面积5.8平方公里。街辖北关、永康、高台寺3个社区服务站。居民小区128个，其中91个为老旧小区。有物业小区64个，无物业老旧小区64个（部分居民自管，其余社区代管）。人口7.2万人。街道班子成员6名，干部职工40余名，设有基层党建办公室、综合协调办公室、公共服务办公室、基层治理办公室、民生服务中心。街道党工委直管6个社区党委，34个党支部，其中非公企业党支部12个，党员1100人。2019年，设置基层党建、综合协调、公共服务、基层治理和民生服务管理“四办一中心”，成立6个社区党委，6个社区联合党委和3个社区服务站。打造北关社区党委“先锋广场”，八一社区“红色八一军地融合”党建项目，高台寺社区法治文化广场，成立“法润东方——社区公共法律服务工作室”。1月，街道司法所被司法部授予“全国先进司法所”称号。3月，被自治区授予全区“七五”普法中期先进集体。

【组织建设】 推进“学习型”党组织建设，开展130余次学习和研讨，参加学习的党员群众达5300人次。辖区各级党组织每月开展“3+X”支部主题党日活动，街道党工委召开民主生活会1次，6个社区党委及机关党支部召开组织生活会和民主评议党员会议2次。梳理自查近5年来发展党员资料，新入党53名党员中未发现违纪行为。开展社区“两委”补选工作，6个社区补选17名优秀人才担任社区“两委”班子成员。选派16名非公企业党建指导员，指导95家非公企业实现党建工作全覆盖。集中培训各社区党务专干及党支部书记6次。

【老旧小区改造】 2019年，19个老旧小区配套基础设施建设项目改造，1个老旧小区实施既有居住建筑节能改造项目，改造面积88238平方米，受益户数2505户。维修业兴巷、银河巷、观景巷、益民巷4条背街小巷。粉刷老旧小区404栋，更换破损宣传信息栏38块，制作新的宣传信息栏10块，更换老旧小区玻璃377块。21个老旧小区、楼院引入7家物业公司。

【文明城市创建整改】 创城工作开展以来，执法中队完成数字化案件8000条。查处各类占道经营4000起、店外经营5000起、乱堆乱放3000起。暂扣违规占道经营的三轮车150辆。暂扣各种经营工具、物品250件。拆除主要街巷违规门头牌匾、楼顶大字、侧招、灯箱270个。清理卷闸门小广告30000个。抓捕流浪犬150只，办理犬证130本，专项宣传文明养犬活动4次，发放文明养犬宣传资料600份，处理犬只投诉70件。清理餐厨桶无序摆放900起，扣缴餐厨桶50个。清理乱张贴800起，扣缴违规悬挂条幅100条。处理违建、家禽等各类投诉150起，上缴财政各类处罚罚款18000元。2019年4月，街道执法中队与交警联合执法，查处违停机动车290辆，清理违停车辆110辆，清理辖区僵尸车7辆。处理其他占道经营物品20起，处理其他类投诉100起。辖区主要街巷施划机动车停车位558个，非机动车位80个，湖滨东街安装U型防撞管193根、隔离柱30根，解决停车不规范问题。

【工会工作】 2019年，净增工会组织6个，净增会员674人。全年举办各类培训班8期，累计培训职工500余人。开展“两节”送温暖慰问活动，救助困难职工10人，发放救助资金1.06万元，为辖区一线职工（农民工）、工会会员217人送去价值4.86万元的米、面、油及春联。夏季“送清凉”帮扶困难职工2名，救助资金0.14万元。2019年，购买图书500余册，打造职工之家、职工书屋各3个，“农民工图书角”1个、“流动图书漂流驿站”2个。

【团委工作】 上半年登记辖区共青团员，录入智慧团建586人，做好智慧团建“学社衔接”团支部创建和团组织关系转接工作。街道团工委获银川市五四红旗团工委荣誉称号。2019年“希望工程圆梦行动”捐资助学中，为辖区8名贫困大学生争取到各类助学金，动员非公企业及办事处全体干部职工捐献助学资金7150元。

【妇女工作】 免费为19位单亲母亲做“两癌”筛查体检，推荐文明家庭2户、民族团结模范家庭1户，做好妇联工作的宣传。开展“爱润万家”家庭教育进社区主题宣讲5次。2019年，街道被评为自治区巾帼建功先进集体，八一社区被评为银川市巾帼文明岗。

【扫黑除恶专项斗争】 辖区重点街巷、小区制作扫黑除恶宣传墙面20个，印制扫黑除恶宣传彩页6000份。开展宣传活动40次，悬挂横幅30条，发放宣传资料及宣传品15000份，利用显示屏滚动播放标语口号800条。投入资金7万元，推进扫黑除恶专项斗争工作走向深入。召开房东租户联席会，普及法律法规及登记管理培训，落实租客登记制度。接到信访局转办中央扫黑除恶第20督导组移交信件15件，结案14件。

【信访工作】 督导各社区及各业务口落实信访调解工作，处理“12345”政府为民督办平台各类案件320件。

【安全生产】 与辖区重点单位、商业网点签订安全生产责任书3126家，签订率达100%。发放安全生产调查问卷120份。组织“舌尖护卫队”志愿者队伍，联合兴庆区食安办及市场监督管理局集中整治50多名流动摊贩，消除食品安全隐患。2019年9—10月，督查28户小饭桌。

【社会保障】 2019年，街道城镇居民医疗保险缴费人员14376人，完成全年缴费人数的99.3%。接收企业退休人员5962人，完成退休认证1413人次。144户、202名低保人员累计发放低保金105.75万元，4名高龄老人发放高龄津贴2.51万元。2名特困供养人员累计发放特困供养金1.5万元，临时救助13人、4.17万元。发放各类慰问金5.7万元，办理低收入困难家庭住房保障54户。

【社区阵地建设】 八一社区争取1000余平方米的阵地，预计2020年投入使用。街道举办社区干部的各类专题培训班3次，100人次参加。开展社区“两委”成员补选工作，补选出社区主任2人、副主任5人、委员10人。

【退役军人服务】 成立6个社区退役军人服务站，全年采集各类退役军人及遗属信息；完成悬挂光荣牌。发放双拥卡，走访慰问退役军人，发放慰问金1.86万元。

【扶贫帮扶】 2018年7月，兴庆区扶贫办给玉皇阁北街下发的需帮扶对象107户，街道帮扶责任人25人。因人员工作变动等原因，帮扶对象为84户，帮扶责任人20人。截至2019年，已脱贫不享受政策扶持的14户，未脱贫及脱贫享受政策的70户。

【计生工作】 2019年，辖区已婚育龄妇女8555人，死亡138人，出生316人。其中，一孩156人、二孩146人、多孩14人。

【就业创业】 2019年，街道市民服务中心办理就业创业证465件。调查和系统录入102名应届高校毕业生，实现就业45人。483人申报灵活就业补贴。337名就业援助对象安置公益性岗位。走访登记辖区内3人以上用工单位，录入系统508家。

【武装工作】 2019年，悬挂横幅、播放征兵宣传标语200余次，确定预征对象，其中多人入伍，完成征兵工作。

【统计工作】 2019年是全国第四次经济普查年，抽调经济普查调查员28人，登记法人单位及产业单位929家、个体户2668家。

【拆违搬迁】 开展北环市场整治及搬迁，拆违8000平方米。2019年8月，完成北桥市场取缔工作。联合相关执法单位日常巡查违章占道经营、超线经营现象，查处违法行为，暂扣占道经营车辆6辆。拆除北环批发市场、北桥巷市场、广实巷、北环停车场、高台社区、永固自建楼等地违章建筑45000平方米。拆除北环市场西北区域、调料区，中央大道等区域的各类违章建筑5000平方米。拆除银河家园多家二楼平台的违章搭建，彩钢房5处。拆除辖区蔬菜棚亭，早餐亭、违规的报刊亭10处。拆除楼顶鸽舍6户。协助社区拆除老旧小区车棚，私搭乱建20处。拆除清和街（路东侧）临街二楼搭建阳台10户。

【“散乱污”整治】 2019年，开展整治“散乱污”行动6次，暂扣各类经营工具30个。下发责令整改通知书80份，搬离8家、转型5家，商铺出租10家、停业关门30家、规范经营近30家。集中整治辖区烧烤夜市集中区域8次，下发责令改正通知书40份，督促整改商户40家，暂扣桌椅130个，暂扣烧烤炉5个。高台5队、12队的烧烤夜市，店外经营整治、督促整改商户20家。

【环境整治】 销号整改卫生脏点难点，登记卫生脏点306处，全面整改。全年清理小区内的乱堆乱放980车，乱贴乱画85000条，清理小区内共享单车850次。清理小区单元楼道内墙壁老旧报箱467个，维修街巷及小区下水井盖和雨水箅子52处，修补破损路面36处。维修北京路段红花渠周105米长，约260平方米，拆除红花渠高台12队段的渠面破损预制板4块，全面清理渠底垃圾。2019年，改造完成的15个老旧小区配备144个分类垃圾箱，老旧小区307个旧垃圾箱按分类垃圾箱要求重新喷漆翻新。

动用挖掘机60小时，农用车123车次，清运各类垃圾2320吨，覆盖黄土8180平方米，动用人工1160人次。高台5队、12队14条道路清扫保洁工作移交给兴庆区环境卫生服务中心。累计与辖区商户签订门前“三包”责任书签订4500余份，345栋老旧小区分两次消杀蚊蝇，累计发放灭蟑胶饵3000支、杀鼠剂65公斤、灭蚊蝇可湿性粉剂350袋。

【散煤双替代工作】 青山社区的满春自建楼、掌政自建楼、永固自建楼和青山家园平房纳入华电集中供暖，全年改造115户、面积14975.91平方米。2018年，散煤双替代改造入户验收295户。

【绿化工作】 中苑小区、青山家园、文教小区和奥丰苑绿化补植，绿化面积6400平方米。补植小白榆、榆叶梅和丁香树累计37000余棵。补植美食城树木40棵。摆放各种鲜花5000余盆。

【物业工作】 辖区内老旧小区引进物业管理或代管，年内新引进7家物业公司，服务21个老旧小区。解放东街23号院、银河二区、青山“三合一”小区均作为“美丽楼院”亮点典型被多个媒体宣传报道。

【房屋机构监管】 加大辖区房屋机构监管督查，不配合的机构“黑榜”公示3次，房屋租赁登记备案16个。

【垃圾分类】 开展垃圾分类活动80余次，无物业小区配置分类垃圾桶144个，有物业管理小区督促物业公司自行配置分类垃圾桶230个，创建垃圾分类示范小区4个。2019年，协助清雅园、宁芳花园、积翠园、银河一区项目申报专项维修资金，金额5.75万元。

【北关社区】 1980年7月成立，位于中山北街金桥雅居院内。东至清和北街，西至中山北街，南至北京东路，北至上海东路。面积0.62平方公里。居民楼55栋，北兴巷平房75户，人口3084户、6703人，60岁以上老年人354人，育龄妇女1080人，残疾人180人，低保家庭37户、49人。党委直管党员186名。企事业单位6个，商业网点294个。社区基层骨干7人，管理员3人。社区服务阵地890平方米。

【八一社区】 位于北京东路尚东帝景花园院内。东至丽景街，南至北京路，西至红花渠，北至上海路。面积1.2平方公里。居民小区5个，住宅楼62栋，人口5029户、11577人。直管党员113名，社区工作者10人。其中，社区“两委”成员7人，管理员3人。社区有“一站式”综合办公场所50平方米，综合文化活动场所491平方米，社区卫生服务站320平方米。营业网点300多家，便民志愿服务队伍6支，注册志愿者1076人，党小组7个，引进自筹社会组织10个。社区党委下设3个支部，非公支部2家。2019年，先后获自治区学雷锋志愿服务“四个十佳”先进典型“最美志愿服务社区”、银川市优秀志愿服务社区等7项荣誉称号。

【青山社区】 位于北京东路539号。东至红花渠以西，南至北京东路（539号~561号），西至清和北街（359号~627号），北至上海东路（857号~896号）。面积0.62平方公里。居民小区17个，有物业2个，业委会1个，社区自管14个（其中3处自建楼），住宅楼137栋，人口3096户、7275人。辖区企事业单位2个，商业网点243个。社区党委直管党员173名，下设4个党支部，社会组织8家，志愿者队伍5支，注册志愿者838人。社区服务场所600平方米。

【永康社区】 位于清和北街208号。东起清和北街，西至中山北街，南起解放东街，北至北京东路。面积1.26平方公里。居民小区42个，人口4389户、11000余人。社区党委下设4个党支部，直管党员198人，联合党委成员单位5家，商业网点941个。

【高台寺社区】 位于北京东路728号、744号，银川美食城内。东至丽景街，南至解放街，西至红花渠，北至北京路。面积1.3平方公

2019年4月11日，高台寺社区因地制宜创新工作思路上报打造法治广场

里。辖12个居民小区和2个队（高台五队和十二队），88栋居民楼和118栋自建楼。人口8191户、23512人，商业网点623家。社区直管党员162名，下设4个党支部，联合党委6家，老年人1080人，社会组织10支，注册志愿者人数1024人。社区工作人员9人，管理员2人，公益性岗位4人。2019年10月，被评为“银川市民族团结进步创建示范单位”、三星级基层服务型党组织、三星级和谐社区。

【东方社区】 东起红花渠，西至清河北街，南起解放东街，北至北京东路。面积0.8平方公里。居民小区23个，住宅楼88栋，无物业小区10个，人口4289户、10665人。社区内企事业单位5个，非公企业及商户500家。直管党员150人，下设3个党支部，6个党小组。志愿者服务队11支、1400余人。社区工作人员10人，阵地面积590平方米。

（供稿人：柴青丽）

新华街街道

【概况】 新华街街道办事处东起中山南街——胜利街，西至民族南街，北起解放东街，南至宝湖路。面积5.59平方公里。街道地处“新华商圈”核心区。辖宝庆、富华、双城门、鼓楼、永安、裕民、长信、正丰等8个社区居委会，居民小区128个，住宅楼428栋，人口2.63万户、5.99万人，有物业小区36个、246栋楼，自管老旧小区92个、182栋楼。街道机关设有基层党建办公室、综合协调办公室、公共服务办公室、基层治理办公室、民生服务管理中心、综合执法中队、司法所、绿荫工作室等8个站办所，职工90人。其中，公务员9人，办事处7人，司法所2人。事业编制16人，办事处10人，城管中队6人。政府聘用人员31人。其中，办事处8人、绿荫工作室5人、城管中队18人。公岗30人。民政局入户调查员1人。“三支一扶”大学生2人，西部计划大学生1人。社区工作人员74人。其中，基层骨干63人、管理员11人。辖区行政事业单位65个、国有企业9个、非公企业1290个、个体经营户13089个。

【组织建设】 开展“新时代市民讲习所”主题教育48次。补选9名社区党总支委员、39名社区居委会委员，选优配齐3名社区服务站工作人员。争取为民服务和发展专项资金7个、110万元，争取兴庆区党建创新项目2个、4万元。整顿2019年软弱涣散党组织长信社区党总支，成立整顿工作领导小组。2019年，召开2次商圈大党委联席会议，征集商圈企业代表意见建议11条，招募商圈企业开展志愿服务活动。开展庆七一“颂歌献给党永远跟党走”暨“争先锋创文明”评选表彰活动，评选表彰新华商圈优秀志愿者、优秀共产党员、最美劳动者和红色物业人35人。率先成立兴庆区首个街道层面非公经济组织和社会组织党委，筛选储备年轻后备干部50人。打造富华社区“12580”、宝庆社区“34567”、双城门社区“四个双城门”、永安社区“一心一格四园”、正丰社区“四个家园”、鼓楼社区“五心社区”、裕民社区“帮帮团”、长信社区“1233”党建工作机制，形成一支部一特色、一支部一品牌局面。

【工青妇工作】 开展“庆三八”“五四青年节”等9次职工活动。开展各类职工素质教育培训班7期，培训职工350余人。举办女职工沙龙4期。新组建党支部4家，工会、共青团组织7家，培养确定入党积极分子13名，重点发展对象5名。慰问困难党员13人。慰问困难职工和儿童40人。打造职工之家3个。

【扫黑除恶专项斗争】 成立扫黑除恶专项斗争工作领导小组。2019年，召开扫黑除恶专项斗争工作专题会议14次，利用支部主题党日活动进行扫黑除恶专项斗争宣讲25次。步行街、宁园等人流密集场所开展集中宣传活动80次，发放宣传彩页7000册，制作大型、小型展板喷绘和广告牌275块。“两微一端”等自媒体平台发布宣传信息60篇。聚焦辖区商城、校园、娱乐场所等开展工作，联合新华街派出所、禁毒、司法等部门共同开展寻找线索工作。利用辖区“‘3860’矛盾纠纷突击队”等志愿者队伍，动员群众举报涉黑涉恶线索，上报涉黑涉恶相关线索9条，兴庆区扫黑办转办街道8条均办结。辖区学校，民办教育培训机构，餐饮行业重点企业、行业、领域等开展扫黑除恶专项斗争专题培训13次。

【老旧小区改造】 改造老旧小区基础设施，惠及居民559户、1.83万平方米。人大议案富华社区景观街5000平方米的地面铺砖硬化。铺设更换道牙砖及路面硬化2300平方米，维修更换下水井240套，树框176个，台阶350处、2200米。更换盲道450米。

【文明城市创建整改】 成立全国文明城市创建整改工作领导小组，制定实施方案、责任清单及销号清单。街道干部职工实行“周二、周五下午”下社区制度，建立街巷片长制度，6家包街单位48名干部职工参与其中，创城工作具体责任到人。整治卫生脏点，建立整治台账32处。动员辖区1.5万人参与整治。重点解决92个无物业老旧小区脏乱问题，累计清理各类垃圾600吨。粉刷无物业老旧小区的640个单元6.54万平方米楼道小广告。规划非机动车停车区域240处、无物业老旧小区80个垃圾箱喷漆喷字，并重新配置分类垃圾箱132对。协调绿化部门治理红花渠旁以及南塘公园西侧裸露空地，补绿1000平方米，硬化200平方米，修剪6500棵树木，补植乔木、灌木3260棵，整治草坪约4.9万平方米。2019年，制作各类公益广告宣传栏190个、喷绘展板324块，播放宣传标语电子屏200条，发放宣传册8000份，新增、更换公益广告宣传展板182块。打造一条街巷——仁义巷，一面墙——双城门文化墙，一个小区——永兴家园，一个社区——富华社区，提升街道创建全国文明城市工作水平。

【社会保障】 2019年，办理居民医保缴费9736人，其中新生儿参保缴费289人。“40、50”灵活就业人员申报2018年灵活就业社保补贴299人，补贴金额134.23万元。招聘安置公益性岗位人员11人。社会保障服务窗口新接收退休人员108人，转移人员6人，接待各种事项咨询服务2000余件，受理丧葬费办理材料66人，纳入社会化管理人员4189人。认证企业退休人员2898人，认证统筹城乡居民32人，协助异地认证5人，办理城乡居民养老保险参保人数18人。累计为低保户817户、1142人，发放低保金60.39万元。特困供养1人，发放金0.083万元。享受高龄老人津贴人数累计31人，发放津贴1.41万元。医疗救助累计救助10人次。“救急难”救助4人次，发放救助金0.9万元。受理低保户数15户、19人次、登记困难群体41个家庭。12位符合条件老年人申请政府购买服务。

【退役军人服务】 采集退役军人信息，包括退役军人、伤残军人、烈士遗属信息。完成异地信息采集。

【健康兴庆】 上半年召开卫生健康领导小组专题会议、管理员卫生健康工作会议6次。发放公共卫生、健康教育等宣传单2000份。举办卫生健康知识培训班3期，集中宣传活动、街头咨询服务宣传12次，发放各种宣传品2000份，计生药具600份。调整慢性病综合防控工作领导小组，开展慢性病防控知识宣传、义诊各3次。重点慢性病及其高危人群采取综合防治措施，受益居民达500人。

【综合治理】 综治中心联合辖区派出所，组织党员及热心群众，成立“3860”矛盾纠纷排查突击队，强化辖区社会治理力量。2019年，排查录入各类矛盾纠纷1100件，化解率达100%。接收办理“12345”市民热线投诉1272件，办结率100%。办理网上信访平台群众来信来访督办件13件，化解率100%。

【安全生产】 组织民兵应急分队消防安全应急演练。落实消防安全培训“七进”活动，联合辖区单位、物业公司开展消防演练活动10次参培人员560人。辖区企业、五小场所签订“2019年安全生产责任书”3061份，更换负责人新开业的店铺签订责任书为64份。建筑施工工地负责人签订责任书5份，签订率达99%。检查辖区教育培训机构55处，关停要求整改无办学许可证、消防设施不过关的34家。5户违章建筑户责令停工或自行拆除，总面积达2000平方米。

【兵役登记】 2019年，街道兵役登记适龄青年，完成应征报名工作。

【宝庆社区】 南起宝湖东路，北至红花渠，西起红花渠，东邻胜利街。面积1.1平方公里。居民小区11个，人口3327户、8806人。社区党委1个，支部2个，党委成员7人，直管党员131名。各类社会团体组织10个，志愿者队伍8支、605人。辖区单位2个，非公企业4家，个体工商户213户。联合党委成员单位12个，社区基层骨干7人，“两委”班子7人，公益岗位人员3名。活动阵地面积551平方米。

【富华社区】 2003年成立。东起民族街，西至红花渠，南起宝湖路，北到富华巷。面积0.6平方公里。居民楼76栋，人口5043户、10000人。社区直管党员133人，下设3个党支部，党小组7个。物业公司5家。社区阵地面积1174.81平方米。辖区机关企事业单位14个，商业网点554个。

【鼓楼社区】 2000年7月成立。位于兴庆区商业最繁华最集中地段，居民小区33个，住宅楼56栋，人口3062户，面积0.6平方公里，无物业老旧小区占90%。社区直管党员106名，党支部2个，党小组6个，联合党委单位14家，志愿队伍10家。社区失独困难家庭（自治区级）13户、17人，办理低保家庭10户、11人，残疾人77人，商户3120户。

【双城门社区】 2003年成立。东起胜利街，西至玉皇阁南街，南起南塘巷，北至南薰路。面积0.45平方公里。住宅楼35栋，人口3081户、7700余人，残疾人87名，60岁以上老人399名，低保户17户、24人，志愿者队伍7支、756人。社区工作人员10人。其中，基层骨干7人、管理员2人、公益性岗位工作人员2人。社会助理工作师2人，直管党员70名。联合党委成员单位4家，下设7个党小组。辖区商业楼1栋，企事业单位2家，非公企业11家。

【永安社区】 2003年成立。东起玉皇阁南街，西至永安巷。北起利群东街，南至南塘巷。面积0.59平方公里。住宅楼59栋、203单元。人口2432户、5518人。社区退管人员892名，独生子女家庭73户、94人，特别扶助家庭9户、16人，低保29户、37人，残疾人144人，注册志愿者600人。社区办公用房面积130平方米，工作人员11名，直管党员127人。辖区有限公司52家，个体商业网点1215家。

【裕民社区】 2015年8月7日成立。位于泽民巷1号，西至玉皇阁南街，东至中山南街，南至南薰路，北至解放街。面积0.4平方公里。居民小区17个，住宅楼36栋。人口1287户、2708人，流动人口1731户、4418人，其中60岁以上人口447人。社区阵地550平方米，直管党员70人，退管人员458名，低保户16户、21人，残疾人74人。辖区非公企业党组织6家，自治区级文明单位2家，个体商业网点726家。

【长信社区】 东起永安南巷，西至民族南街，南至富华巷路，北至南塘巷。面积0.35平方公里。居民小区4个，住宅楼29栋，人口1908户、5210人，另有两个新小区建设中。社区工作人员8人，其中基层骨干7人、管理员1人。党支部1个，直管党员86人。

【正丰社区】 2003年10月成立。东起市场巷、永安巷，西至民族南街，南到南塘巷，北至利群东街。面积1.5平方公里。居民小区24个，住宅楼72栋，人口4421户、7425人。办公面积45平方米，青少年活动室、阅览室等场地165平方米。直管党员188人，志愿者队伍10支、698人。

（供稿人：郭琳）

文化街街道

【概况】 位于兴庆区玉皇阁北街银河巷25号，东起中山北街，西至民族北街，南起解放东街，北至上海东路。面积约3.1平方公里。辖山河湾、丰收、幸福、信义、游乐、天成6个社区，居民小区92个。人口2.1万户、5.2万人，直管党员1313名。2019年，街道累计完成招商引资300万元，投入140万元打造鼓楼尚街美食一条街，提供就业岗位400个。

【组织建设】 学习贯彻习近平新时代中国特色社会主义思想，开展集中学习、心得交流、送学上门、知识测试、革命歌曲比赛“五个一”活动，夯实理论根基。领导班子开展专题调研，下基层“面对面”征求意见建议18条。制定《文化街2019年整顿软弱涣散基层党组织实施方案》、整顿清单、自查自纠清单。选优配强社区“两委”班子成员，完成社区“两委”补选，指导辖区2家非公经济组织组建党支部。创新“共建共育”的基层党性教育培训新模式，建设社区党校、职工夜校、市民讲习所三位一体学习教育平台。申请党建项目经费8万元。申报为民服务和发展专项资金项目4个，计划资金77万元，推进更换玻璃、楼道照明项目建设，完成4个小区40栋楼的更换工作。对接自治区工业和信息化厅，签订共建共用协议，协调解决一处面积约600平方米的山河湾社区党建活动阵地。

【扫黑除恶专项斗争】 召开16次党工委会议、20次扫黑除恶专项斗争学习会、工作推进会，成立中央扫黑除恶督导反馈问题整改工作领导小组。各小区、楼院、沿街醒目位置张贴宣传喷绘、滚动播放LED电子屏等开展宣传动员，滚动电子屏75处、张贴扫黑除恶专项斗争宣传喷绘103处，道旗50个。设立扫黑除恶线索举报箱7个，登记涉黑涉恶问题线索13条，研判上报2条，转办街道的涉黑涉恶信访线索10件均办结。

【文明城市创建整改】 辖区主要路段设置大型创城宣传画和宣传标语，制作公益广告240处、15000平方米，新增机动车泊位400个。

【老旧小区改造】 投入700万元维修改造11个老旧小区，投入113万元维修11条街巷道路。游乐社区争取各类资金660万元，维修路面、墙面等基础设施，引进物业投入30万元共管共治。银河巷、民族北街、北京路和中山北街沿线打造创城宣传氛围墙，打造示范社区5个。改造信义市场1800平方米基础设施，引进物业。配合完成天成小区、银河巷37号院、法院家属院招标工程。

【北桥巷市场取缔商户安置】 引入第三方宁夏嘉汇聚市场管理有限公司投资100万元，建设北安菜市场，规划摊铺42个，妥善处置中山北街北桥巷市场取缔后商户安置问题。

【安全生产】 落实“党政同责、一岗双责”，社区活动中心、宁园广场开展安全生产现场宣传4次，累计发放资料700份。开展消防安全知识培训和应急演练8场次。联合相关部门安全检查物业公司、学校周边小卖部、饭店等140次，累计检查单位300家。

【社会救助】 2019年，发放城市最低生活保障金14.68万元、医疗救助8.03万元、高龄低收入老年人生活津贴4.15万元。元旦、春节期间，协调筹集慰问金、慰问物资价值12万元，慰问辖区贫困户307人。

【退役军人服务】 2019年，完成退伍军人登记及信息采集，悬挂光荣牌。发放双拥卡。进行信息登记，完成退役军人来访登记。

【天成社区】 位于兴庆区上海东路746号，2000年3月成立。面积0.6平方公里，居民小区13个，住宅楼74栋。人口3619户、8513人。有物业管理的小区11个，无物业管理的小区2个。社区商业网点128个，非公企业35家，辖区企事业单位8个。社区党委下设2个党支部，直管党员266人。

【游乐社区】 位于北寺巷青峰园东区43–1号营业房，1998年成立。面积0.58平方公里，居民小区11个，住宅楼89栋。人口4346户、13014人，流动人口289人，离退休人员902人，育龄妇女1604人，残疾人101人。低保户7户，商业网点323家。游乐社区党总委下设党支部2个，直管党员204人，非公企业党支部5个，志愿者队伍11支。社区办公及活动阵地763.44平方米，工作人员12人。

【山河湾社区】 位于文化东街118号，2006年9月成立。东起玉皇阁北街，西至民族北街及沿文化街至文湖巷，南起解放街，北至湖滨街。面积0.3平方公里。居民小区13个，住宅楼88栋。人口3200户、8256人，流动人口1056人。

【幸福社区】 位于回春巷39号，2000年成立。面积约0.50平方公里。居民小区7个，散居楼19个。人口3727户、8402人。有物业小区4个，无物业小区2个。辖区事业单位3个，非公企业69家，社区党委下设2个党支部，直管党员183人。

【丰收社区】 2000年成立，面积0.41平方公里。居民小区9个，住宅楼93栋，散居楼67栋。人口3580户、7779人。辖区企事业单位5家、非公有制经济组织5家，商业网点305家，志愿者队伍12支。

【信义社区】 位于文化街151号，1985年成立。面积0.52平方公里。居民楼59栋，小区楼院21个。人口3052户、6525人。信义社区党委下设2个支部，直管党员134人，非公企业党支部4个。

（供稿人：吕秉义）

丽景街街道

【概况】 丽景街街道办事处是涉农街道办事处，前身为原郊区满春乡人民政府，2003年三区划界调整，调整为兴庆区满春乡人民政府，同年更名为兴庆区丽景街街道办事处。2015年7月，兴庆区街道、社区新的区划调整后，东至友爱路，南至上海路，西至凤凰北街，北与贺兰县交界。面积17.6平方公里。办事处位于银川市兴庆区上海东路杞福巷（办税服务厅北厅东侧）。辖八里桥、兰溪、双庄、景太、景墨、雅苑、银虹、泰和、庆春、满春、春城、观湖12个社区，满春村、双庄村、八里桥村3个建制村。居民小区87个。人口5.76万户、12.45万人，党员2204人。街道干部职工212人，其中行政编制公务员10人、事业编制13人、非在编人员149人（含政府聘用人员及社区工作人员）、“三支一扶”和大学生志愿者2人、公岗38人。2019年，培育壮大街道社会组织队伍，8个社会组织申报公益性创投项目。

【组织建设】 召开党建专题会议8次，开展整顿软弱涣散党组织“回头看”3次、督查4次。开展中心组学习13次，干部理论学习10次，各类学习会共100场次，主题微宣讲144次，受教育群众4000名。2019年，围绕党员教育管理、深化社会治理、联系服务群众3条主线，街道规范建成近2000平方米党群活动服务中心，开展重温入党誓词、红色教育10次。庆春社区打造“宜居生活、乐在庆春”党建品牌。满春社区打造“满园春色”社区治理服务品牌。银虹社区打造“党建微家”，开展“微学习、微服务、微承诺、微议事、微家风、微舞台”六微活动。制定“丽景街党工委2019年落实党风廉政建设工作目标管理责任书”及党风廉政建设承诺书，签订目标责任书43份，廉政承诺书79份，制定整改措施22条，形式主义、官僚主义问题清单11条并制定整改措施27条。召开党风廉政建设会议23次，开展专题警示教育5次，报送纪检信息40条。

【信息工作】 修改完善《丽景街办事处信息工作考核暂行办法》。2019年，上报各类活动信息529篇，党办约稿综合信息35篇，区级、市级媒体上稿49篇，“兴庆信息”4篇、“美丽兴庆”257篇、“兴庆先锋”22篇。

【志愿服务】 吸纳9家文明单位成立街道联合志愿服务队，组织志愿者开展服务活动600次。

【老旧小区改造】 争取资金213万元实施新灵小区、景墨家园A区、雅和苑小区、裕丰巷及杞福巷5项维修及道路改造工程。累计投入100万元改造辖区裸露空地、背街小巷。阳光巷汽修厂3号家属院改造维修工程，列入第一批老旧小区改造项目，项目于2019年5月开工，改造面积2000平方米，工程预算价28.81万元，已完工。

【信访工作】 2019年，街道办接收来访433次、700余人，处理市民热线“12345”督办件1538件，市长信箱43件，微博投诉57件。及时协调解决化解矛盾纠纷60起，答复意见书30份。化解信访案件80件，协调解决物业小区矛盾纠纷60起。

【社会治理】 登记扫黑除恶线索15条，核查15条，核查率100%。线索核查去重后12条，街道直接办理10条，移交银川市扫黑办1条，移交兴庆区扫黑办1条（已办理完毕），总计办结11条。开展集中整治行动40余次，办理市容乱象投诉件67件。普法宣传20次，累计悬挂横幅20条、发放宣传资料2000份。对在册吸毒人员进行戒毒建档管理。

【安全生产】 分别与辖区企业单位签订安全生产责任书3500余份，发放宣传材料834份，悬挂宣传画12套。全年组织20次联合执法，参检人员100人，检查生产经营消防重点单位100家，整改安全隐患20项。

【环境保护】 组织机关干部、社区工作者、志愿者等500人次参与大气污染防治工作中，辖区内燃煤锅炉、燃煤炉灶、烧烤炉等进行“回头看”，没收低质燃煤30余袋，小煤炉10个，拆除烟管9户。自查自改2018年中央环保督办件和中央第二环保督察组转办的投诉件39件。其中，重点转办件2件、舆情1件。39件转办件中，32件无反弹现象，1件有反弹现象，停业、搬迁等6件，已全部整改。

【食品安全】 检查辖区马路市场食品安全，检查商户150余户。联合市场监管局取缔3家小黑作坊。检查30余家托幼机构食品安全。集中开展整治“保健”市场乱象百日行动，检查辖区25家经营药品的商户，规范经营。

【环境整治】 累计投入100万元改造辖区裸露空地、背街小巷。综合整治满春小康村、春晖巷等4处裸露空地和无主堆土，整治面积12000平方米，堆土6000平方米。砌筑围墙150米。集中清理无物业老旧小区，整治乱停乱放车辆约1200辆，铲除小广告2000处，签订门前三包责任书约4103份。开展执法大巡查，整治乱贴乱画、占道与店外经营5000余处，开处罚单200份、罚款0.4万元。

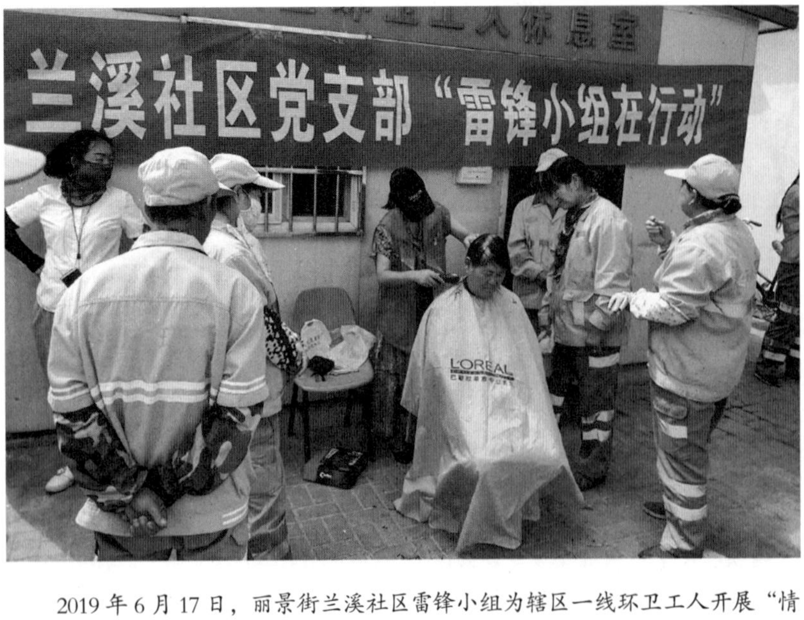

2019年6月17日，丽景街兰溪社区雷锋小组为辖区一线环卫工人开展“情暖社区，爱心义剪”活动，图为兰溪社区党支部“雷锋小组在行动”现场

【计生工作】 办理一孩生育证692本、二孩生育证747本、三孩生育审批证43本、独生子女证179本。2019年，丽景街申请独生子女费人员1273户、1890人，金额54.54万元。

【社会救助】 2019年，申请“特殊困难家庭”享受特别扶助人员51户、84人，金额71.52万元。其中，“伤残”家庭24户、38人，金额27.36万元。“失独”家庭27户、46人，金额44.16万元。享受宁夏“失独家庭”一次性补助4户、7人，金额7万元。享受银川市计划生育家庭“利益导向”抚慰金9户、15人，金额20.31万元。累计发放139户、190名低保户低保金100.02万元，各类补贴26.94万元。低保复审108户，新增26户、37人，停发6户、8人，入户随访150户。发放城市低保对象中重度残疾人生活津贴96户、105人，金额20.11万元。审核上报廉租住房、公共租赁住房43户。发放重点优抚对象慰问金及各类补助定补金9.64万元，高龄低收入老人生活津贴4户、5人、2.62万元。

【社会保障】 办理统筹城乡居民养老保险参保103人。城镇居民基本医疗保险参保605人，新生儿落地参保744人。特困人员参加养老保险163人。恢复企业退休人员待遇2人，转移退休人员2人，协助异地认证14人，退休人员停发待遇71人。办理死亡退休人员丧葬抚恤金49人。办理失地农民衔接2人，上报失地农民新参保189人。申报“40、50”灵活就业人员社保补贴的人员685人，其中申请养老补贴人数684人，医疗补贴人数175人，发放补贴金额279.64万元。

【和谐社区建设】 申报观湖社区中瀛御景小区列入自治区城乡服务站建设项目，争取建设资金65万元改造建设，工程完工。协调接收玺云台、天山澜岸小区建设单位移交的社区及活动中心用房572平方米。12个社区“儿童之家”挂牌，4个社区申报“儿童之家”建设示范点。

【就业创业】 开展2019年“春风行动”，举办人岗对接现场招聘会，15家用工单位参加，提供120个就业岗位。登记企业用工需求8家，提供就业岗位66个，介绍就业人员12人次。举办职工技能培训1场次，80余人参加。举办职工、农民工培训3场次，培训职工180人。办理就业失业登记588人，其中失业人员281人、创业就业人员307人。创业就业政策咨询623人，就业援助人员99人。

【工会工作】 2019年，新建企业工会组织8家，指导工会组织换届6家，变更工会组织名称、主席4家，接转工会组织3家，转出9家，完成工会组建任务的105%。发展会员632人，其中农民工会员220人，完成发展会员任务的220%，会员信息录入率100%。筹备金查找企业162家，纳入社区联合工会企业单位25家。开展劳动法律监督“四季行”活动，走访企业60余家，涉及职工2067人。接待职工诉求12案12人次，诉求及争议调处率100%。累计帮扶一线职工（农民工）、困难职工674人次，救助慰问金额13.26万元。

【文体活动】 2019年，开展各类文体活动50余次，申请安装健身路径、乒乓球台等12处，参加兴庆区文体局组织的活动12次，开展培训5次、“扫黄打非”宣传及检查活动20次，开展和参与大型文艺演出8场次。

【兵役登记】 针对兵役登记的条件家访调查应届往届大学生，完成征兵任务（其中有女兵）。

【团委工作】 2019年3月，丽景街筹备召开中国共产主义青年团丽景街工作委员会代表大会，121名共青团代表参加。选出共青团丽景街工委会代表大会委员17名，团工委书记1名，副书记3名。街道录入团员951人。

【景墨社区】 2005年10月成立，东至双福巷，南至海宝路，西至民族北街，北至沙渠路。面积0.8平方公里。辖景墨家园A区、尚书房、东湖苑南区和北塔美居4个小区，其中以东湖苑南区为少数民族集聚小区。居民楼95栋。其中，景墨A区60栋楼，尚书房小区22栋楼，东湖苑南区10栋，北塔美居3栋楼。人口4082户、9852人（人数不含北塔美居人数）。社区工作人员11名，办公及活动用房410平方米，直管党员210人。非公企业1个，个体工商户206个，超市1个，幼儿园1家，养老院1家，银行营业网点1个，各类志愿者队伍4支，文化艺术队伍1支。

【景太社区】 2006年10月成立，位于太阳都市花园36号楼地下负一层，东起中山北街，西至民族北街，南起英才巷，北至景墨家园。面积0.5平方公里。辖太阳都市花园、双庄小区、佳龙苑、东方盛世花园、云鼎雅苑5个小区，居民楼60栋。人口3654户、5868人。辖区单位7个，其中学校2个，医院1个。商业网点259个，志愿者队伍7支、682人。社区“两委”班子7人，直管党员133名，办公场所125平方米。

【银虹社区】 位于中山北街裕丰巷75号，东至清和北街，北至金三角，西至民族北街，南至上海东路。面积2.2平方公里。居民小区27个，其中无物业小区13个，有物业小区14个。人口5011户、16000人。社区工作人员11人，“两委”班子7人，直管党员156人。2012年8月换届选举成立党总支，下设2个党支部（各有支部委员3名）。银虹市民服务站分别在中北、业兴苑、桃园、阳光花园小区成立4个居民委员会。

【双庄社区】 2005年5月成立，位于金三角东侧，东至丽景路，南至上海东路，西接109国道，北连沙渠路。面积1.3平方公里。辖新灵小区、康泰家园、恒安苑、恒力苑、洞天苑、中兴小区、双丰自建巷、恒大御景、满春小康村、国际汽车城、创享大厦、康顺家园12个居民小区。人口5861户、13034人。双庄社区党组织1个，直管党员132人，“两委”班子7人。辖区企事业单位1家，个体工商户1443家。

【庆春社区】 2009年成立，东起丽景北街，西至民族街，南起清净巷，北抵贺兰交接处。面积1.8平方公里。辖春润苑、清河坊等10个居民小区，其中4个小区为康居安置区。人口13815户、41445人。辖区小学1所、幼儿园1所（民办）、社区医疗卫生服务站1个。物业公司6家，各类商业网点300多家。社区“两委”班子成员9人，办公面积210平方米，下设2个支部，直管党员354人，志愿者服务队伍5支、756人。

【雅苑社区】 2009年7月成立，面积0.8平方公里，居民小区3个。人口2745户、7745人。辖区企事业单位3家，商业网点383家。社区工作人员8名，直管党员166人，联合党委成员单位13家，社会组织10个。社区打造了书香文化广场、党群文化长廊，建成集党建工作宣传、社会组织孵化园、妇女之家、夕阳驿站、墨香小书童四点半课堂等特色功能室于一体的600平方米社区活动阵地。

【满春社区】 2015年8月成立，东至友爱街，南至上海东路，西至丽景北街，北至宁港南巷。面积1.5平方公里。居民小区4个，人口5823户、12894人，是一个典型的“村改居”社区和流动人口居住社区。社区“两委”班子7人，管理员2人。社区阵地面积523.01平方米。下设2个党支部，5个党小组，联合党委成员单位9家，直管党员103名。辖区商贸城2个，行政事业单位3家，学校2所，幼儿园2所，二甲医院1家，物流园2个。

【八里桥社区】 2003年11月成立，东起丽景北街，西至民族北街，南起沙渠路，北至清净巷。面积1平方公里。居民小区7个，居民楼52栋。人口3202户、6770人。直管党员164人，联合党委成员单位17家，非公企业党支部3家。社区阵地面积1030平方米。

【观湖社区】 2012年7月28日成立，东至民族北街，西至凤凰北街，北至康平路，南至上海东路。面积3平方公里。辖观湖壹号、中瀛御景、中房粹园3个居民小区。人口3168户、6800人。辖区非公企业及沿街商业网点212家，行政事业单位6家。社区“两委”班子7人，管理员2人，直管党员140人。社区办公阵地面积300平方米。

【春城社区】 2015年8月成立，东至友爱路，西至景福巷，南至上海路，北至一号规划路。面积0.8平方公里。辖满春新村一区，满春宜居苑2个小区。人口2232户、5368人。社区居工作人员7名，其中“两委”成员5名、公岗2名，直管党员59人。

【兰溪社区】 2015年8月8日成立，东至友爱街，南至宁港南巷，西至丽景北街，北到贺兰交界。面积3.6平方公里。辖兰溪谷、福景苑等6个小区，人口5867户、9887人。商贸综合体6个，商户7368户。社区工作人员10人，其中“两委”成员7人、管理员3人。党支部2个，党小组4个，直管党员108名。

【泰和社区】 2015年8月8日成立，东至民族北街，南至康平路南道牙，西至凤凰北街，北至贺兰山路。面积1.3平方公里。辖京能天下川、凤凰尚筑、兴庆府大院东区、兴庆府大院西区4个居民小区。人口8009户、18110人。辖区内沿街商业网点及个体工商户449家。社区“两委”班子9人，直管党员295人。社区办公阵地面积297平方米。

（供稿人：王怡）

银古路街道

【概况】 银古路街道办事处位于兴庆区丽景南街与维十二路交叉口东南角（银古路派出所对面），东至友爱中心路，西至丽景街，北至上海路，南至迎宾广场。面积9.65平方公里。居民小区32个，社区居民委员会10个。人口34260户、99850人。各类综合市场11个，学校3所，医院4所。辖区机关企事业单位18个。物业公司26个，无物业小区4个。社区党委5个，社区党总支5个，直管党员1165人。街道党工委班子成员7人，公务员10人（其中2人编制在司法局），事业编20人（其中7人编制在城管局），政府聘用31人。

【组织建设】 发挥“学习强国”学习平台进行党员自学、相互交流、开展竞赛，累计学习人次达1036人。开展党风廉政专题教育10次，组织干部集中学习21次。联合宁夏女子监狱、银川市强制隔离戒毒所开展党风廉政警示教育活动。创新社区治理机制，深化宝南社区“法制+党建”联盟，推动云和社区“邻里党建+公共法律服务”新发展模式，推动基层党建引领社区治理创新。宁夏家居行业党委发挥党建龙头作用，带动非公区域化党建工作更好发展，自治区非公经济组织和其他社会组织工委等领导先后15次参观学习。整合街道原有的10余个内设站办所为基层党建办公室、综合协调办公室、基层公共服务办公室、基层综合治理办公室、基层民生服务中心“四办一中心”，提高办事效率。开展党员先锋示范岗、党员先锋责任区、无职党员设岗定责，在职党员“双报到、双服务”活动，实施区域化党组织人才共育。落实“两委”联审补选工作，开展社区“两委”成员资格联审，完成街道多名信教党员思想工作。结合街道实际制定整治“四风”、中央八项规定回头看等具体落实措施，对标问题制定8项问题清单和20条整改措施，坚持每季度专项检查一次作风建设，宣传廉政教育信息。强化监督检查和执纪问责，全年约谈人次达8人，处分3人，开除1人。

【社区阵地建设】 2019年，利用银川市为民服务发展专项资金140万元，打造6个社区党群服务站，更好地为群众服务。利用银川市2018年为民办实事，集中解决不达标阵地资金437万元，新建康园社区党群活动服务站1040平方米，工程主体完工。

【文明城市创建整改】 成立银古路街道办事处文明城市创建工作领导小

组，组织街道干部、社区基层骨干、物业公司人员学习与工作职责相关的测评体系，社区对照测评标准，发现问题及时整治，确保测评点位整改到位。拆除高台7队、上前城等违章建筑5万平方米，整治金茂、机电、防腐木等专业市场，取缔宜春巷、丽水、治平路等4处的马路市场，精细化管理17条街巷。发动物业公司，日常巡查和卫生整改辖区内31个小区。办结创城督办单66件、督查通报13期，整改率100%。10个社区主要街巷制作、张贴创城宣传、社会主义核心价值观等公益广告360处。制作文明督导员袖标200个，购买创城音频扩音器20个。制作街巷长公示牌44个，落实街巷长制度。开展社会主义核心价值观、讲文明树新风等宣讲活动20期。解决宜春巷等区域交通拥堵等问题。拆除宜春巷市场临建97间。清理春雅苑各类违建28处，清理乱堆乱放45处，清除卫生死角垃圾50吨，恢复绿地2000平方米。综合改造熙春巷，实施“街巷长”制。完成2019年散煤“双替代”上前城一队煤改电工作。

【信访工作】 2019年，受理信访网平台信访事项28件，办结率98%以上。

【社会治理】 干部下访300余人次，社会治理能力提升，信访量同比下降70%。发放应知应会彩页8000份、致广大居民一封信1.2万张。设置举报箱、公开举报电话11处，入户4万户，登记线索60条。开展专项整治11项，取缔迁移马路市场3处，打掉传销窝点24处，查获传销人员320人。

【拆迁安置】 2019年，累计安置房屋1965套，面积12.377万平方米。光耀上城安置区安置光华门村1、3、5、6、7、8、9、10、11队拆迁户安置房屋770套，面积5.454万平方米。民乐安置区二期安置民乐村7、8、9队拆迁户和友爱村2、3队拆迁户安置房屋1195套，面积6.923万平方米。全年累计发放过渡费858.53万元。

【安全生产】 党政主要领导带队开展安全生产检查13次。组织安全培训4期，受益260人。

【社会保障】 建立社会救助“一门受理协同办理”工作机制。在册低保户71户发放低保金51.26万元，社会各类救助12人发放资金6.51万元。完成军人家庭悬挂“光荣之家”牌匾，发放双拥卡。完成社区居委会补选。安置就业248人，办理失地农民养老保险164人，接收退管人员，劳动监察中队民生调解5起。5个社区包揽兴庆区社区治理“十佳”金点子大赛一、二、三等奖。3个社区争取到2019年“民生计划项目款”。

【工会工作】 推动企业普遍建立工会组织组5家，发展会员450人。联合家居行业大党委、行业商会实现共建，以楼宇、卖场为单位组建美德亨家居行业联合工会，打造占地300平方米的家居行业职工服务中心，搭建起多元化服务行业职工的平台。

【健康兴庆建设】 开展健康教育讲座宣传活动20期，义诊活动20次，制作健康知识宣传栏40个。开展街道无烟单位复检工作及云和社区、景湖社区无烟单位创建工作。

【宝南社区】 位于宝湖东路625号宝庆家园会所内，面积1.7平方公里，东至丽景南街，西至清河街，南至兴燕路，北至宝湖东路。有宝庆家园、康桥水郡、宁青园、蓓蕾小区、立达水暖公寓、万品汇公寓、立达机电市场公寓、逸家地产公寓、彰武一号、立达汽配城公寓等10个小区。人口3787户、7296人。辖区有宁夏戒毒管理局、宁夏女子监狱、银川强制隔离戒毒所、银川女子隔离戒毒所4家政事业单位。大型市场有龙盘家私城、立达水暖汽配城、立达鞋业市场、立达国际机电市场、昆仑建材市场5个。物业公司7家，营业网点2328家。直管党员72人，残疾人44人，低保家庭7户。“两委”成员及管理员8人，具有社会工作者证3人。社区阵地面积1200平方米，设有青少年心理健康咨询室、党员活动室、棋牌室、健身室、未成年活动中心、图书阅览室、多功能活动厅和青少年“法治护航”教育基地。

【福园社区】 2009年7月成立。东至杞福巷，西至丽景街，南至北京东路，北至杏水桥巷。面积0.75平方公里。居民小区5个，住宅楼75栋、315个单元。人口3433户、9422人。社区育龄妇女2759人，商业网点126个，志愿者队伍6支、150余人，低保户6户。社区基层骨干7人，党员119人。办公用房199平方米，属隆湖房地产公司无偿提供。

【春园社区】 2005年10月成立，东至杞福巷，西至丽景北街，南至杏水桥巷，北至上海路。面积1.4平方公里。辖满春家园、春晨苑、春祥苑、春熙苑、春景苑、满春康居、春茗苑7个居民小区，住宅楼86栋。人口4497户、16818人。社区工作人员11人。其中，基层骨干7人、管理员1人、公益性岗位3人。阵地面积560平方米。直管党员85人，志愿者队伍6支、150人。辖区企事业单位6家，商业网点346家、幼儿园2所、学校1所、社区医疗服务站网点1所、文化队伍2支。

【景湖社区】 2009年7月成立，东至友爱路，西起丽景街，南至解放街，北起宜春巷。面积0.9平方公里。居民小区2个，住宅楼97栋。人口3924户、11472人。社区党委成立于2019年4月，下设3个党支部，直管党员165人，志愿者队伍5支、1446人。社区阵地面积906.96平方米。辖区企事业单位7家，商业网点138家。

【康园社区】 2015年5月25日成立，位于杞福巷以东，东至友爱中心路，西至杞福巷，南至北京路，北至上海路。面积0.8平方公里。辖春和苑、春雅苑、吉泰幸福世家、隆安幸福世家4个居民小区，居民楼70栋。人口3545户、9010人。直管党员77名，社会组织10家，志愿者队伍5支、1071人。物业公司5家，商业网点78家、爱心超市1家、幼儿园2所。2019年，康园社区党支部获评“2018年度银川市五四红旗团支部”。社区内艺术团获“2019中国·银川第七届青少年体育舞蹈锦标赛暨全国舞蹈公开赛优秀组织奖”“2019中国·银川CEFA国际标准舞全国公开赛优秀参赛单位”称号。

【丽景社区】 2005年10月成立，位于北京东路在水一方A区会所内，东至友爱中心路，西至丽景街，南至宜春巷，北至北京东路。面积0.9平方公里。主要管辖在水一方A区、B区，居民楼64栋。人口3026户、8667人。社区工作人员7名，直管党员129人，联合党委成员单位3家。

【丽水社区】 2005年10月成立，东至友爱中心路，西至二排沟，南至新华东街延伸段，北至银通路。面积0.42平方公里。辖丽水家园一期、二期71栋居民住宅楼。人口3016户、8950人。社区直管党员108人，管理员7人。办公阵地面积306平方米。

【迎宾社区】 2003年10月成立，东至友爱街，西至丽景南街，南至兴燕路接壤，北至宝湖东路。面积1.7平方公里。辖颐园小区、民乐家园、建博花园3个小区。人口3940户、9850人。辖区科级单位1家，幼儿园2所，物业公司3家，注册公司15家，个体工商户200多家。2019年，拓展“雷锋乐邻互助站”，邻里之间的互助与信息共享平台，注册人数1478人，主要开展“微”服务，分咨询服务、公共服务、生活服务、文体服务4类。

【友爱社区】 2015年8月成立，位于兴庆区东郊，东至友爱中心路，西至丽景街，南至宝湖路，北至新华东路。面积1.8平方公里。居民小区2个（隆鑫苑、塞上凝聚力），住宅楼21栋。人口2973户、5180人。商贸中心（金茂建材城、塞上凝聚力灯饰城、金茂花都）3个。商铺1079户，学校1所，辖区单位3个。社区直管党员67人，志愿者队伍5支。

【云和社区】 2015年8月成立，东至二排水沟，西至丽景街，北至银通路，南至新华街。面积0.42平方公里。辖区内主要以“云和家园”“丽景雅居”和“月星家居”“粮油市场”2个大型商业网点为主，居民楼75栋。人口2911户、7716人。社区非公企业12家，个体商户150家、幼儿园1所、学前儿童看护点1所。社区医疗服务站网点1所，文化队伍5支（舞蹈队2支、乒乓球队、太极拳队、毽子队），社会组织10个。直管党员86人。居委会阵地面积692平方米。

（供稿人：吴佳伦）

▷人物·荣誉

组织机构及负责人名录

截至2019年12月31日在职

中共银川市兴庆区第三届委员会

书　　记　朱韶峰（2019年4月止）
　　　　　刘甲锋（2019年5月起）
副 书 记　周福琦
　　　　　刘　斌（2019年7月止）
　　　　　雒越强（2019年8月起）
常　　委（12人）
　　　　　周福琦　雒越强　项红媛　孔凡平　冯德旺
　　　　　邓彦林（2019年2月止）
　　　　　丁迎春（2019年3月止）
　　　　　朱韶峰（2019年4月止）
　　　　　陈建国（2019年7月止）
　　　　　刘　斌（2019年7月止）
　　　　　刘　婧（2019年12月止）
　　　　　吴小平（2019年12月止）
　　　　　刘甲锋（2019年5月起）
　　　　　刘汉毅（2019年8月起）
　　　　　杨爱军（2019年12月起）
委　　员（31人）
　　　　　马　伟　马力兵　马咏晖　王　超　王利明
　　　　　孔令平　孔令杰　冯德旺　司雁啸　刘　平
　　　　　孙自文　杜曼九　李　虎　吴小平　张佩叶
　　　　　周会荣　周泽云　周振勇　周福琦　项红媛
　　　　　胡　兵　倪小军　屠国建　锁成龙　雒越强
　　　　　邓彦林（2019年2月止）
　　　　　丁迎春（2019年3月止）
　　　　　朱韶峰（2019年4月止）
　　　　　刘　斌（2019年7月止）
　　　　　陈建国（2019年7月止）
　　　　　陈建全（2019年7月止）
　　　　　刘　婧（2019年12月止）
　　　　　刘甲锋（2019年5月起）
　　　　　刘汉毅（2019年8月起）
　　　　　杨爱军（2019年12月起）
　　　　　马　巍（2019年12月起）
　　　　　杨子阳（2019年12月起）
　　　　　马　坚（2019年12月起）
候补委员（5人）
　　　　　陈　洁　王建宁　咸　波　王燕菊　魏建新
　　　　　马　坚（2019年11月止）
　　　　　马　巍（2019年11月止）
　　　　　杨子阳（2019年11月止）

银川市兴庆区
第四届人民代表大会常务委员会

主　　任　孔令杰
副 主 任　保少宁（回族）　丁万福　何维君　屠国建
委　　员　第四届人大常委会委员
　　　　　（2019.1.1—2019.12.31）实有委员22名，空缺6名
　　　　　韩巨林　马文祥　汪　洪　马立群　尉　岚
　　　　　赵惠芳　高艳华　冯建敏　杨卫红　杨晨华
　　　　　周会荣　张　君　王建军　王　霞　罗伟华
　　　　　黄　涛　杭金弟　闫　利　施　栋　李卫丽
　　　　　范荣彩　马建旭　庞文兵（2019年3月27日止）

马兴俊（2019年11月30日止）
张凤琴（2019年12月2日止）

人大常委会办公室

主　　任　庞文兵（2019年3月27日止）
王建宁（2019年3月28日起）

副 主 任　汤红霞

人大常委会财政经济工作委员会

主　　任　冯建敏

人大常委会教科文卫工作委员会

主　　任　杨卫红

人大常委会法制工作委员会

主　　任　尉　岚（2019年3月27日止）
任福东（2019年3月27日起）

人大常委会代表联络工作委员会

主　　任　杨晨华

银川市兴庆区人民政府

区　　长　周福琦

副 区 长　冯德旺　张艳芬　王利明　马咏晖　王建荣　丁迎春（挂职）　马利民（挂职）

中国人民政治协商会议
银川市兴庆区第四届委员会

主　　席　杜曼九（2019年3月止）
王宁康（2020年1月起）

副 主 席　周振勇　李晓红　柴丽云

秘 书 长　鲍铁力

第四届常务委员会委员（26人）

王宁康　周振勇　李晓红　柴丽云　鲍铁力　边志武　康　莉　高群红　卞　舫　曹长林　陈贤长　董海明　董瑞宁　马晨晓　马建国　马学斌　王　勇　王洪丽　温迎春　夏海宁　谢宏伟　姚琳芳　云海红　张　奕　周德倩　朱宝全

委　　员（204人）

中国共产党（29人）

王宁康　杜曼九　周振勇（回族）　李晓红（女）　曹生林　杨久红（回族）　鲍铁力　边志武（蒙古族）　高群红（女）　康　莉（女、回族）　丁　岩（回族）　马建平（回族）　王　莹（女）　杨万军（回族）　宋　辉（女）　张　敏（女）　王淑娟　仇永清　李国银　杨晓玲（女、回族）　汪洪波（回族）　丁小军（回族）　黄莉婷（女）　田孝峰　郝　峰　马文成　韩永忠　杨永平　沈子君

中国共产主义青年团（1人）

马若阳（回族）

工会（3人）

杨学文　黄沙（女、回族）　陈万义（回族）

妇联（2人）

童君娥（女）　云海红（女）

文化艺术界（3人）

刘　娟（女）　王一平　姚振国

科学技术协会界（2人）

黄明才　门淑霞（女）

侨联界（2人）

郝晓晴（女）　金叶枫

科学技术界（4人）

李海荣（女）　哈　悦（女、回族）　杨永山（回族）　林致胜

农林界（7人）

叶亚明　李　刚　印　联　强细兵　秦淑芳（女、回族）　孙红玲（女）　张春平

经济界（25人）

马建国（回族）　鲁　玮（回族）　安　鹏　张　飞　马如燕（女）　梁　伟（女）　张红英（女）　白　羽（女）　杨　斌　潘　亮　仲凤华　曹长林　李　方　钟　涛　王开斌　邱　杰　刘海东　陈贤长　杨　秋　周　勇　朱　勇　包光义　彭　涛　陈金才　王彦钦

医药卫生界（7人）

蔺长春　李光华　陈　群　严璟琨（女）　王志昌　陈任忠（回族）　鲜继云

宗教界（5人）

段玉海（回族）　马学斌（回族）　马东清（回族）　李仁忠　马寿祥

少数民族界（2人）

朱庆黎（女、俄罗斯族）　米　丽（女、回族）

工商联界（10人）

贾晓勇　蒲志伟　杜智新　王　健　康永建　梁少荣　卞　舫　赵显峰　王逸飞（女、回族）　庞　燕（女）

教育界（17人）

丁　丽（女、回族）　丁慧霞（女、回族）　马晨晓（女）　郭玉娟（女、回族）　田春燕（女、回族）　牛学玲（女）

辛　华（女、回族）　杨丽美（女、回族）
牛　静（女）　余静静（女、回族）
马晓农（回族）　汤卫胜　王　峰
徐春花（女）　姚　岚（女）
郑凤萍（女）　艾龙飞

特邀界（85人）

柴丽云（女）　黄　莉（女）　李海燕（女）
曾　静（女）　刘　佳（女）　路彩玲（女）
曹　玮（女）　雍　丽（女）　王晓晨（女）
黄　瑛（女）　孙慧鹃（女）　陈彩娟（女）
文庆玲（女）　肖丹娜（女）　张　倩（女）
张　奕（女）　杨　英（女）　李广亚（女）
姚琳芳（女）　贺　伟（女）　王洪丽（女）
林汝兰（女）　董瑞宁（女）　冯中鹏（女）
陈亚君（女）　祁　敏（女）　于劲松（女）
夏　云（女）　王　勇（回族）
马少永（回族）　储　晶　朱宝全　张志刚
杨自谦（回族）　丁　云（回族）　高大伟
吕学军　王瑞新　杨玉强（回族）
席静宜（女、满族）　杨　涛　曹建平
纳雪琴（女、回族）　马　昭（女、回族）
周　辉　谢宏伟　金　荣（女、回族）
王宝珍（女、回族）　李曰倩　张志军
苏　红（女、回族）　王煜洁（女、回族）
刘　欣　夏海宁　马玉霞（女、回族）
温迎春（女、回族）　谢晓余　高斌军
周德倩　姚守恩　唐　卫　张　茂　宋志军
岳海军　赵永飞　赵海兵　马品强　洪宇国
董品山　刘　军　陈占领　周胜利　杨　勇
朱海宁　徐　慧　周向勇　陈　建　董海明
文佐策　何　燕（女）　程　莉（女）
侯　旭（女）　张　良　黄伟勇　周兴武

政协办公室

主　　任　鲍铁力
副 主 任　马建宏（2019年7月止）
　　　　　李国银（2019年7月起）

政协提案委员会

主　　任　边志武

经济和法制委员会

主　　任　高群红

教科文卫体委员会

主　　任　康　莉（2019年7月止）
　　　　　仇永清（2019年7月起）

中共银川市兴庆区纪律检查委员会

书　　记　刘　婧（2019年12月止）
副 书 记　王　超　贾丽媛
常　　委　向大杰　王　超　贾丽媛
　　　　　刘学功（2019年11月止）
　　　　　刘　婧（2019年12月止）
　　　　　张彦军（2019年3月起）
　　　　　胡　青（2019年4月起）
委　　员　王　超　锁成龙　马凤霞　刘学功　杜毓英
　　　　　张占兵　朴　杨　苏　黎　杨晓玲　姬晓莉
　　　　　李　刚　金永芳　白　辉　郝　宁　白怀川
　　　　　姜　招　马建军　刘　婧（2019年12月止）

案件审理室主任
　　　　　胡　青（2019年4月止）
　　　　　孙　珺（2019年4月起）

纪委办公室主任
　　　　　马伟兵

党风政风监督室主任　李海东
案件监督管理室主任　苏立河
第一纪检监察室主任　李　哲
第二纪检监察室主任　张彦军
第三纪检监察室主任　李海东

银川市兴庆区监察委员会（2018年1月成立）

主　　任　刘　婧
副 主 任　王　超　贾丽媛

中共银川市兴庆区委员会工作部门
中共银川市兴庆区委员会办公室

主　　任　周会荣（2019年2月止）
　　　　　杨国军（2019年4月起）
副 主 任　房　静　马　瑾
　　　　　赵洋洋（2019年4月起）（2019年7月止）

中共银川市兴庆区委员会组织部

部　　长　雒越强
副 部 长　李小芹（2019年2月21日止）
　　　　　马　丽（2019年4月21日起）
　　　　　陈连升（2019年7月12日起）
　　　　　王立华（2019年2月21日起）

非公经济组织和社会组织工委书记

　　　　　马　丽（2019年4月21日起）
　　　　　　　　（2019年7月12日止）
　　　　　陈连升（2019年7月12日起）

非公经济组织和社会组织工委副书记
李飞飞（2019年4月12日止）
常玉涵（2019年4月12日起）
中共银川市兴庆区委员会老干部局（与组织部合）
局　　长　司雁啸（2019年2月止）
马　丽（2019年7月起）
副 局 长　李　英（2019年9月止）
中共银川市兴庆区委员会宣传部
部　　长　项红媛
副 部 长　樊莉萍（2019年2月25日止）
张　敏（2019年2月25日起）
李国银（2019年7月15日止）
杨小虎（2019年7月15日起）
精神文明办公室主任
樊莉萍（2019年2月25日止）
张　敏（2019年2月25日起）
中共银川市兴庆区政法委员会
书　　记　邓彦林（2019年2月止）
刘汉毅（2019年9月7日起）
常务副书记、秘书长
任福东（2019年2月止）
周会荣（2019年2月21日起）
副秘书长　陈　青（2019年5月止）
沈文瑾（2019年6月2日起）
中共银川市兴庆区委员会统战部（2017年12月宗教局合）
部　　长　吴小平（2019年12月止）
副 部 长　马力兵　王　莹（2019年4月止）
王淑娟（2019年4月起）
中共银川市兴庆区委员会政策研究督查室
主　　任　马　丽（2019年4月12日止）
王爱华（2019年4月12日起）
副 主 任　孙岩钰（2019年2月25日止）
王　晨（2019年4月12日止）
张　相（2019年3月1日起）
中共银川市兴庆区机构编制委员会办公室
主　　任　赵惠芳
副 主 任　曹卫红（2019年7月止）
姚淑芳（2019年4月起）
银川市兴庆区信访督办局
局　　长　范　伏（2019年4月止）
陆　涛（2019年4月22日起）
副 局 长　马海峻
银川市兴庆区档案局（2019年2月更名兴庆区档案馆）
局　　长　张　敏（2019年3月止）
聂红梅（2019年4月起）
副 局 长　郝　峰
银川市兴庆区人民法院
院　　长　王海滨
副 院 长　马　虹　刘安民　毛晓红
赵文国（2019年5月起）
执行局局长　张怀智（2019年5月起）
审判委员会专职委员　刘晓莉
审判委员会专职委员　海一君（2019年5月起）
审判委员会专职委员　辛建国（2019年5月起）
银川市兴庆区人民检察院
党组书记、检察长　雷鸣博（2019年11月止）
副检察长　沈子君　张　青（2019年9月止）　李　薇
周　娜（2019年11月起）
纪检组组长　苏　黎（2019年11止）
尹淑华（2019年11起）
办公室主任　马武星（2019年11月）
银川市公安局兴庆区分局（市属）
局　　长　王建荣
政　　委　姚勇进
纪委书记　陈其武（2019年9月26日止）（空缺）
副 局 长　韩永忠　郝兴国　杨冬生　闫　勇
银川市兴庆区人民武装部
部　　长　孔凡平
政　　委　叶力宁
副 部 长　齐彦辉
银川市公安消防支队兴庆区消防大队
大 队 长　贠　璞
教 导 员　张　强（2019年1月止）
徐　兴（2019年8月起）
副大队长　吴　峰

兴庆区群众团体
银川市兴庆区工会工作委员会

主　　席　丁万福
常务副主席　杨学文
副 主 席　刘　军
经费审查委员会主任　范　莉（2019年2月起）
机关工会主席　张建刚
共青团银川市兴庆区委员会
书　　记　范伯瑞
副 书 记　杨　涛（2019年4月2日止）
冯　丹（2019年4月9日起）

银川兴庆区妇女联合会

主　　席　高艳华

副 主 席　王　理（2019年3月7日止）

田淑忠（2019年4月15日起）

（2019年11月14日止）

姜　招（2019年11月14日起）

银川市兴庆区科学技术协会

主　　席　黄明才

副 主 席　陈彩娟（2019年4月22日起）

秘 书 长　蒋胜生

兴庆区老科技工作者协会成立

会　　长　蔡国胜（2019年7月止）

副 会 长　王建国　马春花　董　颖

秘 书 长　董　颖

银川市兴庆区工商业联合会

党组书记　李　虎（2019年2月25日止）

王海鹏（2019年7月起）

主　　席　王　勇

银川市兴庆区残疾人联合会

名誉主席　杜曼九

主　　席　冯德旺

副 主 席　杨晓玲（2019年2月21日止）

陈　洁（2019年2月21日起）　张佩叶

理 事 长　杨晓玲（2019年2月21日止）

陈　洁（2019年2月21日起）

副理事长　唐秀斌

银川市兴庆区人民政府工作部门及所属事业单位

银川市兴庆区政府办公室

主　　任　马　巍

副 主 任　朱成业　陈连升　马海东　曹亚琼

政务服务中心

局　　长　魏建新（2019年3月起）

副 局 长　宋学华（2019年5月起）

政务服务中心主任　马　昭（2019年5月起）

银川市兴庆区经济发展局（更名发展和改革局）

局　　长　邢　波

副 局 长　李　刚　文　菁（2019年3月止）

安全生产监督管理局（更名应急管理局）

局　　长　刘永忠（2019年2月21日止）

司雁啸（2019年2月21日起）

副 局 长　闫永胜　郝吉彬（2019年4月12日起）

银川市兴庆区教育局

教育工委书记、局长　马晨晓（2019年10月止）

袁　辉（2019年10月起）

副 局 长　袁　辉　王少龙　韩文龙（2019年8月起）

教育纪工委书记

哈　兵（2019年4月止）

石香芊（2019年4月起）

教育督导室主任　袁　辉

银川市兴庆区科技局

局　　长　刘　平（2019年3月21日止）

锁成龙（2019年3月21日起）

副 局 长　王　理（2019年3月25日起）

银川市兴庆区民政局

局　　长　张佩叶

派驻纪检书记

李俊明

（更名为兴庆区纪委、监委派驻纪检监察组组长）

副 局 长　蔡　颙　曹　青（2019年3月止）

沈钦峰（2019年3月起）

办公室主任　张志军（2019年7月止）

晋　莹（2019年7月起）

银川市兴庆区司法局

局　　长　倪小军

副 局 长　马保强（2019年2月21日止）

樊凤娟（2019年7月12日止）

朱成业（2019年2月21日起）

银川市兴庆区财政局

局　　长　杜毓英

副 局 长　空　缺（2019年1—2月）

张　军（2019年10月止）

金永芳（2019年3月起）

会计核算中心主任　郝晓晴

银川市兴庆区人力资源和社会保障局

局　　长　马　坚

副 局 长　陈　林　许汝先（2019年4月12日止）

哈　兵（2019年4月12日起）

（2019年10月25日止）

银川市兴庆区就业创业和人才服务局

局　　长　张　奕

银川市兴庆区交通运输局

局　　长　马　伟（2019年2月21日止）

李　虎（2019年2月21日起）

副 局 长　哈占祥（2019年2月21日止）

郝　凯（2019年4月15日起）

张晓晨（2019年3月7日起）

银川市兴庆区农水局

局　　长　印　联（2019年2月20日止）

刘　平（2019年2月20日起）

副 局 长　黄利虎（2019年7月31日止）

兀海浩（2019年1月31日起）

陆正学（2019年2月20日起）

周　静（2019年7月31日起）

扶贫办

主　　任　陆正学

副 主 任　郭京南　马伏贵（2019年11月止）

银川市兴庆区文化体育旅游局

局　　长　陈　洁（2019年2月21日止）

樊莉萍（2019年2月21日起）

副 局 长　吴丁友（2019年4月22日止）

卢晋升（2019年4月22日起）

惠　平（2019年12月4日止）

马文韬（2019年12月4日起）

文化馆馆长　刘　娟

文 联 主 席　赵菊芬

兴庆区卫生和计划生育局（更名卫生和健康局）

党工委书记、局长

仇永清（2019年2月止）

于　刚（2019年2月起）

党工委副书记

于　刚（2019年4月止）

副 局 长　张红声　于　刚（2019年4月止）

金朝霞（2019年4月止）

卫生和健康局

党工委书记、局长

庞文兵（2019年3月起）

副 局 长　张红声　陈亚君（2019年4月起）

银川市兴庆区审计局

局　　长　张占兵

副 局 长　张晓岚　冯淑琴（2019年7月止）

姜　宁（2019年12月起）

银川市兴庆区统计局

局　　长　张晓丽

副 局 长　马　彬（2019年2月起）

银川市兴庆区林业局（2019年2月25日更名自然资源局）

局　　长　魏建新（2019年2月25日止）

刘永忠（2019年2月25日起）

副 局 长　路　程

银川市兴庆区综合执法局

局　　长　高　义（2018年7月20日起）

副 局 长　耿红宁（2019年5月止）

马保强（2019年3月起）

石太景（2019年3月起）

爱卫办主任　高　义（2018年8月13日起）

专职副主任　空缺

银川市兴庆区市容环境卫生服务中心

书　　记　马文成

主　　任　马文成

副 主 任　刘立刚（2019年7月31日止）　王　平

闫淑萍　崔建国　于兴旺

工 会 主 席　杨建宁

银川市兴庆区经济技术合作局

局　　长　马文梅

副 局 长　陈　震（2019年3月止）

文　菁（2019年3月起）

张　炜（2019年4月起）

银川市兴庆区国有控股有限公司

董事长兼总经理　杨银生

副 经 理　蒋文才　马学军　陈彩娟（2019年4月止）

银川市兴庆区月牙湖治沙林场

场长、支部书记　苏月芳

副 场 长　李树军（2019年6月15日止）

刘洪海（2019年6月15日起）

住房和城乡建设局

局　　长　马　伟（2019年3月起）

副 局 长　张宝宁　孙彦萍　张晓晨（2019年3月止）

银川市兴庆区地方志编审委员会办公室（无编制单位）

主　　任　郝　峰

银川市兴庆区民主党派

民革兴庆区总支

主　　委　马　昭

副 主 委　曾　静　张志刚

民盟兴庆区总支

主　　委　张艳芬

副 主 委　吕学军　席静宜　谢宏伟

民建兴庆区总支

主　　委　温迎春（2019年11月止）

黄　瑛（2019年11月起）

副 主 委　马建宝　黄　瑛（2019年11月止）

马鄰源（2019年11月起）

民进兴庆区总支

主　　委　张　奕

副 主 委　杨　英　孙慧娟

农工党兴庆区总支

主　　委　王洪丽

副 主 委　张　雷　姚守恩

九三学社兴庆区委员会

主　　委　董瑞宁

副 主 委　张　茂　岳海军

银川市直属部门
银川市商贸物流服务中心

主　　任　邓彦林（2019年3月1日止）（空缺）

副 主 任　周泽云　耿江宁

　　　　　杜　胜（2019年5月23日止）

银川市环境保护局兴庆区分局

局　　长　嵇宏伟（2019年10月起）

　　　　　向伯安（2019年10月起）

副 局 长　无

银川市场监督管理局（2019年8月26日一分局二分局合并）

局　　长　杨文东（2019年8月26日起）

副 局 长　白　涛（2019年9月19日起）

　　　　　刘　军（2019年9月19日起）

　　　　　李　翔（2019年9月19日起）

　　　　　杨卫东（2019年9月19日起）

银川市兴庆区税务局

党组书记、局长　李建华

党委副书记、副局长　马　勇

党委副书记　杨　琴（2019年8月止）

副 局 长　杨　卓　马维宁　张玉晓　邹　健　吴永强

　　　　　吴晓明　赵　伟　赵亚军　杨俏丽　张　钰

　　　　　高　涛　达　军　张　炜

　　　　　李兴明（2019年10月止）

纪检组组长　张红京

银川市兴庆区交警一大队

大 队 长　赵永飞　王　磊

副大队长　马保平　王彦华

教 导 员（无）

银川市兴庆区交警二大队

大 队 长　梁建红

副大队长　雍　强　谢小军

教 导 员　孙鹏翔

银川市兴庆区疾病预防控制中心

主　　任　王洪丽

月牙湖乡

中共银川市兴庆区月牙湖乡委员会

书　　记　马万永

副 书 记　陆正学　白　辉

武装部部长　郝　凯

工会主席　陆正学

银川市兴庆区月牙湖乡人大主席团

主　　席　王　斌

银川市兴庆区月牙湖乡人民政府

乡　　长　白　辉

副 乡 长　郝　凯　海陆鹏　李雅楠

通贵乡

中共银川市兴庆区通贵乡委员会

书　　记　黄　涛

副 书 记　马鹏斐（2019年10月19日起）

纪委书记　马新明（2019年4月起）

武装部部长　张　鹏（2019年4月起）

工会主席　杨永平（2019年4月起）

银川市兴庆区通贵乡人大主席团

主　　席　吕成良

副 主 席　空　缺

银川市兴庆区通贵乡人民政府

乡　　长　马鹏斐（2019年10月19日起）

副 乡 长　杨永平　田淑忠

　　　　　马鹏斐（2019年10月20日止）

大新镇

中共银川市兴庆区大新镇委员会

书　　记　陈建国（2019年5月31日止）

　　　　　杨子阳（2019年5月31日起）

副 书 记　赵艳华　王春华（2019年5月31日起）

纪委书记　马学林

工会主席　马兴俊（2019年6月止）

　　　　　白　颖（2019年11月起）

　　　　　王春华（2019年6月起—2019年11月止）

武装部部长　白　颖（2019年5月止）

　　　　　常昊天（2019年5月起）

银川市兴庆区大新镇人大主席团

主　　席　马兴俊（2019年3月14日止）
　　　　　马建宏（2019年7月20日起）

银川市兴庆区大新镇人民政府

镇　　长　赵艳华
副 镇 长　李学刚　罗海霞（2019年11月9日止）
　　　　　丁小军（2019年2月21日止）
　　　　　周　静（2019年7月12日止）

掌镇镇

中共银川市兴庆区掌政镇委员会

书　　记　咸　波
副 书 记　陈继文　杜新艳
纪委书记　陈　东（2019年11月9日止）
工会主席　陈继文
武装部部长　张学平

银川市兴庆区掌政镇人大主席团

主　　席　杭金第

银川市兴庆区掌政镇人民政府

镇　　长　杜新艳
副 镇 长　张学平　董　雪　吴世君　沙　勐
　　　　　罗海霞（2019年11月9日起）
　　　　　李　翔（2019年11月9日起）

前进街街道

中共银川市兴庆区前进街街道工作委员会

书　　记　闫念国（2019年8月29日止）
　　　　　马洪梅（2019年9月7日起）
副 书 记　杨璞玉
纪工委书记、工会主席　曹永全（2019年4月12日止）
　　　　　马胜楠（2019年4月20日起）
武装部部长　梁　庆

银川市兴庆区前进街街道办事处

主　　任　吕雪军
副 主 任　梁　庆　石太景（2019年2月21日止）
　　　　　郭译之（2019年5月5日起）
　　　　　向　莉（2019年5月5日起）（挂职）

解放西街街道

中共银川市兴庆区解放西街街道工作委员会

书　　记　杨国军（2019年5月止）
　　　　　范　伏（2019年5月起）（2019年7月止）
　　　　　李小芹（2019年7月起）
副书记、武装部部长
　　　　　马克军（2019年11月止）
　　　　　白怀川（2019年12月起）
组织委员　张红梅（2019年3月起）
工会主席　郭东丽（2019年4月止）
　　　　　张红梅（2019年4月22日起）
人大常委会联络办公室主任
　　　　　杨国军（2019年5月止）
　　　　　范　伏（2019年5月起）（2019年7月止）
　　　　　李小芹（2019年7月起）

银川市兴庆区解放西街街道办事处

主　　任　张　玲（2019年3月止）
　　　　　李小芹（2019年3月起）（2019年7月止）
　　　　　沙　勐（2019年7月起）
副 主 任　郭东丽　王　喆（2019年5月起）
　　　　　杨婉茹（司法所长兼任）

胜利街街道

中共银川市兴庆区胜利街街道工作委员会

书　　记　梁景虎
副 书 记　马洪梅（2019年11月1日止）
　　　　　刘世杰（2019年11月9日止）
　　　　　张德凤（2019年11月9日止）
　　　　　田淑忠（2019年11月9日起）
　　　　　冯晓晓（2019年11月9日起）
纪工委书记　张德凤（2019年11月9日止）
　　　　　田淑忠（2019年11月9日起）
副书记、工会主席
　　　　　刘世杰（2019年11月9日止）
　　　　　冯晓晓（2019年11月10日起）
武装部部长　刘世杰（2019年11月9日止）
　　　　　田淑忠（2019年11月10日起）
人大常委会联络办公室主任
　　　　　梁景虎

银川市兴庆区胜利街街道办事处

主　　任　马洪梅（2019年9月7日止）
　　　　　张德凤（2019年12月4日起）
副 主 任　刘海亮
　　　　　冯晓晓（2019年12月4日止）

凤凰北街街道

中共银川市兴庆区凤凰北街街道工作委员会

书　　记　魏小宝
副 书 记　王春华（2019年5月31日止）
　　　　　王　丹（2019年4月22日起）
　　　　　王　琰（2019年11月9日起）
武装部部长　空　缺

银川市兴庆区凤凰北街街道办事处

主　　任　魏小宝
主　　任　马建平
副 主 任　张永丽　王舒培（2019年5月31日止）
　　　　　任海燕（2019年11月9日起）
工会主席　王春华（2019年5月31日止）
　　　　　王　丹（2019年4月22日起）
人大常委会联络办公室主任　魏小宝
副 主 任　张永丽

中山南街街道

中共银川市兴庆区中山北街街道工作委员会

书　　记　陈德卫
副 书 记　李国梅
纪工委书记、工会主席
　　　　　孙丽丽（2019年5月31日止）
　　　　　步春花（2019年11月9日起）

银川市兴庆区中山南街街道办事处

主　　任　丁　岩
副 主 任　马忠银　顾小梅（2019年5月5日起）
　　　　　步春花（2019年12月4日止）
　　　　　陈明璺（2019年12月4日起）

富宁街街道

中共银川市兴庆区富宁街街道工作委员会

书　　记　空　缺
　　　　　王建宁（2019年3月止）
　　　　　刘　娜（2019年3月起—2019年12月止）
党工委副书记
　　　　　赵　昕（2019年6月止）
　　　　　马建军（2019年7月起）
　　　　　姜　召（2019年11止）
　　　　　杨卓轩（2019年11月起）
纪委书记　姜　召（2019年11月止）
　　　　　马建军（2019年7月起）
工会主席　姜　召（2019年11月止）
　　　　　杨卓轩（2019年11月起）

银川市兴庆区富宁街道办事处

主　　任　刘　娜（2019年3月止）
　　　　　李　刚（2019年4月起）
副 主 任　吴全升　郝吉彬（2019年3月止）
　　　　　冯淑琴（2019年7月起）

玉皇阁北街街道

中共银川市兴庆区玉皇阁北街街道工作委员会

书　　记　马建平
副 书 记　宋　辉　官力彬
纪工委书记、武装部部长、工会主席　官力彬
人大工作委员会主任　马建平

银川市兴庆区玉皇阁北街街道办事处

主　　任　宋　辉
副 主 任　魏天琪　向　莉（2019年4月28日止）
　　　　　纳　菡（2019年4月28日起）
　　　　　王　琰（2019年11月8日止）
　　　　　张玉瑢（2019年11月8日起）

新华街街道

中共银川市兴庆区新华街街道工作委员会

书　　记　陈健全（2019年7月止）
　　　　　张　玲（2019年3月1日起）
副 书 记　张学进　李飞飞（2019年4月22日起）
武装部部长　张学进
工会主席　王淑娟（2019年4月止）
　　　　　李飞飞（2019年4月起）
组织委员　赵洋洋（2019年4止）空　缺

银川市兴庆区新华街街道办事处

主　　任　高　平
副 主 任　王淑娟（2019年4月止）
　　　　　任菊霞（2019年4月22日起）
　　　　　苏　敏（2019年4月22日起）

文化街街道

中共银川市兴庆区文化街街道工作委员会

书　　记　王爱华（2019年4月12日止）

王富军（2019年4月22日起）
副 书 记 孙 静 李新斌 吴学林（兼）
武装部部长 李新斌
纪工委书记 孙 静
工会主席 孙 静
人大常委会联络办公室主任
王爱华（2019年5月24日止）
王富军（2019年5月24日起）

银川市兴庆区文化街街道办事处

主 任 王富军（2019年5月5日止）
王 莹（2019年5月5日起）
副 主 任 郭嘉琪 马凌翠（兼）
杨小虎（2019年4月12日止）
姜 旭（2019年5月31日起）

丽景街街道

中共银川市兴庆区丽景街街道工作委员会

书 记 王彦忠（2019年7月12日止）
姬晓莉（2019年7月21日起）
副 书 记 任桂霞
副书记、纪工委书记 白小东

银川市兴庆区丽景街街道办事处

主 任 姬晓莉（2019年7月31日止）
兀海浩（2019年7月31日起）
副 主 任 薛茗文 张 龙（2019年5月31日起）

银古路街道

中共银川市兴庆区银古路街道工作委员会

书 记 杨子阳（2019年5月31日止）
范 伏（2019年7月12日起）
副 书 记 邢吉才 陈瑞丰（2019年4月17日止）
郭晓玲（2019年11月9日起）
武装部部长 郭晓玲
纪工委书记、工会主席
邢吉才（2019年11月9日止）
郭晓玲（2019年11月9日起）

银川市兴庆区银古路街道办事处

主 任 王 东（2019年11月9日止）空 缺
副 主 任 米 丽（2019年5月5日止）
郭晓玲（2019年12月4日止）
郭素宁（2019年5月5日起）
马金兰（2019年11月9日起）

2019年派出所领导名录

解放西街派出所与文化街派出所

所 长 吴学林
教 导 员 王 伟（2019年5月止）
张 冰（2019年5月起）
副 所 长 张 浩 李 建（2019年3月止）
司晓光（2019年3月起）
户 籍 警 郭延淼 张洐宇

凤凰北街派出所

所 长 杜 强
教 导 员 邬 占
副 所 长 张虎子 杨志刚（2019年5月起）
户 籍 警 钱海霞

玉皇阁北街派出所

所 长 薛晶东
教 导 员 汤 辉（2019年6月3日止）
张 毅（2019年6月3日起）
副 所 长 李 杨 张 进
户 籍 警 郭慧茹

前进街派出所

所 长 杨 虎（2019年9月止）
陈 川（2019年9月起）
教 导 员 余 刚
副 所 长 刘宏杰 肖作鹏
户 籍 警 杨春萍

富宁街派出所

所 长 龚海滨
教 导 员 马少军
副 所 长 董小生 张 栋
户 籍 警 秦春华

新华街派出所

所 长 盛华荣
教 导 员 陈 川
副 所 长 王 晖 闫省会
户 籍 警 刘志敏

中山南街派出所

所 长 任建华
教 导 员 杨俊磊
副 所 长 苏广兵 余建民（2019年9月24日止）
户 籍 警 黄艺源

银古路派出所与胜利街派出所

所 长 茆兴力

教 导 员 杨翊韬
副 所 长 邓 君 王瑞民
户 籍 警 李睿瑄

丽景街派出所

所 长 马建平
教 导 员 戈 灵
副 所 长 何怀武 袁立东
户 籍 警 冯 薇（2019年2月14日止）
张 涛（2019年2月14日起）

燕鸽湖派出所

所 长 李 喜（2019年5月止）
汤 辉（2019年5月起）
教 导 员 马绍龙
户 籍 警 柳常洋

掌政镇派出所

所 长 马建文
教 导 员 姜 伟
副 所 长 刘 涛
户 籍 警 唐志宁

大新镇派出所

所 长 张 冰（2019年5月止）
李 喜（2019年5月起）
教 导 员 张 毅（2019年5月止）
王 伟（2019年5月起）
副 所 长 高 尚 范洪涛 秦 晋
户 籍 警 雷凤果

通贵乡派出所

所 长 孙 刚
教 导 员 （无）
副 所 长 罗志伟
户 籍 警 殷 利

月牙湖派出所

所 长 杭立宁
教 导 员 董旭峰
副 所 长 范 予
户 籍 警 杭立宁

银川市最美家庭一览

丁燕红家庭

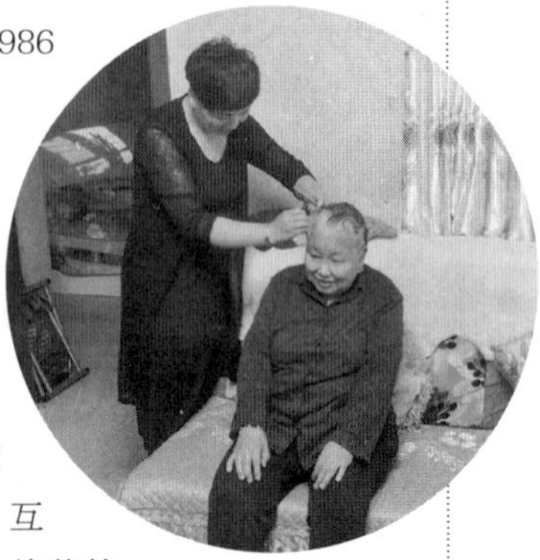

丁燕红，生于1982年9月22日，回族，四级残疾，公婆、爱人均是残疾人。1986年秋天，婆婆不幸从牲口车上摔落，右胳膊肘脱臼，未能及时救治，导致膝盖、胳膊、腰部留下后遗症，严重时十来天下不了床，吃喝拉撒都需要丁燕红照顾。2013年，塔桥村拆迁分房子，为了能更好地照顾公婆，丁燕红努力把自己和公婆的房子调到同一栋楼同一单元的门对门。平时，不管工作生活多忙、天气多么恶劣，丁燕红每天按时回家为公婆准备一日三餐、擦洗身体，她说："有时真的很累，累到没有力气上楼，但如果我不管不顾，公婆就没有可依靠的人了。"

丈夫在外奔波挣钱，照顾父母的重任落在她一个人身上。夫妻二人相敬如宾，互相支持、互相帮助，成为人人羡慕的模范夫妇。在教导两个儿子的问题上，丁燕红既教孩子学知识，又教他们学做人，夫妻俩通过以身作则，言传身教，潜移默化地感染孩子们。日常生活中，让孩子学会孝敬长辈，发现孩子对人不敬的行为及时教育、引导，教会他们辨明是非的能力。

她是亲戚朋友口中的"好儿媳、好妻子、好妈妈"。她说"尊敬老人、爱护老人、关心老人，是我们应该保持的优良传统，我只是做了一些自己应该做的事，但比起好的家庭来还差得很远，今后还要更加努力，争取做得更好，努力发扬中华民族尊老爱老的传统美德"。

有人说："男人可以改变世界，女人可以改变男人！"丁燕红用一个弱女子的肩膀，用爱心和善良，帮丈夫和孩子以及公婆撑起一片蓝天，营造一个五彩斑斓的家庭未来。

丁燕红尊老敬亲的事迹感动着邻里，像一阵清风，吹进家家户户，引领农村新风尚。她是大家心中当之无愧的尊老敬亲道德模范和"最美残疾人"。

（文/茹莹　曹锦秀）

李桂珍家庭

李桂珍，生于1959年，汉族，家住大新镇永泰城剑桥郡。1981年和丈夫李晓强结婚，育一儿四女。1997年，丈夫出去开车赚钱养家因车祸突然离世，那时大女儿上高中，最小的孩子上一年级，生活的压力及丈夫突然去世的噩耗让她卧床不起，精神几乎到了崩溃的边缘。看着五个孩子，她重新振作了起来，为了多挣点钱，一天打两份零工。一次刮腻子时从高处摔下来，摔伤了腿，李桂珍只缓了两个月就继续打零工，辛辛苦苦20多年，终于把五个孩子抚养长大。如今，四个女儿已成家立业，儿女孝顺、日子过得和和美美，她也有时间做自己喜欢的事。

李桂珍搀扶腿脚不方便的邻居

李桂珍利用闲暇时间学习剪纸

受家乡剪纸习俗的影响，心灵手巧的李桂珍剪纸剪得惟妙惟肖。她找到社区主动参与社区剪纸文化活动，用自己的手工把社区书画室布置得有声有色。每次社区开展少儿剪纸培训课，李桂珍都自告奋勇地当起志愿者，手把手指导孩子们剪纸。

除了热爱公益外，李桂珍阿姨还热心帮助小区孤寡老人。有一个邻居腿脚不方便，每次这位邻居出去买菜，她总是一手帮着拎菜一手扶着老人，不了解的小区居民还说她是老人的女儿，她也乐呵呵地开玩笑说："我就是她家大女儿。"

40年如一日，用毅力、勤奋、爱心营造了一个和谐的家庭。她不仅是好妻子、好母亲，更是邻里热心的好人，她用平凡和爱心谱写着人生的乐章。

李吉增家庭

李吉增，生于1944年10月20日，汉族，家住大新燕鸽湖，原钻井总公司的一名退休职工。妻子崔汝荣73岁，是一名普通的家庭妇女。结婚几十年来，夫妻几乎没“红过脸”，每当有矛盾，他们都能及时调整情绪，换位思考，设身处地地为对方考虑，及时化解矛盾。妻子是一名普通妇女，虽然文化程度不高，但是她笃定一个道理：丈夫是一个有担当的男人，他的心里有家、有爱。几十年来，她为家庭默默付出，家里家外都兼顾，把5个孩子抚养成人，以自身为榜样教给孩子做人的道理。

李吉增老人有一颗火热的心，有一副闲不下来的身板，帮人换个水管、修个暖气、搬个东西从不犹豫，他经常挂在嘴边的话就是：“不要紧，这个事我帮你弄。”平时邻里之间有个口角，斗个闷气，他总是主动跑去给人家调解，大家都相信他，也愿意听他调解，最后都会握手言和。

李吉增也是一位充满爱心的“护鸥人”，曾被授予“十佳爱鸟护鸟人”称号。“红嘴鸥是我们的朋友，更像我们的家人，它们每年的造访，带给我们多少欢乐啊！”每年红嘴鸥到来，他都会自发去湖边守护这些“水之精灵”，劝导游客注意安全，不要伤鸟，文明观看，直到鸟儿离去，他的这一善举从未间断。妻子一开始很不理解他的行为：“不就是个鸟嘛！哪有那么迷呀！”但是跟丈夫去湖边喂了几次鸥后，她也爱上了这些远道来的“客人”，看到那么多的人大老远跑到石油城来看鸥、拍鸥，她自豪感油然而生。每天她早早为丈夫做好早饭，催促他出门去湖边护鸟，孩子们看到父母如此热心，也加入护鸟大军，同时用相机记录下鸟儿的身影。此后，很多居民也加入义务巡逻队。随着鸟儿的离去，大家又在李吉增的带领下，开始不定期地做一些其他的公益活动——清理楼道卫生、铲除乱贴广告、捡拾白色垃圾、服务孤寡老人、帮助困难家庭等。

“家和万事兴”，对于如何创建一个和睦的家庭，李吉增一家总结出一条最宝贵的经验是“严以律己，宽以待人；真诚友善，守护本心”。

孙建成家庭

孙建成，生于1958年，汉族，家住大新镇聚丰苑南区。妻子周淑琴是一位普通的农村家庭妇女，2012年至2014年短短3年间，周淑琴被诊断出患有子宫肌瘤、乳腺癌、胆结石和高血压，接二连三的打击使孙建成几乎喘不过气来，一头黑发渐渐变白。本来就不富裕的家庭生活更是雪上加霜，孙建成既要照顾妻子，又要打零工挣钱为给妻子看病，背上了沉重的债务。

“我坚信困难是一时的，总会过去，我们的日子肯定会好起来。”孙建成总是这样为自己和妻子打气加油。

他对患病的妻子不离不弃，每天下班后，为妻子准备一些可口的饭菜。妻子想吃什么，他就去买就去做，晚饭后陪着妻子到小区里散步。虽然经济条件十分拮据，但在为妻子治病上他从不心疼钱，只要有治高血压和抑制乳腺癌的新药，他就想方设法买到给妻子服用。为了解除妻子的心理负担，孙建成经常做妻子的思想工作，让她放下思想包袱，配合治疗，安心养病。多年来，他对家里举债治病的情况守口如瓶，天天面带笑容地细心照顾妻子，不让妻子看到他的愁眉苦脸。他在精神上给予妻子安慰和鼓励，给她讲与病魔斗争的人和事，每天坚持为妻子读书2个多小时。

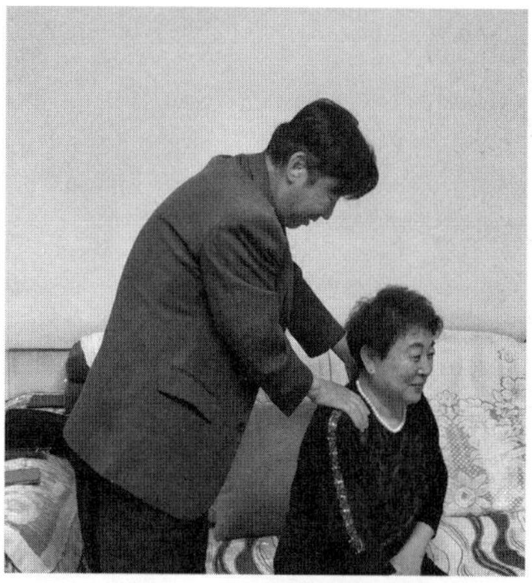

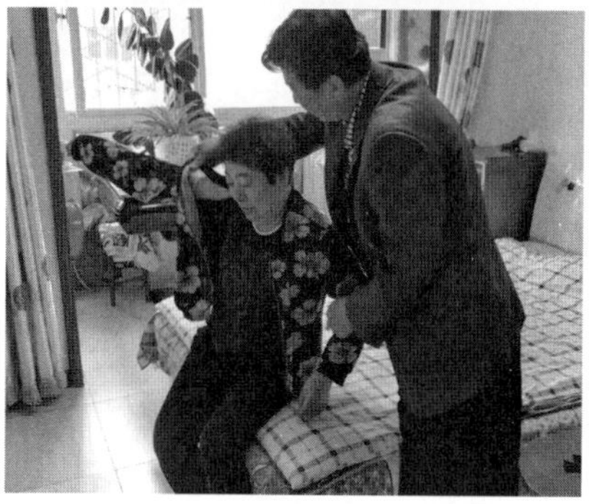

孙建成及其夫人周淑琴

经过3年治疗和悉心呵护，妻子病情终于有所好转。“要是没有丈夫的不离不弃，我也活不到今天……”说到动情之处，妻子周淑琴双眼噙满泪水。

孙建成一家在生活上面临困难和压力的情况下，发扬互敬互爱、不离不弃、尊老爱幼的中华民族传统美德，一家人共同建设了一个和谐、温馨、和睦的家庭，成为邻里们学习的典范。愿好人一生平安！

王俊贤家庭

王俊贤，生于1947年2月28日，汉族，中共党员，家住兴庆区燕依园社区。1965年11月在老家陕西省扶风县参军，1971年2月退役，1972年2月转业到长庆油田，成为一名石油工人，工作期间获先进生产者称号，2007年2月退休。

退休后，王俊贤热心居民服务，每天为社区老年人义务送报纸，风雨无阻。他积极参与社区的各项活动，热心公益事业，给予社区贫困家庭力所能及的帮助，监督管理和定期清洁小区公共设施，及时劝阻和教育不文明行为，屡获燕鸽湖物业处评选的“热心公益好党员”“为老年人服务楼宇之星”等荣誉称号，被评选为银川市兴庆区文明家庭。

有人说，爱如果只停留在一家人之间，那么这种爱是小爱。王俊贤一家助人为乐、关心邻里，深得邻里的信任和尊重。夫妻二人相敬如宾，互相支持，互相帮助，有困难共同面对、协商解决。他们深知父母是孩子的第一任老师，十分重视孩子良好的道德品质和生活学习习惯的培养，教育孩子对社会弱势群体要有爱心。正是生活中的点点滴滴、平平凡凡的事，成就了邻里眼中的模范居民。

张秀英家庭

张秀英，生于1953年5月19日，汉族，家住解放西街湖滨二巷。2014年初，张秀英的丈夫赵金坤因脑出血住院，经过一个多月，花费了家中大量积蓄，医生说这病要慢慢调养，建议出院回家。回到家后，赵金坤因病痛的折磨脾气变得不好，常没来由地生气，张秀英默默承受着委屈，等丈夫平静下来后，陪他聊天、安慰他。赵金坤生病后，病痛带来了许多不便，每次总是张秀英不厌其烦地照料着。脑出血带来后遗症，赵金坤经常消极悲观、精神萎靡、容易激动，妻子张秀英总是不厌其烦地开导。“他的手脚都肿着，我每天都要给他按摩”张秀英说，早中晚每天3次，每次2小时，从不间断。一天3顿饭，做好后，先给赵金坤喂饭，每次等丈夫吃完后，张秀英吃饭时饭菜都已经凉了。

在张秀英的悉心照顾下，赵金坤的病情逐渐有了好转，“看到他情况一天天变好，我真是激动坏了”。从那以后，她帮助丈夫在床边轻轻挪动步子，活动范围从最开始的卧室扩大到全部房间、楼梯道。慢慢地，赵金坤可以到楼下沿着墙角活动了。那段时间，每天一大早，张秀英就陪着丈夫在二巷的小道上走好几个来回，遇到有栏杆或者能抓手的地方，就让他做深蹲运动，或者练习握力。“他现在还不能说话，但是想吃什么就会比画”，张秀英说。赵金坤没有劲，握不住笔，夫妻俩只能比画着猜。有一次，赵金坤想吃葡萄，张秀英猜了30多种蔬菜和水果才猜对。现在，最多猜3次，张秀英就知道丈夫想要什么。张秀英说，等丈夫身体再好一点，就带着他四处走走亲戚，看看朋友，把下半辈子过好。

张秀英与爱人赵金坤一起去吃自助餐，帮赵金坤剥虾、喂饭

张秀英帮爱人按摩

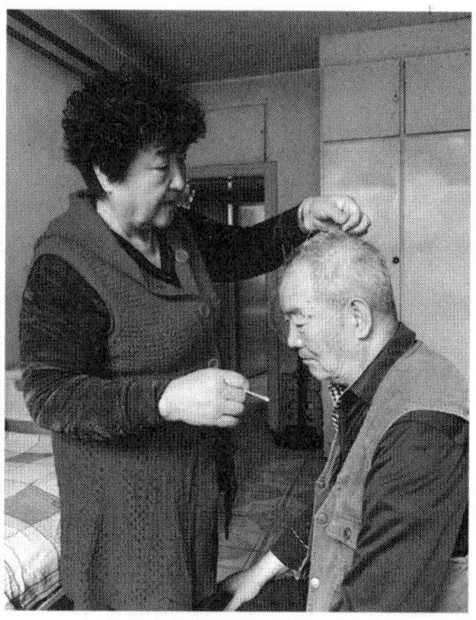

张秀英学习了针灸技术，帮赵金坤针灸

张银萍家庭

张银萍，生于1962年4月19日，汉族。天刚蒙蒙亮，张银萍就起床了，像往常一样忙碌起来：给丈夫擦洗身子、更换衣服，帮助丈夫刷牙洗脸，做早餐、整理家务……张银萍家住塔桥家园，自2005年丈夫鲁锋瘫痪卧床以来，她每天都是在这样的忙碌中迎来新的一天。14年来，张银萍无怨无悔地照顾着瘫痪的丈夫，不离不弃为爱坚守，用瘦弱的双肩撑起4口之家，受到村民们的交口称赞。

回忆起丈夫患病后一家人的困难，张银萍的眼眶湿润了："这些年来，我都不知道自己是怎么挺过来的。""最初那几年，我经常整夜睡不着。"张银萍说，为了让丈夫卧在床上少受罪，她每隔2小时就给丈夫翻次身，每天都要给丈夫擦洗身子，及时更换弄脏的衣服，帮丈夫按摩，将丈夫抱到藤椅上坐会……张银萍专门请人在房间里安装了一个吊环，以便丈夫拉着吊环活动上肢，自己也能改变卧床的姿势。张银萍还经常带着丈夫出门转转，到丈夫想去的地方看看，让丈夫能有个好心情。为了照顾好丈夫，张银萍14年来没休息过一天，每次出门办事外出时间不超过3个小时。

丈夫卧病在床的14年时间里，家里的2个儿子相继成家，开枝散叶，各自有了小家庭，这个大家庭未来的日子，充满着希望。

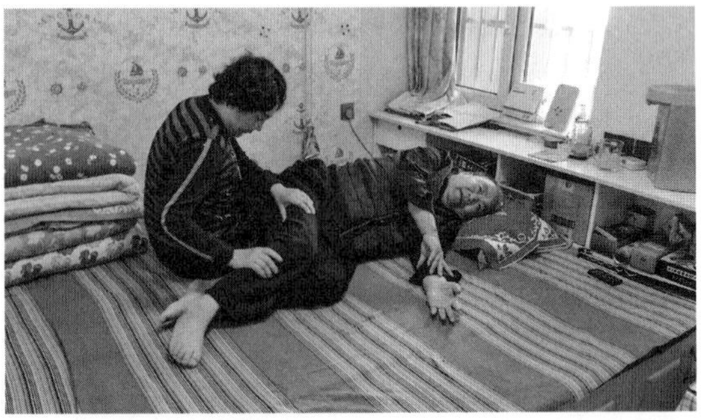

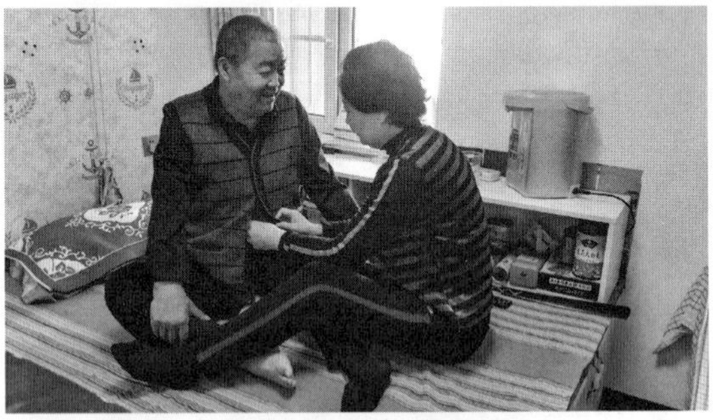

张永华家庭

张永华，生于1963年7月15日，汉族，家住银川市兴庆区利民南街银华小康新村，一儿一女，4口人。妻子李玉患类风湿关节炎，肢体各关节变形僵硬，卧床近10年，属于二级残疾。妻子长年患病，张永华不离不弃，一直悉心照料饮食起居，坚持每天为妻子按摩身体，妻子卧病在床的10年里，身体没有一处溃烂。照顾妻子的同时，他带领2个孩子抽空打零工，赚取生活费和孩子的教育费用，培养2个孩子考上大学，走上工作岗位。女儿在宁夏大学本科期间，因学习成绩等各方面表现突出，经学校保送上了研究生。在张永华的言传身教下，孩子们学习成绩优异、孝顺、待人和善诚实，他们的小家庭虽有不幸，但却又充满温馨，充满欢笑。

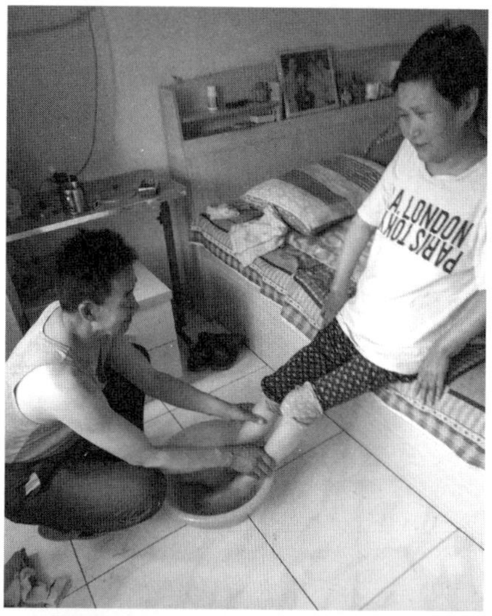

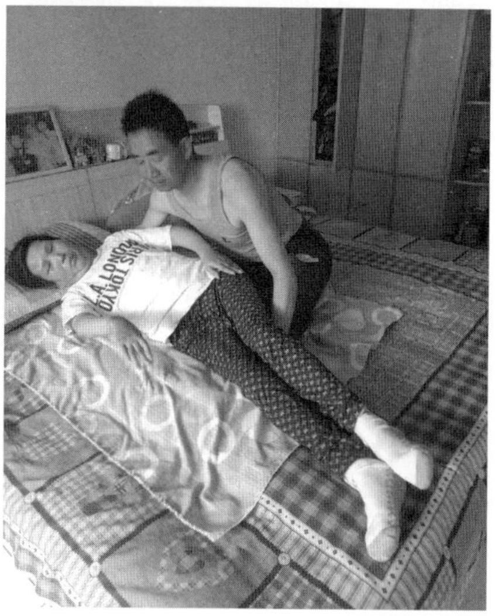

幸福美满家庭的建立离不开和邻居们的和睦相处。对待邻里关系上，全家人坚持“邻里关系亲如弟兄，情同手足”的理念，邻居家谁有困难，他们主动去帮助，为大家排忧解难。张永华背妻子下楼时，邻居们碰到，也是主动帮忙抬轮椅下楼。

世间万物，因和谐而美丽，因和谐而温馨，社会是这样，家庭也是这样。张永华的家庭就是这样一个不幸而又幸福的家庭，牵手相伴几个春夏秋冬，张永华夫妻俩相濡以沫、风雨同舟，一同克服生活中的种种困难。

受全国部门表彰奖励的集体名录

获奖单位	获得荣誉	颁奖单位
兴庆区新华街富华社区	全国维护妇女儿童权益先进集体	中华妇女联合会
兴庆区中山南街司法所	“枫桥经验”实现矛盾不上交试点工作表现突出集体奖	中华人民共和国司法部
兴庆区教育局	全国第六届中小学生艺术展演活动——中小学美育改革创新优秀案例	教育部
兴庆区人力资源和社会保障局	全国人力资源社会保障系统2017—2019年度优质服务窗口	人力资源和社会保障部
兴庆区人民法院	微电影《家和》获全国法院第六届微电影微视频评选活动十佳提名奖	人民法院新闻传媒总社、中华全国法制新闻协会、最高人民法院政治部、新闻局、执行局、影视中心、中央电视台（《今日说法》）
兴庆区人民法院	全国法院司法宣传先进单位	最高人民法院政治部、最高人民法院新闻局、人民法院新闻传媒总社
兴庆区工商联	2019年度民营企业调查点工作示范单位	全国工商联
兴庆区工商联	全国“五好”县级工商联	全国工商联
兴庆区司法局	全国人民调解宣传工作先进集体	中华全国人民调解员协会
兴庆区司法局	全国“七五”普法中期先进县区	全国普法及法律常识办公室
兴庆区司法局	全国监狱戒毒司法所工作先进集体	司法部
兴庆区委宣传部	2019年全国社区网络春晚“最佳组织奖”	全国社区网络春晚组委会
兴庆区大队女子中队	公安机关2017—2018年度全国青年文明号创建活动成绩突出单位	
兴庆区交警一大队女子中队	公安机关2017—2018年度全国青年文明号创建活动成绩突出单位	公安部

受自治区人民政府表彰奖励的集体名录

获奖单位	获得荣誉	颁奖单位
商务和经济技术合作局	2018年度招商引资指导性目标任务完成奖	自治区人民政府
民政局	全区民政工作先进县（区）	自治区人民政府
民政局	全区民政工作先进集体	自治区人民政府

受银川市人民政府表彰奖励的集体和个人名录

一、获奖集体名录

获奖单位	获得荣誉	颁奖单位
前进街街道办事处	银川市星级和谐社区创建工作先进街道	银川市委、银川市人民政府

玉皇阁北街办事处统计站	银川市级统计工作先进集体	银川市人民政府
扶贫办	银川市2019年度脱贫攻坚考核优秀	银川市委、银川市人民政府
教育局	银川市2018年度安全生产工作先进集体	银川市人民政府
教育局	2018年度县（市）区教（体）育局目标责任考核	银川市人民政府
教育局	银川市2018年度安全生产工作先进集体	银川市人民政府
银川市市场监管局兴庆区一分局	银川市2018年度安全生产工作先进集体	银川市人民政府
银川市市场监管局兴庆区二分局	银川市2018年度安全生产工作先进集体	银川市人民政府
兴庆区消防大队	银川市2018年度安全生产工作先进集体	银川市人民政府

二、获奖个人名录

姓　名	单位	获得荣誉	颁奖单位
陈友梅	兴庆区市容环境卫生服务中心	第六届“最美银川人”	银川市委、银川市人民政府
杨　扬	兴庆区回民第一小学	优秀教师	银川市人民政府
滕　虎	兴庆区回民第二小学	优秀教师	银川市人民政府
苏陶玲	兴庆区回民第二小学	优秀教师	银川市人民政府
杨红霞	兴庆区回民第二小学	优秀教师	银川市人民政府
兰志霞	兴庆区回民第二小学	优秀教师	银川市人民政府
高海燕	兴庆区回民第三小学	优秀教师	银川市人民政府
韩洪娜	回民实验小学	优秀教师	银川市人民政府
李庆华	兴庆区第二小学	优秀教师	银川市人民政府
张　倩	兴庆区第三小学	优秀教师	银川市人民政府
任　星	兴庆区第三小学	优秀教师	银川市人民政府
芦　丹	兴庆区第四小学	优秀教师	银川市人民政府
李胜荣	兴庆区第五小学	优秀教师	银川市人民政府
李金芳	兴庆区第六小学	优秀教师	银川市人民政府
闫冬梅	兴庆区第七小学	优秀教师	银川市人民政府
马玉萍	兴庆区第十小学	优秀教师	银川市人民政府
姜海明	兴庆区第十二小学	优秀教师	银川市人民政府
曾　静	兴庆区景岳小学	优秀教师	银川市人民政府
刘淑兰	兴庆区第十五小学	优秀教师	银川市人民政府
李　玲	兴庆区第十六小学	优秀教师	银川市人民政府
丁　燕	兴庆区第十六小学	优秀教师	银川市人民政府
赵　华	兴庆区第十七小学	优秀教师	银川市人民政府
尤晓文	兴庆区第十八小学	优秀教师	银川市人民政府
王艳青	兴庆区第十八小学	优秀教师	银川市人民政府
马少忠	兴庆区第十九小学	优秀教师	银川市人民政府
俞淑平	兴庆区第十九小学	优秀教师	银川市人民政府
袁丽霞	兴庆区唐徕小学	优秀教师	银川市人民政府
温丽莉	兴庆区唐徕小学	优秀教师	银川市人民政府
史海燕	兴庆区第二十二小学	优秀教师	银川市人民政府
吴正香	兴庆区第二十三小学	优秀教师	银川市人民政府
张跃峰	兴庆区第二十五小学	优秀教师	银川市人民政府

张淑娟	兴庆区第二十六小学	优秀教师	银川市人民政府
王凤霞	兴庆区第二十七小学	优秀教师	银川市人民政府
陈芳芳	兴庆区第二十八小学	优秀教师	银川市人民政府
王耀峰	兴庆区第二十九小学	优秀教师	银川市人民政府
何　德	兴庆区大塘中心小学	优秀教师	银川市人民政府
王　悦	海军希望小学	优秀教师	银川市人民政府
王　琛	银川市第三中学	优秀教师	银川市人民政府
杨永春	银川市第三中学	优秀教师	银川市人民政府
李彦宏	银川市第四中学	优秀教师	银川市人民政府
黄呈祥	银川市第四中学	优秀教师	银川市人民政府
刘秀梅	银川市第五中学	优秀教师	银川市人民政府
董　浩	银川市第五中学	优秀教师	银川市人民政府
张　玲	银川市第十中学	优秀教师	银川市人民政府
邓玉红	银川市第十中学	优秀教师	银川市人民政府
杨　艳	银川市第十二中学	优秀教师	银川市人民政府
徐明瀚	银川市第十二中学	优秀教师	银川市人民政府
吴　超	银川市第十五中学	优秀教师	银川市人民政府
郑　佳	银川市第十五中学	优秀教师	银川市人民政府
高　峰	银川市回民中学	优秀教师	银川市人民政府
白　雪	银川市回民中学	优秀教师	银川市人民政府
牛淑红	银川市第二十中学	优秀教师	银川市人民政府
方志明	银川市第二十中学	优秀教师	银川市人民政府
武彦谊	银川市第二十一中学	优秀教师	银川市人民政府
张　洁	银川市第二十一中学	优秀教师	银川市人民政府
柳　京	兴庆区掌政中学	优秀教师	银川市人民政府
张明俐	兴庆区回民中学	优秀教师	银川市人民政府
李建国	银川市兴庆区月牙湖回民中学	优秀教师	银川市人民政府
李巧利	银川市兴庆区月牙湖回民第二中学	优秀教师	银川市人民政府
王玉莲	银川市兴庆区月牙湖回民第二中学	优秀教师	银川市人民政府
李　英	银川市第二幼儿园	优秀教师	银川市人民政府
汪巧玲	银川市第四幼儿园	优秀教师	银川市人民政府
邵新辉	银川市第五幼儿园	优秀教师	银川市人民政府
陈华军	回民二小观湖校区	优秀教育工作者	银川市人民政府
赵　佳	兴庆区第六小学	优秀教育工作者	银川市人民政府
强　伟	兴庆区第二十三小学	优秀教育工作者	银川市人民政府
杨　露	掌政中学	优秀教育工作者	银川市人民政府
杨灿灿	银川市第三幼儿园	优秀教育工作者	银川市人民政府